Ali Amrabet alias @zesensei_draws

MANGA

ZEICHNEN UND ANIMIEREN

FÜR EINSTEIGER

Ali Amrabet alias @zesensei_draws

MANGA

ZEICHNEN UND ANIMIEREN

FÜR EINSTEIGER

Der ultimative Manga-Guide –
Lerne alles, von der Zeichnung auf Papier
bis zur Animation am Computer

mvgverlag

INHALT

Teil 1

MANGA-FIGUREN ZEICHNEN LERNEN

Teil 2

MANGA-FIGUREN ANIMIEREN

Kapitel 03

VORWORT

Künstler werden

Meine ersten Schritte als Zeichner

»Das schaffe ich nie. Das ist so schwierig! Und leider hat mir die Natur auch kein besonderes Talent mit auf den Weg gegeben.«

Vielleicht hast du diese Sätze selbst schon einmal gehört oder sogar gedacht. Nun, ich kann dich beruhigen, mir ging es genauso! Auch mich haben diese Sätze jahrelang verfolgt.

Die Geschichte, die ich dir jetzt erzählen werde, mag wie ein echter Shonen klingen, aber sie ist wahr. Sie beschreibt meinen Weg, bevor ich zu dem Zeichner wurde, der ich heute bin.

Ich hoffe, dass dir meine Geschichte die nötige Motivation vermittelt, die du brauchst, um das Zeichnen zu lernen, und dass sie dir hilft, deine Fähigkeiten allmählich auszubauen.

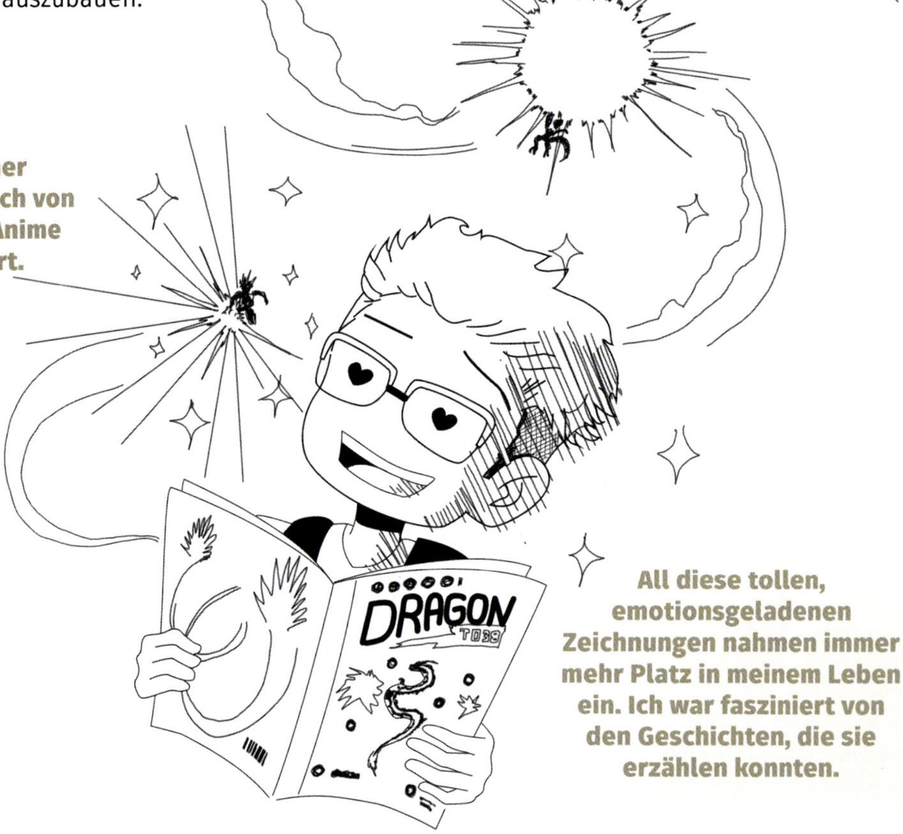

Seit meiner Kindheit bin ich von Manga und Anime begeistert.

All diese tollen, emotionsgeladenen Zeichnungen nahmen immer mehr Platz in meinem Leben ein. Ich war fasziniert von den Geschichten, die sie erzählen konnten.

So schön wie meine Lieblingskünstler wollte ich auch gern zeichnen können.

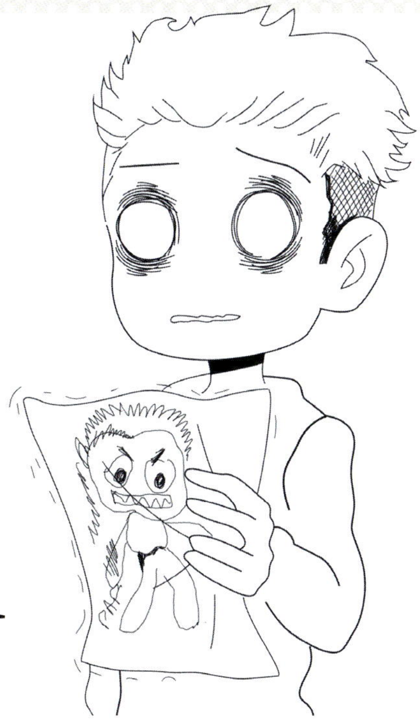

Das Problem?
Ich hatte kein Talent und beherrschte die Techniken nicht.

Trotzdem war ich wild entschlossen, Zeichnen zu lernen.

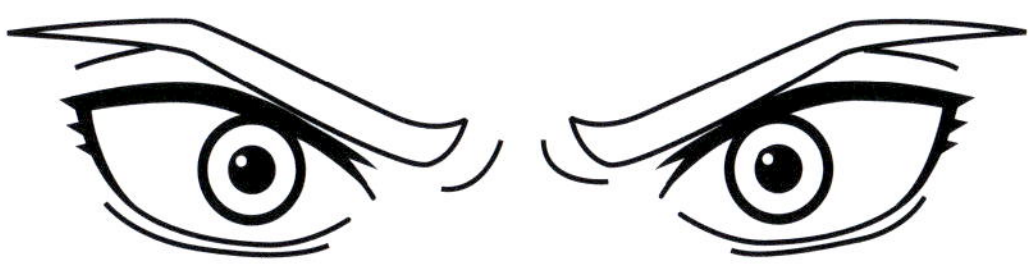

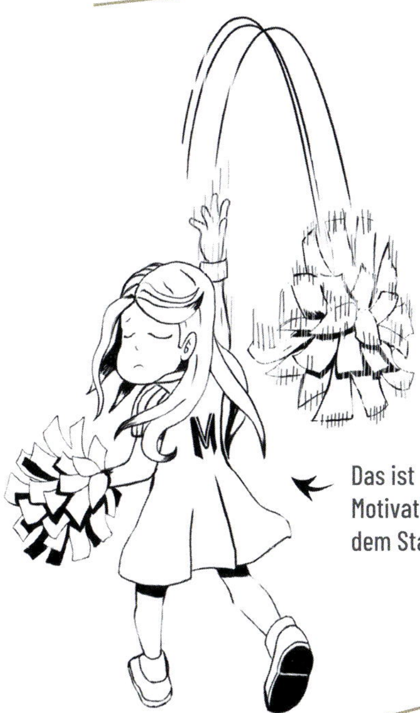

Zwei Tage nach diesem Entschluss zeigte sich, dass mein mangelndes Talent ein echtes Handicap war. Meine Motivation geriet ins Wanken und verließ mich schließlich ganz.

Das ist meine Motivation, die sich aus dem Staub macht.

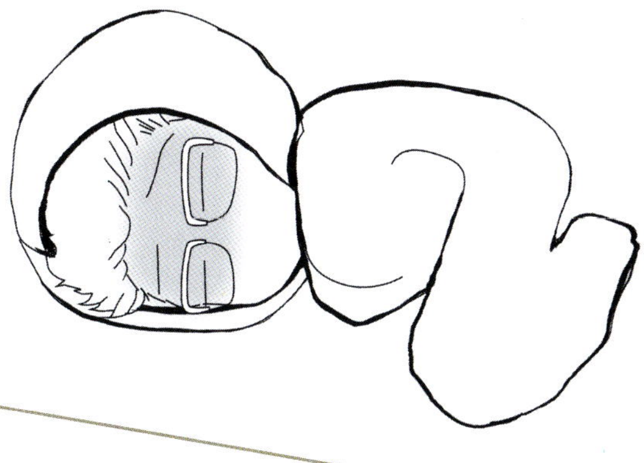

Zum Glück ist das noch nicht das Ende der Geschichte.

Letztendlich waren meine Liebe und Leidenschaft für das Zeichnen stärker und es gelang mir, meine Motivation wieder zu erobern.

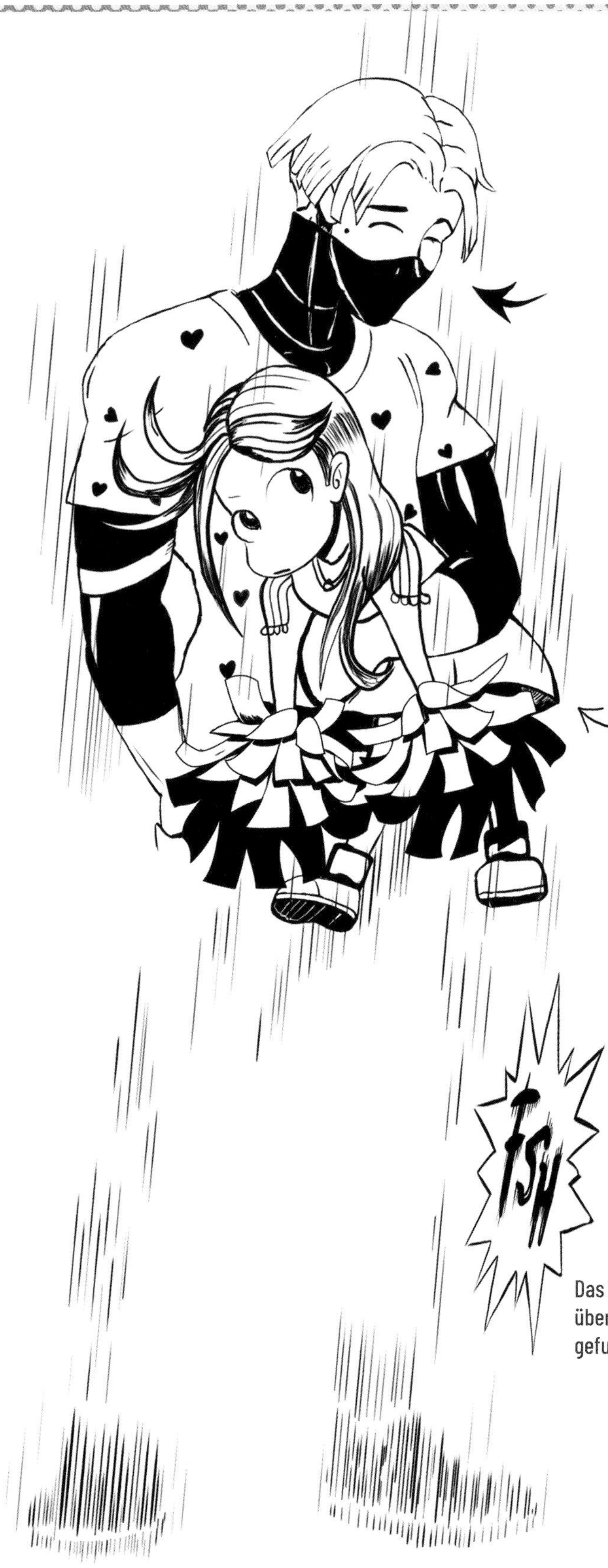

Und sie hat mir dann auch geholfen, die negativen Schwingungen zu überwinden.

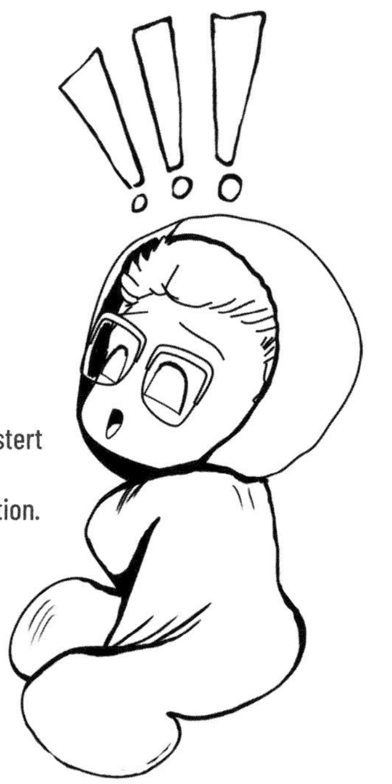

Das bin ich, begeistert über die wieder gefundene Motivation.

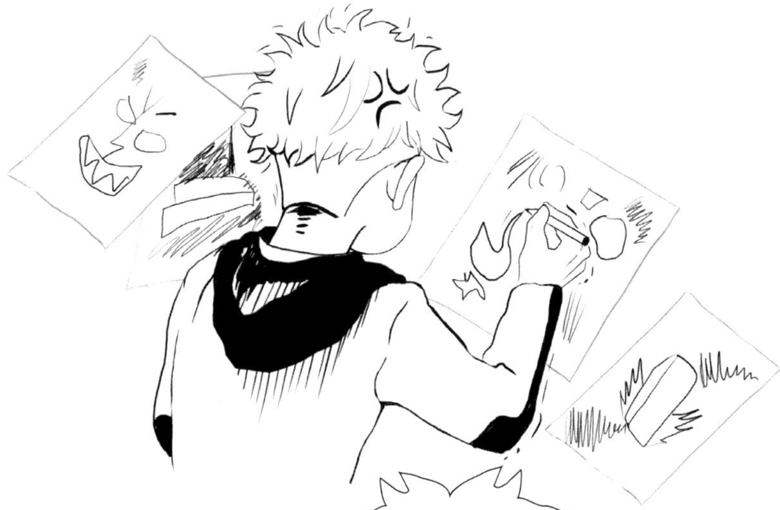

Also habe ich angefangen, jeden Tag zu üben – unermüdlich.

Anfangs habe ich nur einfache Formen, gerade Striche und Kreise geübt.

All das wirst du in diesem Buch auch lernen.

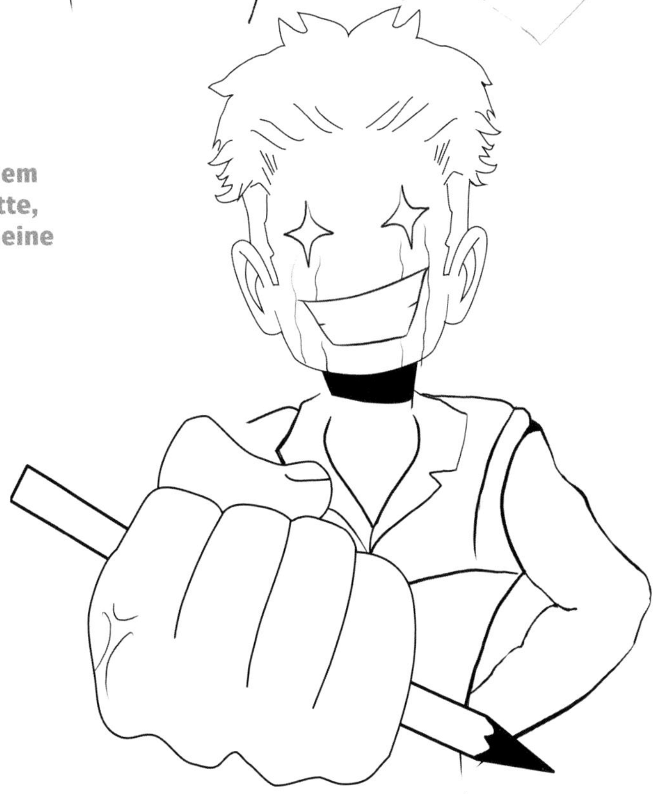

Drei Jahre, nachdem ich mit meinem intensiven Training begonnen hatte, konnte ich beobachten, wie sich meine Technik verbesserte.

Es gibt zwei Arten von Zeichnern: die Naturtalente und die anderen, die sich das Zeichnen hart und mühsam aneignen müssen. Ich gehöre zur zweiten Gruppe.

Und zu welcher Gruppe gehörst du?

Und die Moral meiner Geschichte?

Wenn du ein Ziel vor Augen hast und dir etwas unbedingt wünschst, darfst du niemals aufgeben.
Denn bevor du dein Ziel erreichst, werden dir zwangsläufig Stolperfallen und dornige Wege begegnen. Hindernisse sind Teil des Wegs, und das einzige Mittel, um sie zu überwinden, ist Geduld.

Aufwärmübungen

Vor einer sportlichen Anstrengung muss man sich erst einmal aufwärmen. Das gilt auch für das Zeichnen. Ein Zeichner, der neu anfängt oder nach einer längeren Pause wieder beginnt, ist das Zeichnen nicht gewohnt und wird darum seine künstlerischen Fähigkeiten nicht zu 100 % ausschöpfen.

Beginne einfach mit dieser Übung. Versuche, die Formen so genau wie möglich abzuzeichnen.
Beachte dabei Tipp 3 auf der nächsten Seite.

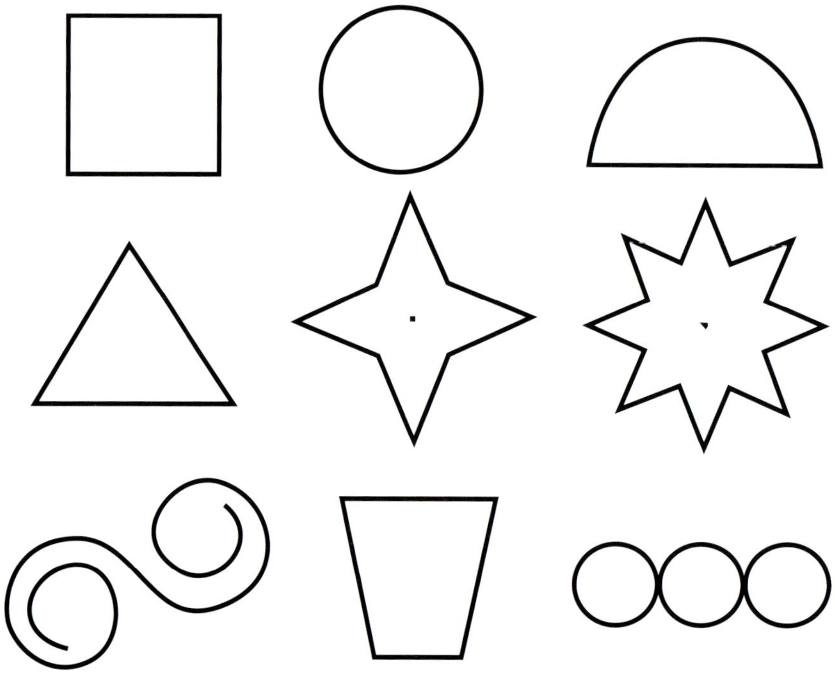

Diese Übung ist vor allem für Einsteiger wichtig.
Ich empfehle, dir für jede Form eine Stunde Zeit zu nehmen.

Warum ist es wichtig, diese Formen zeichnen zu können?

Sie werden dir beim korrekten Zeichnen helfen. Jede Zeichnung, auch die komplizierteste, besteht in Wirklichkeit aus einfachen Formen. Du findest in diese Buch verschiedene Übungen, mit denen du trainieren kannst, diese Formen zu erkennen. Dann werden dir glaubwürdige Zeichnungen leichter gelingen.

Praktische Tipps

**Hier kommen einige Tipps und Anekdoten.
Manche mögen lustig klingen, aber ich versichere dir, dass sie lesenswert sind, weil sie tatsächlich einen Einfluss auf meine Entwicklung hatten.**

Tipp 1: Der künstlerische Blick

Als ich mit dem Zeichnen anfing, hatte ich eine ziemlich verrückte Angewohnheit. Jedes Mal, wenn ich Menschen begegnete (Freunde, Lehrer, Fremde usw.), versuchte ich, sie in meinem Kopf zu zeichnen. Dasselbe tat ich mit Gebäuden, Bäumen und Alltagsgegenständen. Die Übung bestand darin, mit den Augen allen Umrissen zu folgen. Das ist also mein erster Ratschlag: Trainiere deinen Blick. Du musst nicht auf die Straße gehen, du kannst die Übung auch in deinem Zimmer machen. Wähle einen Gegenstand oder ein Körperteil (Hände, Füße) und zeichne die Umrisse in deinem Kopf nach.

Tipp 2: Recherchieren

Bevor man einen Gegenstand, eine Person oder etwas anderes zeichnet, muss man sich mit dem Thema auskennen. Um einen Körper zu zeichnen, ist es notwendig, sich mit seiner Anatomie zu beschäftigen – etwa mit den Muskeln oder seiner Reaktion auf die Schwerkraft. Informiere dich immer über das Thema, das du zeichnen möchtest.

Tipp 3: Methodisch vorgehen

Dies ist eher eine Übung, die du regelmäßig durchführen solltest. Anfänger versuchen oft, Punkte mit einem einzigen Strich zu verbinden. Das führt meist dazu, dass der Verbindungsstrich wackelig aussieht.

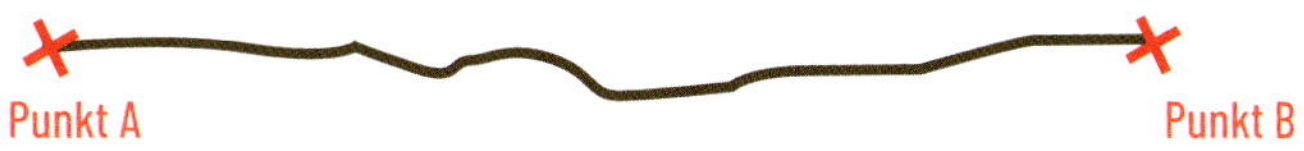

Das lässt sich vermeiden. Ich werde erklären, wie man einen schönen geraden Strich zeichnet.

Schritt 1: Zeichne zuerst den Anfangs- und den Endpunkt ein.

Schritt 2: Füge an jeden Punkt einen kurzen geraden Strich an.

Schritt 3: Zeichne einen kurzen Strich in die Mitte. Durch die kurzen Striche verkürzt du die Abstände, die du überbrücken musst.

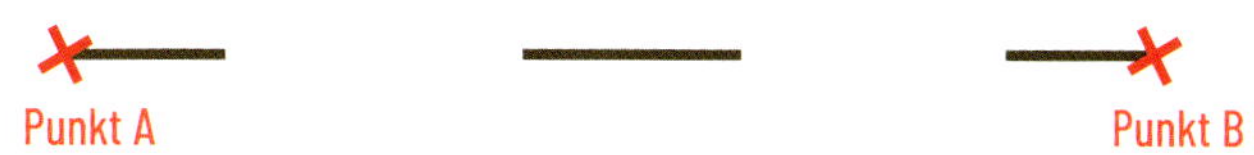

Schritt 4: Verbinde die Striche. Wenn das Ergebnis nicht perfekt ist, versuche es mit einer größeren Anzahl kurzer Striche.

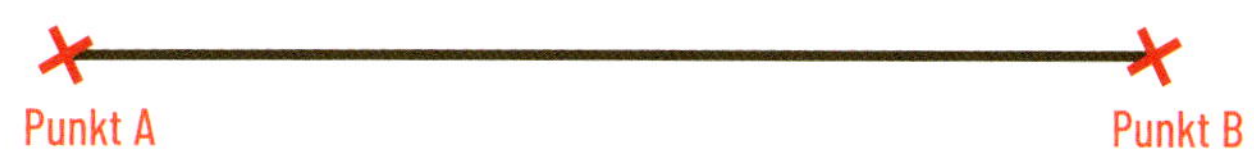

Welche Materialien?

Ausstattung für Einsteiger

Für den Anfang brauchst du nur eine sehr kleine Grundausstattung. Das meiste hast du wahrscheinlich im Haus.

Mit diesem Material kannst du nach Herzenslust trainieren, denn es kostet nicht viel. Du kannst mit diesen Materialien schöne Zeichnungen anfertigen, solltest sie aber nur zum Üben verwenden.

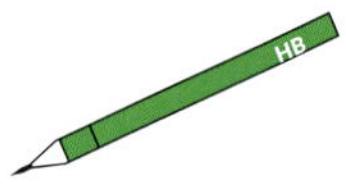

Bleistift

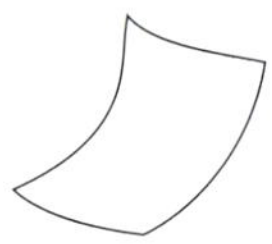

Weißes Druckerpapier

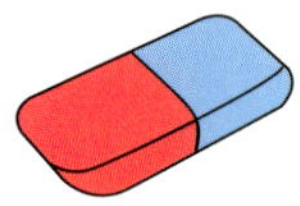

Radiergummi

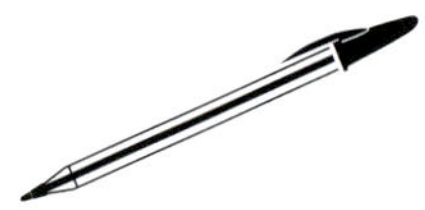

Schwarzer Stift für Konturen

Ausstattung für Fortgeschrittene

Du zeichnest schon länger und hast dir einige Fertigkeiten angeeignet. Jetzt möchtest du dich den Feinheiten zuwenden und Zeichnungen von höherer Qualität anfertigen.

Mit einem **Druckbleistift** kannst du präziser zeichnen. Außerdem sparst du Zeit, weil du ihn im Gegensatz zu einem normalen Bleistift nicht anspitzen musst. Wenn die Mine stumpf wird, brichst du einfach ihr Ende ab, und schon ist sie wie neu.

Guter **Zeichenkarton** wertet deine Arbeiten auf. Weil er dicker ist, brauchst du dir beim Zeichnen der Konturen keine Sorgen zu machen, dass die Tinte ihn durchweicht.

Ein **elektrischer Radiergummi** eignet sich zum präzisen Radieren. Du kannst kleine Fehler beheben, ohne die Umgebung in Mitleidenschaft zu ziehen.

Ein **Knetradiergummi** erleichtert das Konturieren. Man kann damit die Bleistiftstriche aufhellen. So ist es einfacher, sich die Konturstriche vorzustellen.

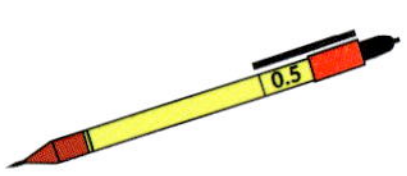

Druckbleistift 0,5 mm bis 0,7 mm

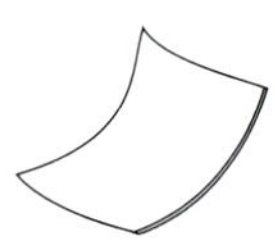

Zeichenkarton, 120 g bis 180 g

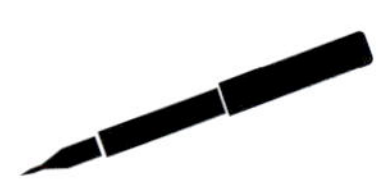

Wasserfester schwarzer Marker

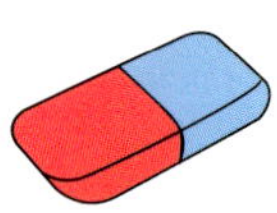

Standard-Radiergummi

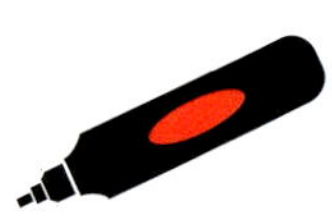

Elektrischer Radiergummi

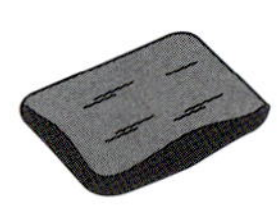

Knetradiergummi

Ausstattung für Könner

Du zeichnest gekonnt und dir gelingen schöne Illustrationen. Jetzt möchtest du das nächste Level erreichen: vom Schwarz-Weiß zur Farbe.

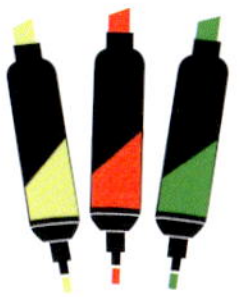

Wenn du deine Zeichnungen kolorieren willst, solltest du dir **professionelle Marker auf Alkoholbasis** anschaffen. Sie haben meist zwei Spitzen: eine breite zum Ausfüllen großer Flächen und eine feine für Details. Es gibt verschiedene Marken, die sich in der Qualität teilweise unterscheiden. Die Farben hochwertiger Marker lassen sich auf dem Papier mischen, sodass schöne weiche Übergänge entstehen.

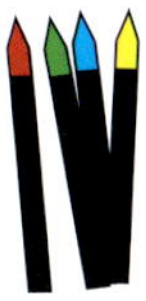

Es gibt auch **Farbstifte in Künstlerqualität**, die sich durch hohe Farbintensität auszeichnen. Man kann sie in Kombination mit Markern verwenden. Farbstifte eignen sich gut für die Haut von Figuren oder Oberflächen mit Textur. Marker empfehlen sich für glatte Oberflächen, etwa Rüstungen.

Zeichenfeder und **Chinatusche** sind eine Option zum Zeichnen der Konturen (»Inking«). Beim Zeichnen mit der Feder lässt sich die Strichbreite durch den Druck kontrollieren, das erfordert allerdings einige Übung. Kleiner Tipp: Wenn du ein paar Striche gezeichnet hast, solltest du nicht warten, bis deine Zeichnung trocken ist, sondern eine Rolle Toilettenpapier benutzen und leicht vorwärts über die Striche rollen, um die überschüssige Tinte zu entfernen. So kannst du nichts verwischen.

Zeichenkohle ergibt Striche in tiefem Schwarz und eignet sich darum ebenfalls zum Konturieren. Allerdings ist die Intensität von weicher Zeichenkohle höher als die von harter.

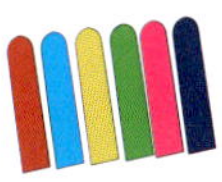

Mit **Pastellkreiden** kannst du ähnlich arbeiten wie mit Zeichenkohle. Auch hier ist die Farbintensität weicher Kreiden größer.

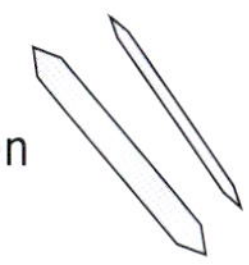

Die Striche von Zeichenkohle oder Pastellkreiden sollten verwischt werden, um einen gleichmäßigen Farbauftrag zu erhalten. Dafür verwendet man einen **Papierwischer oder Tortillon**, der in verschiedenen Ausführungen angeboten wird. Mit ihm lassen sich auch Bleistiftstriche verwischen.

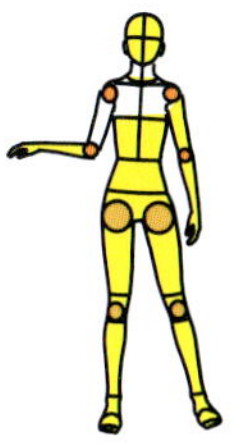

Um Personen in verschiedenen Posen zu zeichnen, könntest du außerdem die Anschaffung einer **Gliederpuppe** ins Auge fassen.

Natürlich gibt es noch viel mehr Utensilien

In dieser Liste habe ich nur einige Werkzeuge zusammengestellt, die du ausprobieren könntest. Grundsätzlich empfehle ich aber, auf gute Qualität zu achten.

Gutes Material muss nicht unbedingt teuer sein. Es ist mir schon passiert, dass ich einen teuren Bleistift gekauft habe und von den Zeichenergebnissen enttäuscht war. Ein einfacher Bleistift für 1 Euro hat mir mehr Freude bereitet. Ich empfehle, vor dem Einkauf Testvideos auf Youtube anzusehen. Ich persönlich kaufe oft ein teures und ein preisgünstiges Produkt gleichzeitig, probiere beide aus und vergleiche. Dann weiß ich, wozu ich beim nächsten Einkauf greifen werde. Da die Materialien nicht ewig halten, muss man ab und zu etwas nachkaufen, und da kann es auf lange Sicht nicht schaden, wenn man weiß, wo man das Budget schonen kann.

Teil 1

パート1

MANGA-FIGUREN ZEICHNEN LERNEN

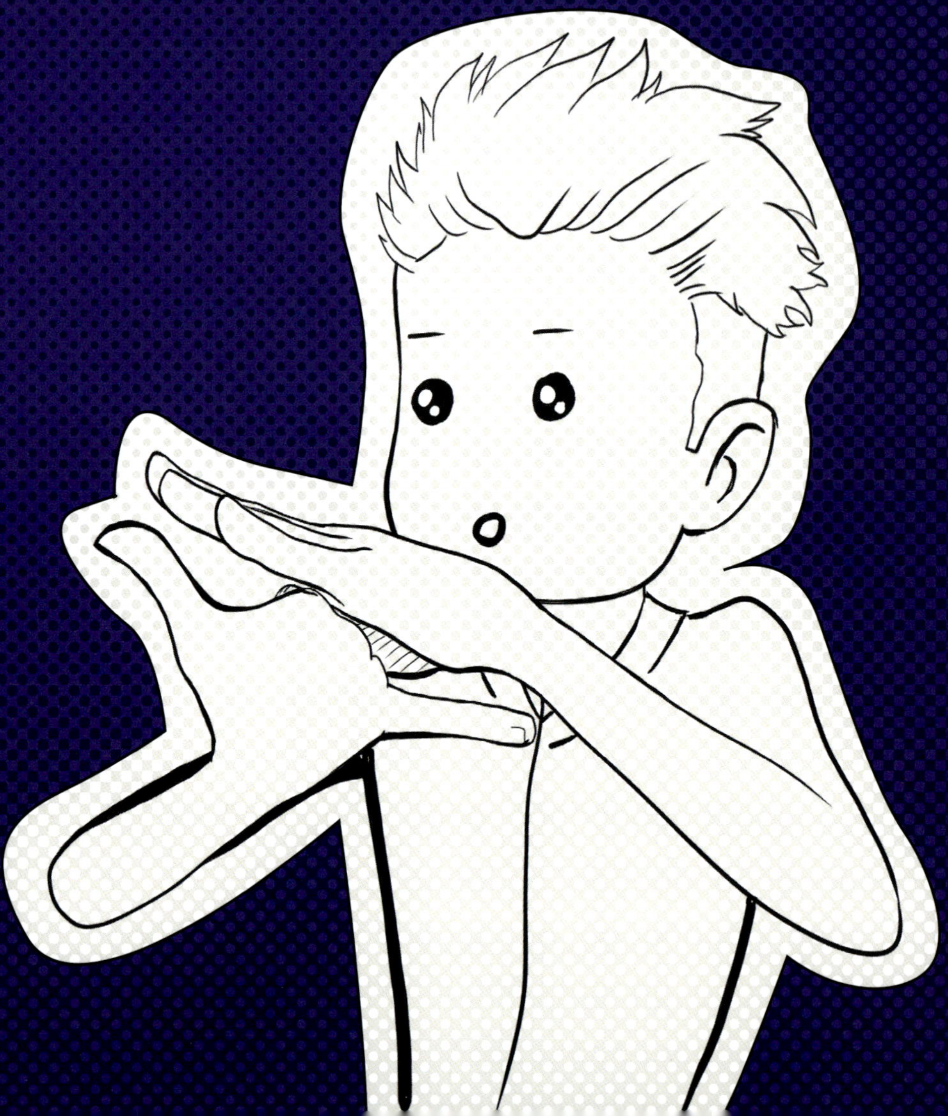

Kapitel 01

Die Teile des Gesichts

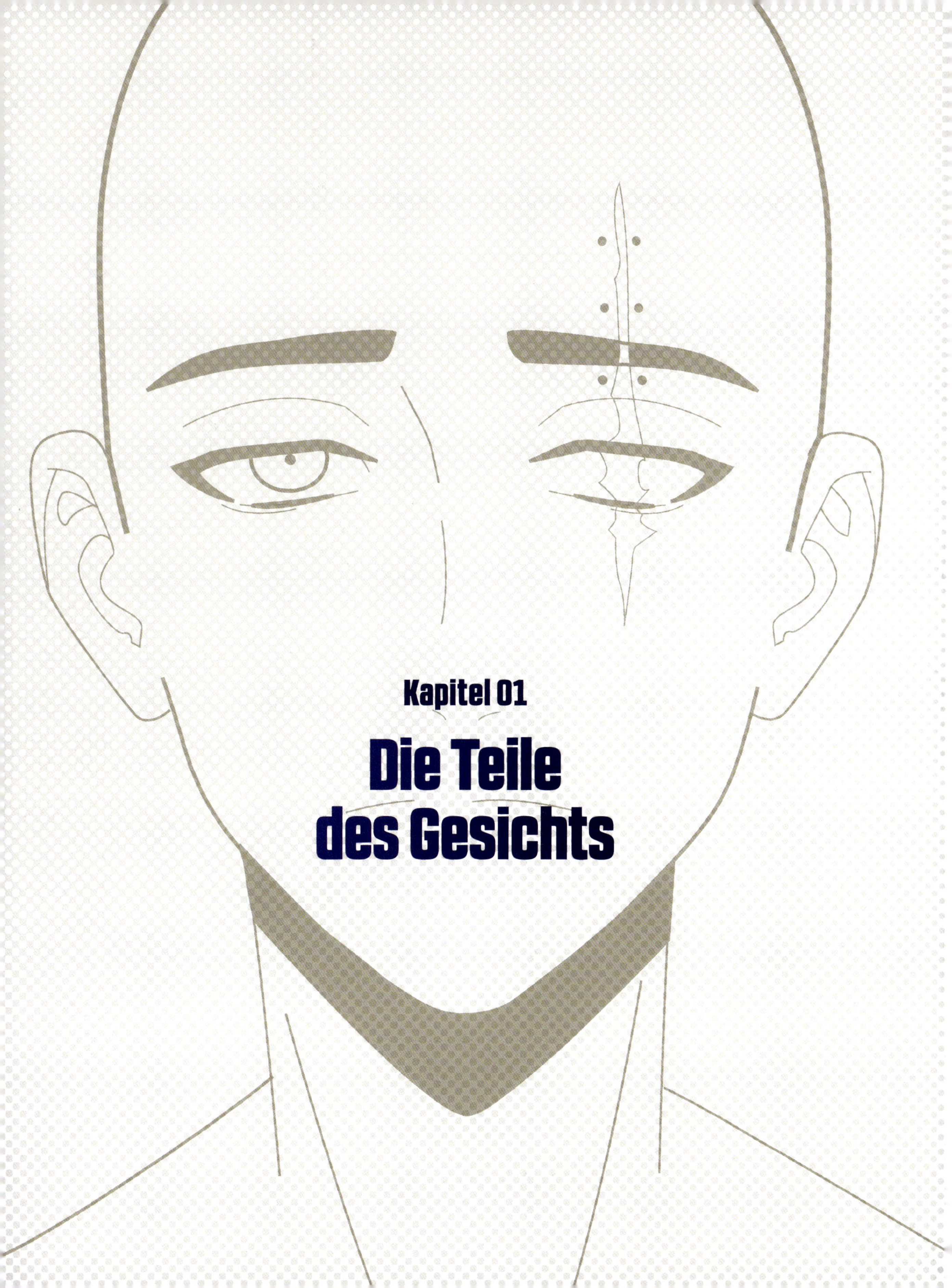

Die Position der Augen

Den korrekten Abstand der Augen erreichen wir mittels einer einfachen Regel. Nennen wir sie die Drei-Augen-Regel.

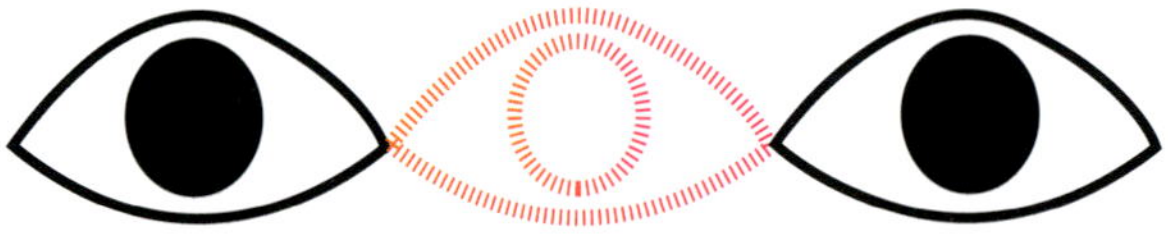

Normalerweise ist der Abstand zwischen den beiden Augen nämlich so groß wie die Breite eines dritten Auges. Es ist sehr wichtig, diese Regel zu kennen, um zu vermeiden, dass die Augen in zu großem oder zu kleinem Abstand gezeichnet werden.

ACHTUNG!

Dieser Raum kann verkleinert werden, wenn die Gesichtszüge der Figur übertrieben dargestellt werden sollen

Zum Beispiel, um ihr eine aggressive oder auch anrührende Ausstrahlung zu geben.

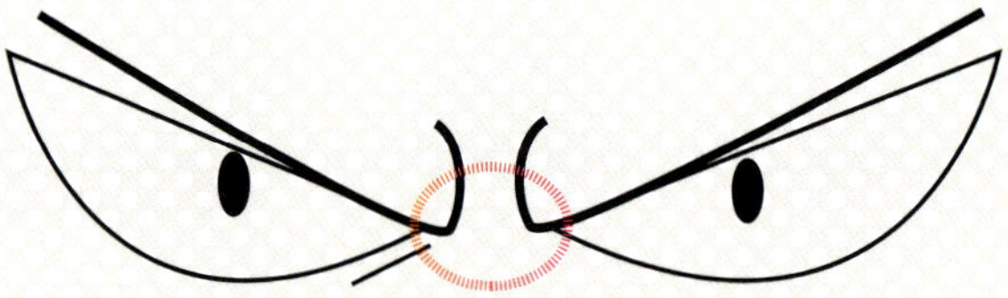

Aggressiver Blick

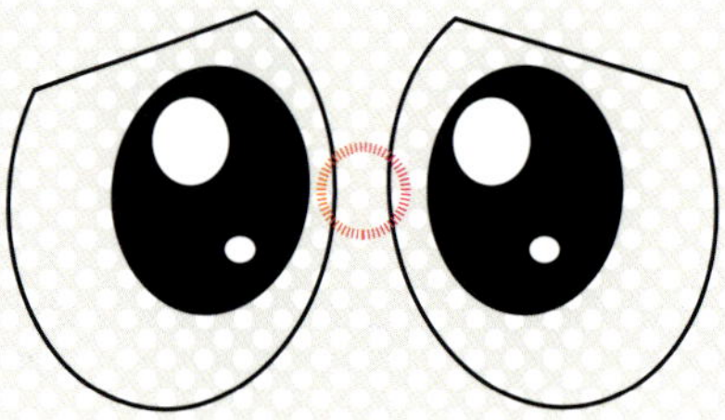

Anrührender Blick

Die Augen sind der wichtigste Teil des Gesichts, denn sie sagen mehr als andere Gesichtszüge über den Charakter und die Emotionen einer Figur aus.

Aus diesem Grund empfehle ich dir, gleich zu Anfang reichlich Zeit in das Zeichnen der Augen zu investieren, bevor du dich anderen Gesichtszügen zuwendest.

Augen in der Frontalansicht

Es ist Zeit, sich den ernsten Dingen zuzuwenden. Nachdem du die wichtigsten Regeln kennst, zeige ich dir, wie du die Augenform zeichnen kannst.
Der erste Schritt besteht darin, die Zeichenfläche festzulegen.

Schritt 1

Material: *Bleistift 0,5 / 0,7 / oder 2B*

Zeichne zuerst ein längliches Rechteck.

Schritt 2

Material: *Bleistift 0,5 / 0,7 / oder 2B*

Teile das Rechteck in drei gleiche Abschnitte.

Die Höhe des Rechtecks spielt für die Art der Augen eine Rolle. Für große Augen muss es hoch sein, für zusammengekniffene Augen ist es flacher.

Schritt 3

Material: *Bleistift 0,5 / 0,7 / oder 2B*

Zeichne jetzt in den ersten Abschnitt einen Bogen.
In den letzten Abschnitt zeichnest du einen Bogen, der zum ersten symmetrisch ist.

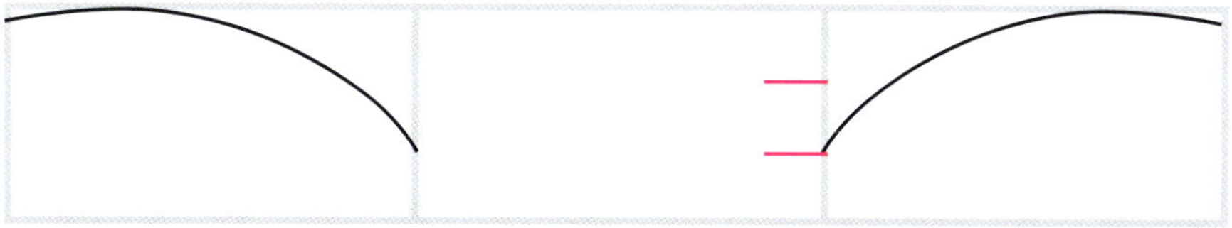

Gerade am Anfang ist es wichtig, auf die Symmetrie zu achten. Wenn du ein komplettes Auge zeichnest, wird ein zweites symmetrisches Auge nicht so leicht gelingen. Es ist zwar machbar, aber viel schwieriger.

Darum werden jeweils die einzelnen Teile des Auges in einem Arbeitsgang gezeichnet.

Schritt 5

Material: *Bleistift 0,5 / 0,7 / oder 2B*

Zeichne nun auf jeder Seite einen zweiten Bogen.
Damit ist die Grundform der Augen fertig.

Schritt 6

Material: *Bleistift 0,5 / 0,7 / oder 2B*

Nun sind die Pupillen an der Reihe.

Zeichne auf jeder Seite einen Kreis.

Glückwunsch! Du hast deine ersten Augen gezeichnet. Damit ist der Hauptteil schon geschafft, denn jetzt fehlen nur noch die Details.

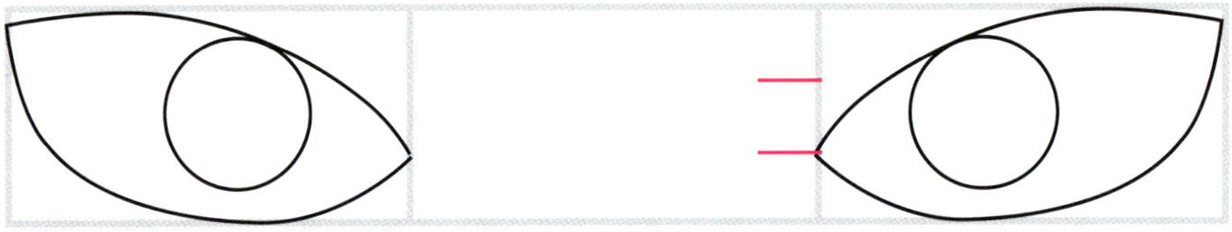

Schritt 7

Material: *Bleistift 0,5 / 0,7 / oder 2B*

Um deinen Augen den letzten Schliff zu geben, verstärke die obere Kontur.
Dadurch wirken sie auffälliger.

Wenn du möchtest, kannst du noch ein paar Wimpern hinzufügen.

Schritt 8

Material: *Bleistift 0,5 / 0,7 / oder 2B*

Zeichne jetzt noch die Iris und ein oder mehrere Lichtreflexe ein.

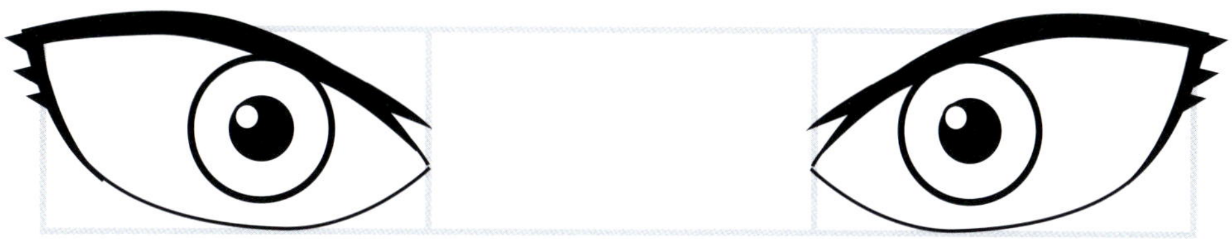

Schritt 9

Material: *Bleistift 0,5 / 0,7 / oder 2B*

Wenn du fertig bist, zeichnest du alle wichtigen Linien mit einem schwarzen Filzstift nach. Zuletzt musst du die noch sichtbaren Bleistiftstriche ausradieren.

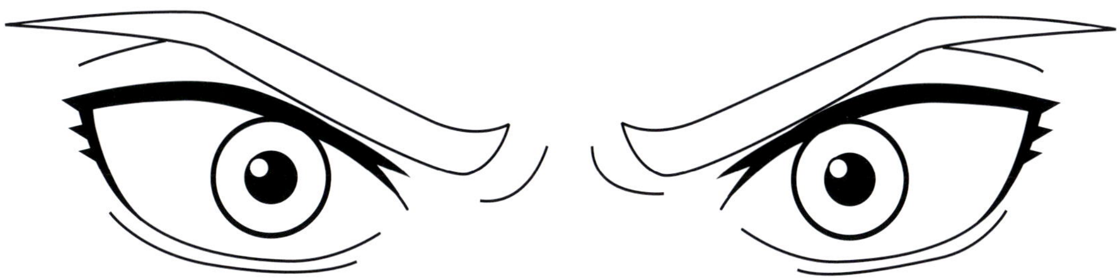

TIPP

Dies ist nur ein Beispiel, aber es gibt noch viele andere Möglichkeiten. Finde deinen eigenen Stil!

Den Anfang bildet immer die Grundform (bis Schritt 6). Sie legt das endgültige Aussehen deiner Augen fest. Die Ausgestaltung bestimmst du selbst.

Augen im Profil

Im Profil hat das Auge eine Dreiecksform.

Schritt 1: Die Form des Auges

Weil der Kopf nach rechts gedreht ist, sieht man auch das Auge von der Seite.

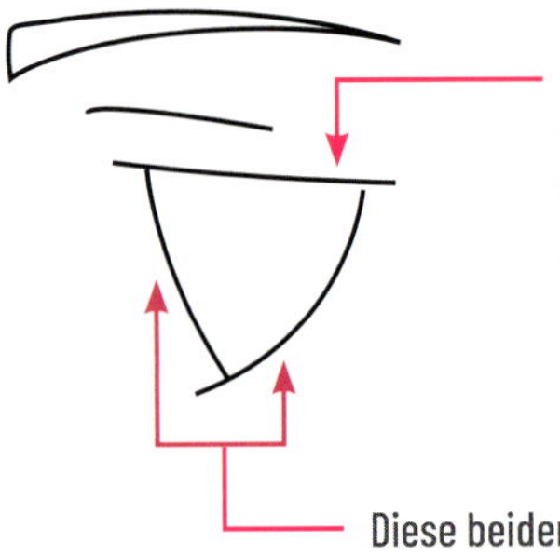

Diese Linie verläuft etwa parallel zum Erdboden.
Die Augenbraue verläuft ungefähr in derselben Richtung.

Diese beiden Striche bilden ein abgerundetes V.

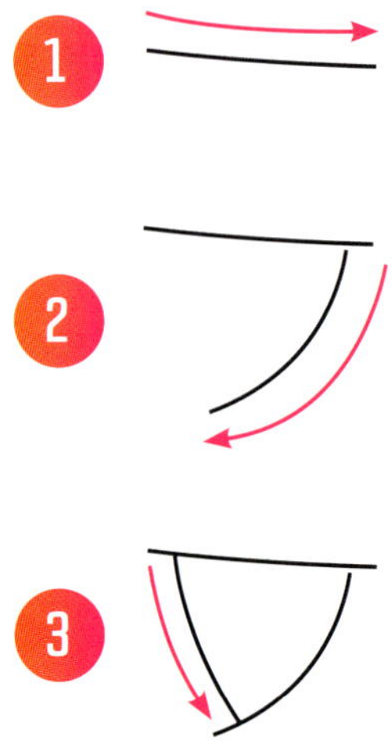

Schritt 2: Pupille und Iris

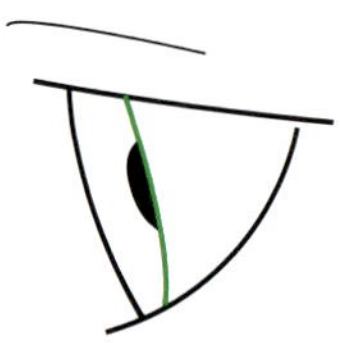

Den inneren Rand der Iris zeichnen.

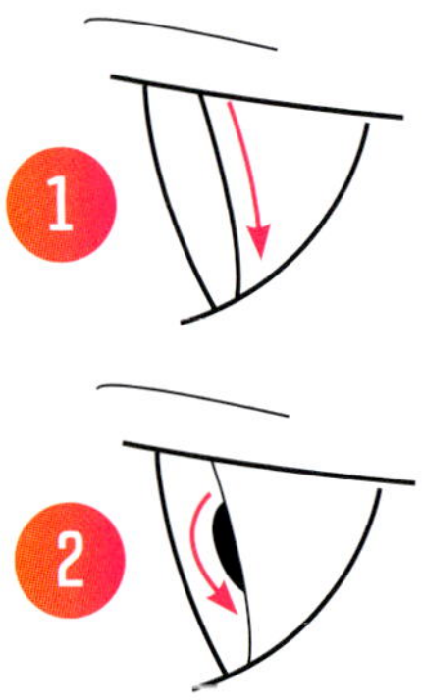

Fehler vermeiden:
Die Pupille liegt nie am äußeren Rand des Auges.

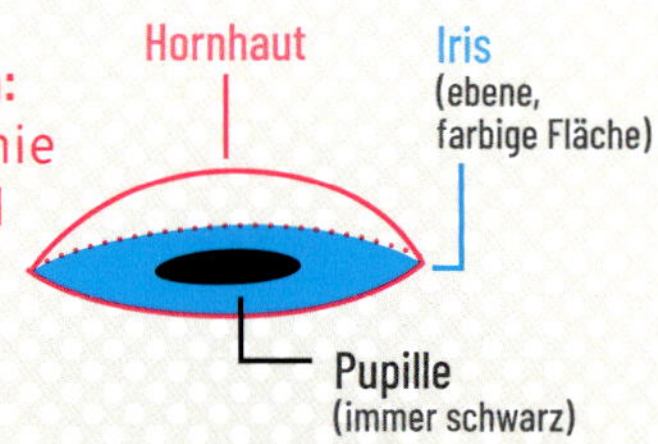

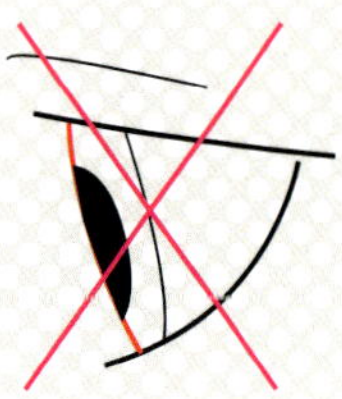

Die Pupille befindet sich unter einer transparenten, gewölbten Schicht, der Hornhaut.

Schritt 3: Details

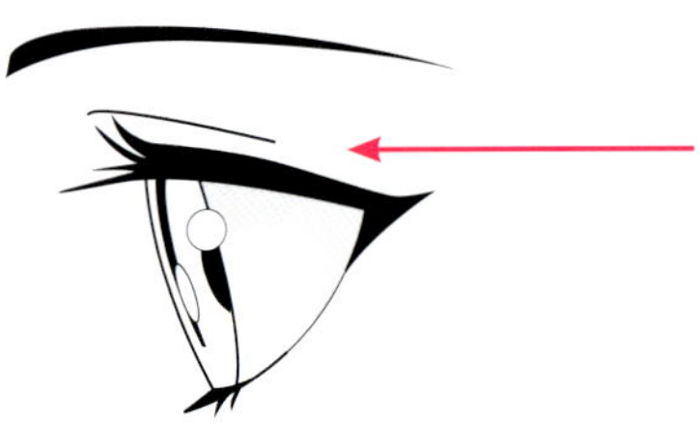

Zeichne den Großteil der Wimpern an den oberen Rand der Augenform. Am unteren Lidrand nur wenige Wimpern zeichnen.

Füge zuletzt den Lichtreflex auf der Pupille ein.

Augen im Halbprofil

Im Halbprofil wird ein Auge wie in der Frontalansicht gezeichnet, aber das andere muss etwas verändert werden.

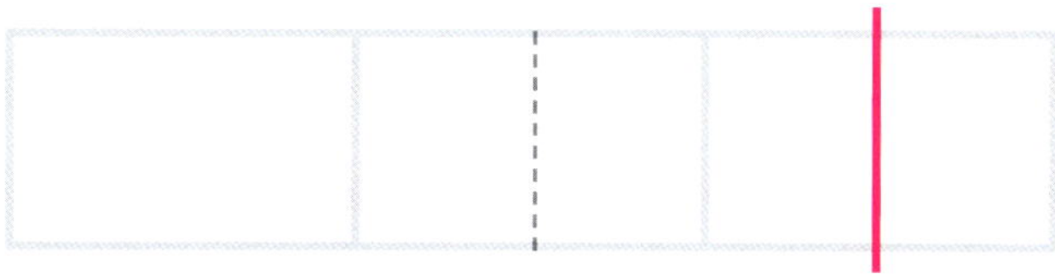

Schritt 1: Vorbereitung

Zeichne wie für die Frontalansicht ein gedrittеltes Rechteck. Teile dann das letzte Rechteck in zwei Hälften.

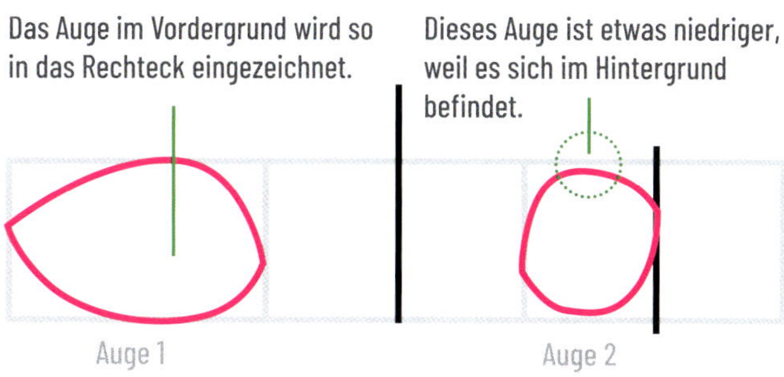

Schritt 2: Die Augenform

Zeichne die Augenformen in die dafür vorgegebenen Kästchen.
Die Form des hinteren Auges erinnert an einen Rugbyball. Nach oben hin verbreitert es sich etwas.

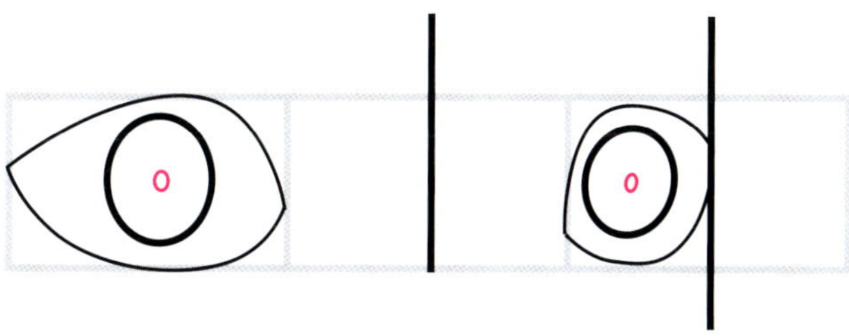

Schritt 3: Pupille und Iris

Pupille und Iris des Auges im Hintergrund müssen geringfügig kleiner sein.
Um die Augenform zu betonen, wurden sie hier etwas nach oben verlagert.

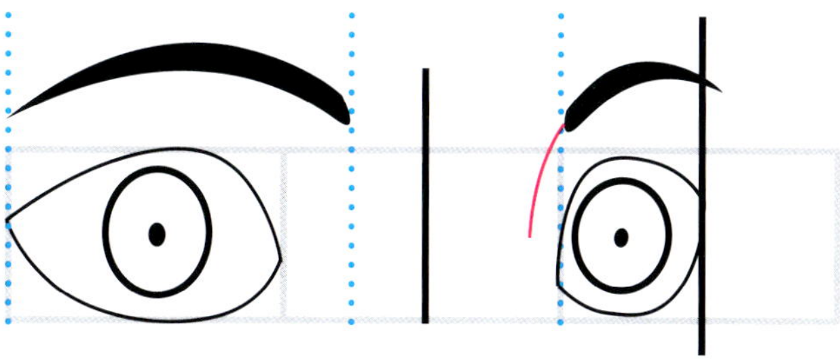

Schritt 4: Augenbrauen und Nase

Zeichne die Augenbrauen anhand der Hilfslinien. Der Ansatz der Nase wird nicht in die Mitte gezeichnet, sondern näher an dem Auge, das sich im Hintergrund befindet. Je weiter der Kopf gedreht wird, desto mehr verdeckt die Nase das Auge.

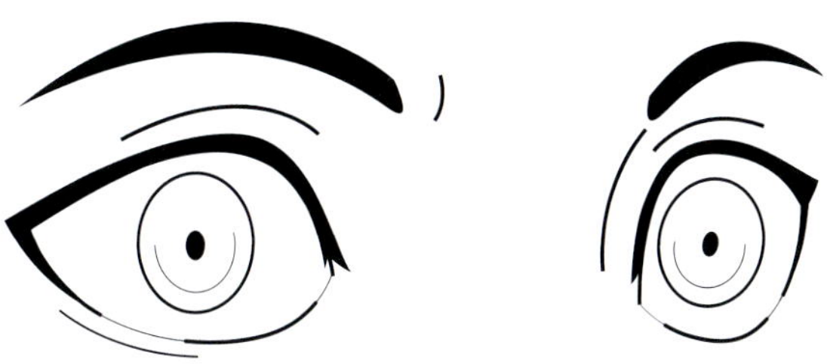

Schritt 5: Details

Füge zuletzt Wimpern und Lichtreflexe ein. Durch kleine Striche um die Augenbrauen kannst du den Ausdruck betonen.

Iris und Pupille

Schauen wir uns zunächst die Anatomie des Auges etwas genauer an.

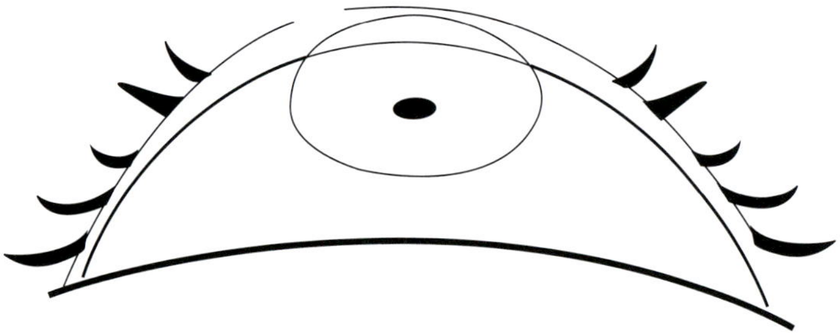

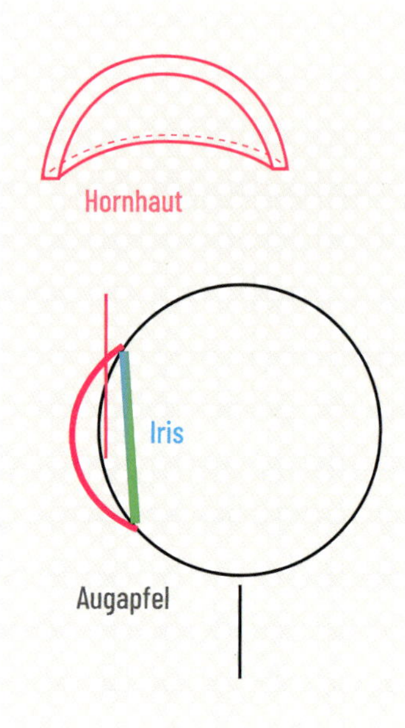

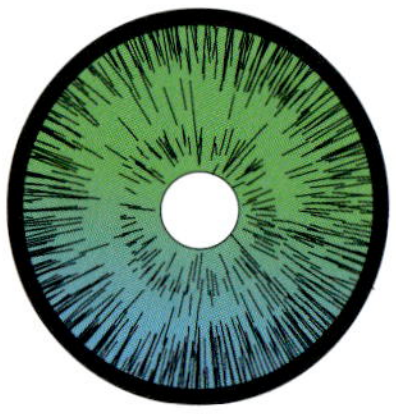

Die Iris ist der kreisförmige, farbige Teil des Auges. Sie ist flach und liegt unter der gewölbten Hornhaut. Im Profil ragt diese Wölbung über die des Augapfels hinaus.

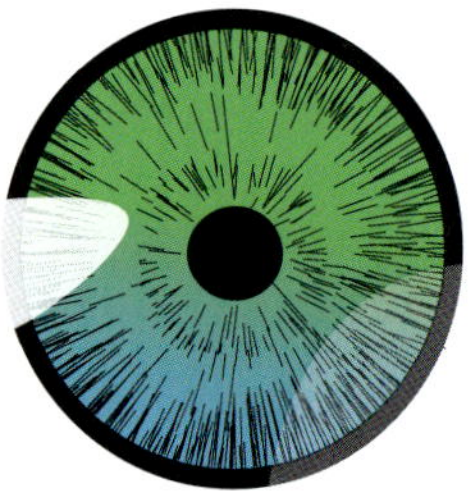

Im Zentrum der Iris liegt die Pupille.

Die Pupille ist eine Öffnung, die sich verengt und erweitert, um den Lichteinfall ins Auge zu regulieren und das scharfe Sehen zu ermöglichen – vergleichbar mit dem Autofokus einer Kamera. Das ist nötig, damit wir scharf sehen.

Im Manga verändern Iris UND Pupille ihre Größe, um den Gesichtsausdruck zu verstärken.

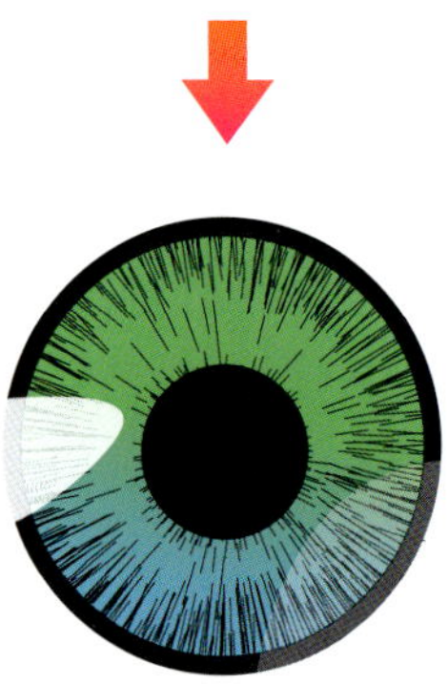

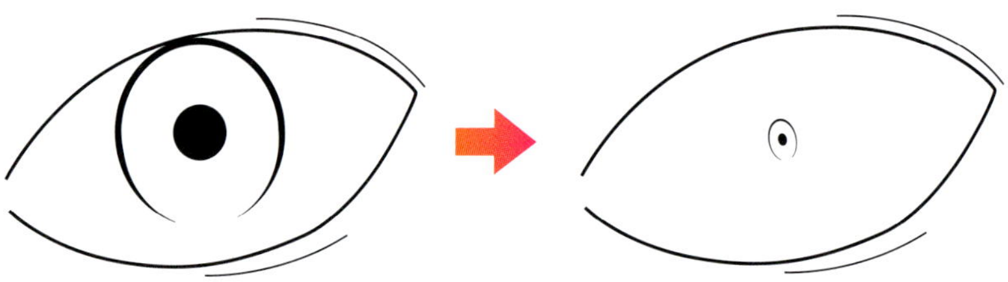

Normaler Blick

Reaktion einer Manga-Figur

Augen lassen sich vielfältig variieren (passend zum Typ der Figur)

Besondere Formen

Ausgehend von der Grundform des Auges kannst du eigene Varianten erfinden, indem du einfach mit geometrischen Formen experimentierst.

Die Iris muss im Manga nicht unbedingt rund sein. Sie kann auch viereckig, sechseckig oder elliptisch sein. Und auch die Pupille kann verschiedene Formen haben. Das Schöne am Manga sind die **zahllosen Möglichkeiten. Grenzen werden nur durch deine Fantasie definiert**.

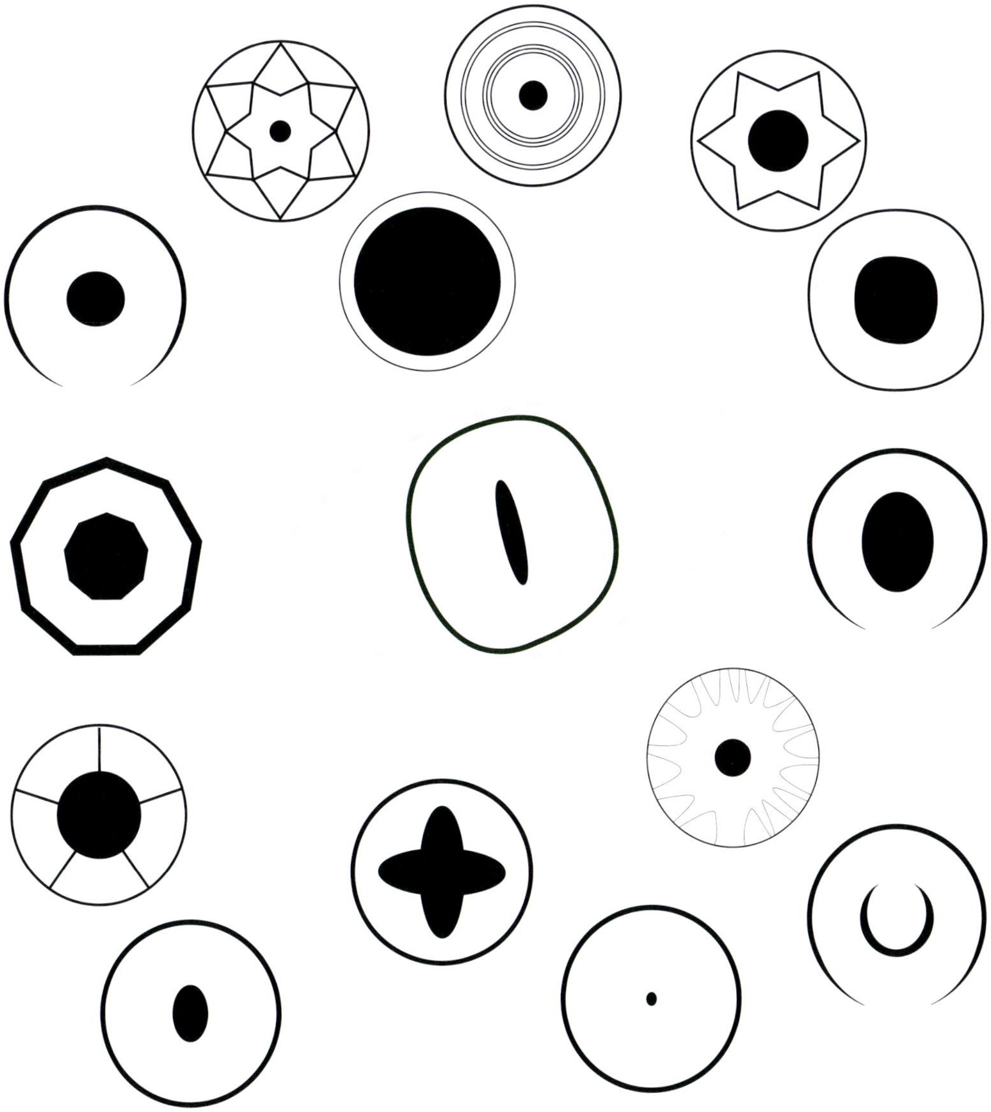

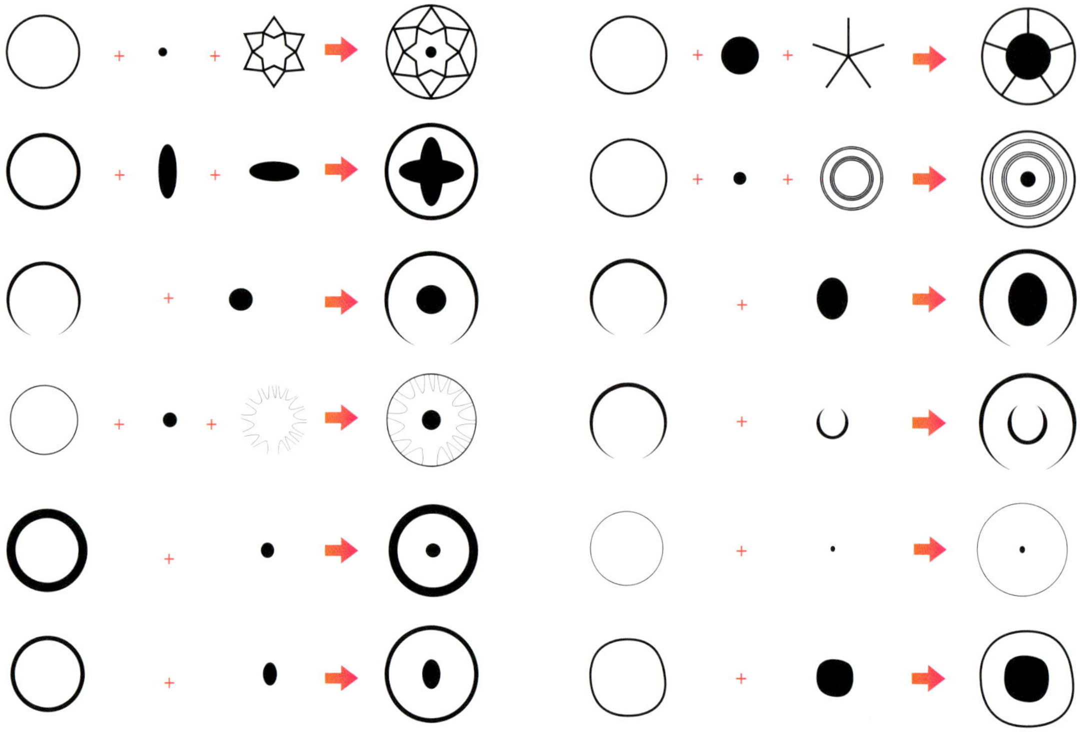

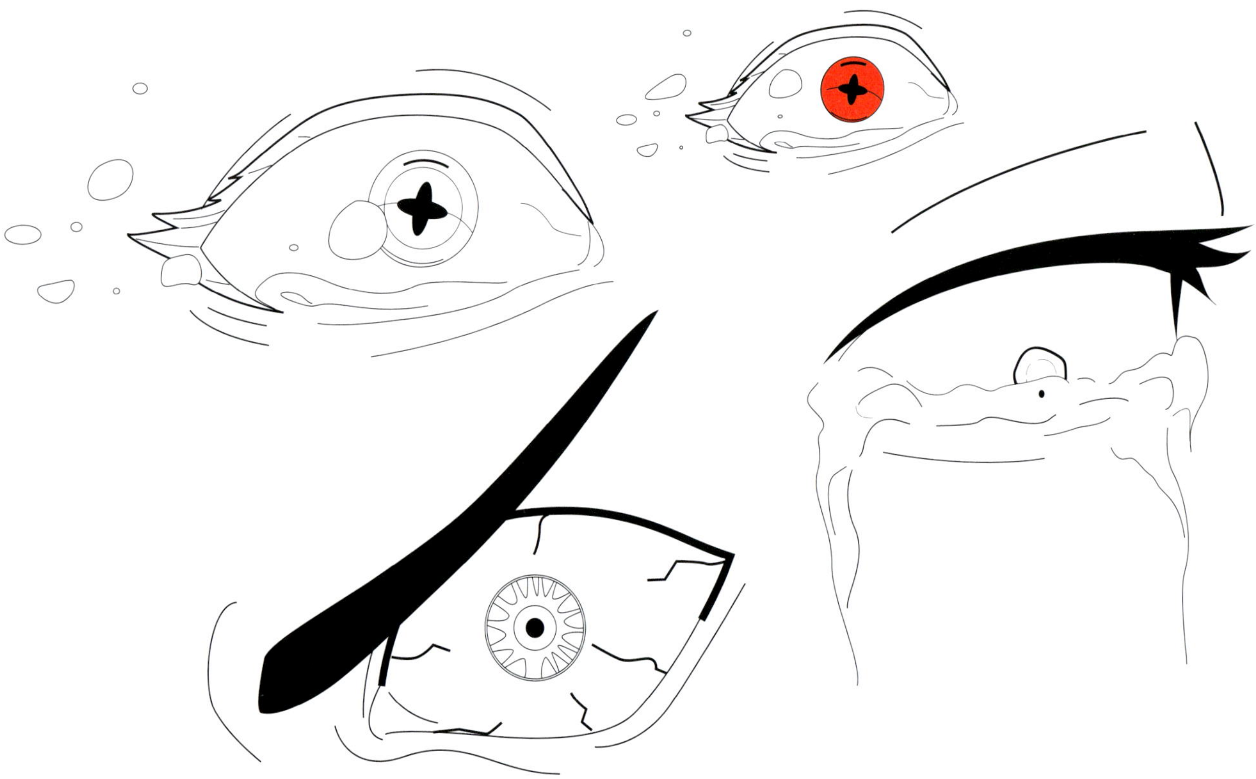

Die Größe von Pupille und Iris

Die Größe der Iris ist gestalterisch von großer Bedeutung, weil der Platz, den die Iris einnimmt, das Aussehen des Auges völlig verändern kann.

Augen ohne Iris und Pupille können die verschiedensten Emotionen ausdrücken.

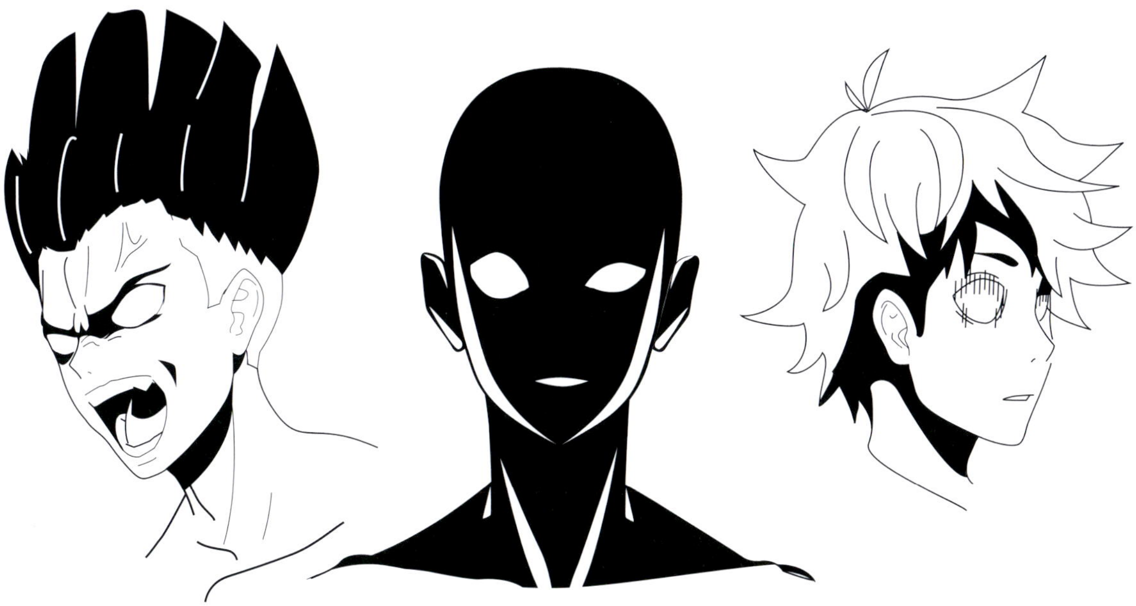

Wut, Verwandlung oder emotionaler Schock

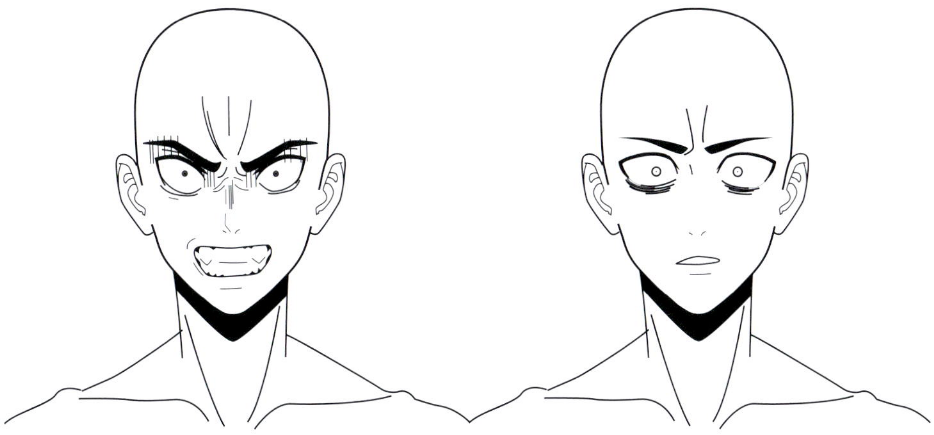

Ebenso kann eine kleine Pupille ein Zeichen für Wut, Überraschung oder Angst sein.

Die Augen / Narben

Narben können winzig und dezent oder groß und entstellend sein.

Eine Narbe ist in erster Linie das Ergebnis einer Verletzung.
Um die Narbe richtig zu platzieren, musst du zuerst entscheiden, wodurch sie verursacht wurde. Eine Kralle, ein Schwert oder etwas anderes? Wichtig ist, dass der Gegenstand zur Geschichte deiner Figur passt.

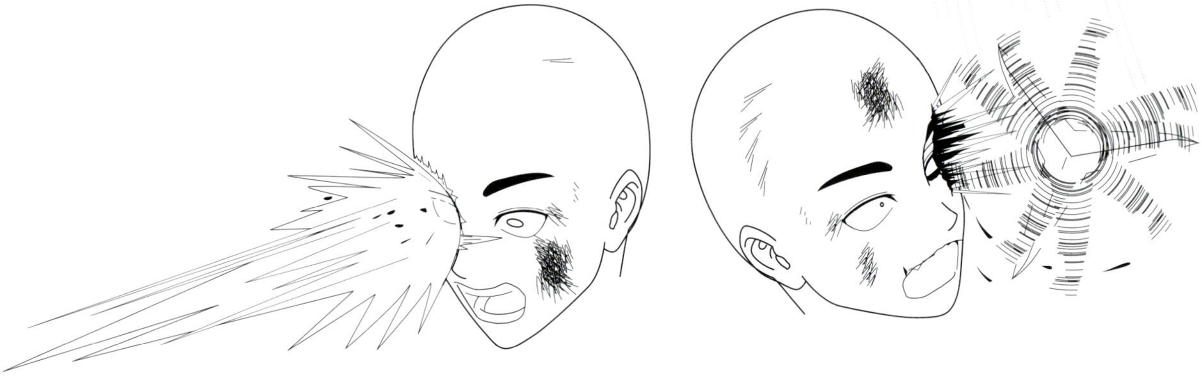

Eine kleinere Narbe gibt der Figur zwar eine gewisse böse oder gefährliche Ausstrahlung, beraubt sie aber nicht ihres Charmes.

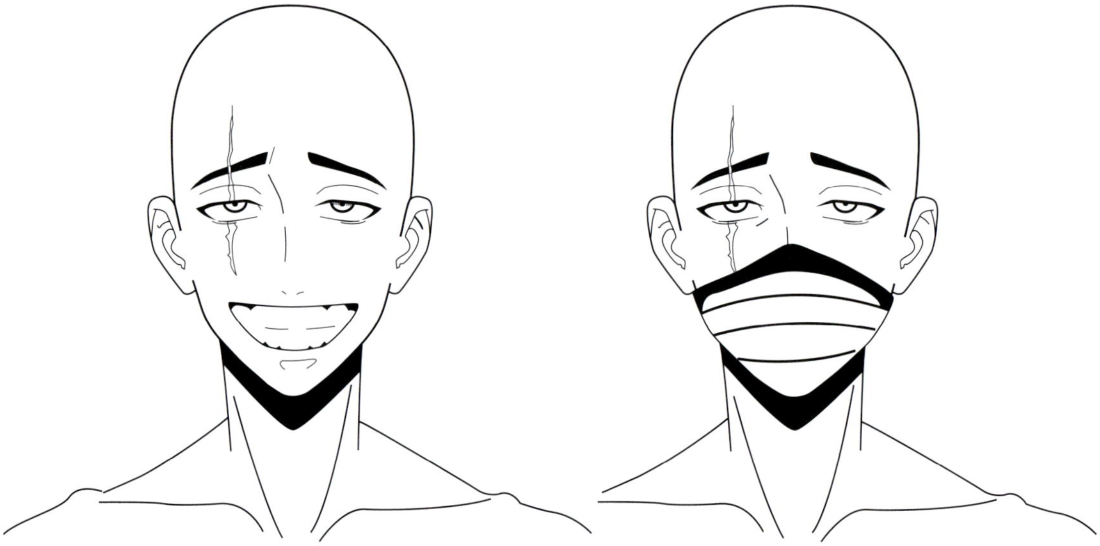

Eine Narbe, die ich als monströs bezeichnen möchte, ist wesentlich größer und auffälliger. Vor allem geht sie mit deutlichen Veränderungen der Pupille einher.

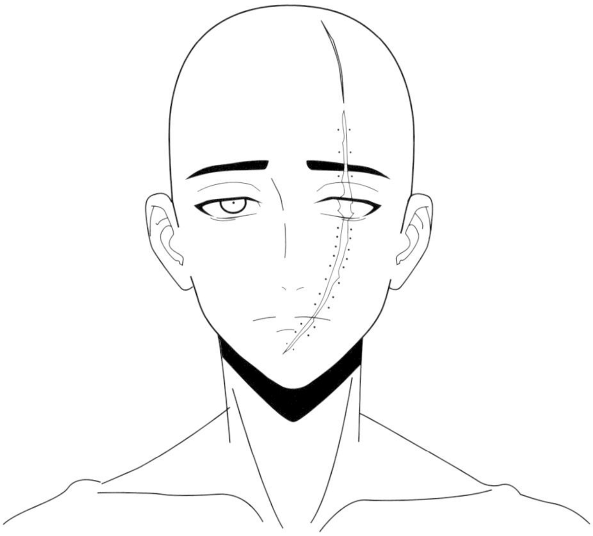

Die Größe der Narbe hängt davon ab, welche Wirkung sie haben soll. Sie kann sich über das ganze Gesicht erstrecken, aber auch nur über einen Teil.

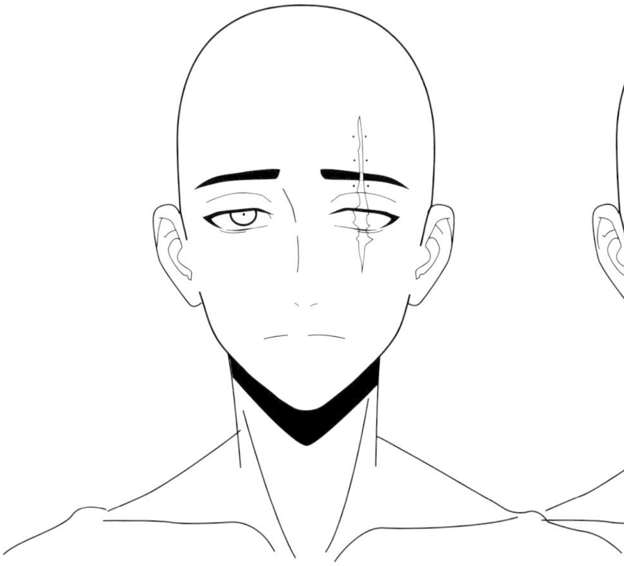

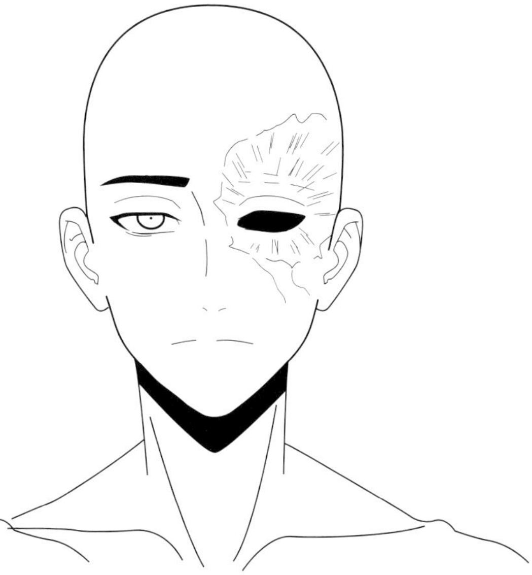

Die Augen / Augenringe

Dieses Detail kann für ganz verschiedene Zwecke eingesetzt werden.

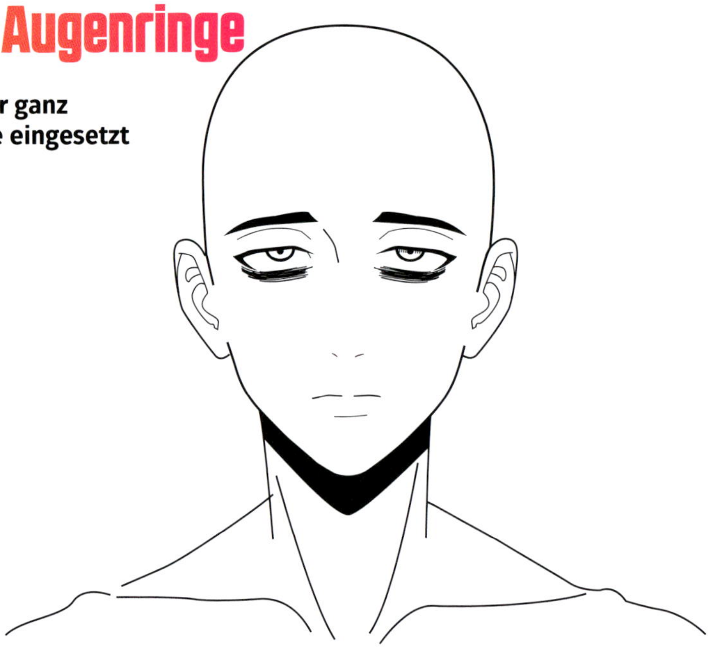

Augenringe können auf Müdigkeit, Erschöpfung oder Krankheit hindeuten.

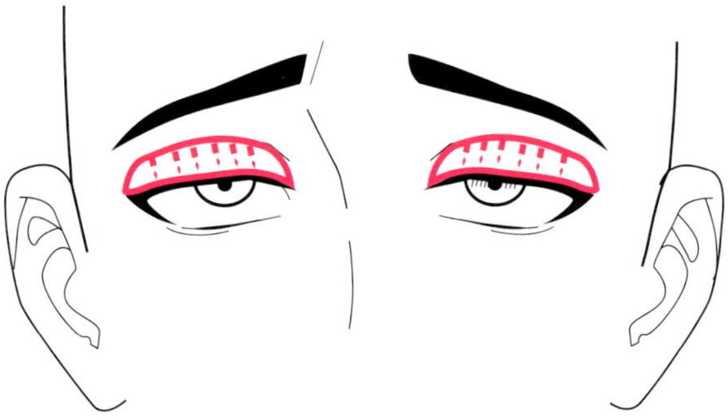

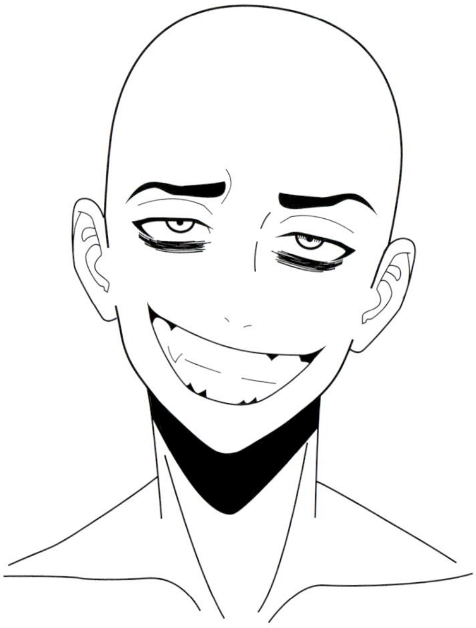

Blasiert oder boshaft?

Durch die Detailgestaltung der Augen kann eine Figur einen arroganten oder bösartigen Ausdruck bekommen. Wenn zum Beispiel das Augenlid den oberen Teil der Iris verdeckt, wirkt die Figur träge, desinteressiert oder auch verschlafen. Augenringe können solche Gesichtsausdrücke noch verstärken.

Die Augen / Tattoos

Für absolut unverwechselbare Gesichter

Egal, ob es sich um eine weibliche oder männliche Figur handelt: Durch eine Tätowierung wird sie unverwechselbar.

Die Geschichte der Figur bestimmt dabei, ob es sich um eine schlichte oder raffinierte Tätowierung handelt.

Hier einige Beispiele, um deine Fantasie anzukurbeln.

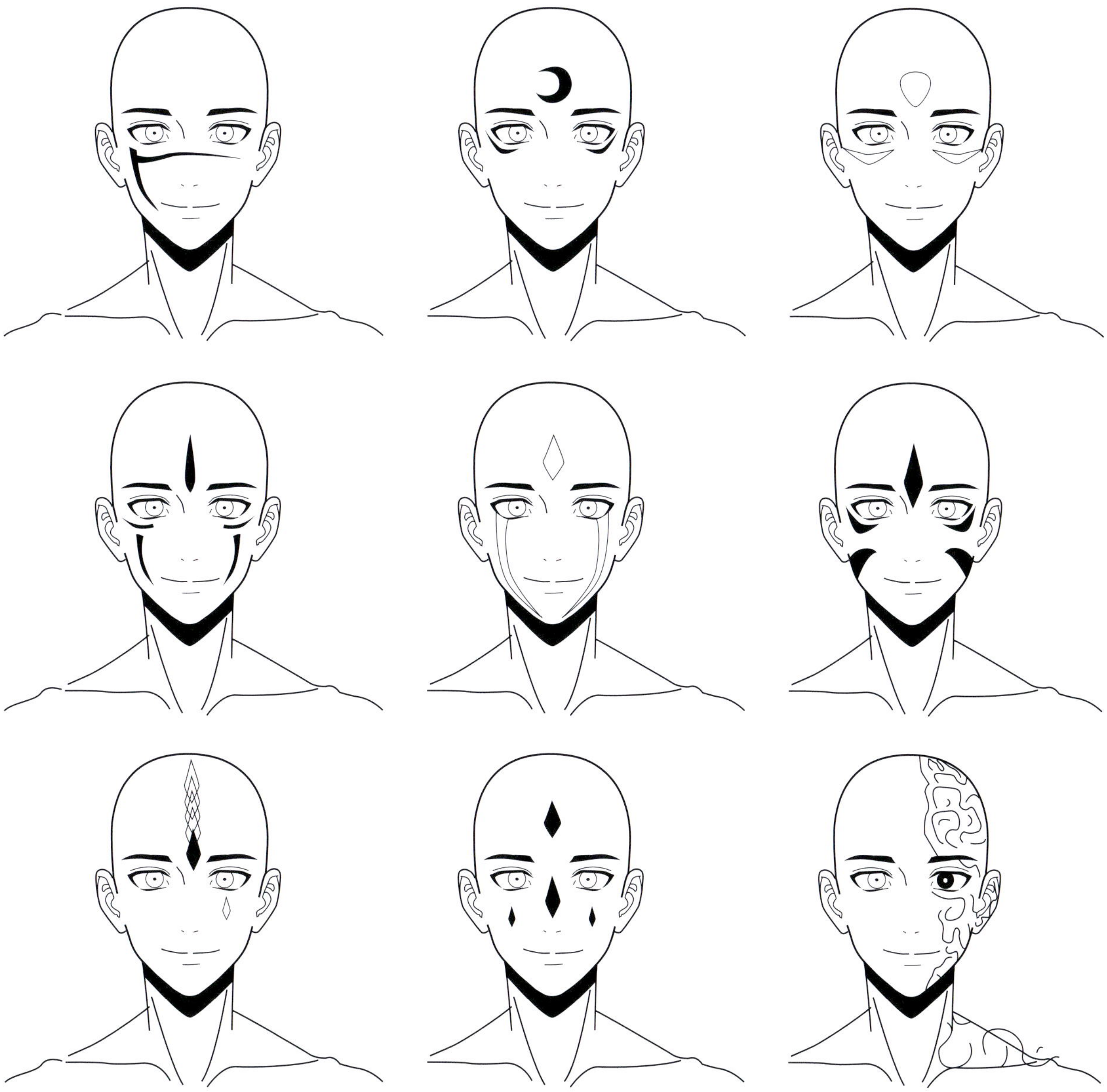

Die Augen / Accessoires

Auch Accessoires helfen, den Charakter deiner Figur deutlicher zum Ausdruck zu bringen.

Brillen

Ob rund oder eckig, Brillen aller Art können die Persönlichkeit einer Figur unterstreichen und sie unverwechselbar machen.

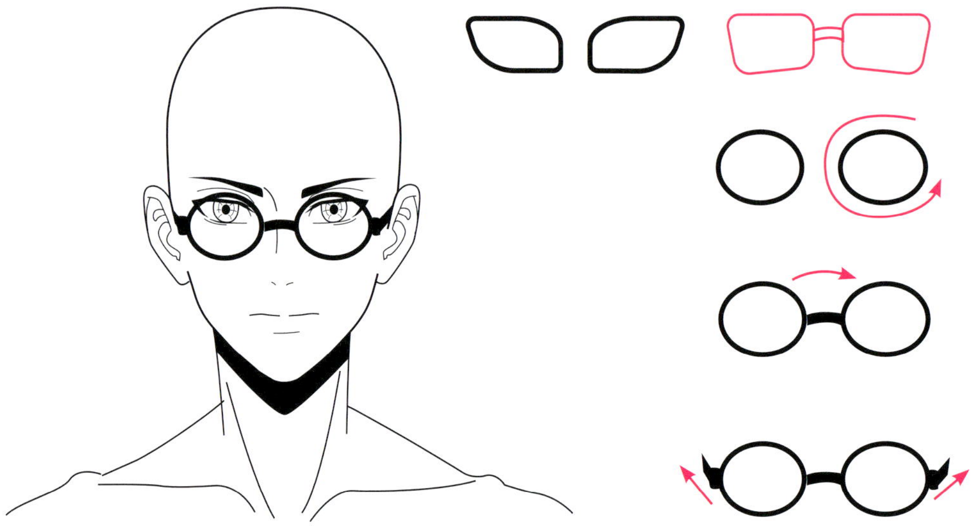

Augenklappe

Eine Augenklappe lässt eine Figur geheimnisvoll erscheinen, kann aber auch ein Hinweis auf eine Intrige sein.

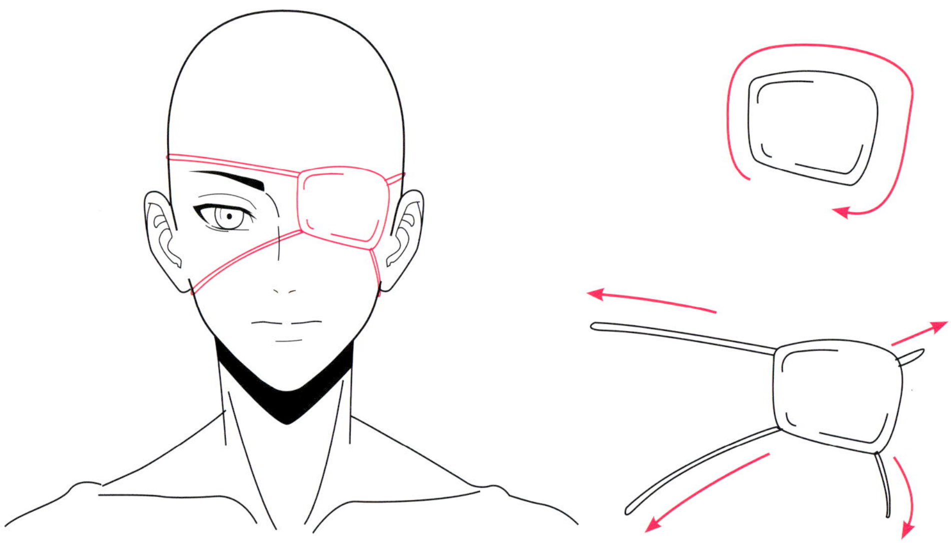

Piercings

Piercings sind ideal, um eine Figur als unangepasst oder rebellisch zu charakterisieren, sie können dabei aber auch ästhetisch aussehen.

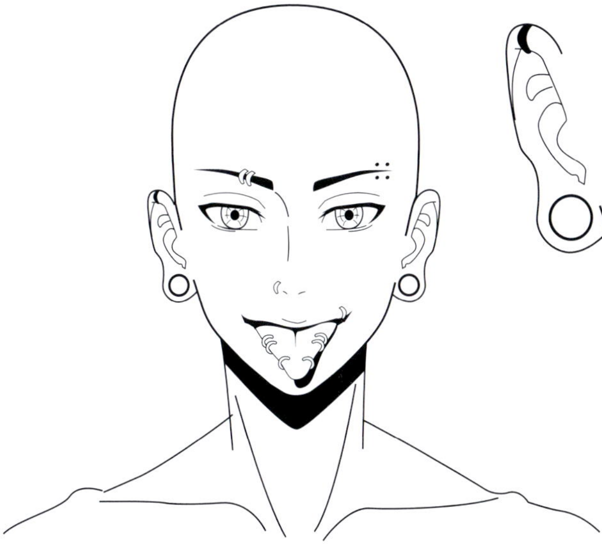

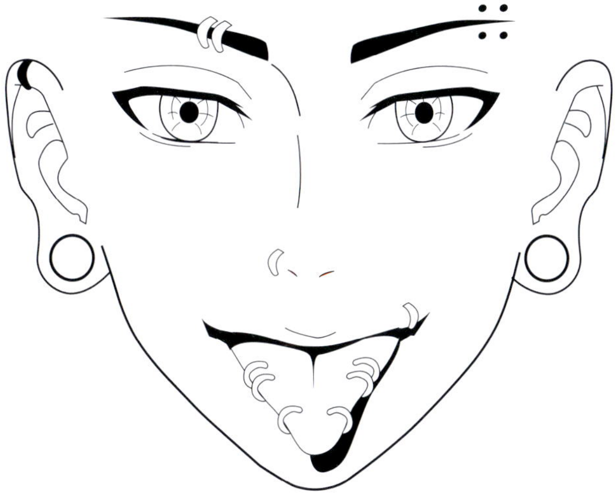

Eigene Kreationen

Selbstverständlich kannst du auch Accessoires erfinden, um deine Figur einzigartig zu machen.

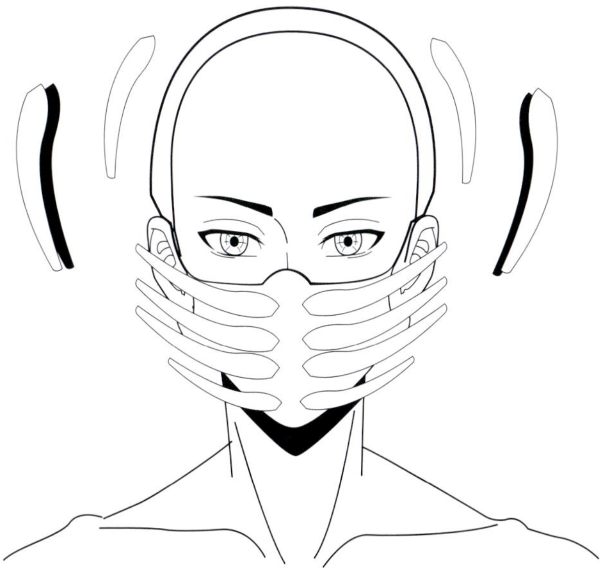

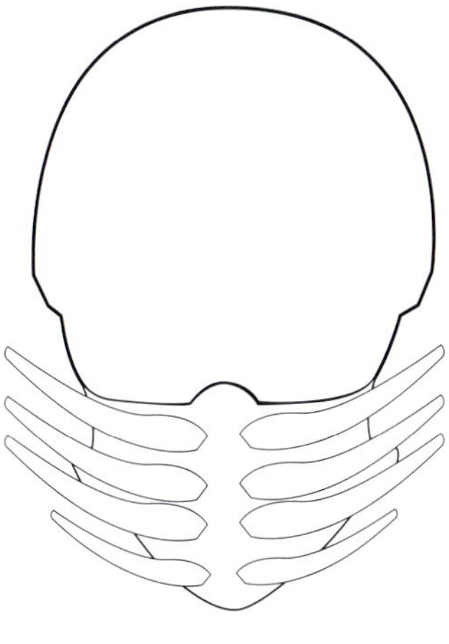

Die richtige Platzierung

Nachdem du gelernt hast, Augen zu zeichnen, wenden wir uns jetzt den Augenbrauen zu. Auch sie sind wichtig, um die Emotionen deiner Figur zum Ausdruck zu bringen.

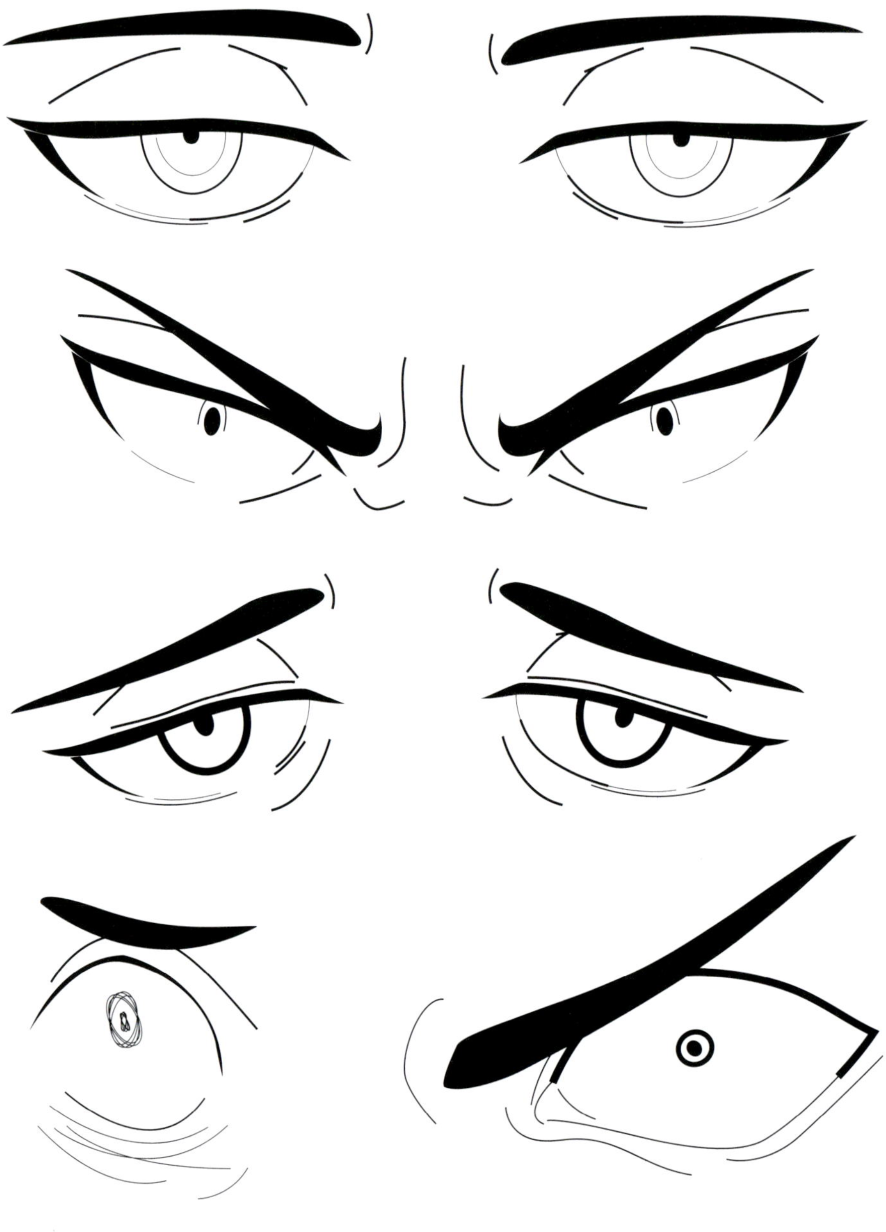

Schritt 1: Hilfslinien

Wie bei den Augen beginnen wir mit einem länglichen gedrittelten Rechteck.
Das mittlere Rechteck wird nun durch eine Mittelsenkrechte in zwei Quadrate geteilt.
Zeichne die Mittelsenkrechte unbedingt ein.

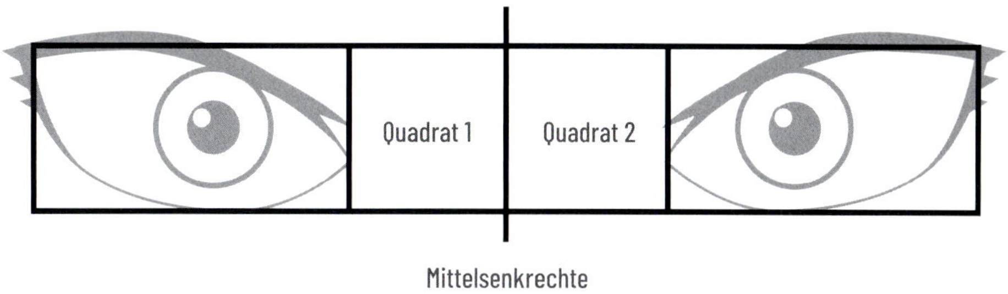

Schritt 2: Die inneren Enden

Jetzt brauchen wir Hilfslinien, um die Länge der Augenbrauen über der Nase zu begrenzen. Zeichne dafür eine senkrechte Achse in die Mitte jedes der beiden Quadrate.

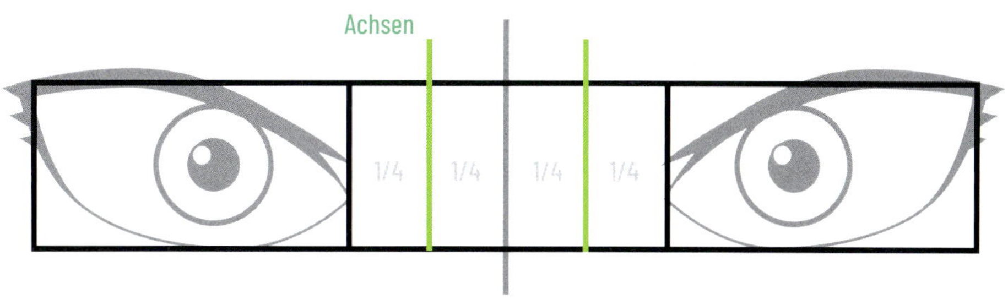

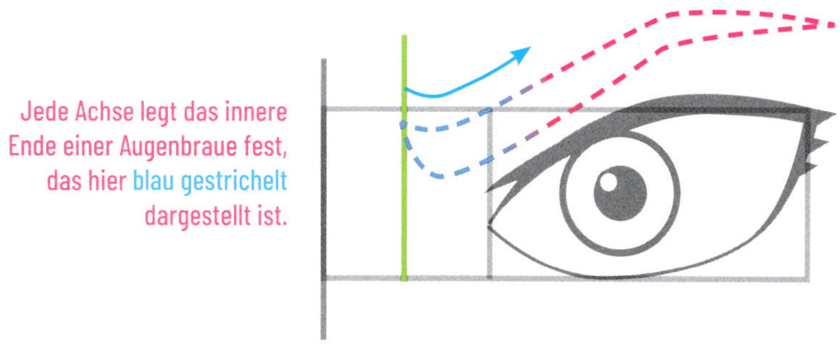

Schritt 3: Die äußeren Enden

Zeichne nun zwei weitere Hilfslinien, um die äußeren Enden der Augenbrauen festzulegen.
Die Länge der Augenbrauen kannst du selbst bestimmen.

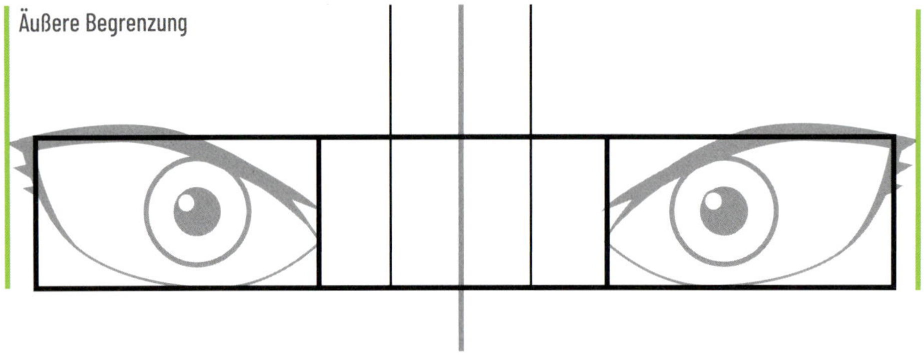

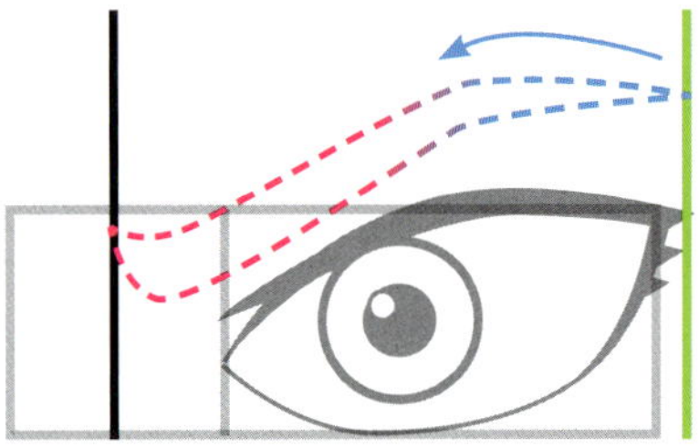

Jede dieser Hilfslinien legt das äußere Ende einer Augenbraue fest, das hier blau gestrichelt dargestellt ist.

Schritt 4: Details

Nachdem die Hilfslinien gezeichnet sind, kannst du die Augenbrauen zeichnen, und zwar jeweils von Achse A zu Achse B.

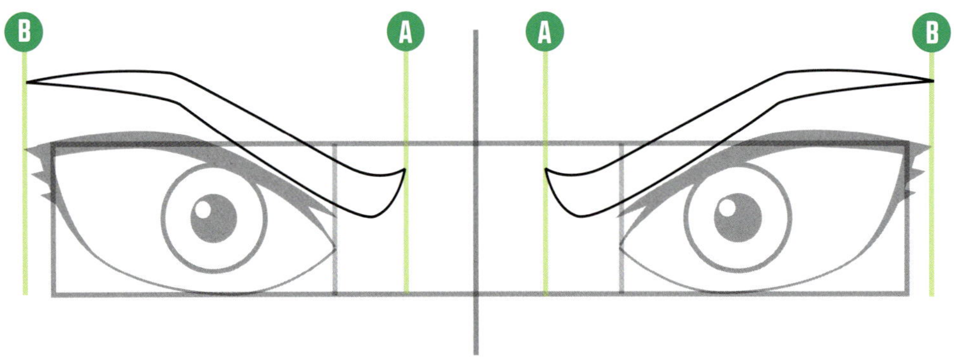

In diesem Beispiel sind die Augenbrauen zusammengezogen, um Wut oder Ärger auszudrücken. Diese Emotion passt zu den leicht schräg stehenden Augen. Der Neigungswinkel der Augen spielt für den Ausdruck erkennbarer Emotionen eine wichtige Rolle.

Verzerrung der Augenbrauen

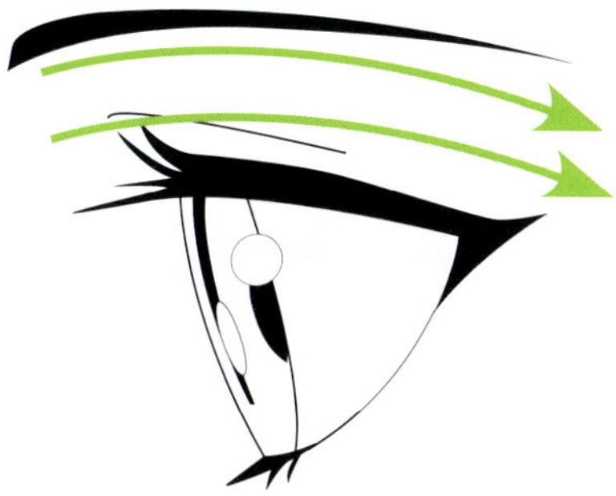

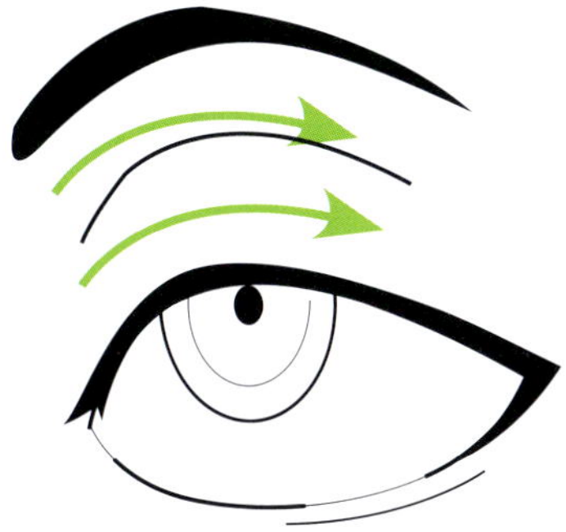

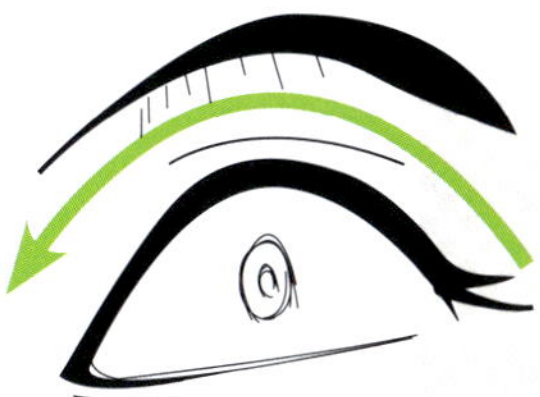

NICHT VERGESSEN!

Ob in der Frontalansicht, im Profil oder aus einem anderen Blickwinkel: Die Form der Augenbrauen orientiert sich immer an der Augenform.

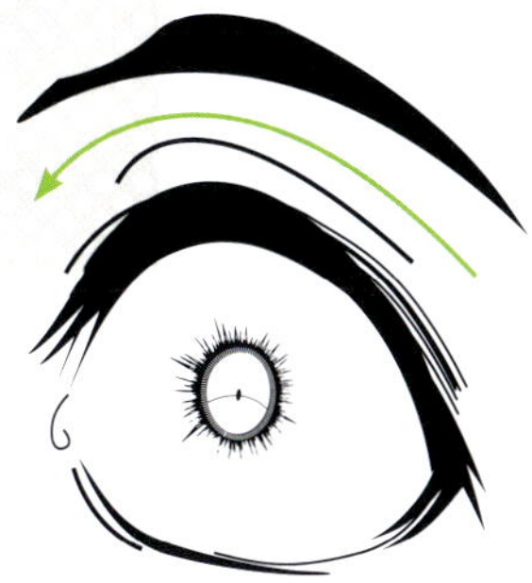

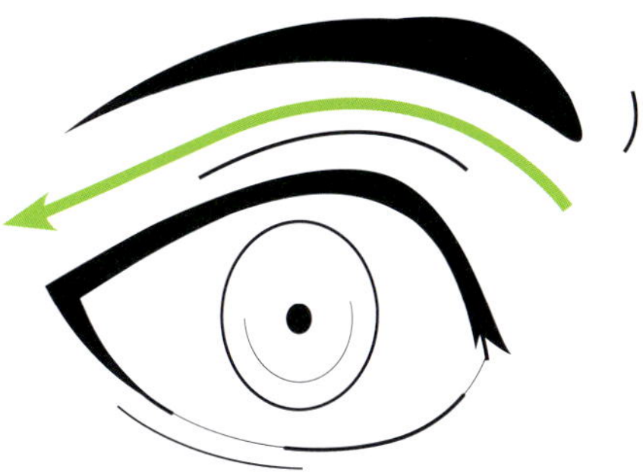

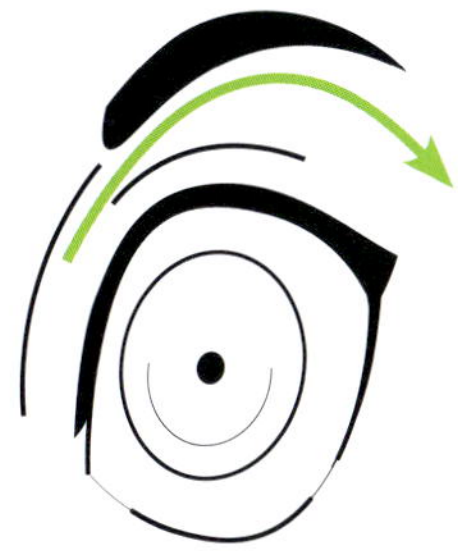

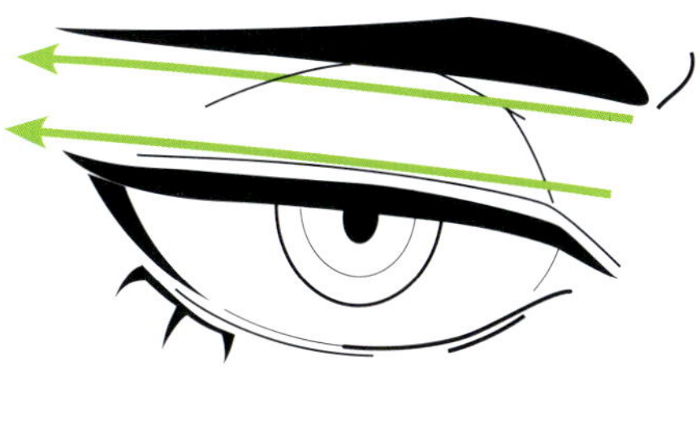

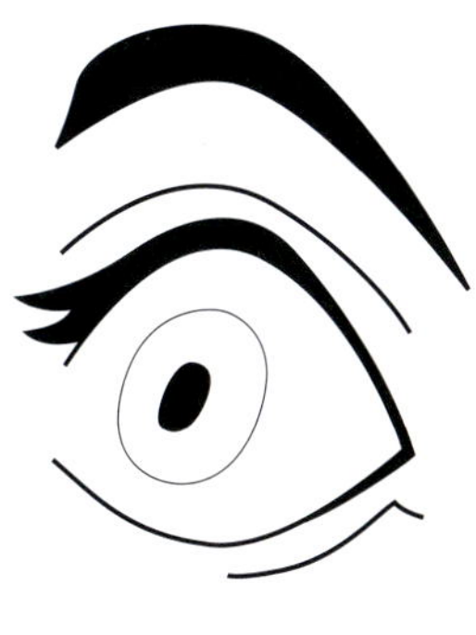

Die Form der Nase

Ob groß oder klein, breit oder schmal: Jede Nase basiert auf einer einfachen geometrischen Grundform, die nicht schwer zu zeichnen ist.

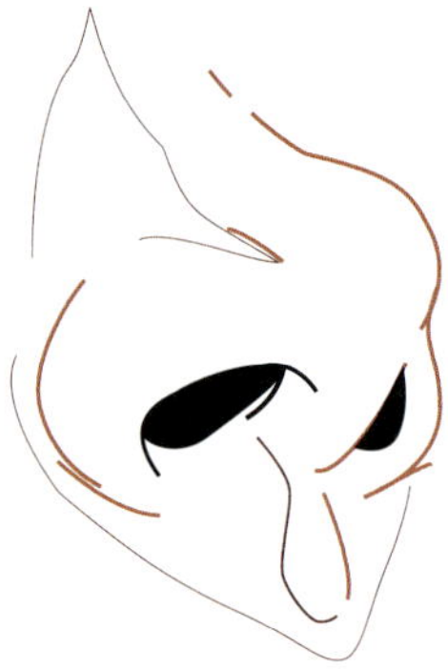

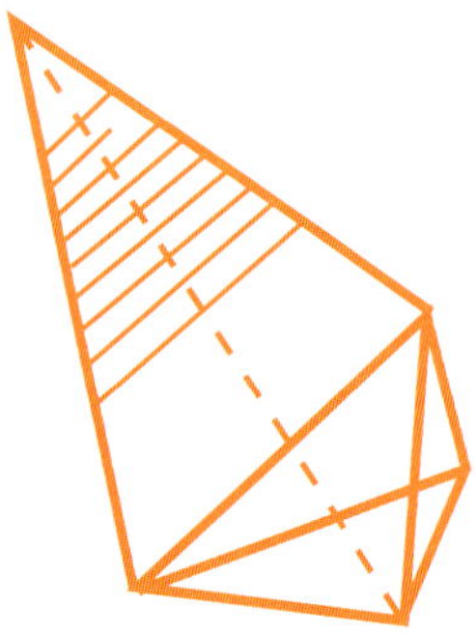

Diese Form entspricht einer Pyramide mit dreieckiger Grundfläche.

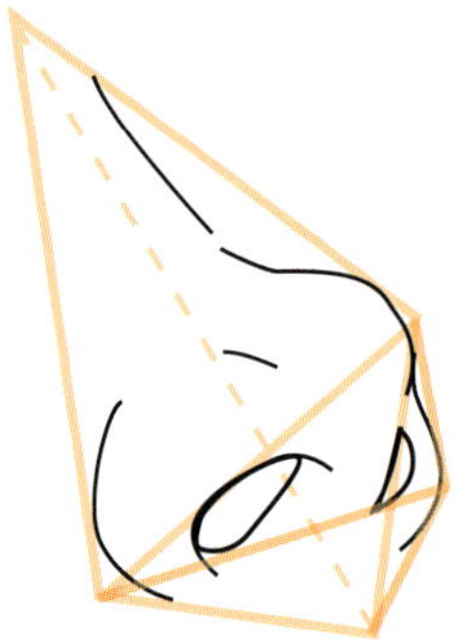

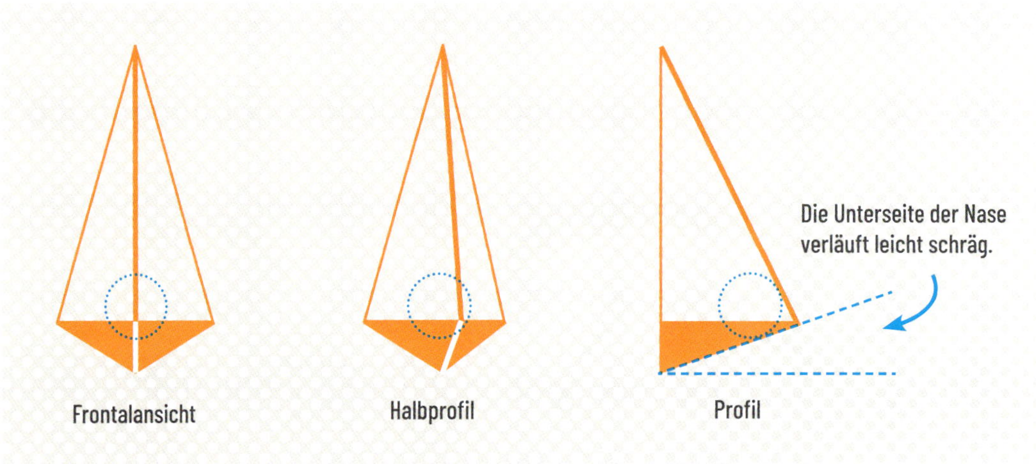

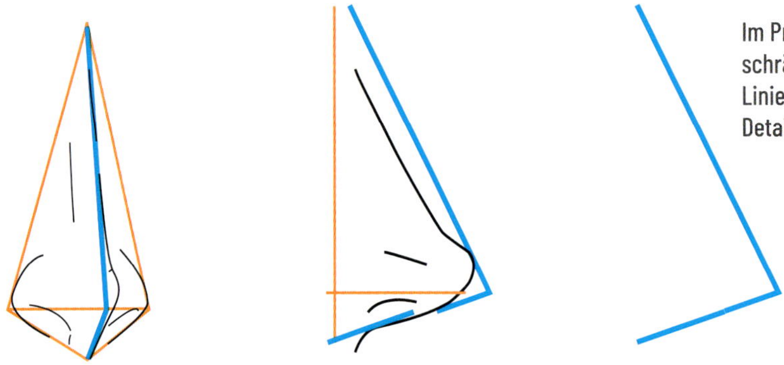

Im Profil, von vorn oder schräg von vorn: Die blaue Linie zeigt an, wo sich die Details der Nase befinden.

Die Nase im Profil

Weiter geht es mit einer praktischen Übung.

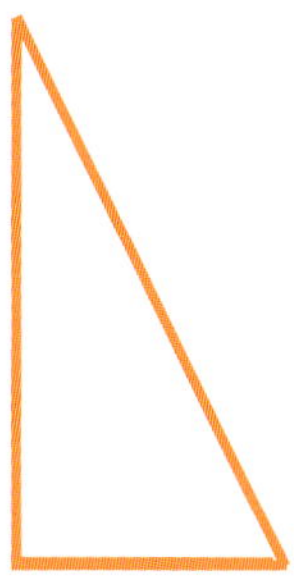

Schritt 1
Zeichne ein rechtwinkliges Dreieck.

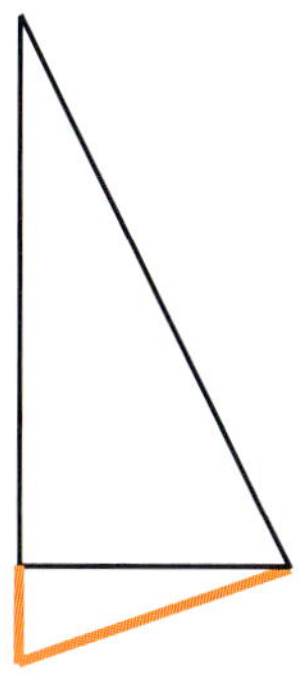

Schritt 2
Füge direkt darunter ein weiteres rechtwinkliges Dreieck an, das aber viel kleiner ist.

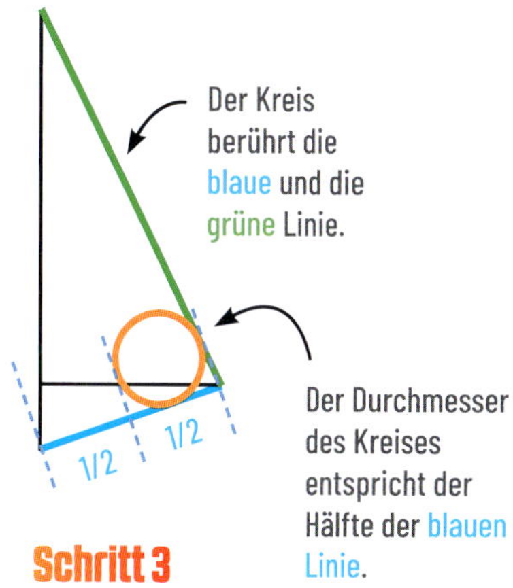

Schritt 3
Jetzt zeichne einen Kreis in die beiden Dreiecke.

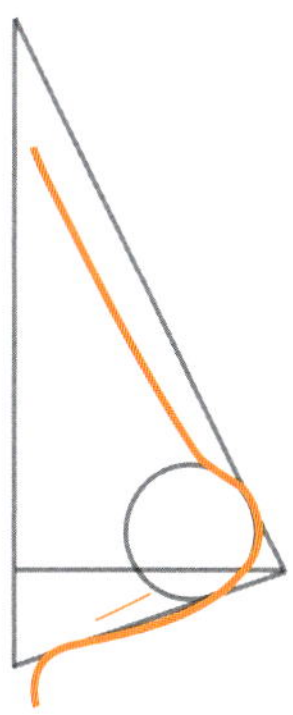

Schritt 4
Zeichne nun anhand der Hilfslinien die Grundform der Nase.

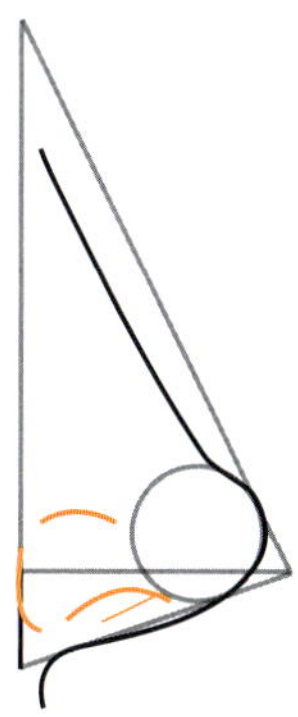

Schritt 5
Füge von der Nasenspitze ausgehend Nasenloch und Nasenflügel ein.

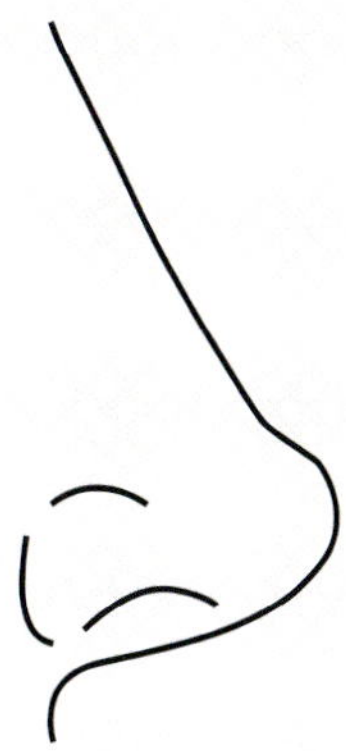

Schritt 6
Ziehe zuletzt die Striche mit Fineliner oder Tusche nach und radiere die Hilfslinien aus.

Die Nase von vorn

Für die Nase in der Frontalansicht gehen wir ganz ähnlich vor.

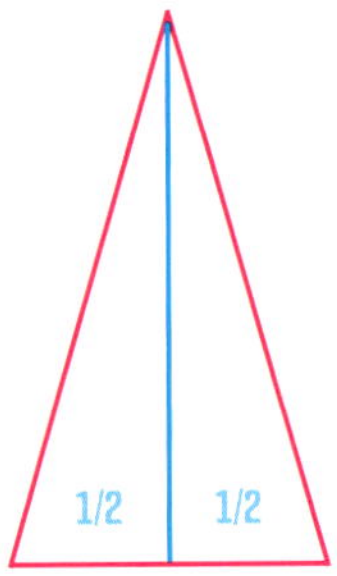

Schritt 1

Zeichne ein Dreieck und teile es in zwei Hälften .

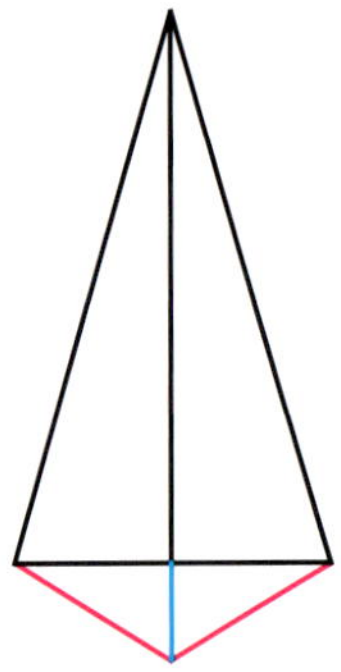

Schritt 2

Füge direkt darunter ein zweites Dreieck an und teile es ebenfalls in zwei Hälften.

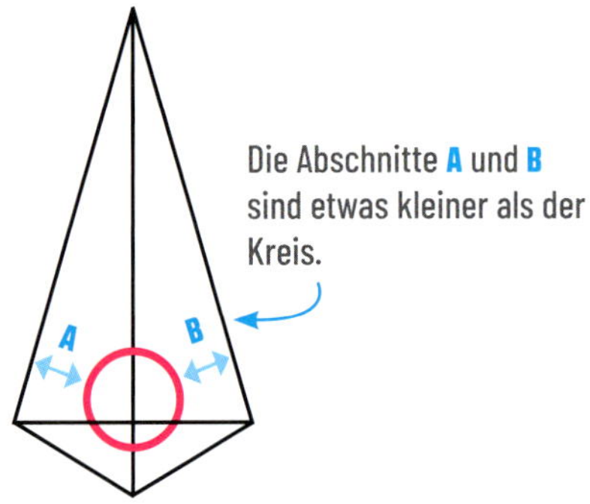

Schritt 3

Zeichne in die beiden Dreiecke einen Kreis.

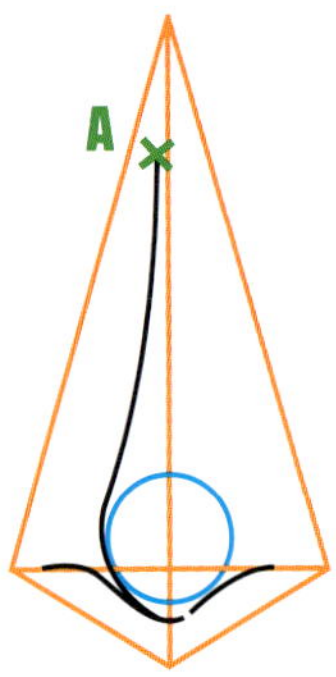

Schritt 4

Zeichne von Punkt **A** aus einen Strich, der um den blauen Kreis herum verläuft. Füge darunter ein abgeflachtes, geschwungenes V ein.

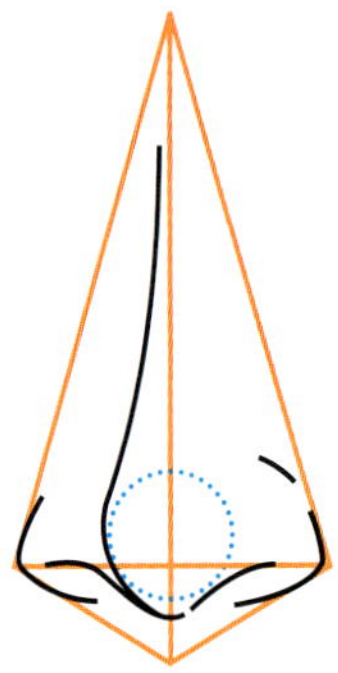

Schritt 5

Runde für die Nasenflügel die rechte und linke Ecke der Dreiecke ab.

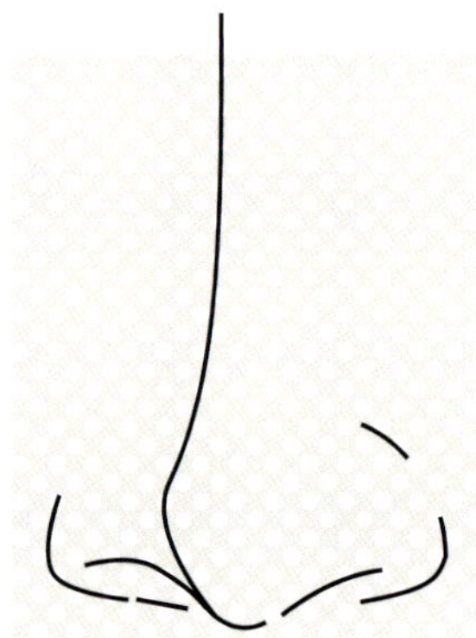

Schritt 6

Zeichne zuletzt die wichtigsten Linien mit Fineliner oder Tusche nach.

Nasenformen

Der Stil

Im Manga werden Nasen oft geradezu minimalistisch gezeichnet. Du kannst selbst entscheiden, ob du sie detailliert ausarbeiten oder nur durch zwei Striche andeuten willst. Manchmal genügt sogar ein einziger Strich.

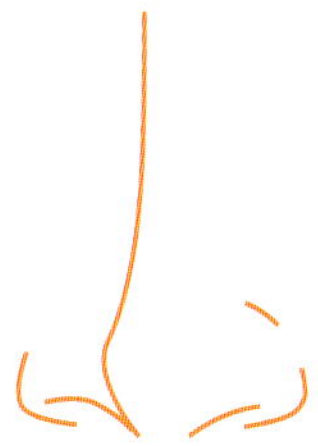

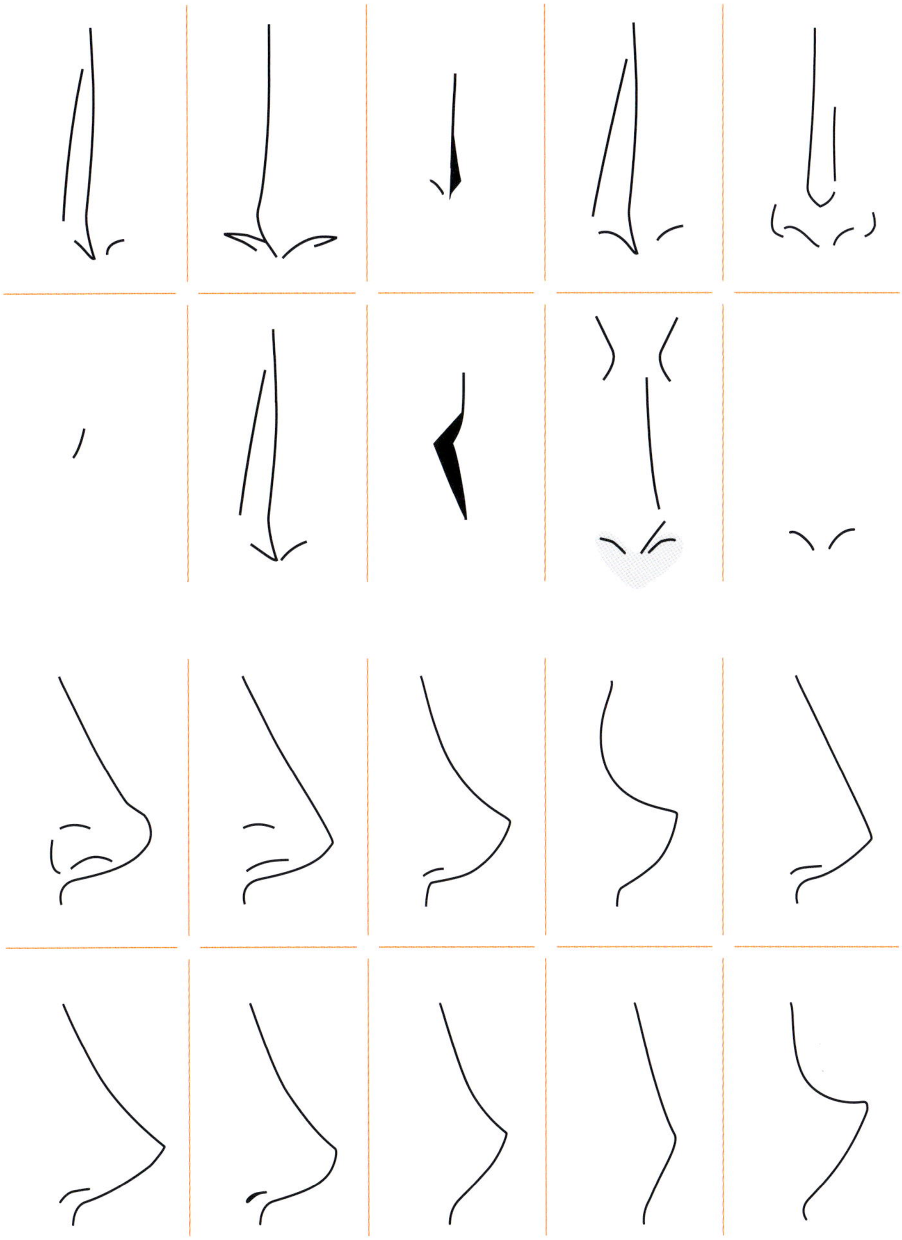

Die Nase im Halbprofil

Das wichtigste Werkzeug eines Zeichners ist seine Fantasie.
Du musst es schaffen, dir die Formen in 3D auf einem weißen Blatt Papier vorzustellen. Das ist gerade für Einsteiger nicht leicht, aber mit etwas Zeit und Übung wirst du Fortschritte machen.

Die Grundform der Nase kannst du bereits zeichnen.

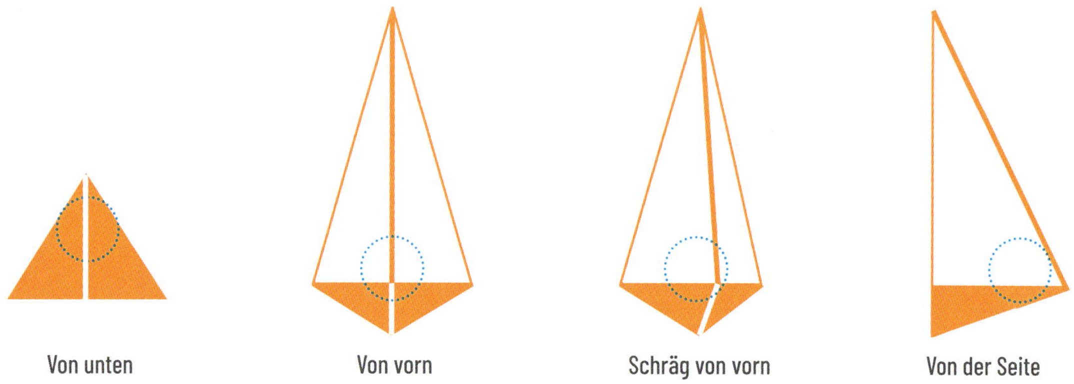

Nehmen wir nun einmal an, du könntest diese Form in die Hand nehmen. Versuche, sie dir aus verschiedenen Blickwinkeln vorzustellen und zu zeichnen.

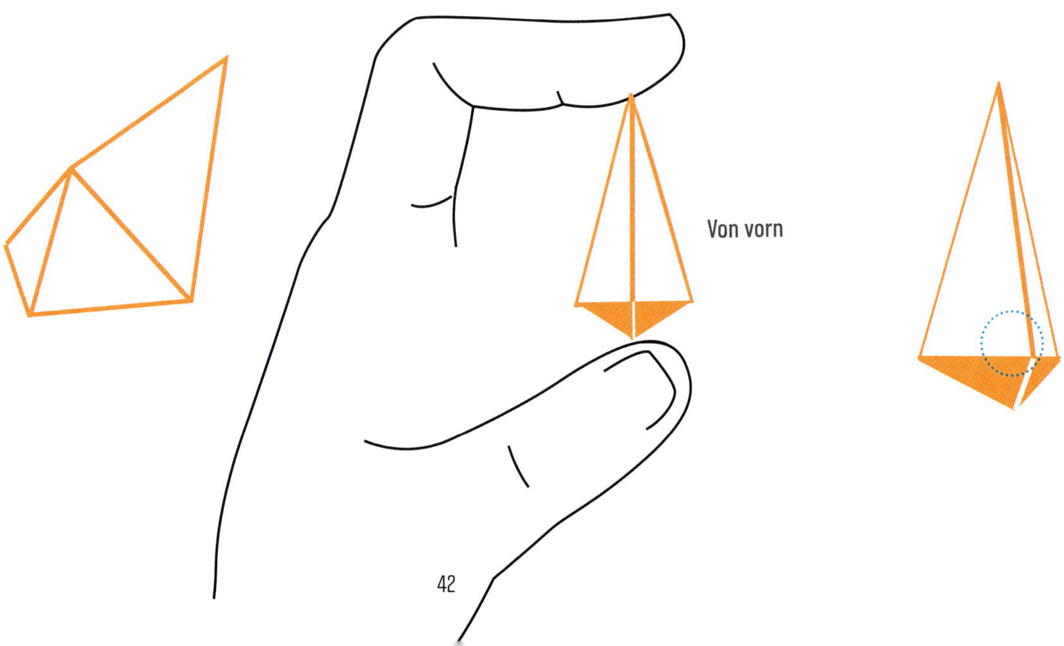

Ein Zeichner muss lernen, sich solche Formen vorzustellen, um sie dann auf dem Papier festzuhalten.

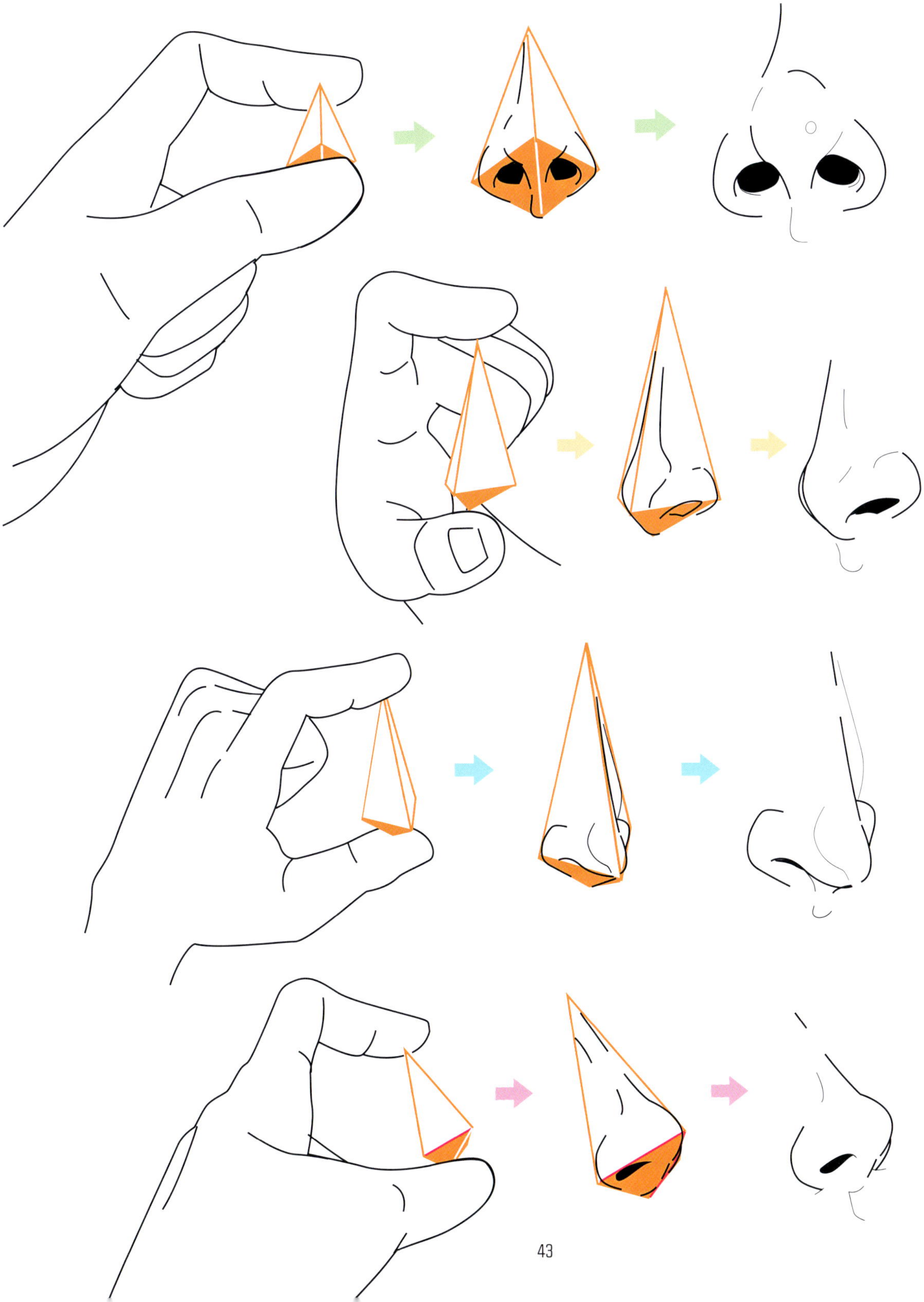

04 DER MUND

Die Form des Munds

Der Mund ist fast so ausdrucksvoll wie die Augen. Er kann durch seine Form verschiedene Emotionen vermitteln.

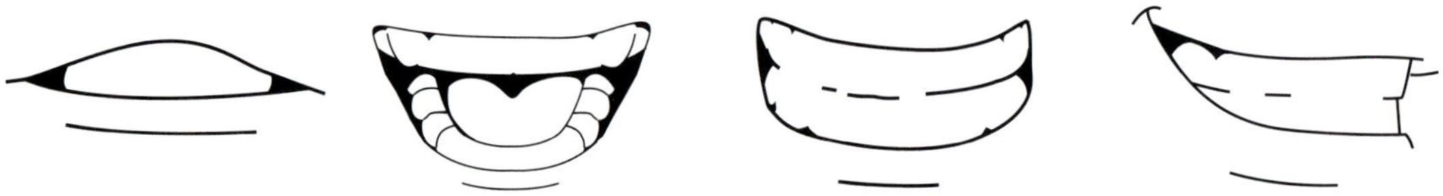

Das Volumen

Der Mund hat eine zylindrische Form.

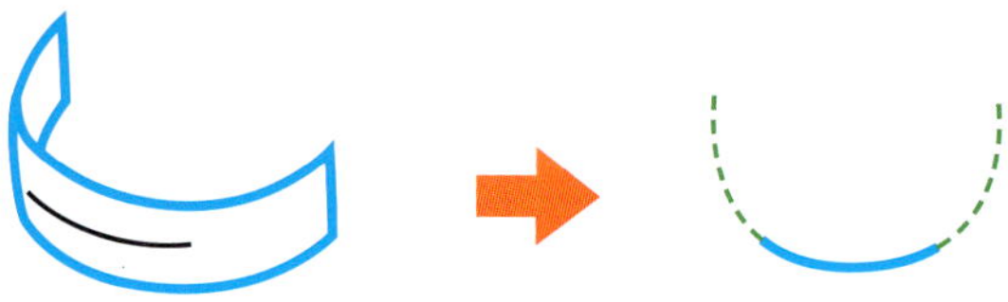

Schräg von vorn

Von oben

Auch die Zähne besitzen eine zylindrische Form. Um Fehler beim Zeichnen des Munds zu vermeiden, solltest du dir immer das ganze Gebiss perspektivisch in der Mundhöhle vorstellen, auch bei geschlossenen Lippen.

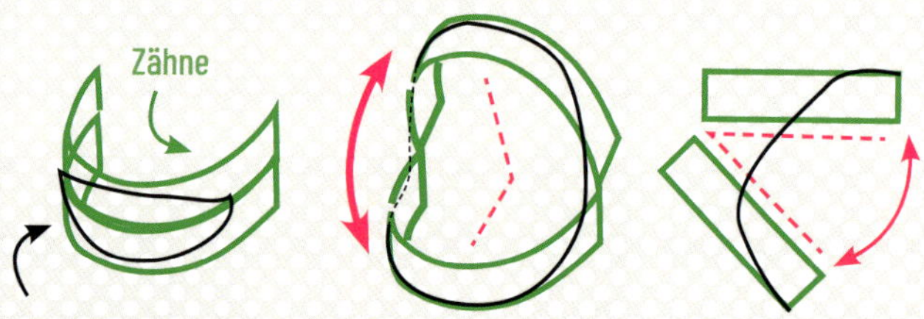

Für die richtige Platzierung des Munds gibt es verschiedene Methoden.

Die Position im Gesicht

Für den Mund in Standardposition (unbewegt) zeichne ein V, das von den Augenwinkeln bis zum Kinn verläuft.

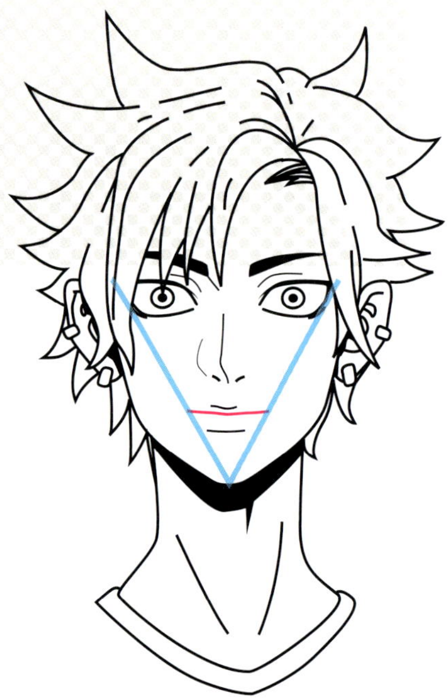

Damit der Mund weder zu nahe an der Nase noch zu nahe am Kinn sitzt, unterteile zuerst den Kopf in vier gleiche Abschnitte.

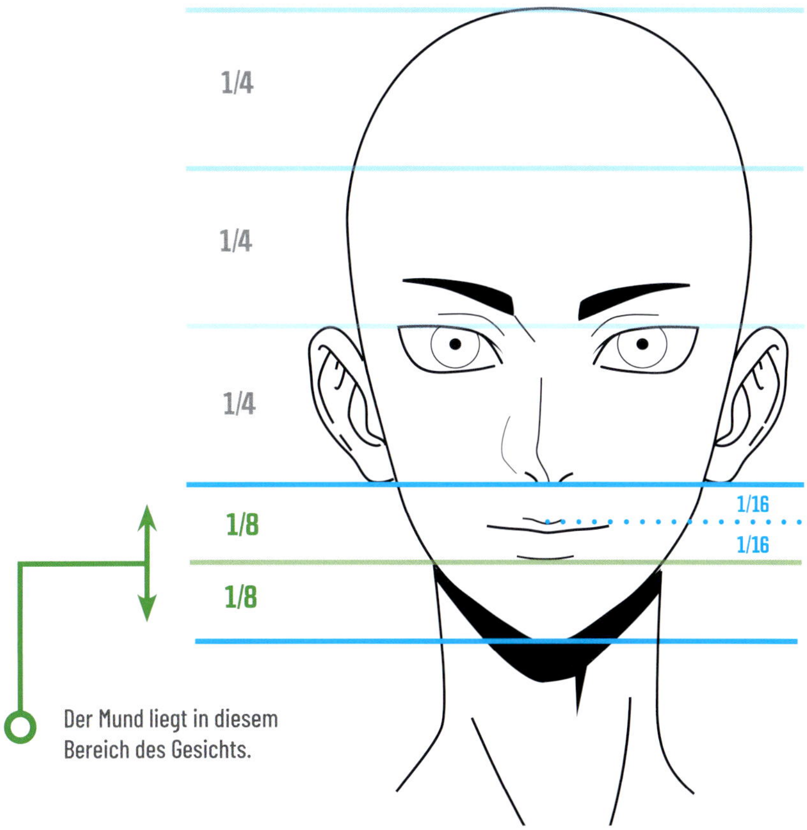

NOTE !

Schau dir vor dem Zeichnen jeden Teil des Gesichts genau an. **Überlege bei jedem Strich, ob er dicker oder länger sein muss als der Strich darüber oder darunter. Und werden auch die anderen Dimensionen eingehalten?**

Behalte beim Zeichnen immer das Gesamtbild im Blick. **Versuche, dir auch die Striche vorzustellen, die du noch nicht gezeichnet hast. Erst wenn du dir wirklich sicher bist, solltest du einen Strich zeichnen.**

Geschlossener Mund

Weiter geht es mit einer praktischen Übung.

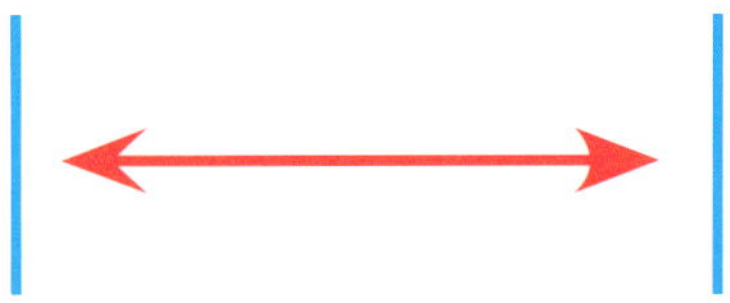

Schritt 1

Lege zuerst die Breite des Munds fest. Wenn er geschlossen ist, zeichne dafür eine Hilfslinie in V-Form.

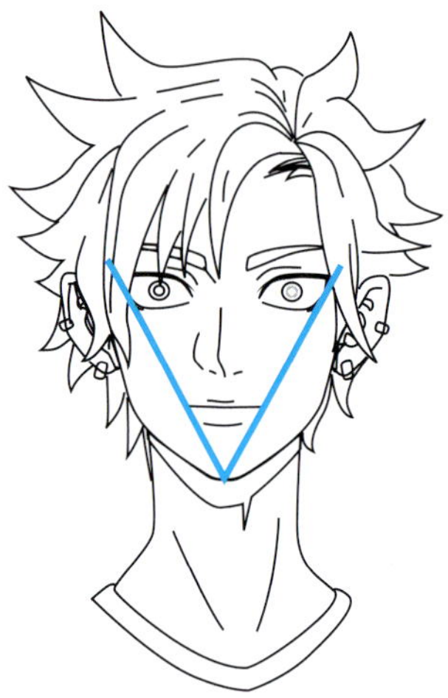

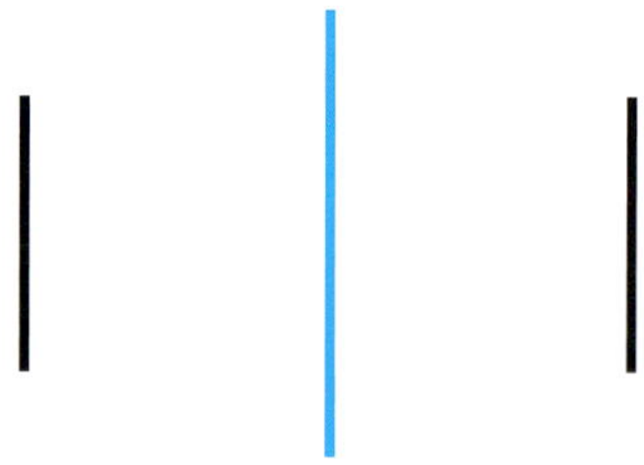

Schritt 2

Zeichne nun die Mittelsenkrechte dieser Breite ein.

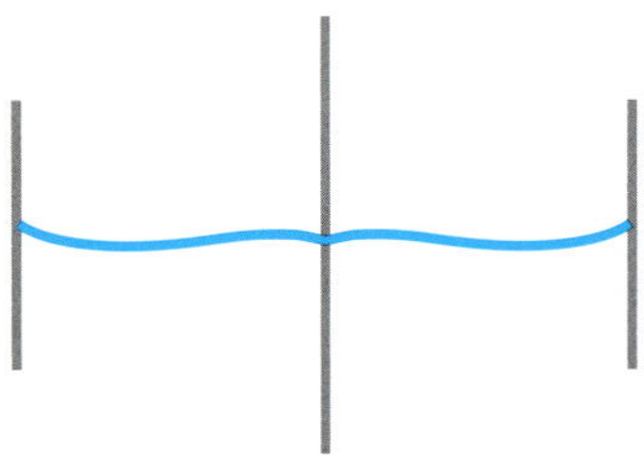

Schritt 3

Das erste Formelement besteht aus zwei symmetrischen, leicht gebogenen Strichen.

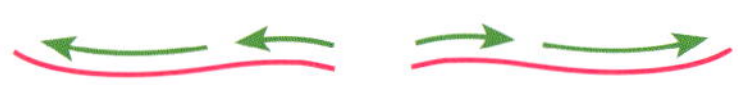

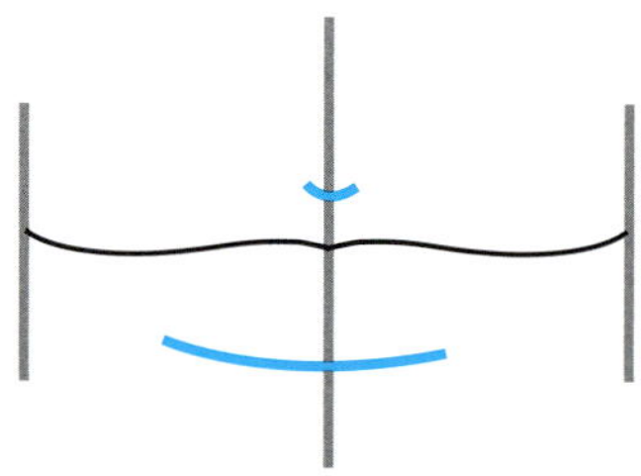

Schritt 4

Zeichne nun einen kleinen Bogen für die Oberlippe und einen längeren Bogen für die Unterlippe (die mehr Volumen hat).

Schritt 5

Zeichne zuletzt die wichtigsten Striche mit Fineliner oder Tusche nach.

Zeichne die Trennlinie der Lippen nicht vollständig nach, sondern lass im mittleren Bereich eine kleine Lücke.

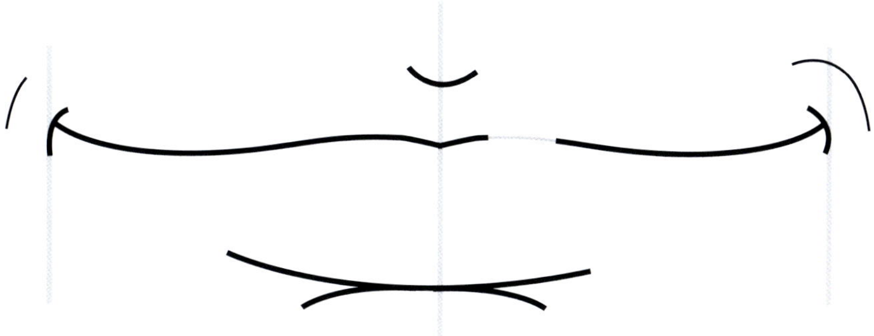

TIPP

Um den Mund zum Leben zu erwecken, kannst du die Grundform einfach abwandeln.

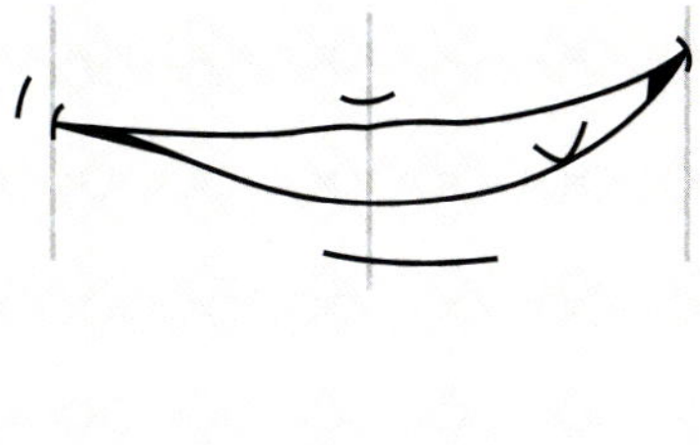

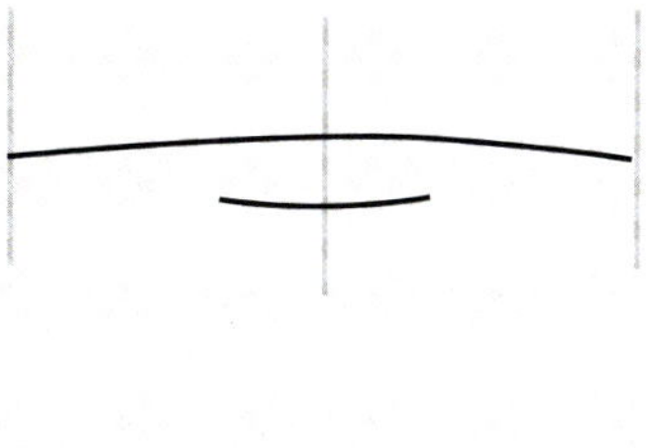

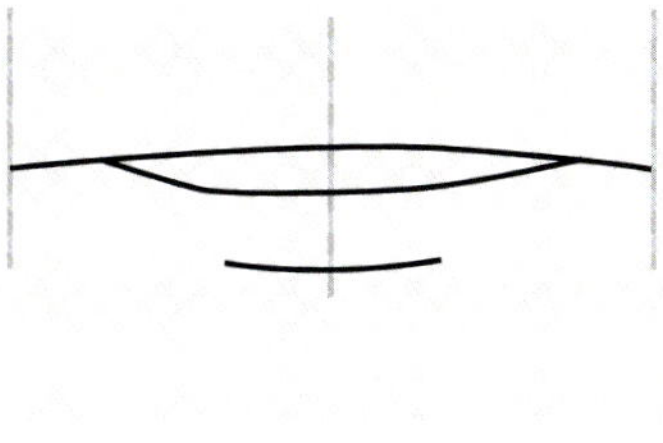

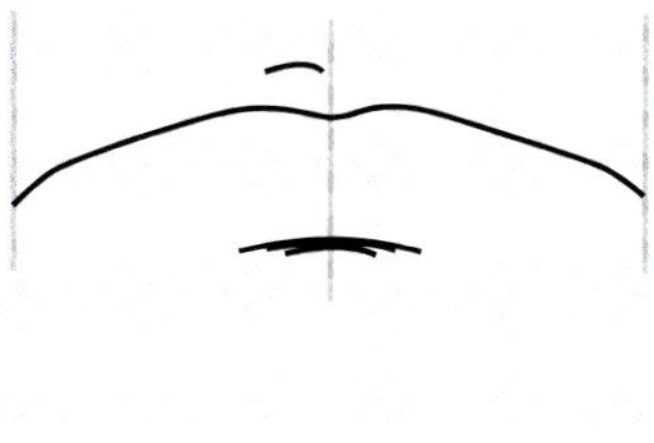

Offener Mund von vorn

Wir beginnen wie beim geschlossenen Mund mit den Hilfslinien für die Breite und die Mitte.

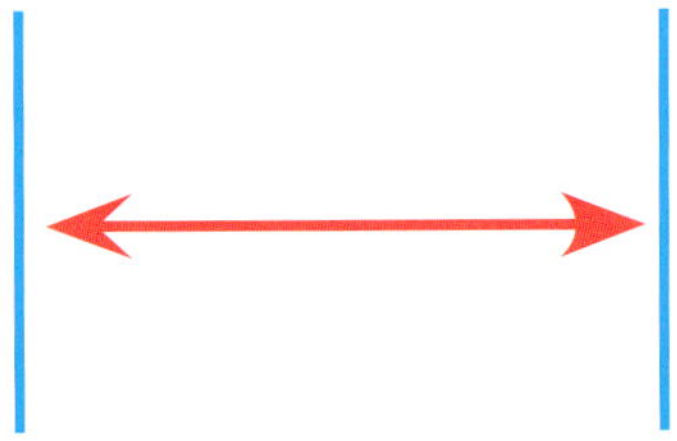

Schritt 1

Lege die Breite des Munds fest.

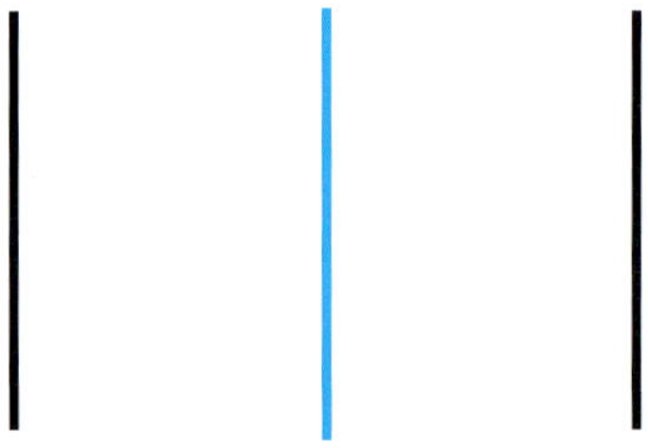

Schritt 2

Zeichne die Mittelsenkrechte ein.

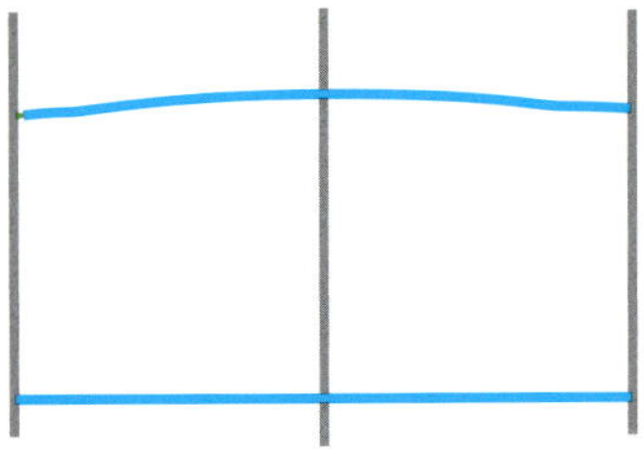

Schritt 3

Ziehe nun zwei Striche. Ihr Abstand entspricht der Öffnung des Munds. Je größer ihr Abstand, desto weiter ist der Mund geöffnet.

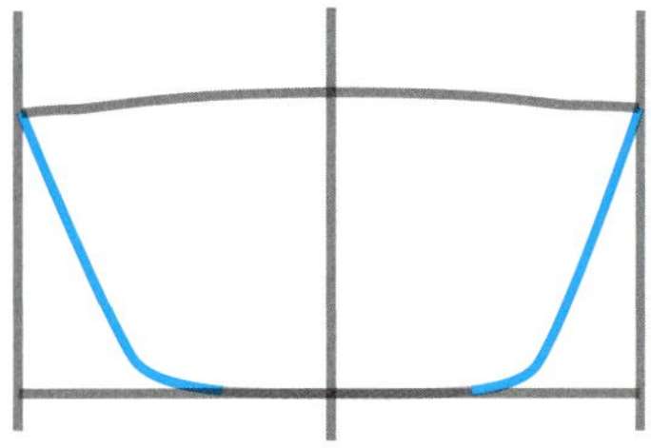

Schritt 4

Zeichne jetzt zwei schräge Striche. Der geöffnete Mund hat eine V-Form.

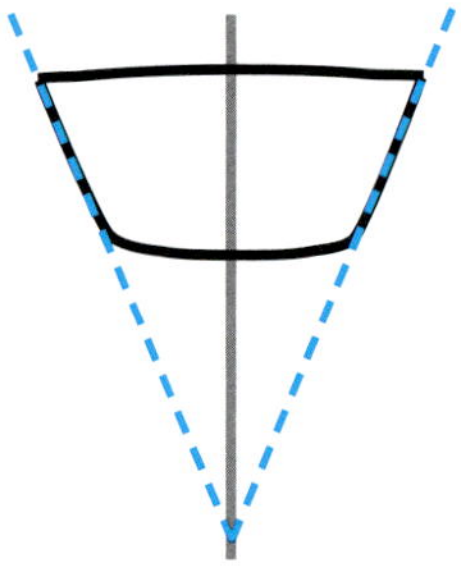

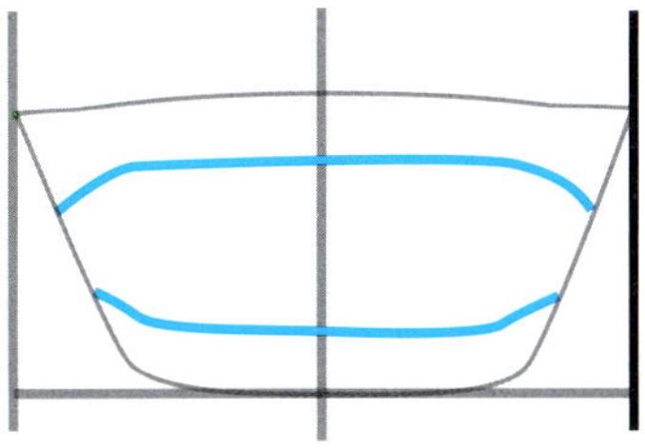

Schritt 5

Nun folgen zwei Striche, um die Höhe der Zähne festzulegen.

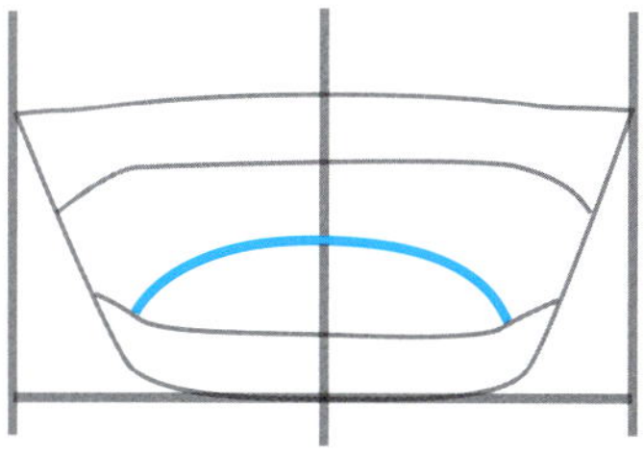

Schritt 6

Zeichne für die Zunge einen Bogen in die Mitte des Munds.

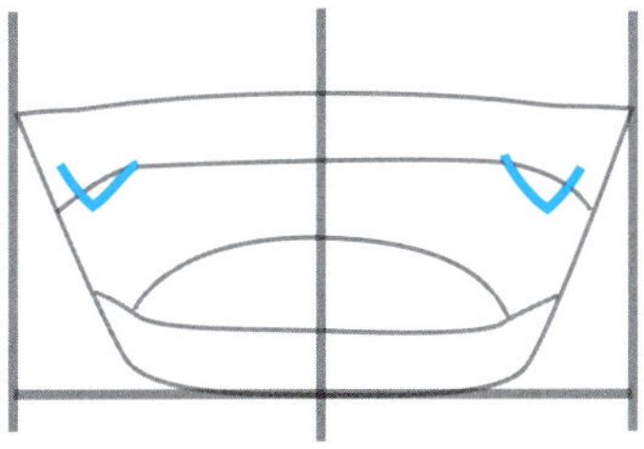

Schritt 7

Wenn du die Eckzähne durch zwei V-Formen andeutest, bekommt deine Figur eine bösartige Ausstrahlung.

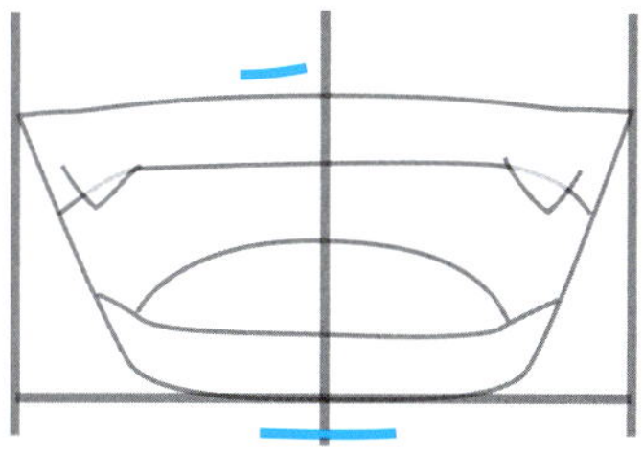

Schritt 8

Mach das Volumen der Lippen mit zwei leicht gekrümmten Strichen erkennbar.

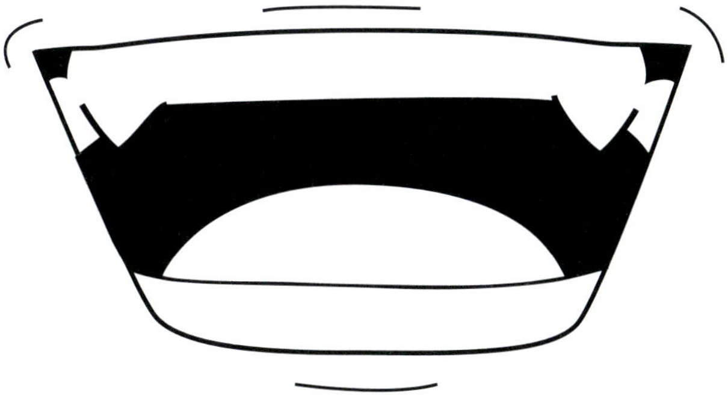

Schritt 9

Der letzte Schritt ist das Inking, für das hier ein schwarzer Marker verwendet wird.

Verschiedene Münder

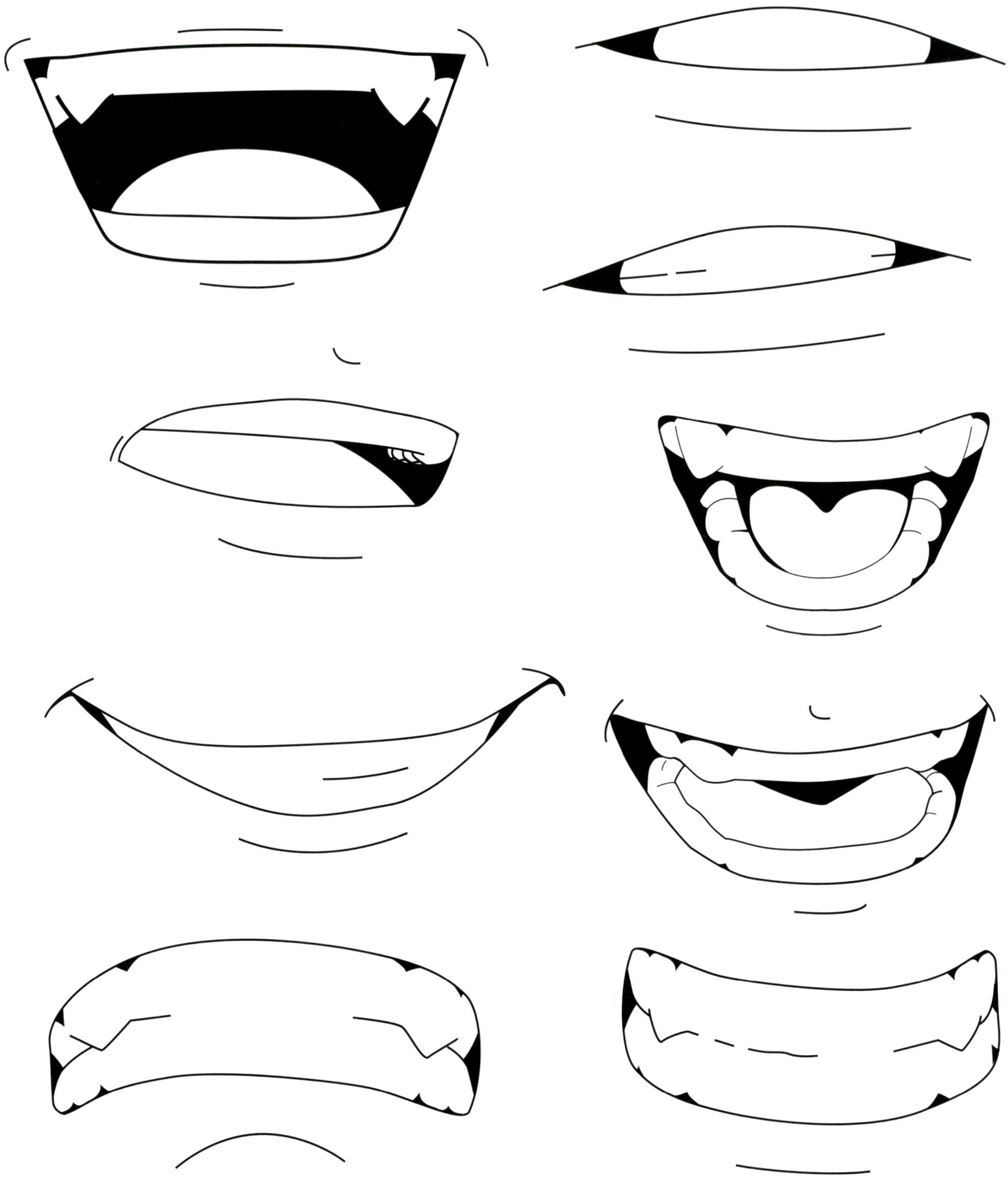

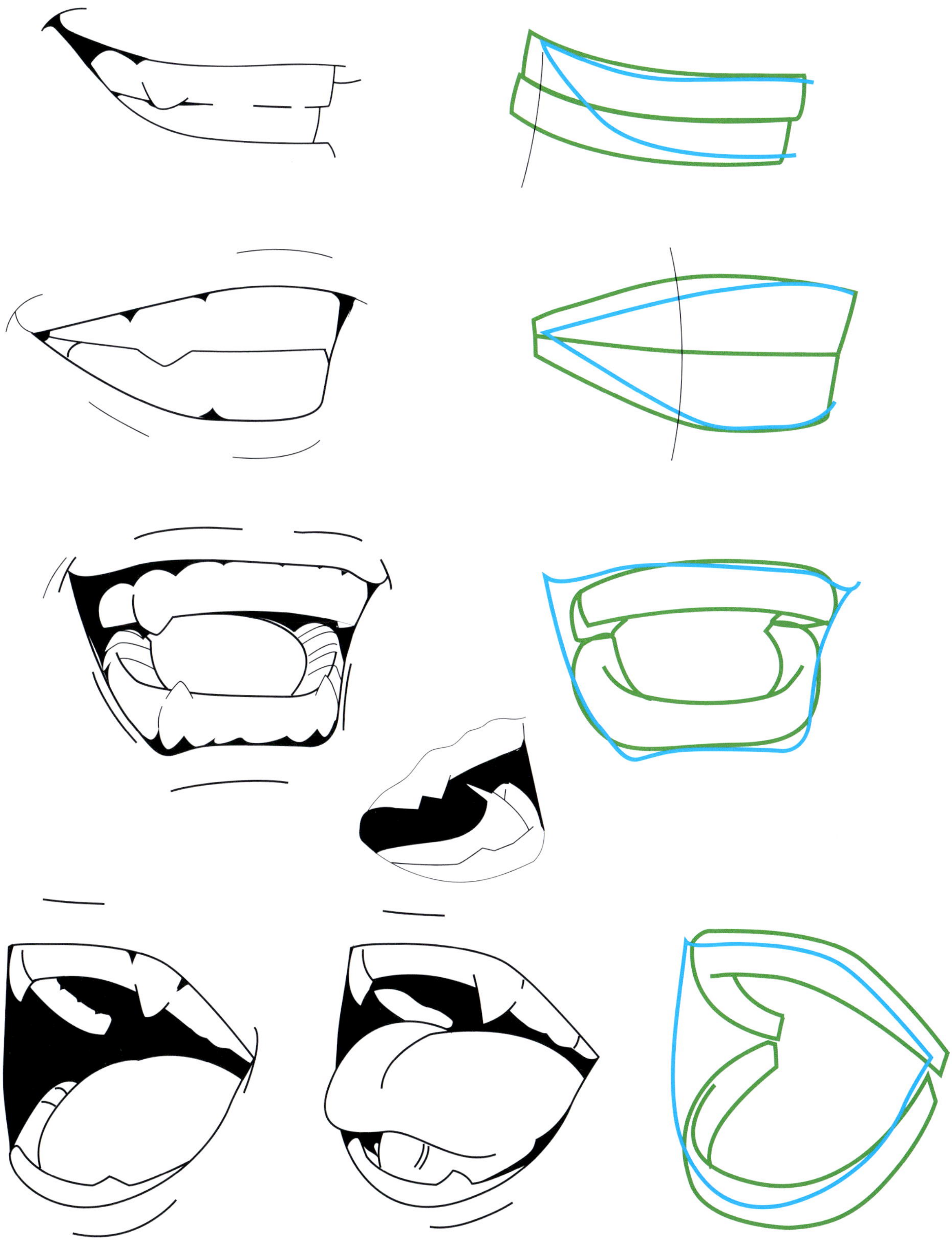

Die Form der Ohren

Bevor wir zur praktischen Übung kommen, wollen wir uns die verschiedenen Formelemente eines Ohrs genauer ansehen.

Beim genauen Betrachten eines Ohrs wirst du entdecken, dass es sich aus vier Grundformen zusammensetzt, die dir wahrscheinlich bekannt vorkommen.

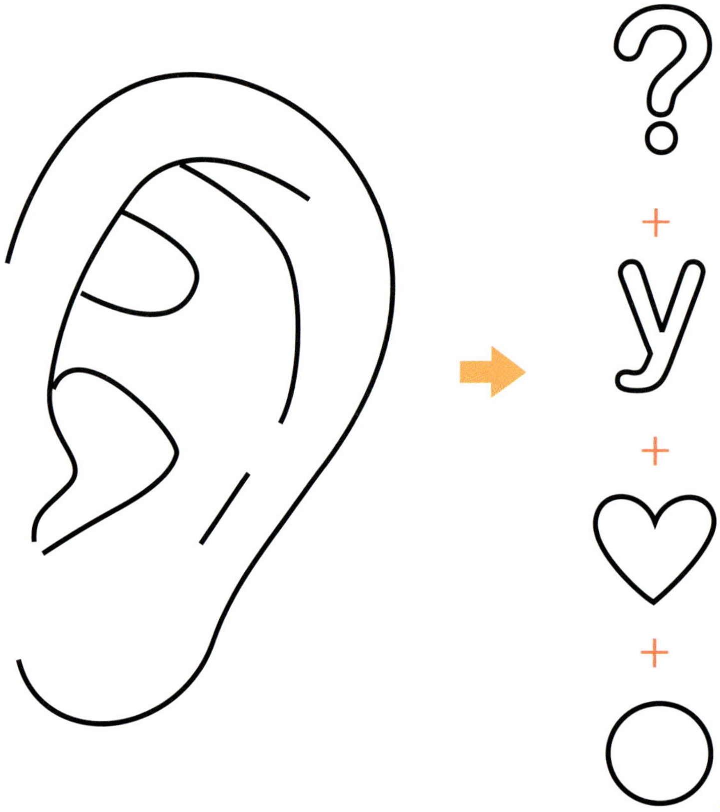

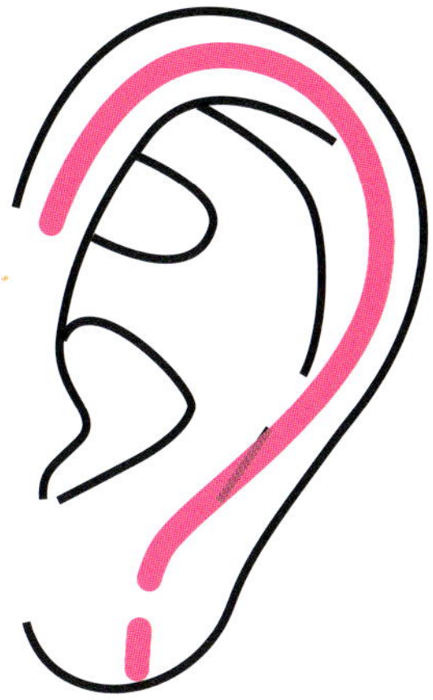

Das Fragezeichen steht für den wulstartigen Rand der Ohrmuschel, den man auch Helix nennt.

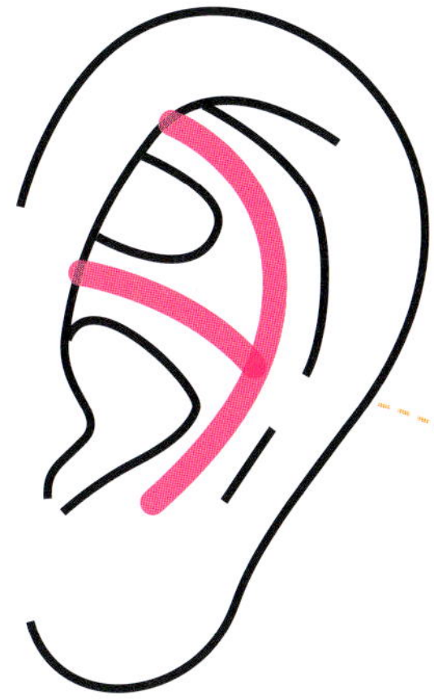

Antihelix heißt die innere Struktur der Ohrmuschel, deren Form an ein Y erinnert.

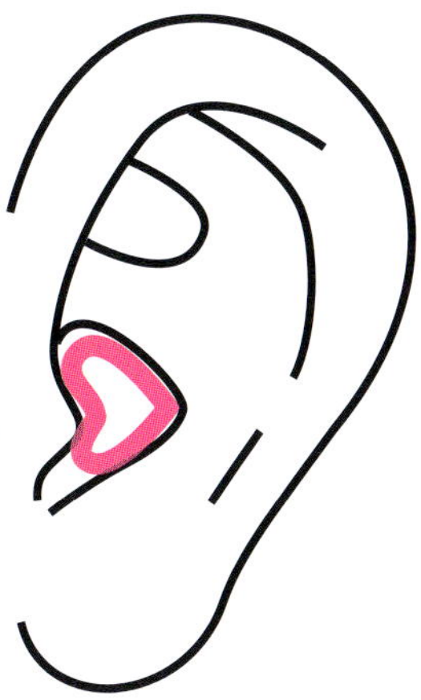

Das Herz steht für das innere Ohr mit der Öffnung des Gehörgangs.

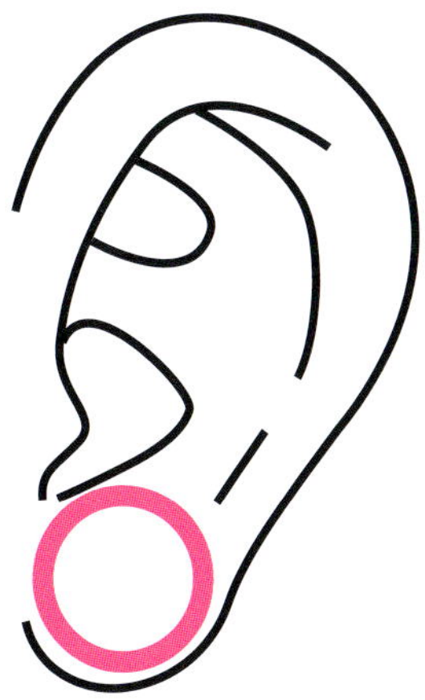

Das Ohrläppchen ist geformt wie ein Kreis oder eine Ellipse.

Das Ohr im Profil

Probiere es in dieser praktischen Übung aus.

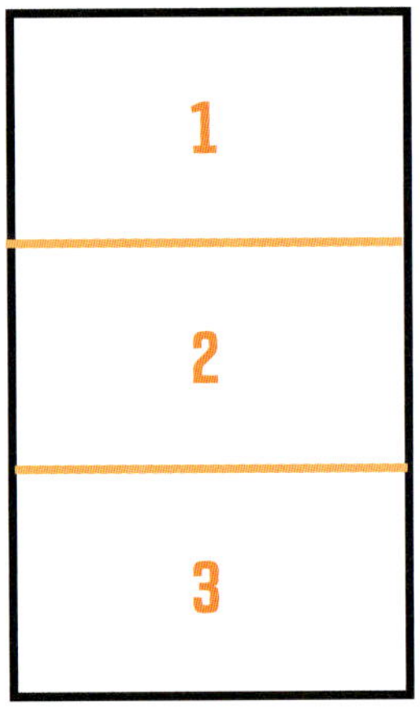

Schritt 1

Zeichne ein Rechteck und teile es in drei gleiche Abschnitte.

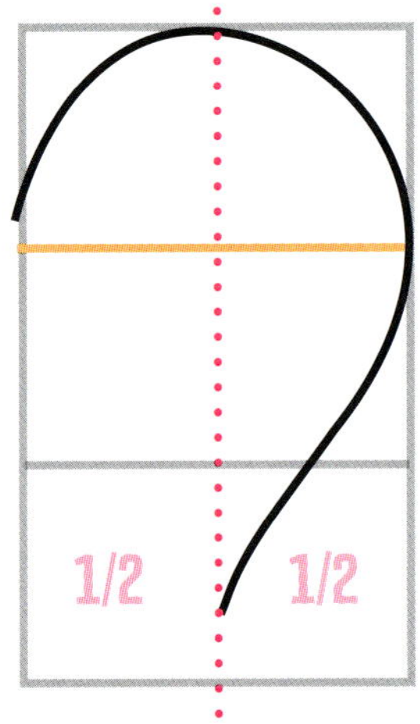

Schritt 2

Zeichne das erste Formelement ein. Es ähnelt einem Fragezeichen. (Die genaue Form kann von Person zu Person unterschiedlich sein.)

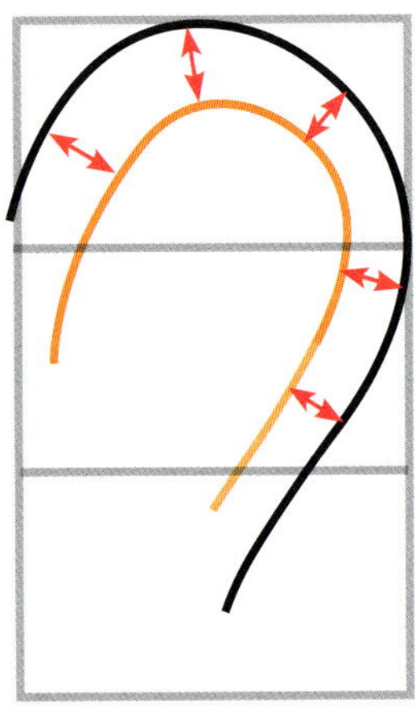

Schritt 3

Anschließend folgt eine zweite Kurve, um die Dicke erkennbar zu machen.

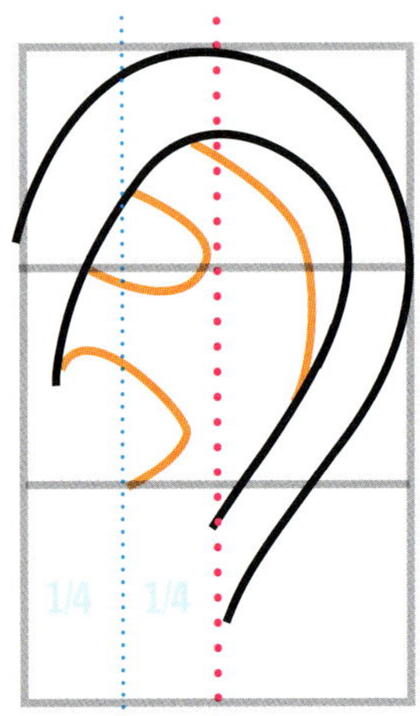

Schritt 4

Nun wird ein Y für die innere Struktur eingezeichnet. Es ist leicht gekrümmt, damit es sich der Form der Ohrmuschel anpasst.

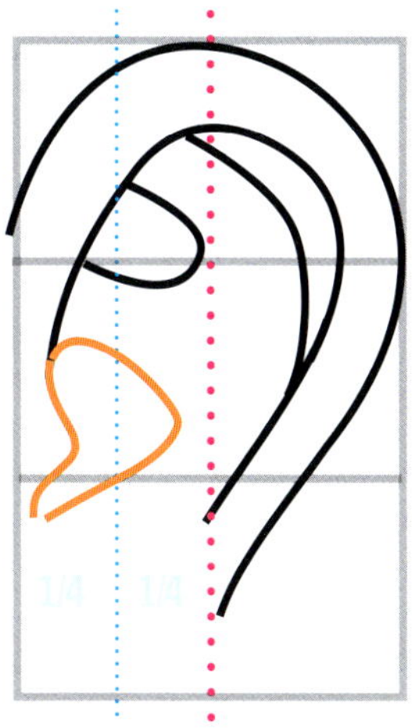

Schritt 5

Zeichne jetzt ein liegendes Herz ins Innere des Ohrs.

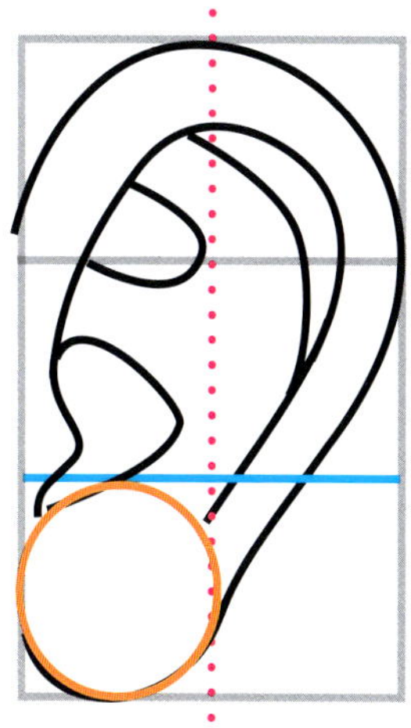

Schritt 6

Nun fehlt noch der Kreis für das Ohrläppchen. Auch diese Form kann von Person zu Person unterschiedlich aussehen.

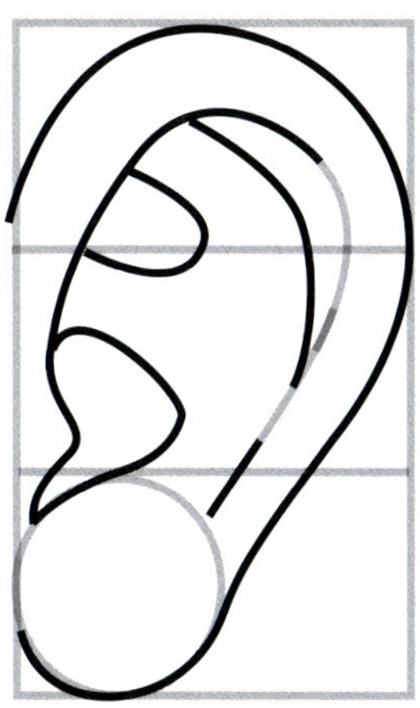

Schritt 7

Zuletzt werden wieder die wichtigsten Striche mit Tusche oder einem Fineliner nachgezeichnet.

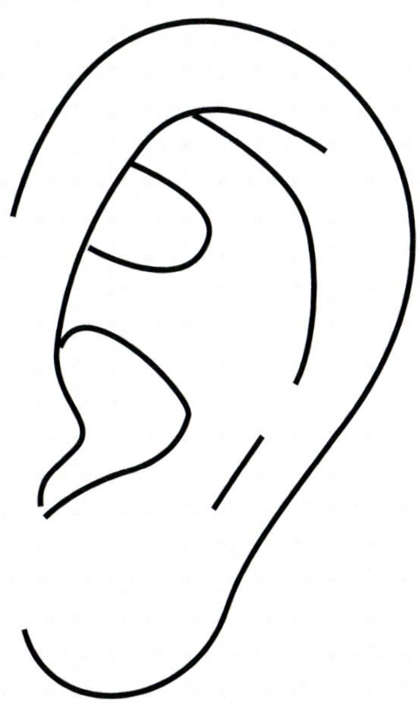

Ohren variieren

Schmuck kann bewirken, dass deine Ohren noch interessanter aussehen.

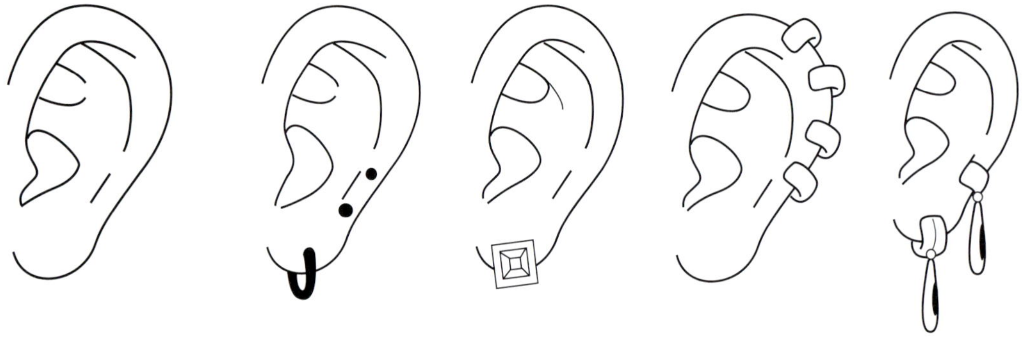

Du kannst auch die Form verfremden, um deine Figur unverwechselbar zu machen.

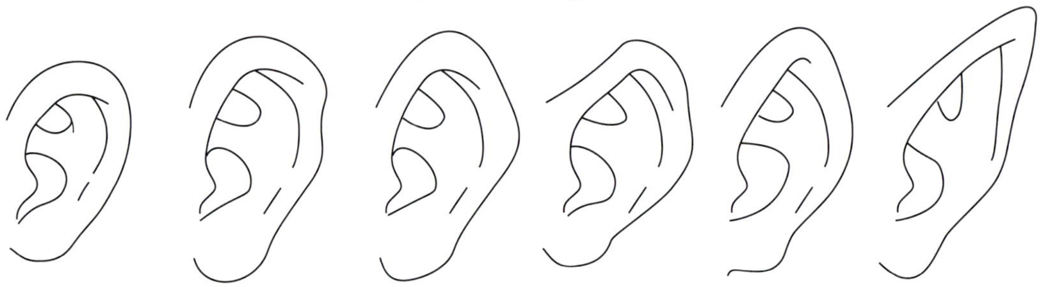

Das Ohr von vorn

In der Frontalansicht erscheinen die Formen, aus denen sich das Ohr zusammensetzt, waagerecht zusammengedrückt.

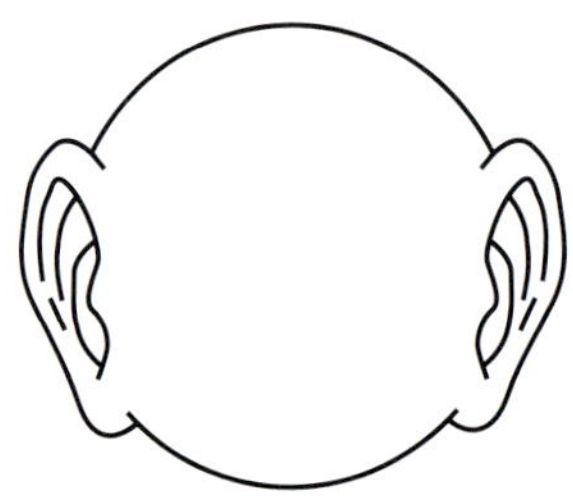

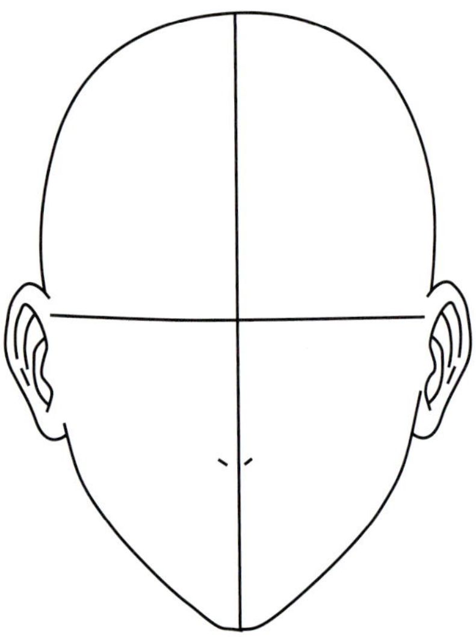

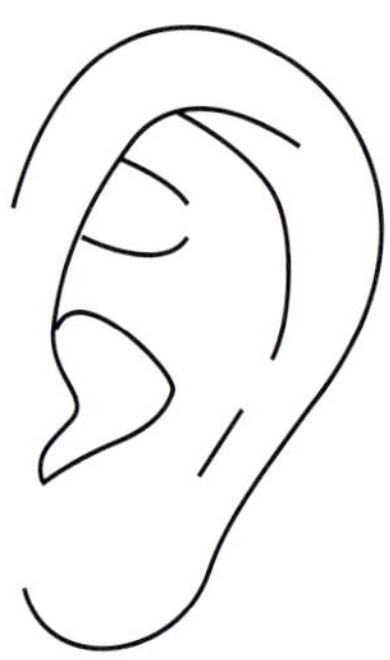

Kopf im Profil

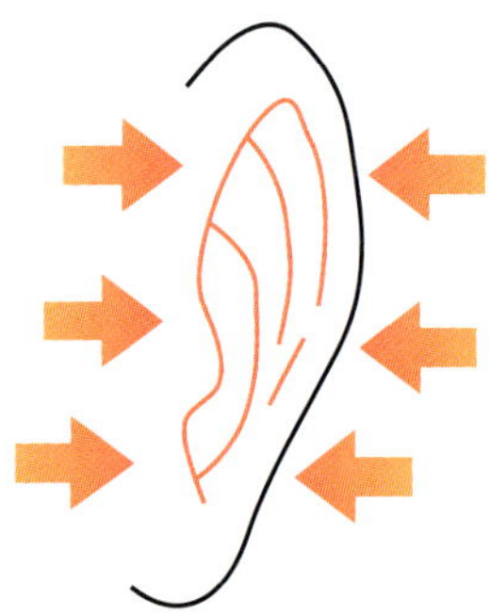

Kopf in der Frontalansicht

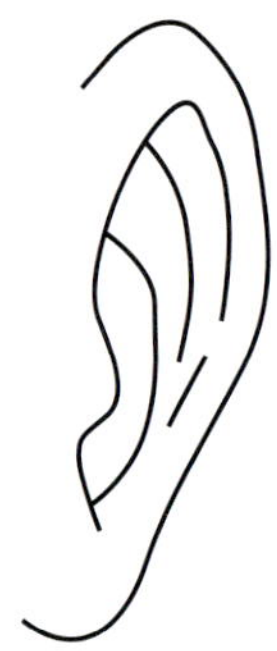

Je weiter der Kopf gedreht ist, desto stärker ist die Verzerrung.

Das Ohr von hinten

Von hinten gesehen hat das Ohr eine Form, die an einen Hut erinnert.

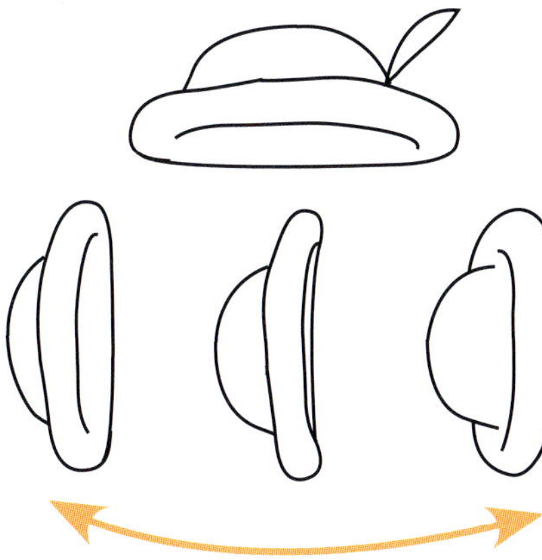

Sieht man den Kopf genau von hinten, ähnelt das Ohr einem Hut. Dessen Ansicht verändert sich, je weiter der Kopf gedreht wird. Wenn dir das klar ist, weißt du auch, wann du die inneren Strukturen des Ohrs auf den Grund des »Huts« zeichnen musst.

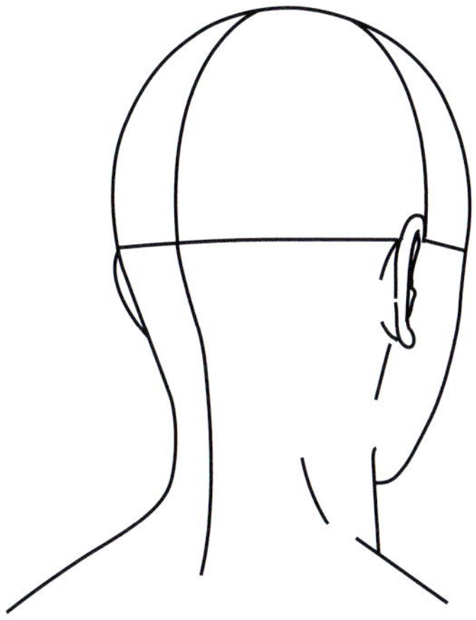

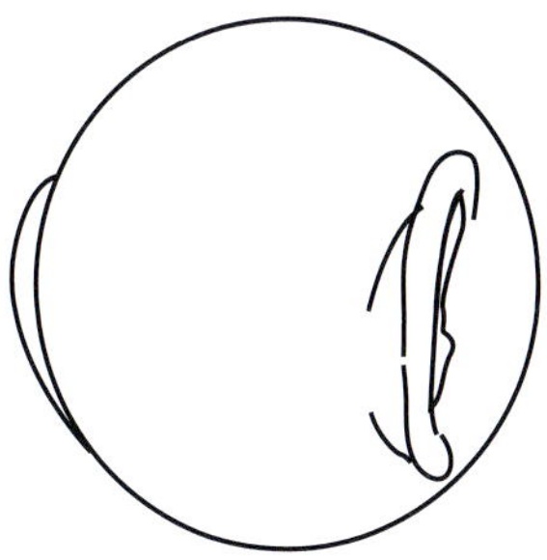

Lass eine kleine Lücke, um zu zeigen, dass das Ohr am Kopf angewachsen ist.

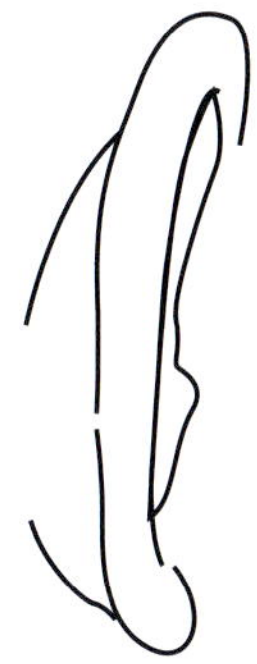

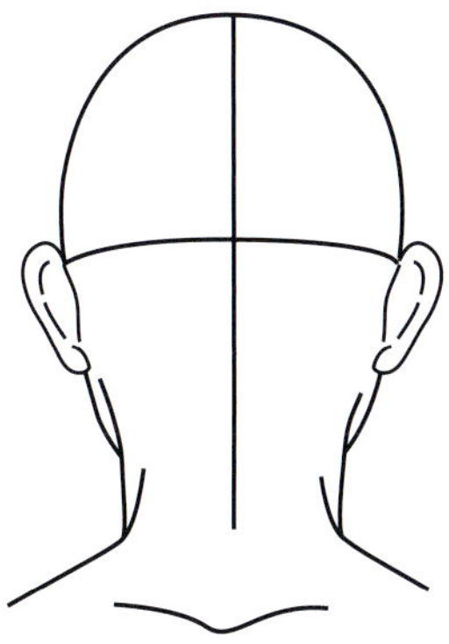

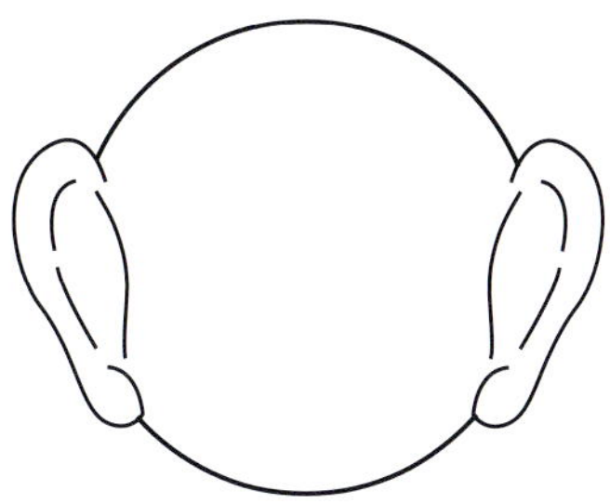

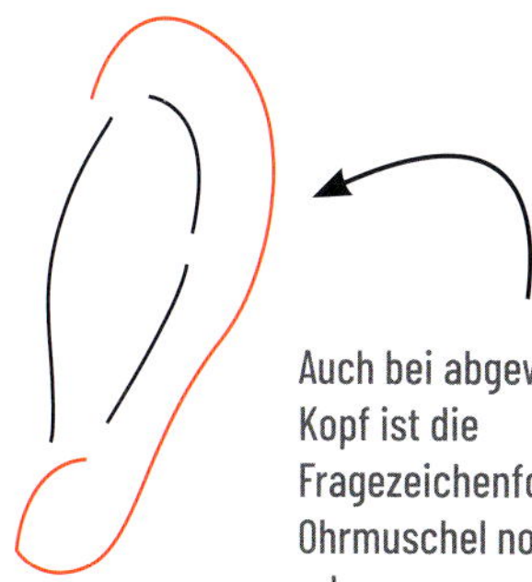

Auch bei abgewandtem Kopf ist die Fragezeichenform der Ohrmuschel noch zu erkennen.

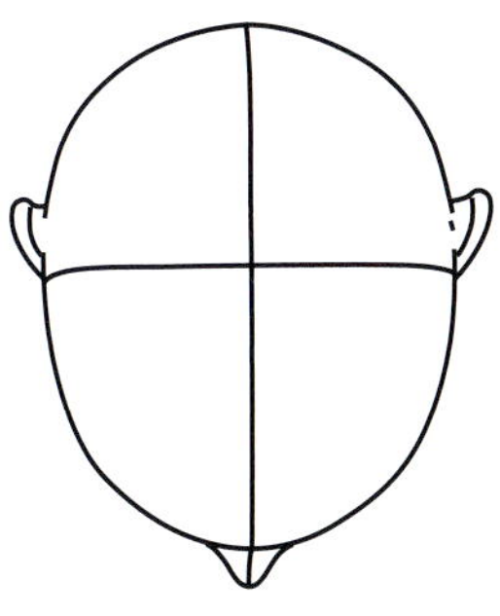

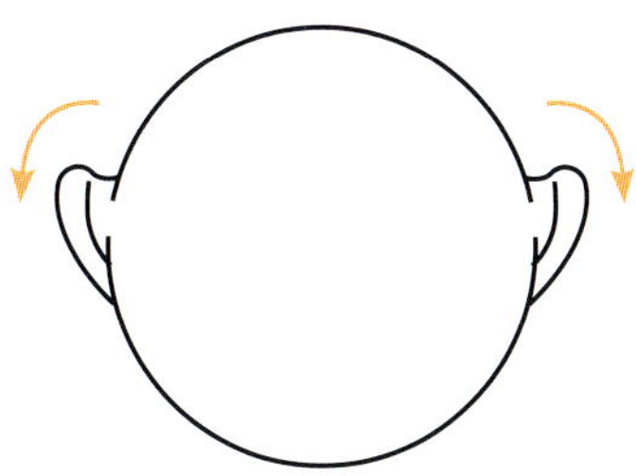

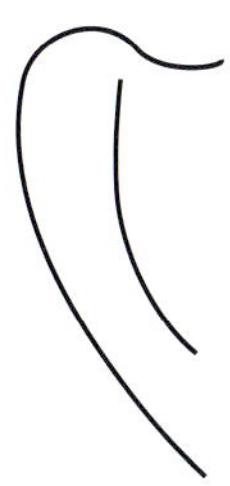

Sieht man den Kopf von oben, erscheinen die Ohren wie kleine, nach vorn abfallende Hörner.

Ein Gesicht in der Frontalansicht zeichnen

Du hast gelernt, Augen, Nase, Mund und Ohren zu zeichnen. Jetzt wollen wir alles zu einem vollständigen Gesicht zusammensetzen.

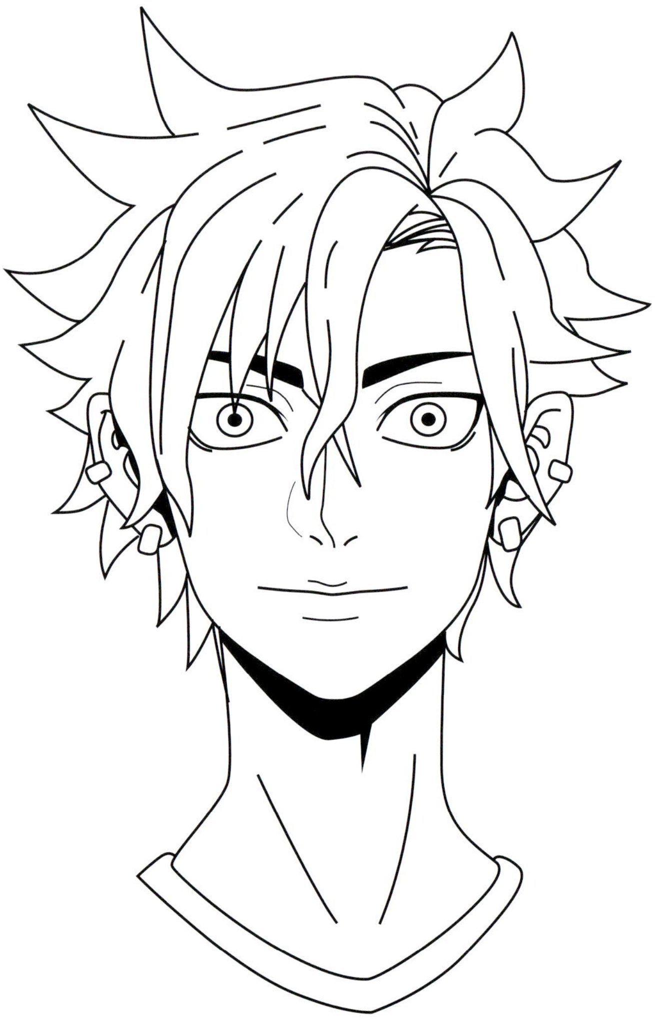

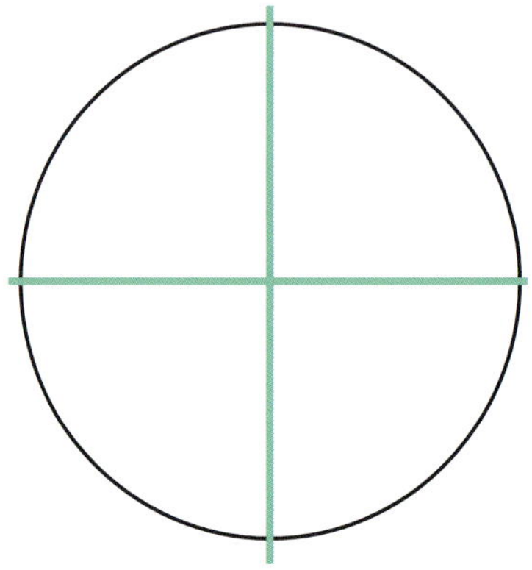

Schritt 1: Die Grundform

Zeichne einen Kreis und teile ihn in Viertel. Damit der Kreis wirklich rund wird, kannst du gern einen Zirkel verwenden.

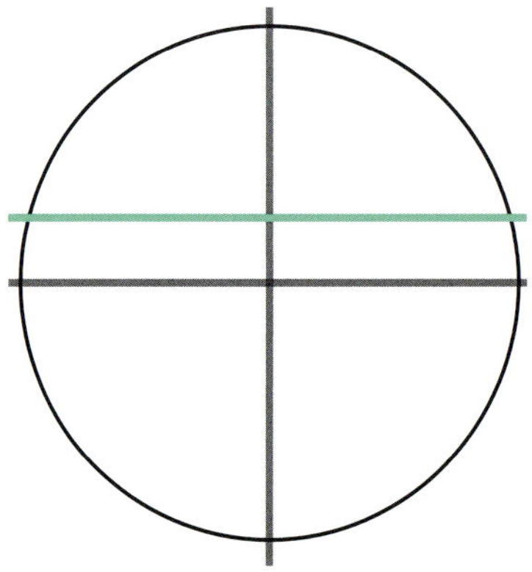

Schritt 2: Die Augen

Zeichne eine Hilfslinie, um den Bereich der Augen festzulegen.

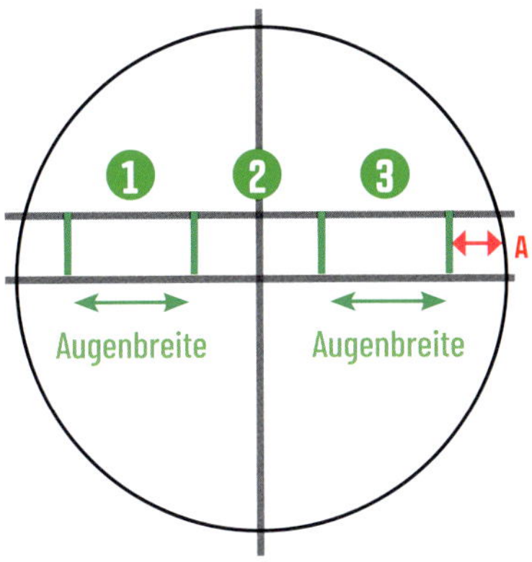

Achtung:
Abstand A entspricht einer halben Augenbreite.

Schritt 3: Die Augen

Teile den Augenbereich in drei gleiche Abschnitte. Lass rechts und links etwas Abstand zur Kopfkontur.

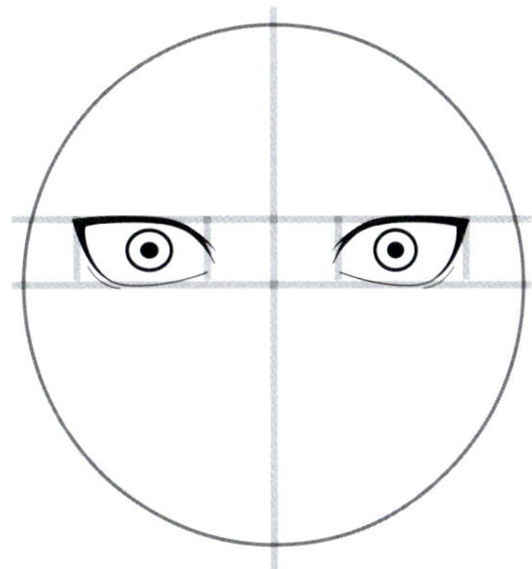

Weitere Informationen zum Zeichnen von Augen findest du auf den Seiten 18–33.

Schritt 4: Die Augen

Zeichne nun die Augen ein (siehe Seite 18–21).

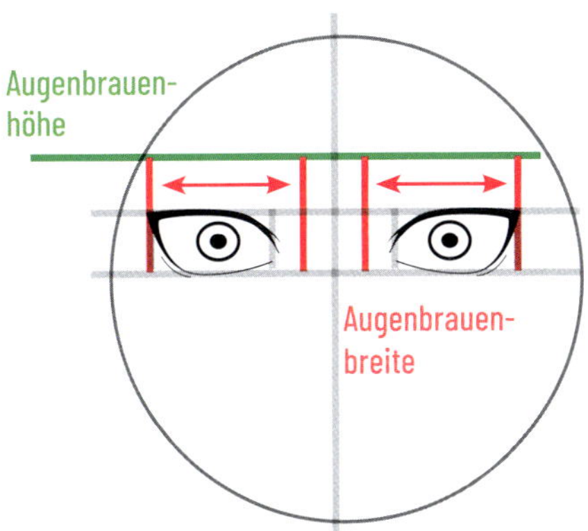

Schritt 5: Die Augenbrauen

Füge die Hilfslinien für die Position der Augenbrauenein (siehe auch Seite 35-36).

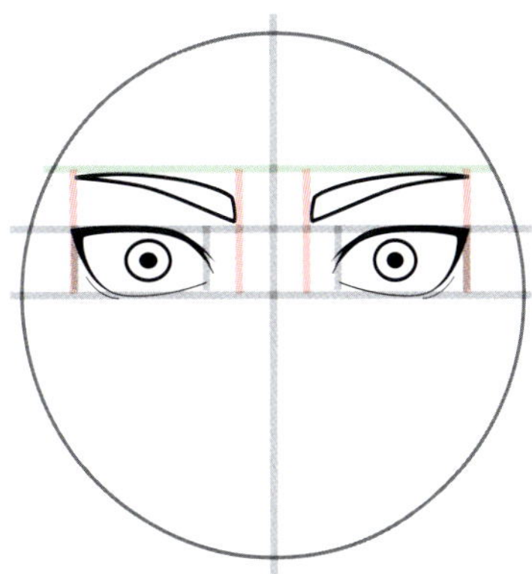

Schritt 6: Die Augenbrauen

Zeichne anhand der Hilfslinien die Augenbrauen ein.

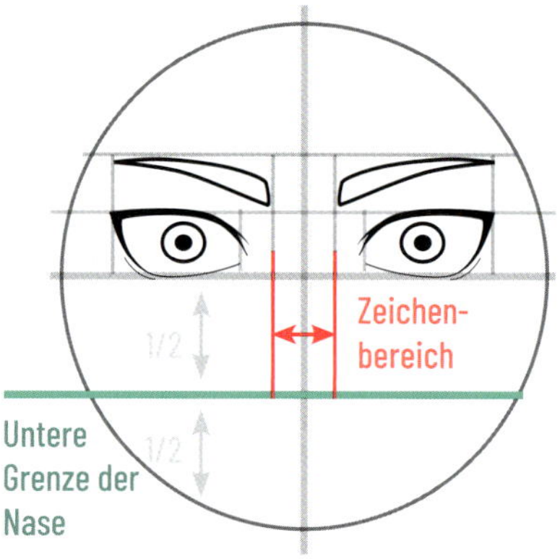

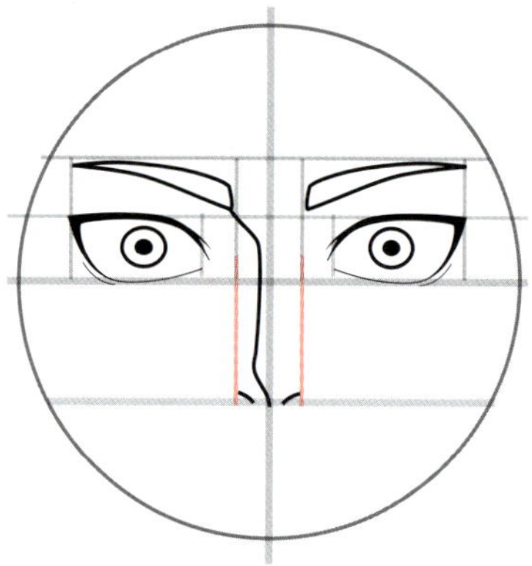

Schritt 7: Die Nase

Teile die untere Hälfte des Kreises in zwei gleiche Abschnitte. Die Nase wird in den roten Bereich gezeichnet (siehe auch Seite 38–43).

Schritt 8: Die Nase

Zeichne anhand der Hilfslinien die Nase.

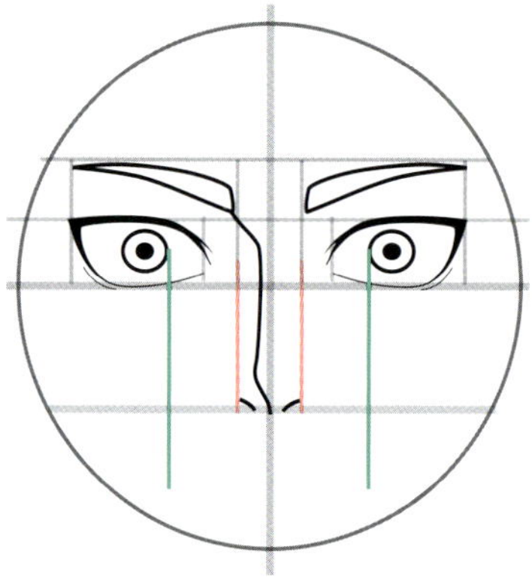

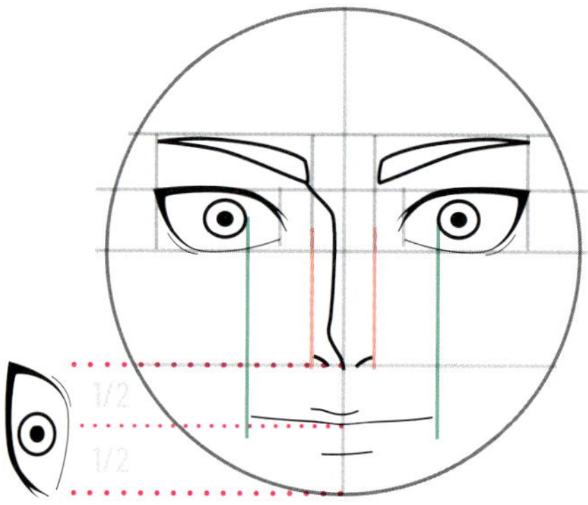

Weitere Informationen zum Mund auf Seite 44–51

Schritt 9: Der Mund

Lege mit zwei Hilfslinien von den Pupillen abwärts die Breite des Munds fest.

Schritt 10: Der Mund

Zeichne den Mund in den durch die Hilfslinien vorgegebenen Bereich .

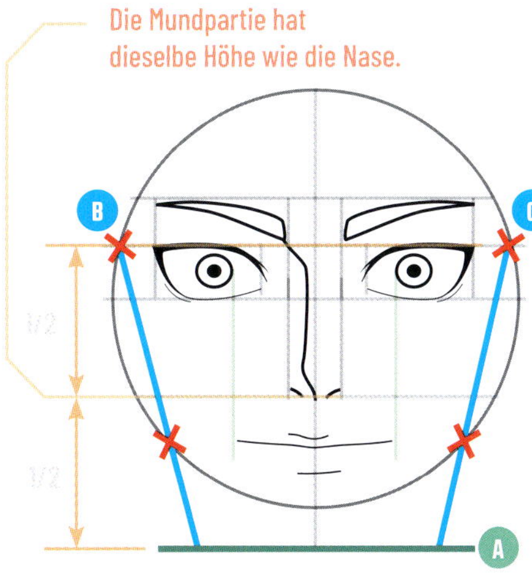

Achtung: Die Kieferform kann abhängig vom Figurentyp variiert werden.

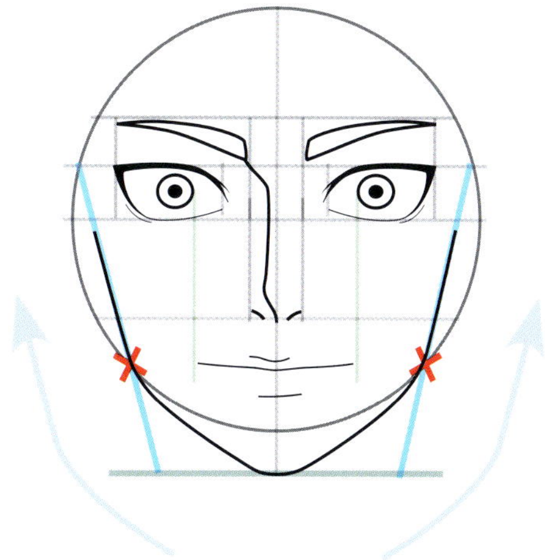

Schritt 11: Der Kiefer

Beginne mit Hilfslinie (A).
Dann folgen Linien (B) und (C).
Sie verlaufen durch die roten Kreuze.

Schritt 12: Der Kiefer

Zeichne die endgültige Kieferform. Die Kontur krümmt sich auf Höhe der roten Kreuze.

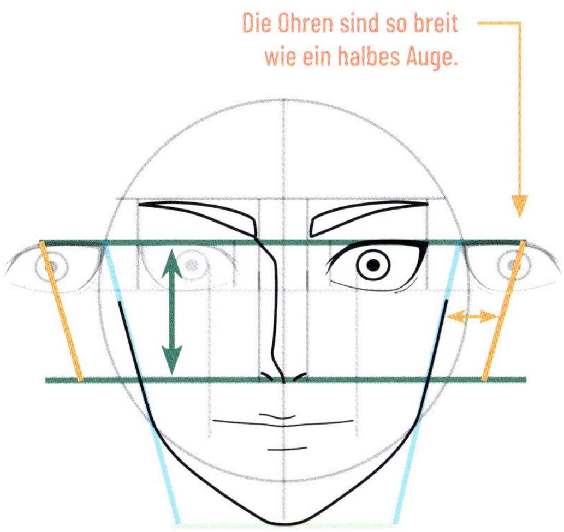

Genauere Informationen zum Zeichnen der Ohren auf Seite 52–57

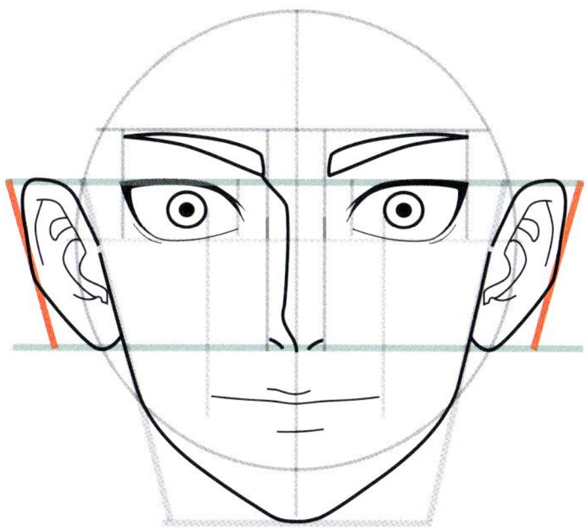

Schritt 13: Die Ohren

Die Höhe der Ohren wird durch zwei Hilfslinien vorgegeben. Die Ohren haben dieselbe Höhe wie die Nase.

Schritt 14: Die Ohren

Zeichne anhand der Hilfslinien die Ohren.

Die Höhe der Stirn kann dem Typus der jeweiligen Figur angepasst werden. Sie kann auch höher sein.

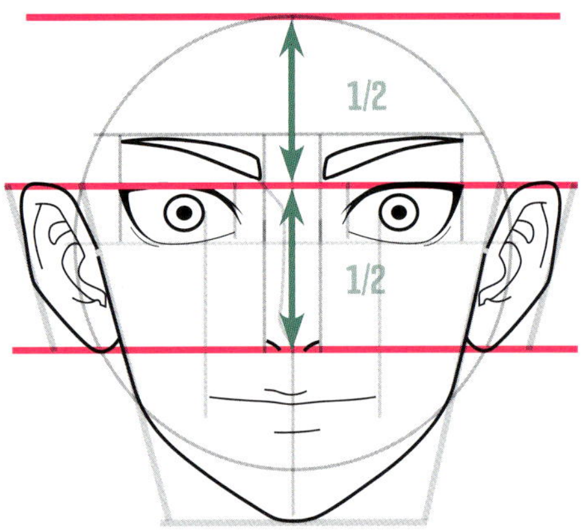

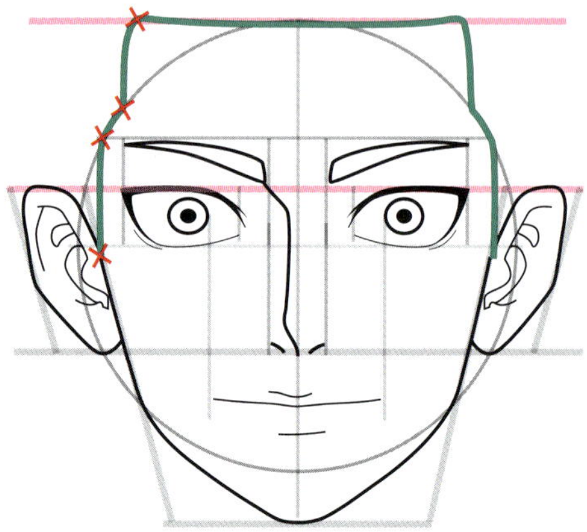

Schritt 15: Die Stirn

Stirn und Nase haben etwa die gleiche Höhe.

Schritt 16: Die Stirn

Zeichne den Umriss der Stirn. Er führt von Ohr zu Ohr und durchquert die roten Kreuze.

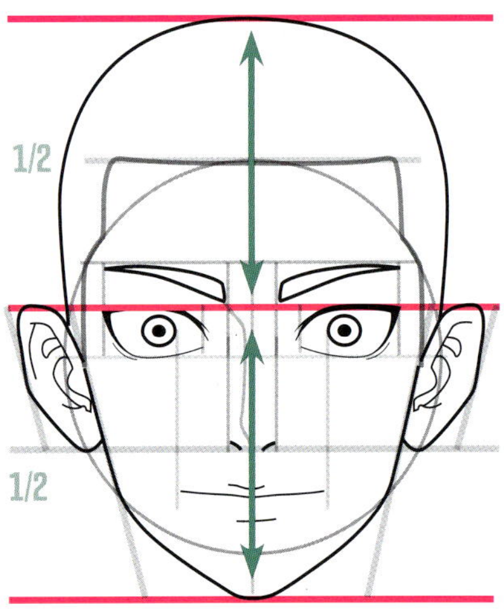

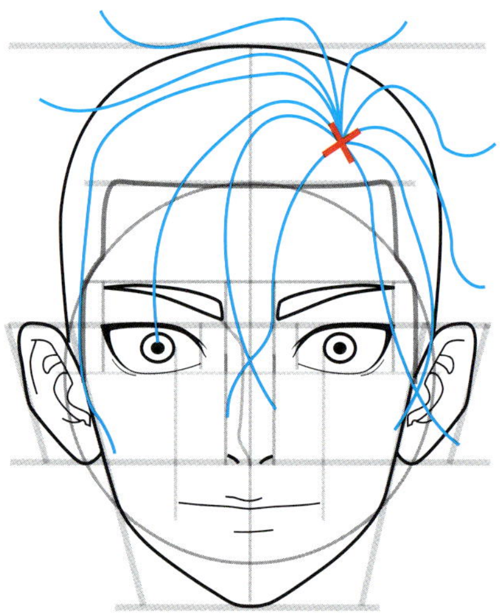

Der Oberkopf ist so hoch wie der Abstand vom Kinn zu den Augen. Normalerweise liegen die Augen in der Mitte des Gesichts.

Schritt 17: Der Oberkopf

Zeichne jetzt anhand der Hilfslinien den Oberkopf.

Jede Haarsträhne geht von dem roten Kreuz aus.

Schritt 18: Die Haare

Zeichne ein rotes Kreuz auf den Kopf und von dort ausgehend den Fall der Haare. Mehr Informationen zu Haaren findest du auf den Seiten 74–89.

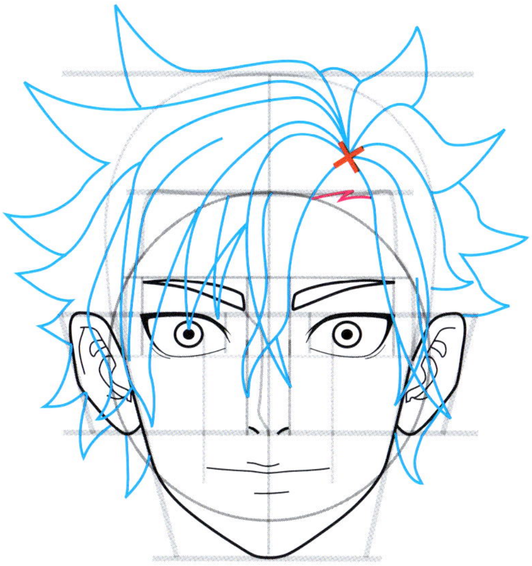

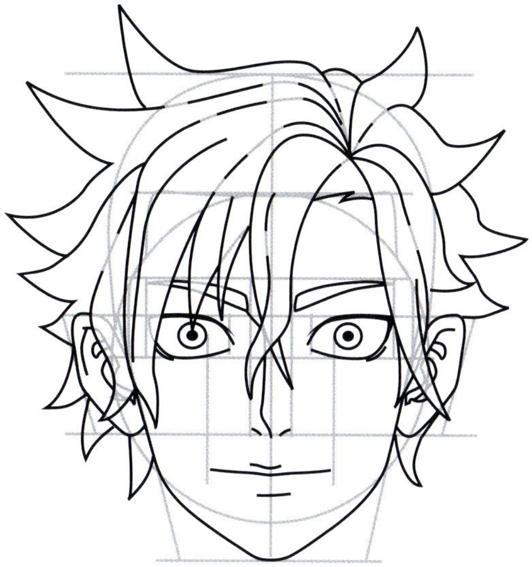

Schritt 19: Die Haare

Füge einzelne Haarsträhnen hinzu. Sie gehen von dem roten Kreuz aus.

Schritt 20: Inking

Zeichne die Linien der Zeichnung mit einem schwarzen Fineliner oder Zeichentusche nach. Achtung: Hilfslinien nicht nachzeichnen!

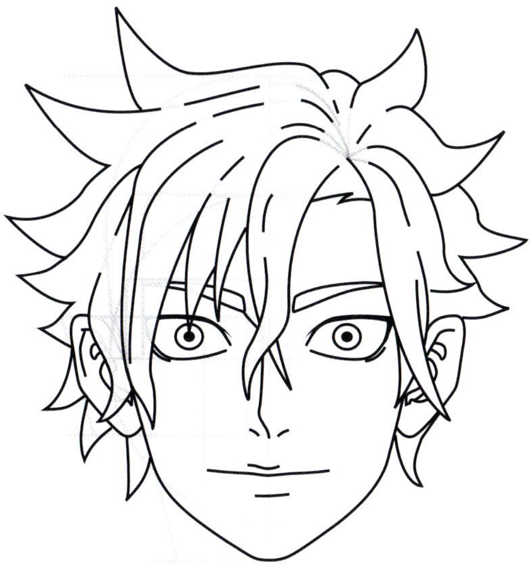

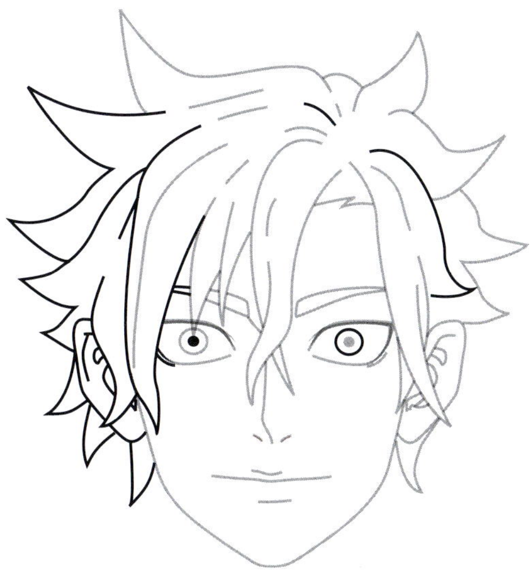

Schritt 21: Radieren

Radiere alle Hilfslinien und noch sichtbare Bleistiftstriche aus.

Schritt 22: Radieren

Durch das Radieren können die Tuschestriche aufgehellt werden. Zeichne sie noch einmal sorgfältig nach.

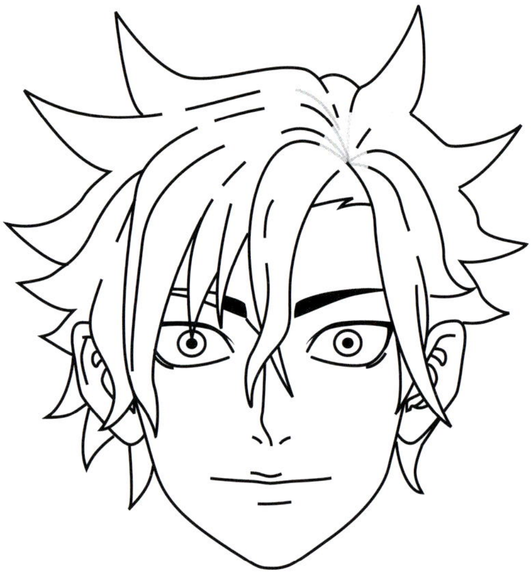

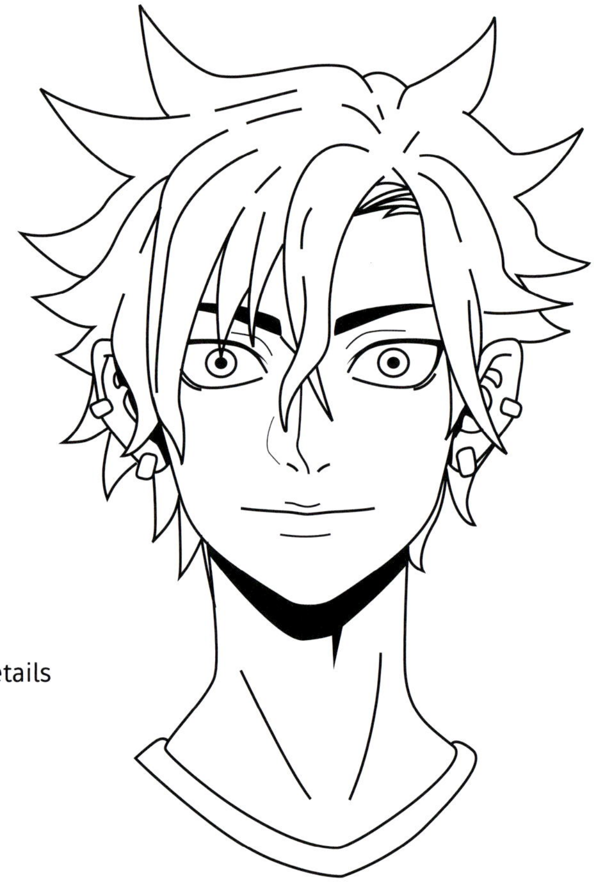

Schritt 23: Einzelheiten

Jetzt können noch einige Details eingezeichnet werden.

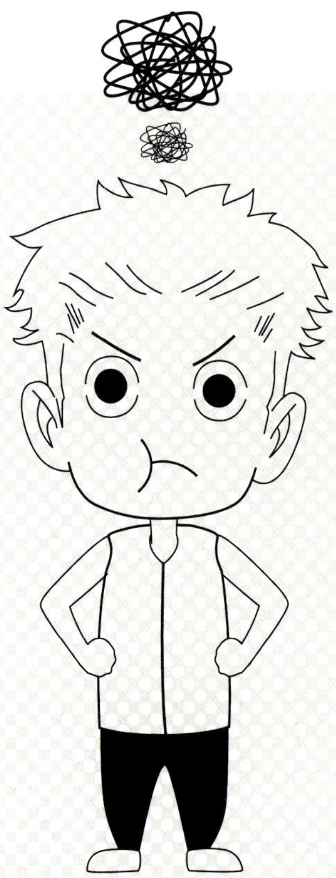

GANZ SCHÖN VIELE SCHRITTE, ODER?!

23 Schritte, das ist nicht wenig. Aber mit etwas Zeit und Übung wird dir der Ablauf weitgehend automatisch von der Hand gehen.

Vergiss nicht: Die Qualität der Zeichnung hängt von der aufgewendeten Zeit ab. Wenn du viel Zeit in deine Zeichnung investierst, wirst du ein ausgearbeitetes und detailreiches Ergebnis erhalten. Wenn du es zu eilig hast, kann das Ergebnis unausgegoren oder unfertig wirken.

TIPP

Variiere die Hilfslinien, um deiner Figur einen individuellen Charakter zu geben.

Beispiel: Der Kiefer

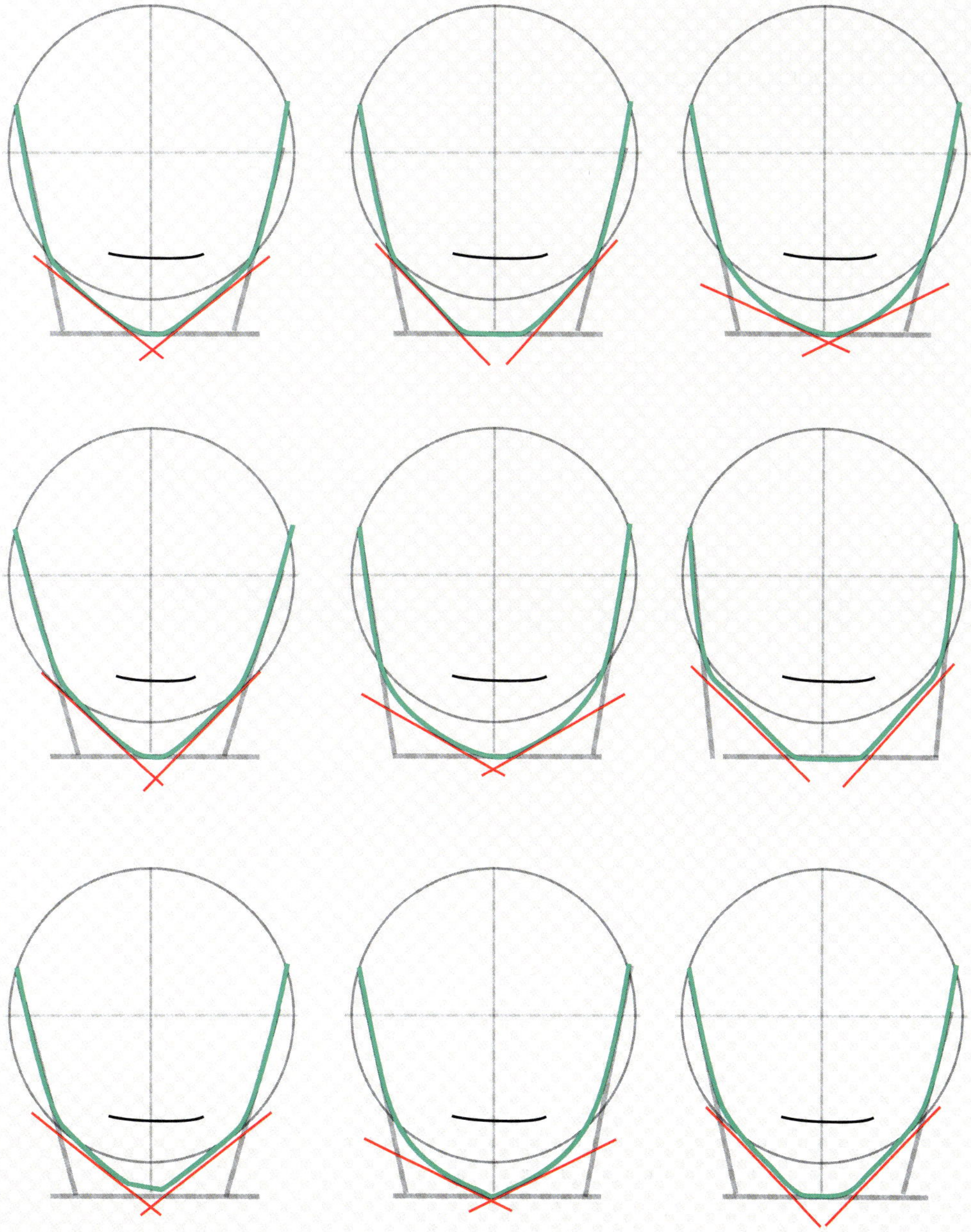

07

DAS GESICHT IM PROFIL

Ein Gesicht im Profil zeichnen

Im Profil sieht das Gesicht ganz anders aus. Beim Zeichnen ist wichtig, die Formen auf dem Papier gut herauszuarbeiten, damit das Profil plastisch wirkt.

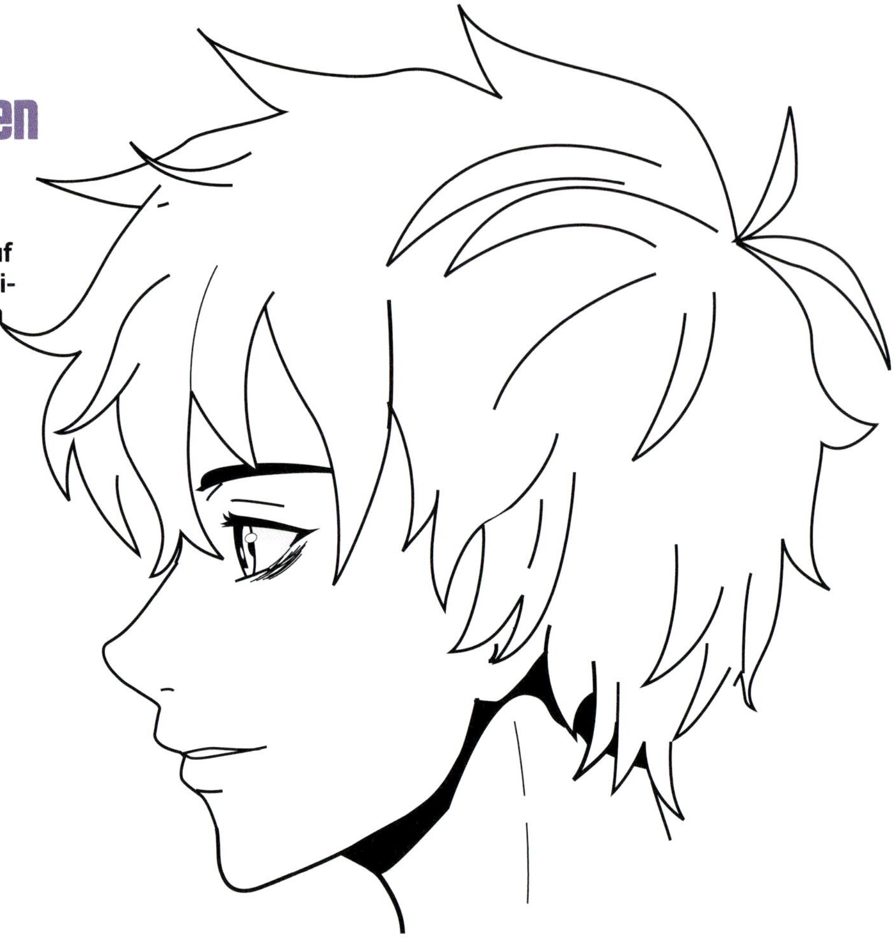

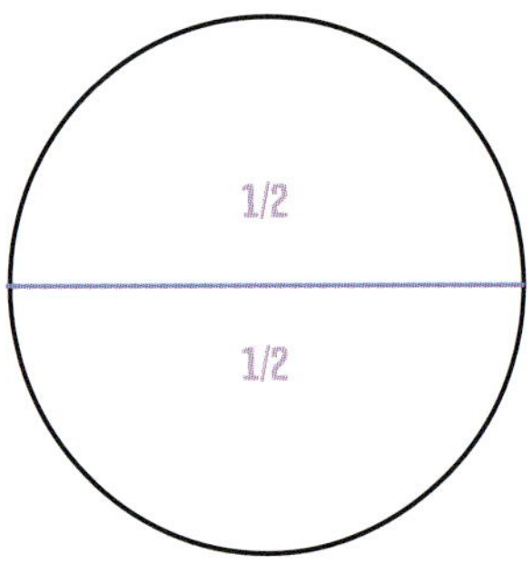

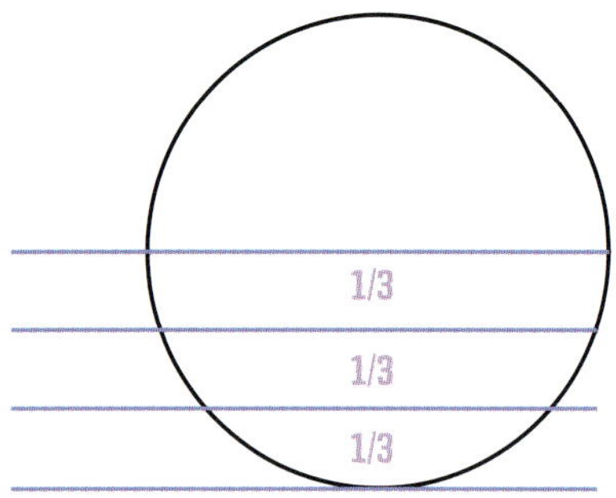

Schritt 1: Die Grundform

Zeichne einen Kreis und teile ihn in zwei Hälften. Damit der Kreis perfekt ausfällt, kannst du ruhig einen Zirkel benutzen.

Schritt 2: Die Grundform

Teile die untere Hälfte in drei gleiche Abschnitte.

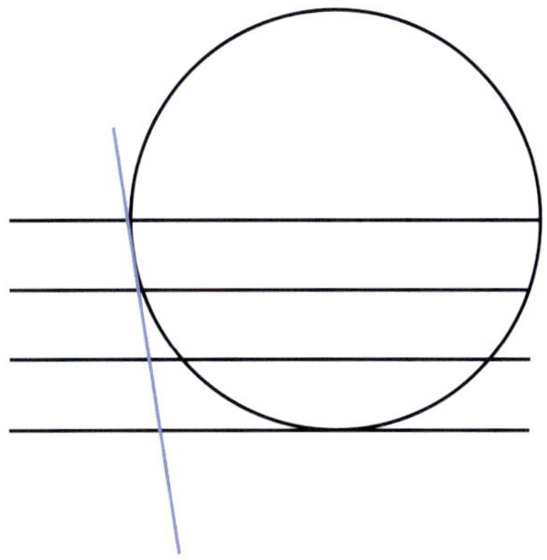

Diese Linie muss leicht schräg stehen.

Schritt 3: Die Grundform

Zeichne links an den Kreis eine leicht schräge Tangente.

Der Abstand zwischen Nasenspitze und Tangente ist so groß wie Abstand C.

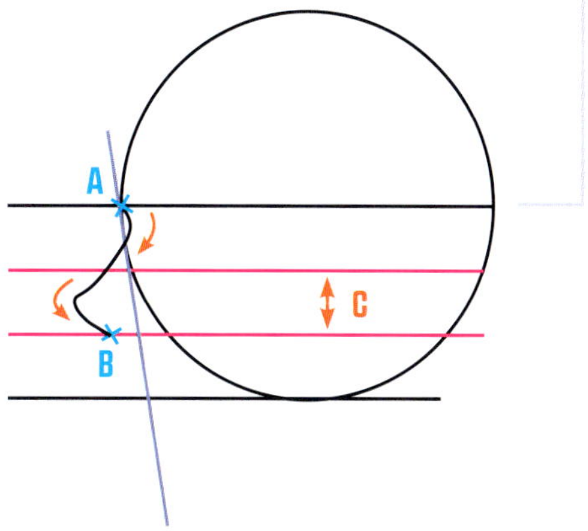

Punkt B liegt nicht auf der Tangente.

Schritt 4: Die Nase

Füge die Nase von Punkt **A** bis Punkt **B** ein. Dieser Strich sieht aus wie ein leicht schräg stehendes ***L***.

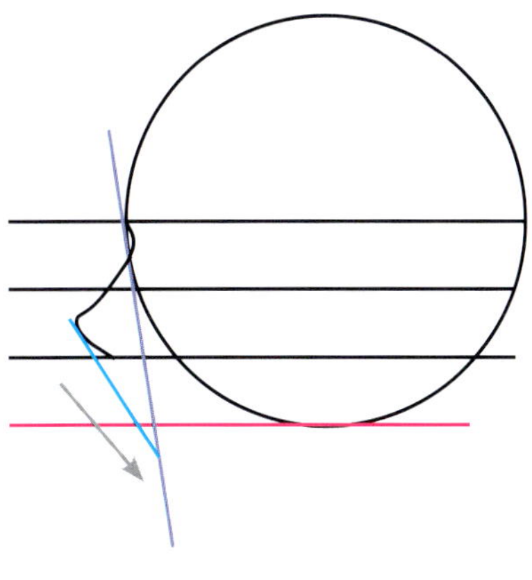

Schritt 5: Die Lippen

Zeichne eine gerade Hilfslinie, die von der Nasenspitze bis knapp unter die rote Waagerechte führt.

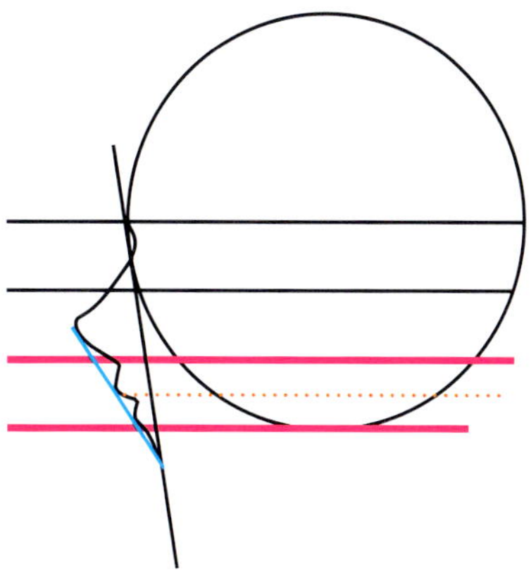

Die Trennlinie der Lippen liegt etwa in der Mitte zwischen den beiden Waagerechten.

Schritt 6: Die Lippen

Zeichne die Lippen, überschreite dabei die Hilfslinie nicht. Die Oberlippe steht immer etwas weiter vor als die Unterlippe.

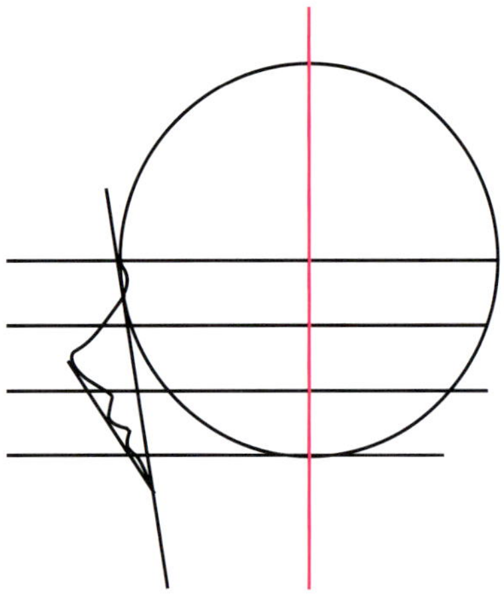

Schritt 7: Das Auge

Zeichne eine Mittelsenkrechte durch den Kreis.

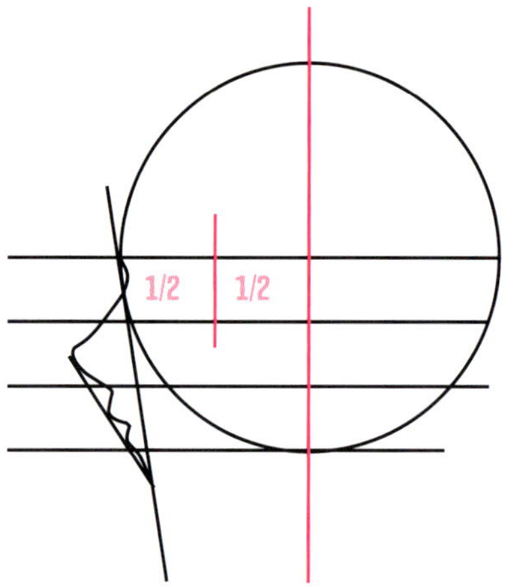

Schritt 8: Das Auge

Teile die linke obere Kreishälfte in zwei gleiche Abschnitte.

Begrenzung von Auge und Augenbraue

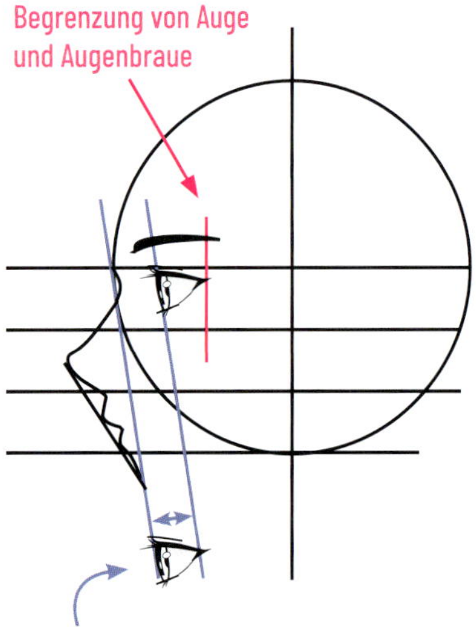

Dieser Abstand ist so groß wie die Augenbreite. Das Auge hat im Profil eine V-Form.

Schritt 9: Das Auge

Die Augenpartie ist so groß wie zwei Augenbreiten. Teile die Partie in zwei Hälften, zeichne dann das Auge und die Augenbraue. Der Abstand zwischen Auge und Nase ist sehr wichtig.

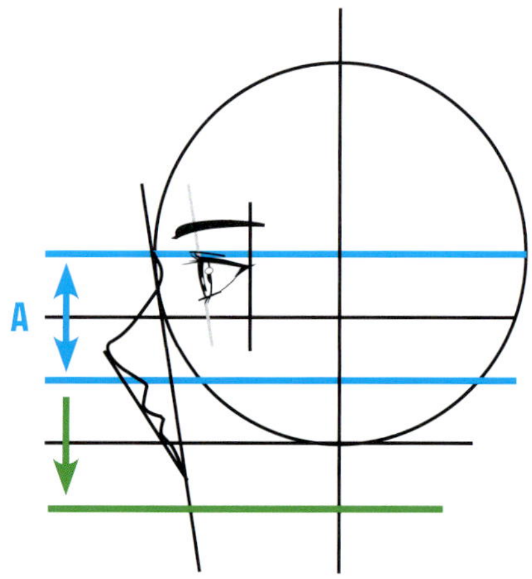

Schritt 10: Das Kinn

Ziehe unter dem Kreis eine waagerechte Hilfslinie, die Entfernung entspricht Abstand **A**.

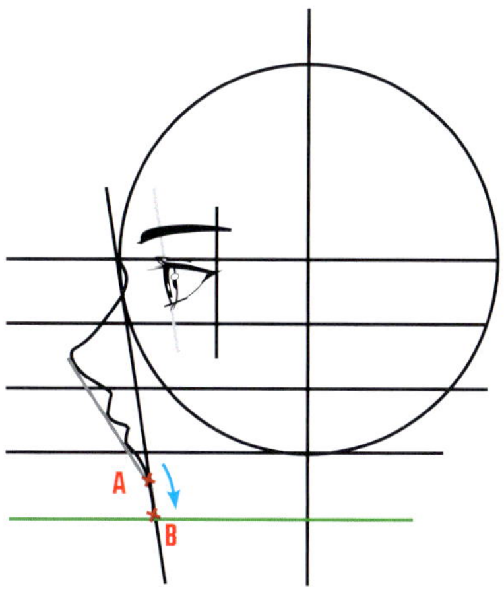

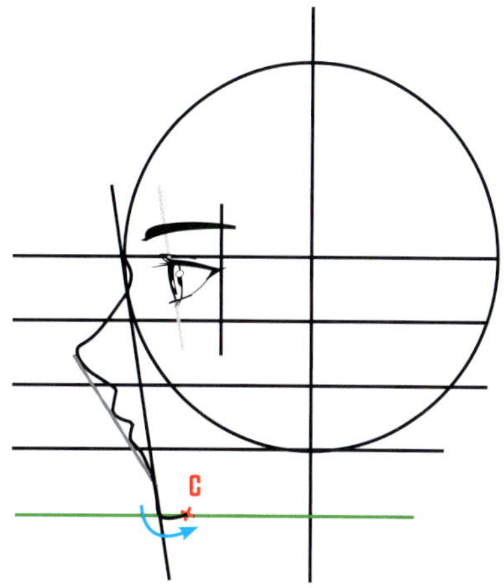

Schritt 11: Das Kinn

Zeichne das Kinn zunächst von Punkt **A** bis Punkt **B**.

Schritt 12: Das Kinn

Dann folgt die Rundung bis Punkt **C**.

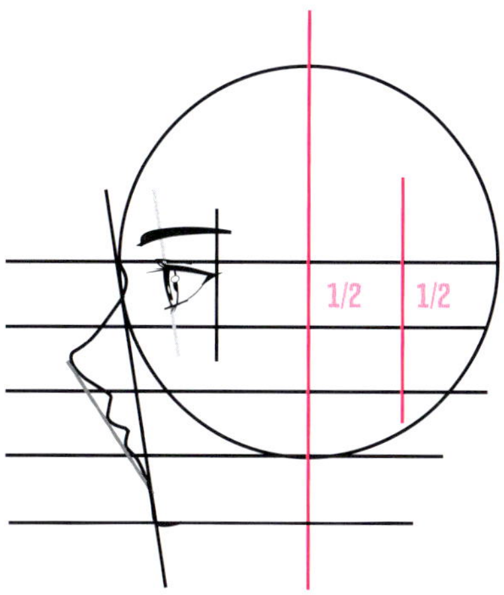

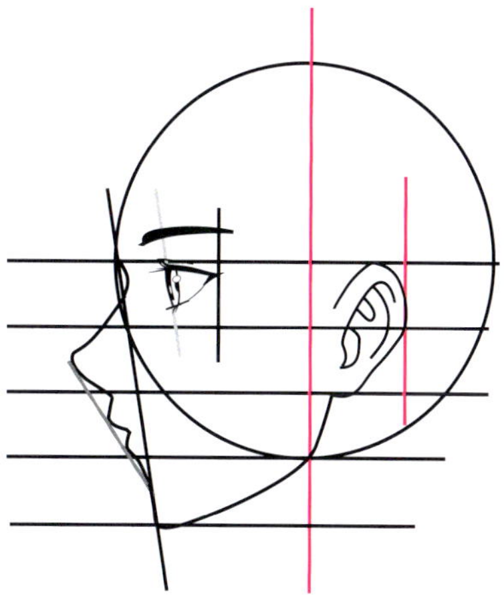

Schritt 13: Das Ohr

Teile die rechte Hälfte des Kreises in zwei gleiche Abschnitte.

Schritt 14: Das Ohr

Zeichne zwischen den beiden senkrechten Hilfslinien das Ohr ein (siehe Seite 52–57).

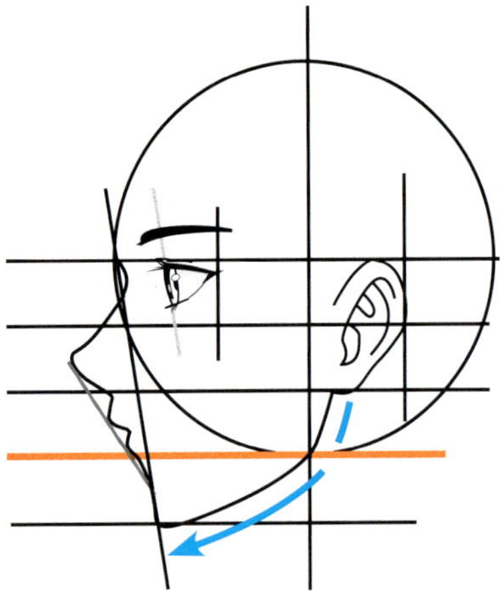

Die Krümmung des Kiefers liegt auf Höhe der Unterlippe oder auf der orangefarbenen Hilfslinie.

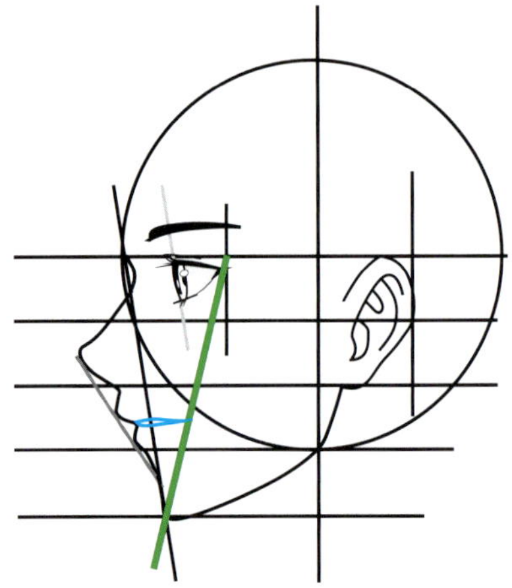

Schritt 15: Der Kiefer

Füge die Kontur des Kiefers vom Ohrläppchen bis zum Kinn hinzu.

Schritt 16: Der Mund

Zeichne eine Hilfslinie vom äußeren Augenwinkel bis zum Kinn ein. Sie gibt die Position des Mundwinkels vor.

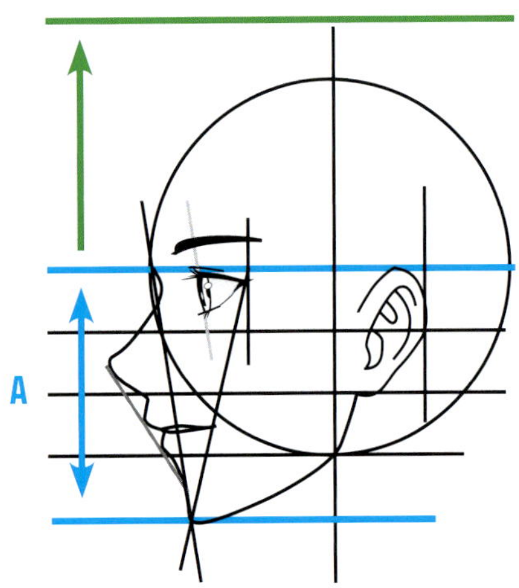

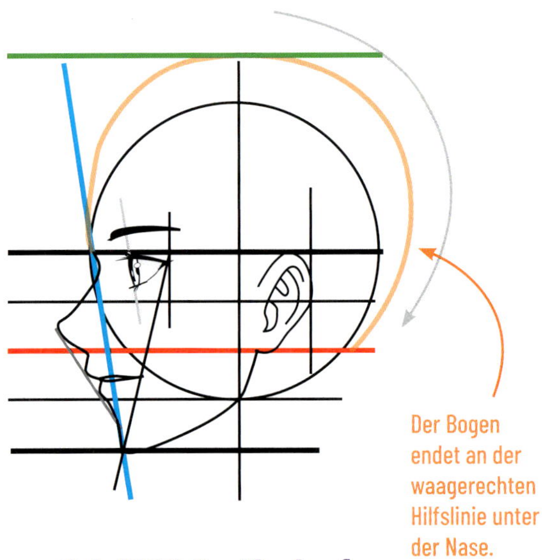

Schritt 17: Der Oberkopf

Ziehe über dem Kreis eine waagerechte Hilfslinie. Die Entfernung entspricht Abstand A.

Schritt 18: Der Oberkopf

Zeichne für die Schädelrundung einen Bogen, der die Tangente und die waagerechte Hilfslinie nicht überschreitet.

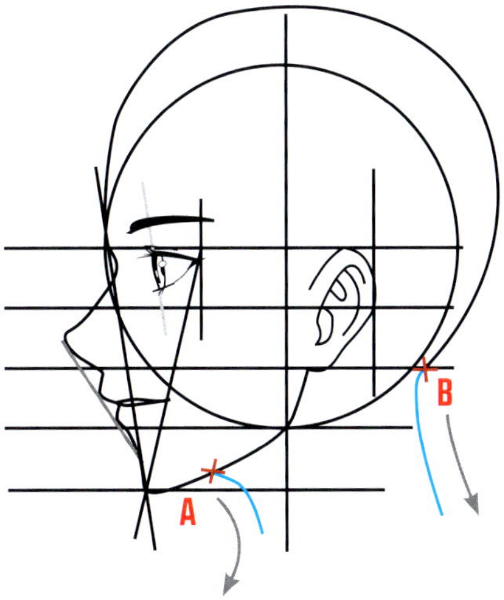

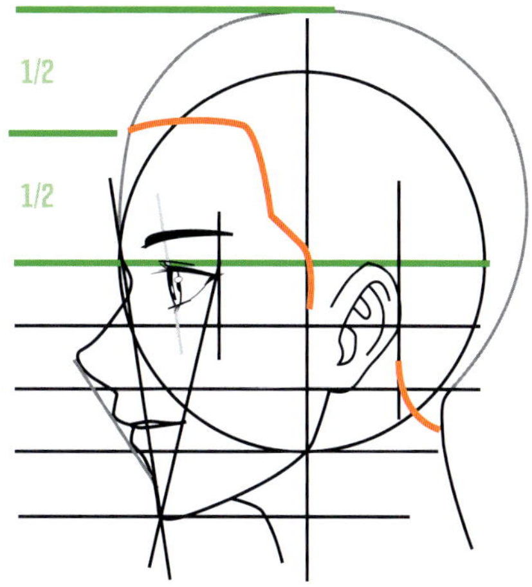

Dieser Schritt hilft bei der Gestaltung der Frisur.

Schritt 19: Der Hals

Der Hals beginnt an den Punkten **A** und **B**. Füge zwei gekrümmte, leicht schräg stehende Hilfslinien ein.

Schritt 20: Die Haare

Vor den eigentlichen Haaren wird der Umriss des Haaransatzes eingezeichnet.

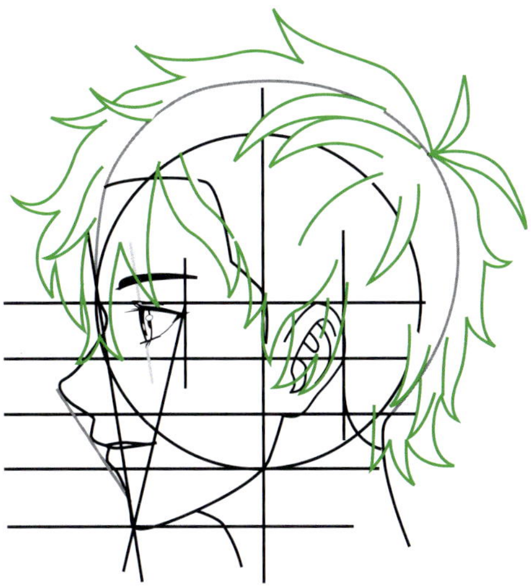

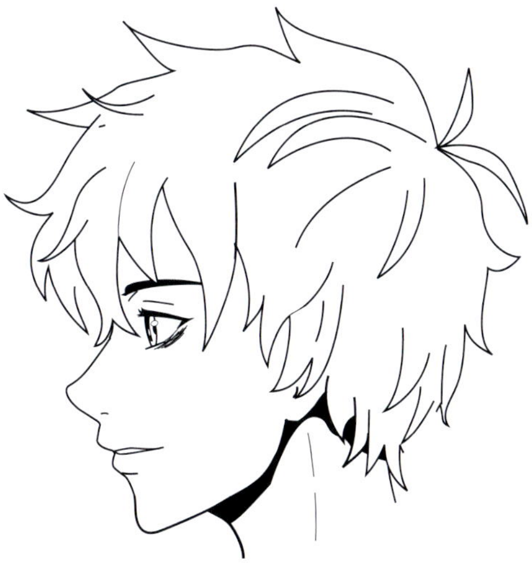

Schritt 21: Die Haare

Dann kannst du die Haarsträhnen der Frisur hinzufügen.

Schritt 22: Inking

Zeichne die Linien der Zeichnung mit einem schwarzen Fineliner oder Zeichentusche nach. Hilfslinien nicht nachzeichnen!

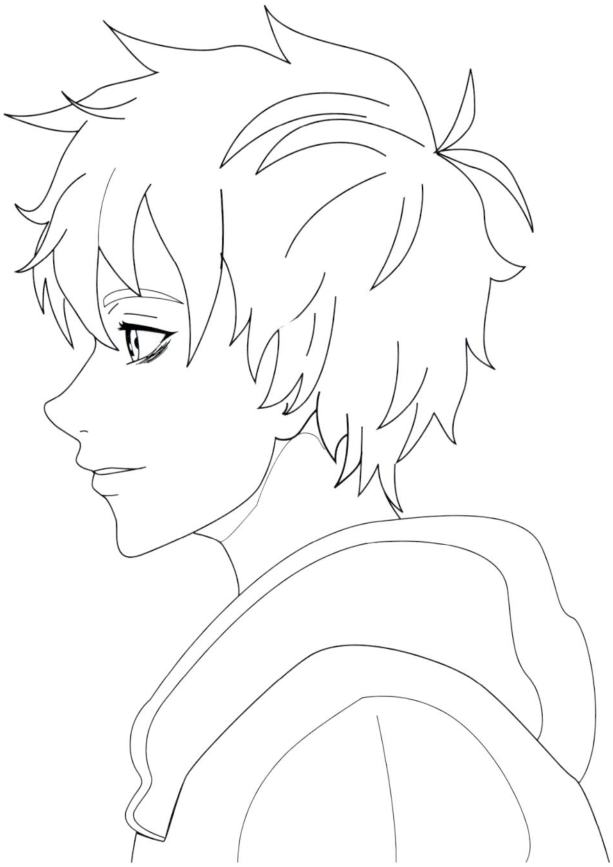

Beim Öffnen des Munds verschiebt sich die Achse des Unterkiefers. Wenn du also ein Gesicht mit offenem Mund zeichnen willst, musst du die Hilfslinien entsprechend anpassen.

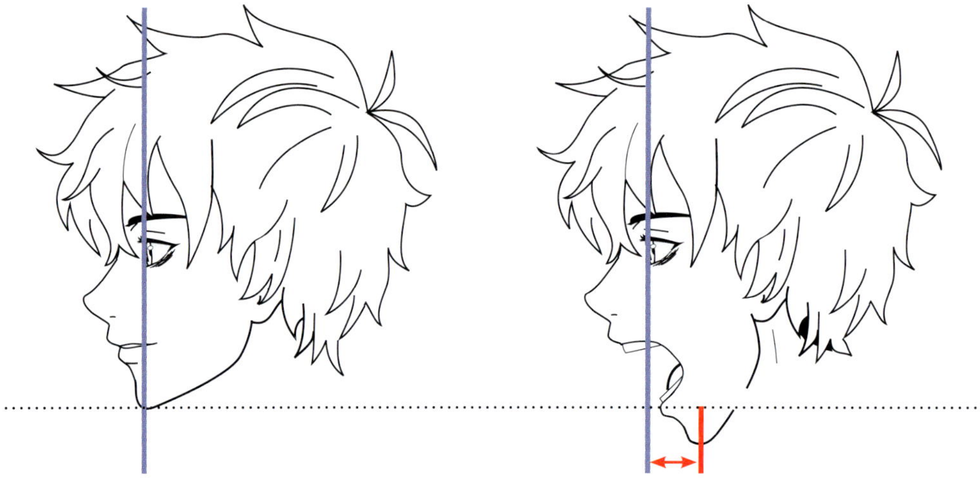

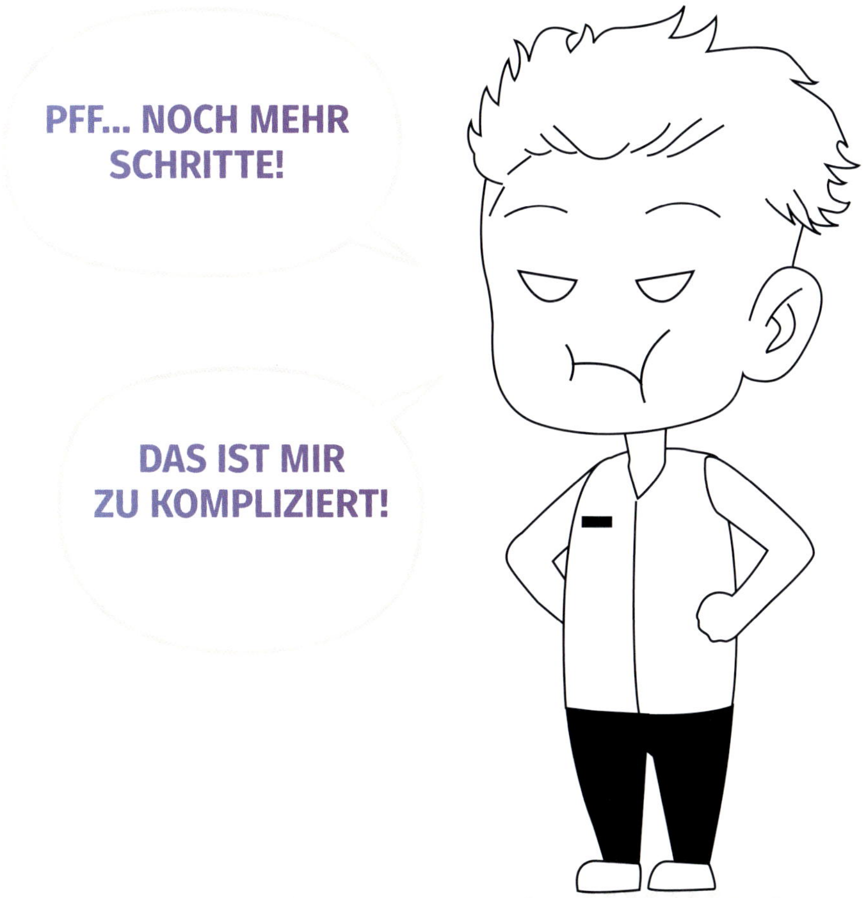

TIPP

Wahrscheinlich hast du das Gefühl, dass du dir all die vielen Schritte gar nicht merken kannst.

Das mag sein, aber die Schritte sind gerade für Anfänger wirklich wichtig. Sie helfen dir, die Proportionen kennenzulernen und richtig zu zeichnen.

Mit der Zeit wirst du dir die Hilfslinien vorstellen können und brauchst sie nicht mehr zu zeichnen.

Und denk dran: Wer Fortschritte machen will, sollte täglich zeichnen üben.

Der Aufbau einer Frisur

Anfänger finden Haare oft besonders schwierig zu zeichnen. Einfacher wird es, wenn man sich die Frisur mit Hilfslinien in klare Grundformen aufteilt.
Schauen wir uns zuerst diesen Haarschnitt genauer an.

Ein Haarschnitt besteht aus vier Bereichen.

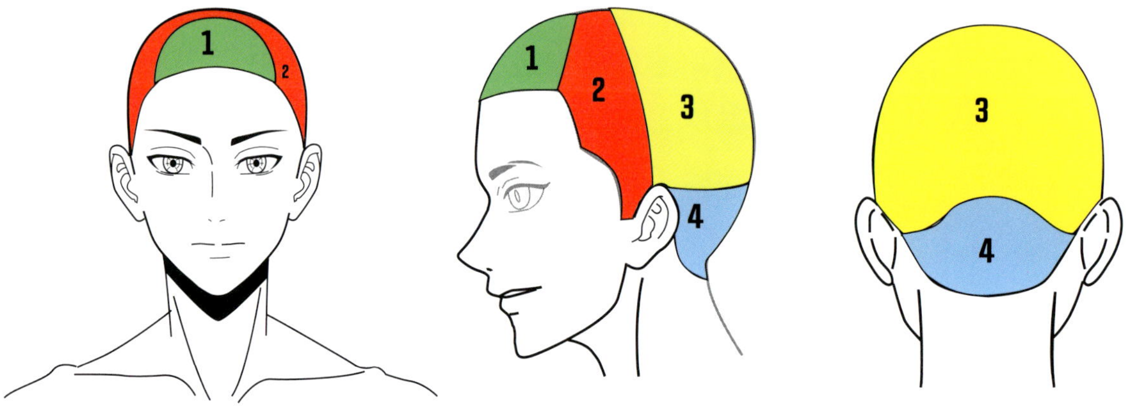

Jede Frisur geht von einem Punkt oder von einem Scheitel aus.
Die Position dieses Punkts oder Scheitels bestimmt, wie die Frisur aussieht.

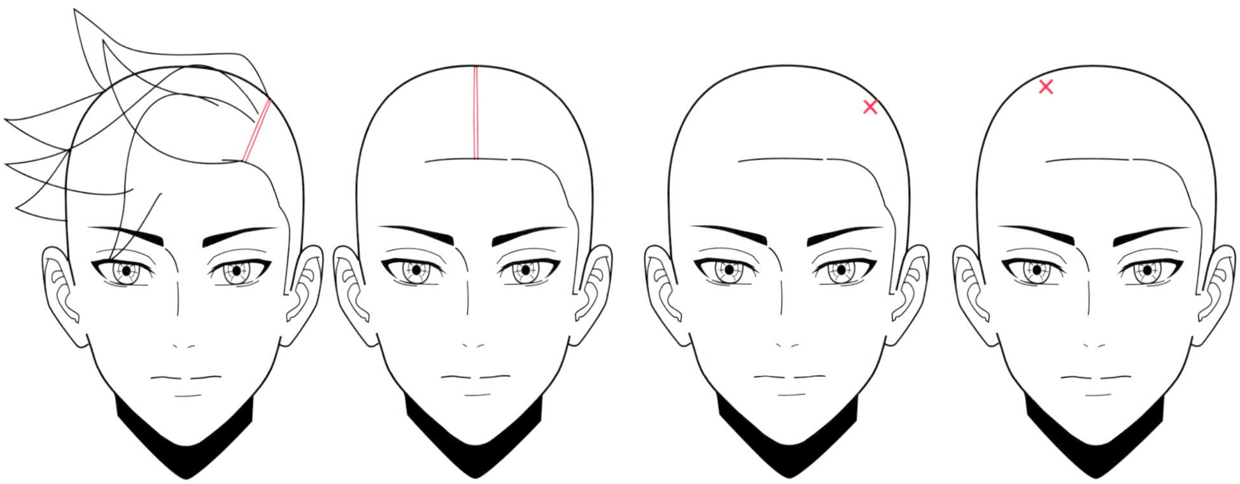

Fall und Bewegung der Haare

Die Form der Haare wird auch durch Umweltfaktoren beeinflusst (Wind, Regen usw.).

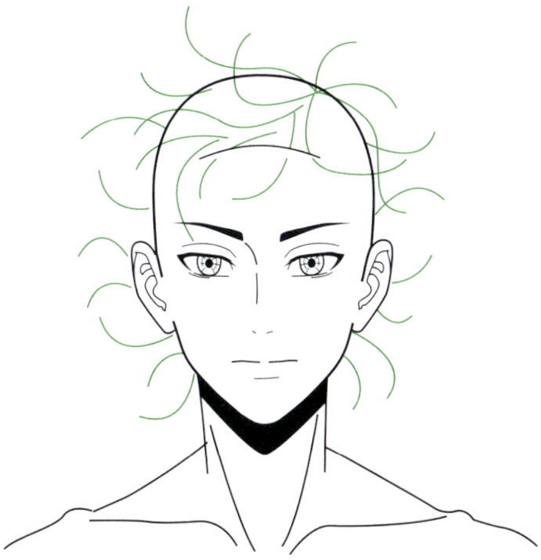

Wind

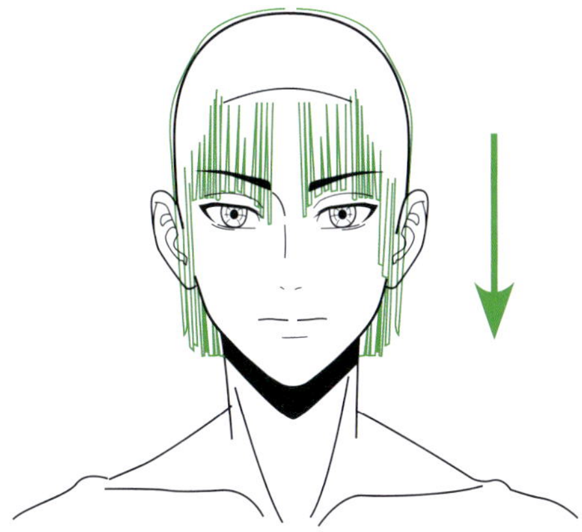

Regen

Ebenso haben die Bewegungen der Figur Einfluss auf den Fall der Haare.

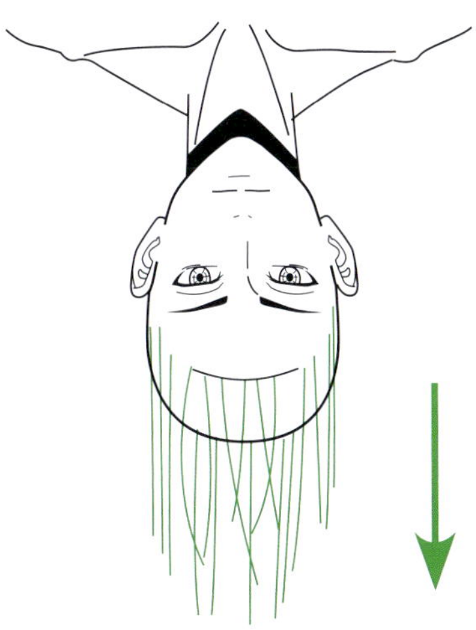

Schwerkraft

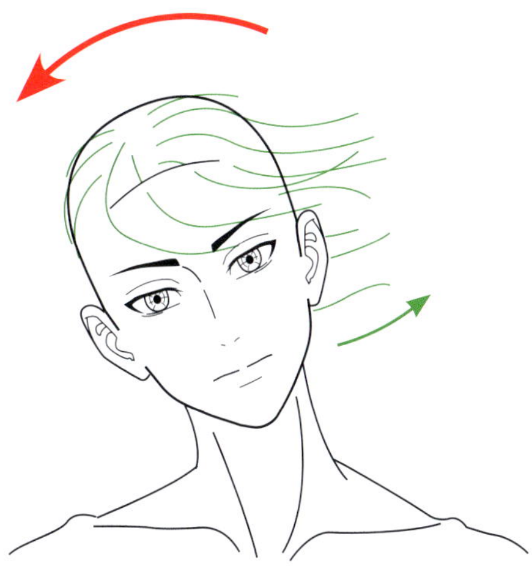

Neigung des Kopfs

Haare von vorn

Es gibt Hunderte von Haarschnitten. Allerdings unterliegen alle einer Grundregel, die ich hier erklären möchte. In diesem Beispiel gehen wir davon aus, dass du das Gesicht bereits gezeichnet hast und dir noch die Frisur fehlt.

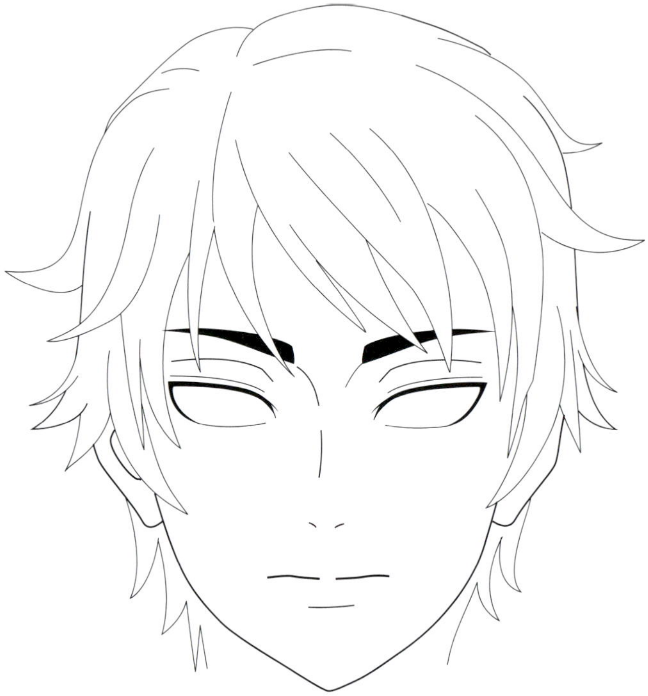

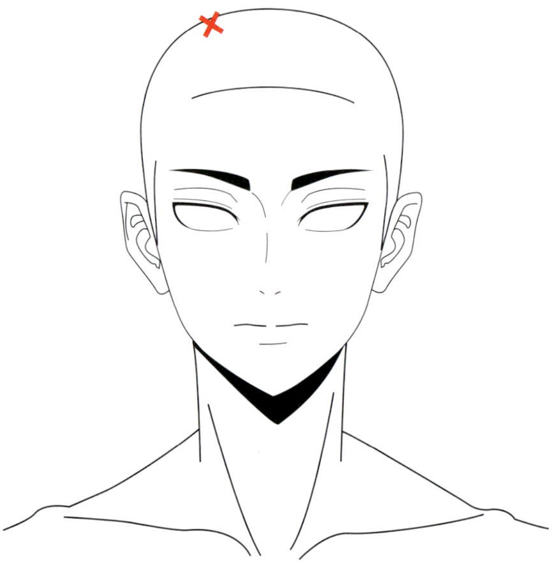

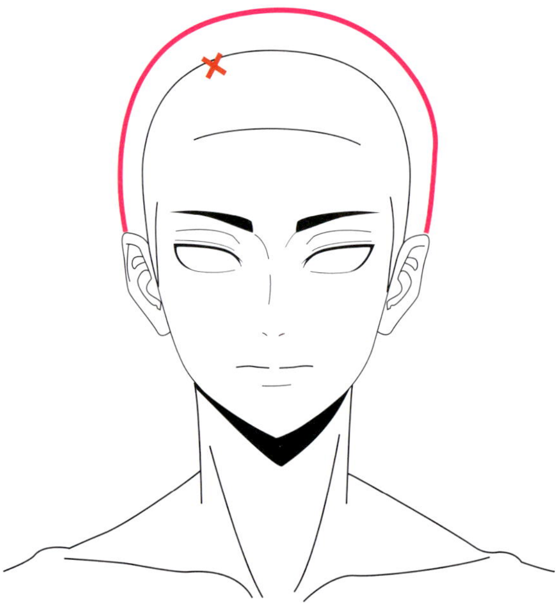

Schritt 1: Der Ausgangspunkt

Markiere den Ausgangspunkt der Frisur mit einem roten Kreuz.

Schritt 2: Das Volumen

Deute jetzt das Volumen der Haare durch einen Bogen an.

Form und Größe des Bogens sind abhängig von der Frisur.

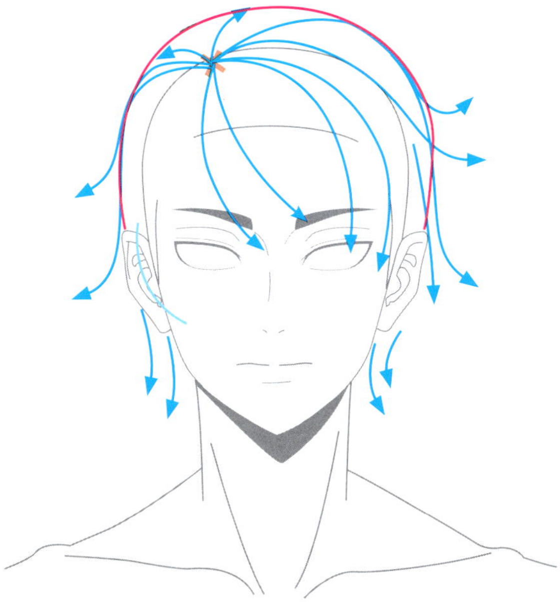

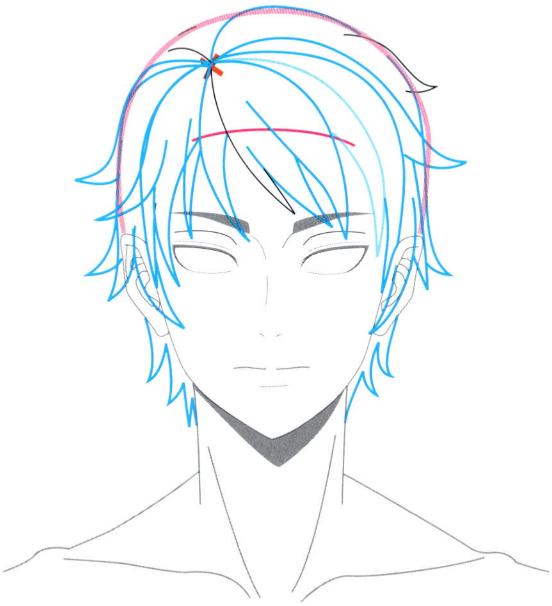

Schritt 3: Die Grundform

Zeichne den groben Verlauf der Haarsträhnen ein ausgehend vom roten Kreuz.

Schritt 4: Die Strähnen

Füge die Haarsträhnen ein. Überschreite dabei nicht den Bogen, der das Volumen vorgibt.

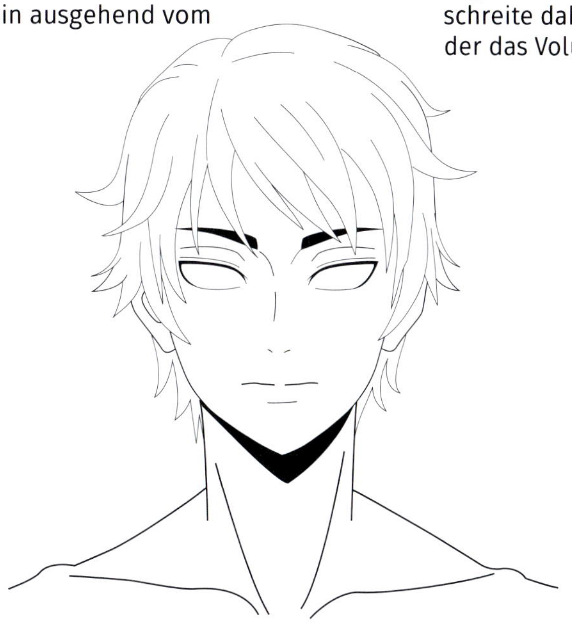

Schritt 5: Inking

Ziehe zuletzt die Konturen der Strähnen nach und füge eventuell noch einige weitere Strähnen ein.

Verschiedene Frisuren

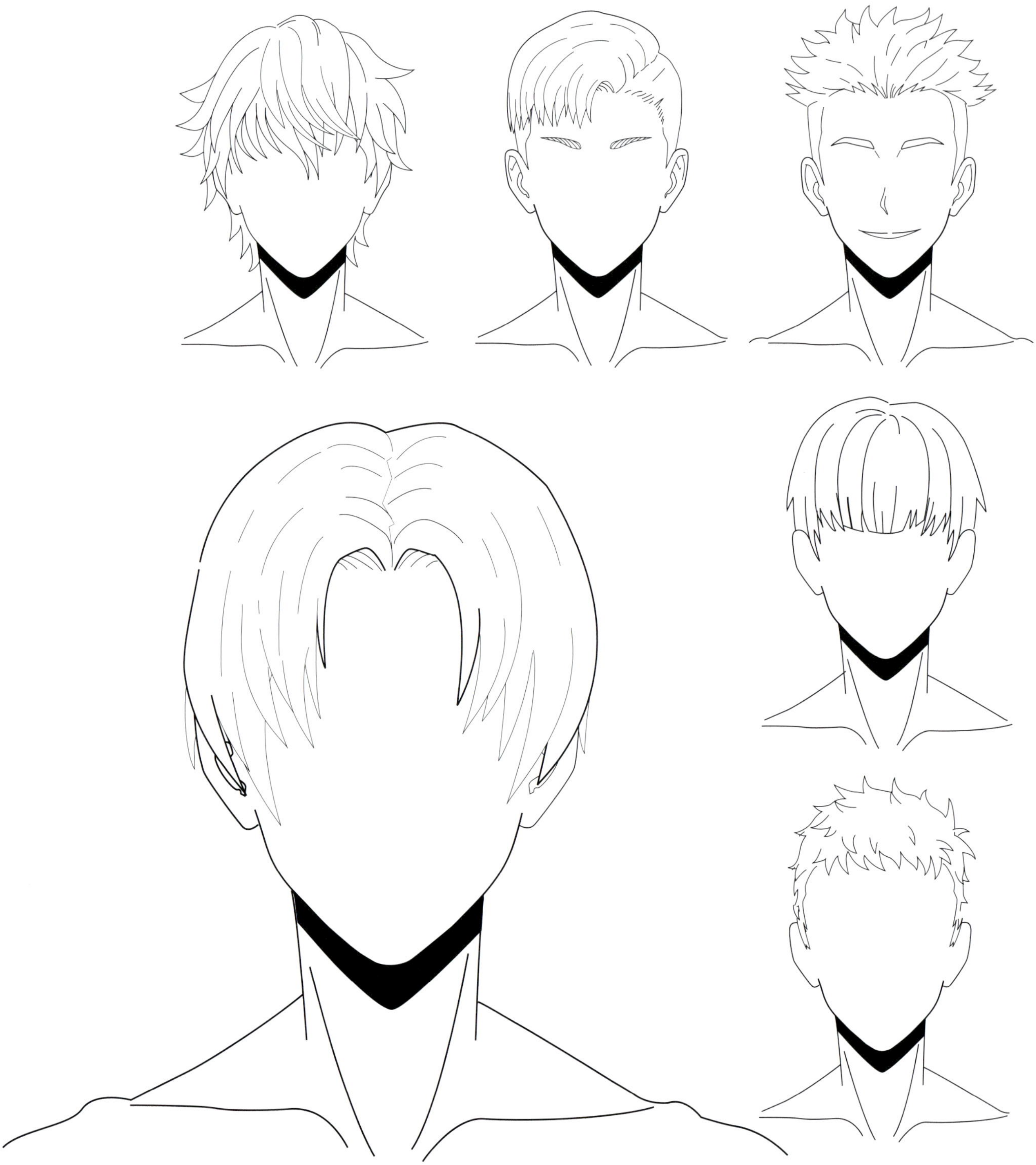

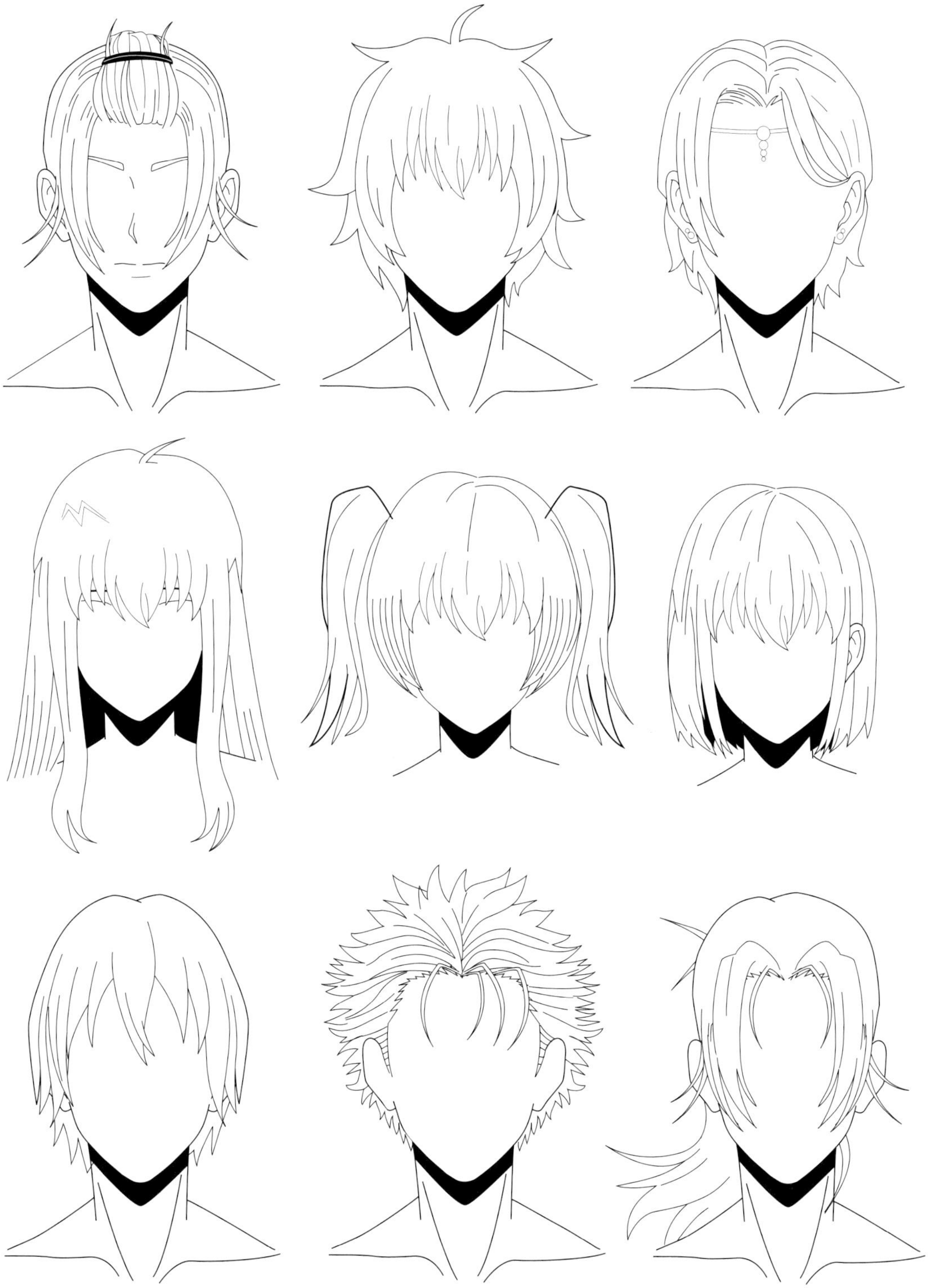

Haare im Profil

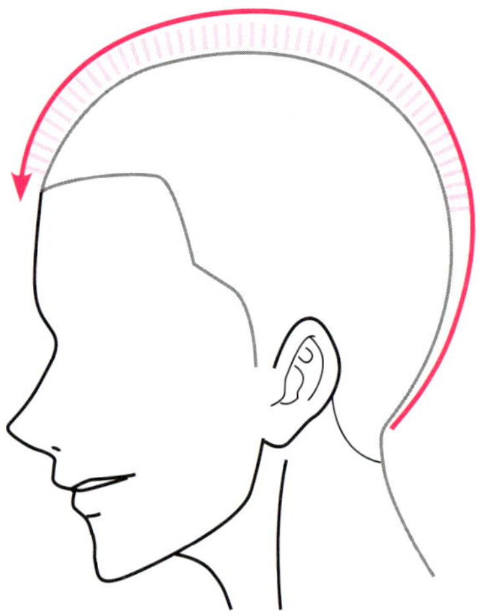

Schritt 1: Das Volumen

Zeichne einen Bogen, der das Volumen der Haare vorgibt.

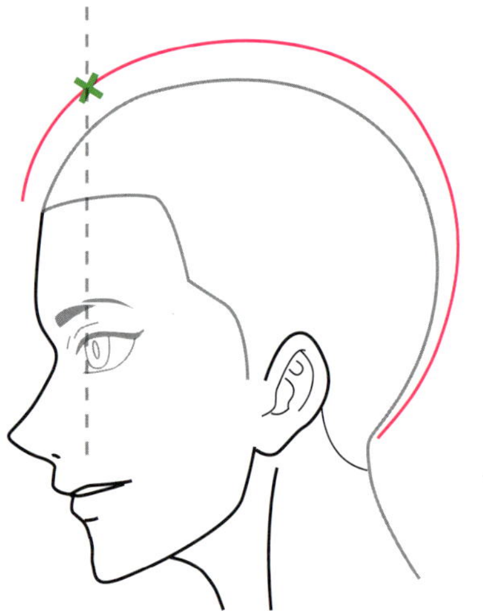

Schritt 2: Der Pony

Setze auf den Bogen auf Augenhöhe ein grünes Kreuz. Wir zeichnen zuerst den Pony und die Strähnen über der Stirn.

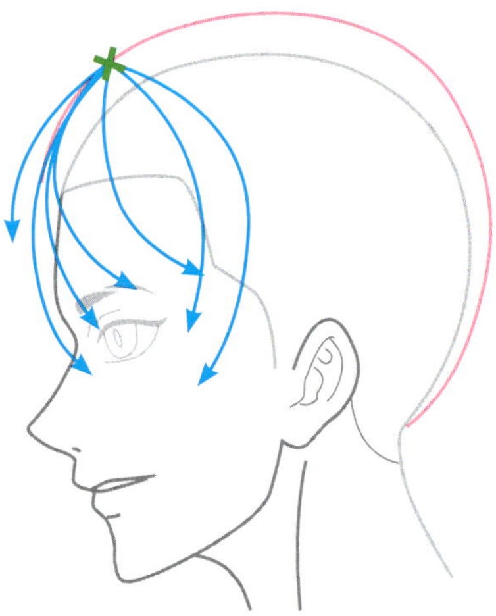

Schritt 3: Der Pony

Deute den Fall der Haare mit gekrümmten Hilfslinien an.

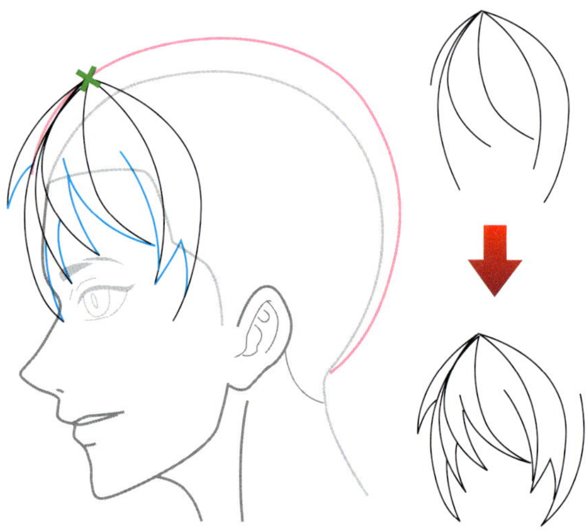

Schritt 4: Der Pony

Entwickle aus den Hilfslinien Haarsträhnen, die in Spitzen auslaufen.

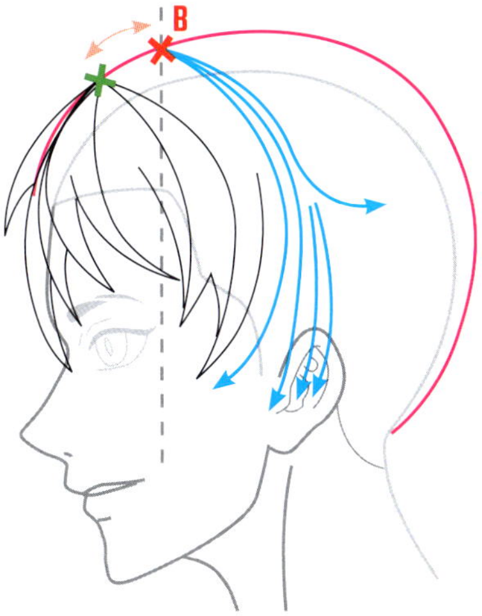

Schritt 5: Die seitliche Partie

Jetzt folgen die Haare über den Ohren. Deute ihren Verlauf ausgehend von Kreuz **B** durch gekrümmte Hilfslinien in Richtung Ohr an.

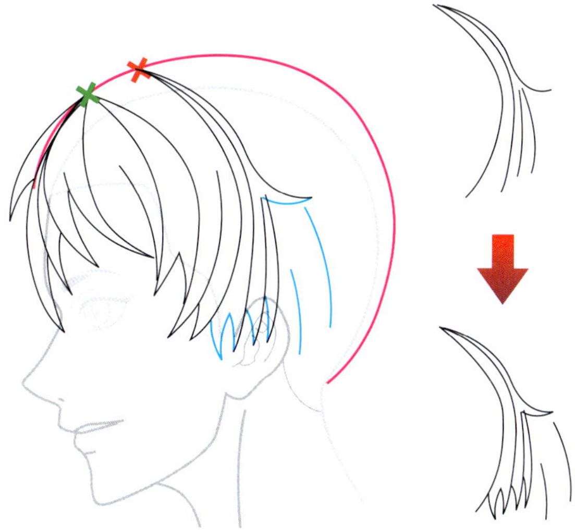

Schritt 6: Die seitliche Partie

Entwickle auch aus diesen Strichen Haarsträhnen, die spitz zulaufen.

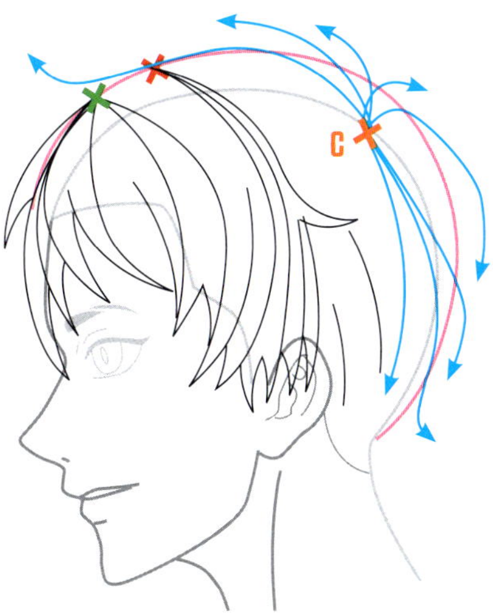

Schritt 7: Der Hinterkopf

Arbeite nun die Haare am Hinterkopf aus. Zeichne ausgehend von Punkt **C** wieder mit Hilfslinien den Fall der Haare ein.

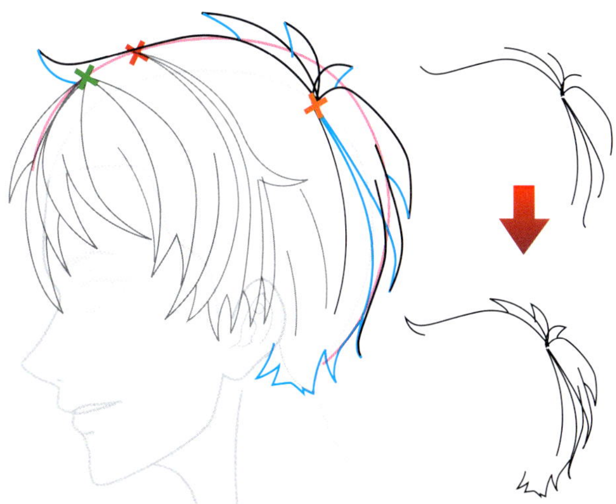

Schritt 8: Der Hinterkopf

Entwickle Strähnen und zeichne die hintere Haarkontur ein.

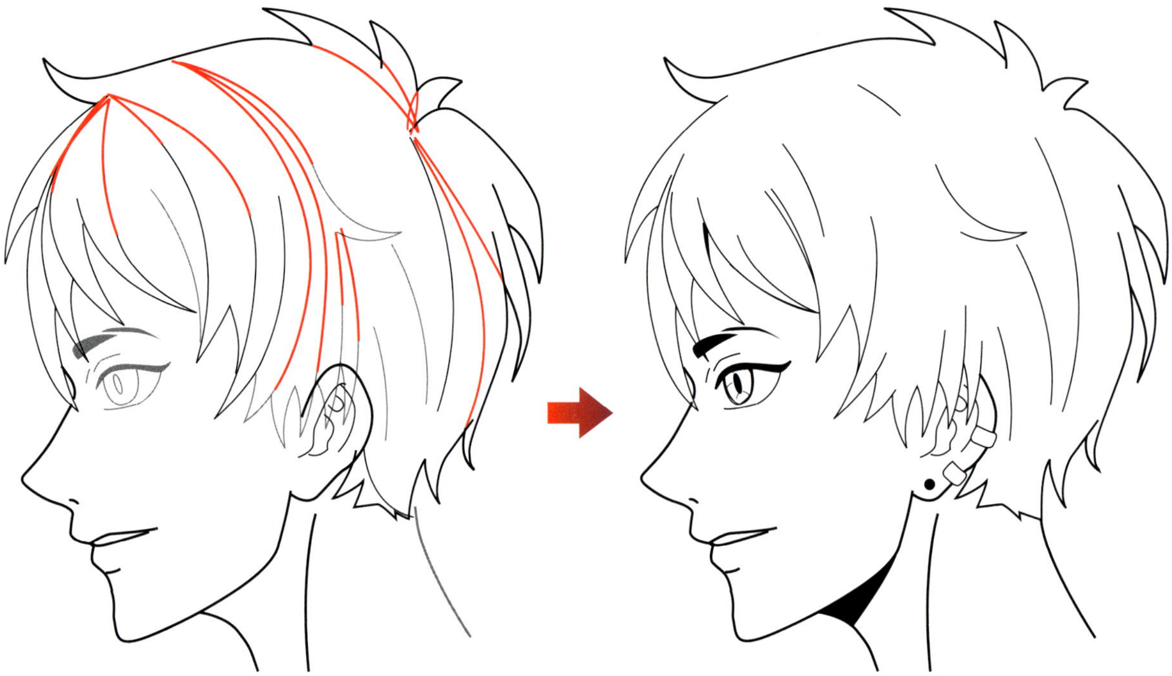

Schritt 9: Inking

Zeichne die wichtigsten Striche mit einem schwarzen Fineliner oder mit Zeichentusche nach. Die roten Striche nicht nachzeichnen!

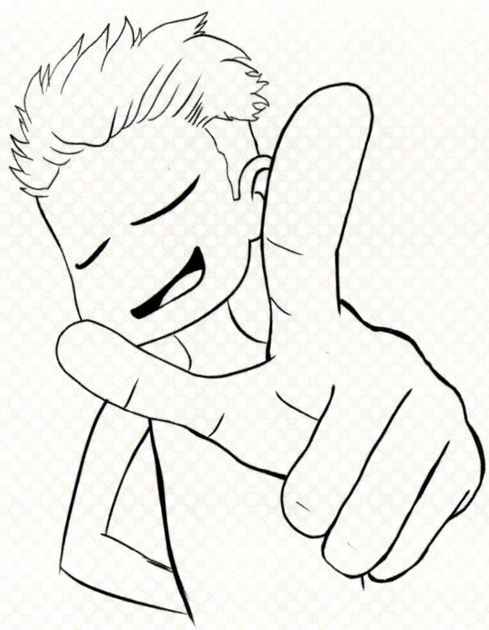

Wenn du das Prinzip verstanden hast, kannst du eigene Frisuren kreieren. Lass dich von den Beispielen auf den nächsten Seiten anregen.

Merke dir: Die Hilfslinien für den Fall der Haare bestimmen das Aussehen der endgültigen Frisur. Überlege also genau, wie du sie platzierst.

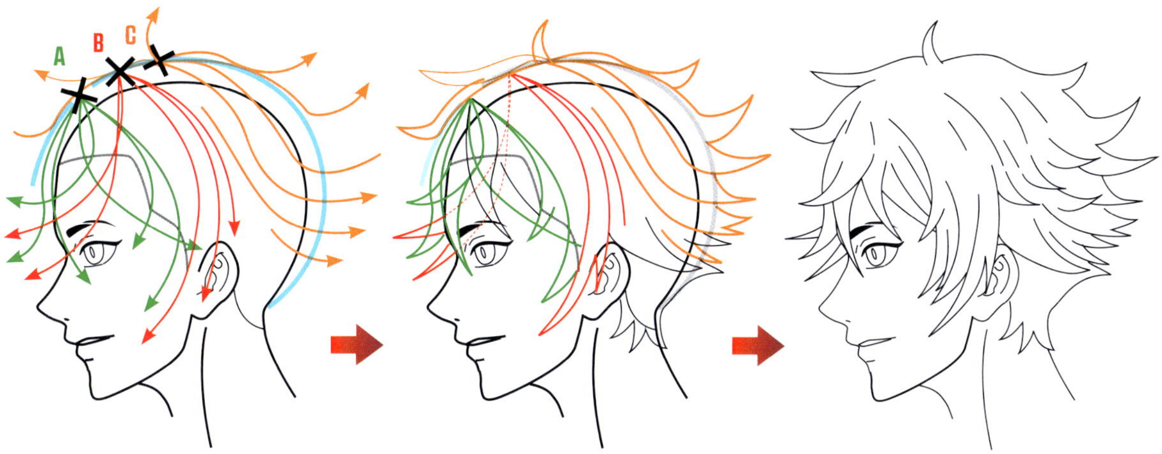

Tipp

Auch die Ausgangspunkte liegen je nach Frisur an unterschiedlichen Positionen auf dem Kopf.

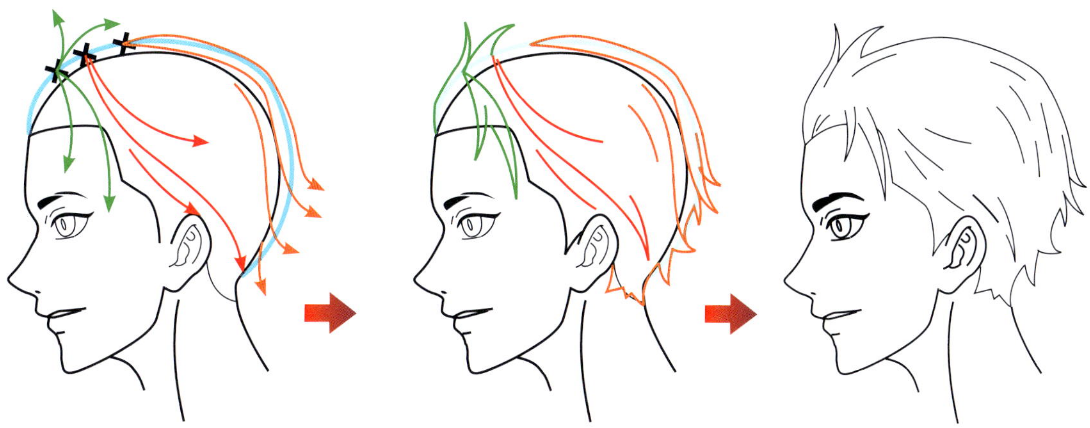

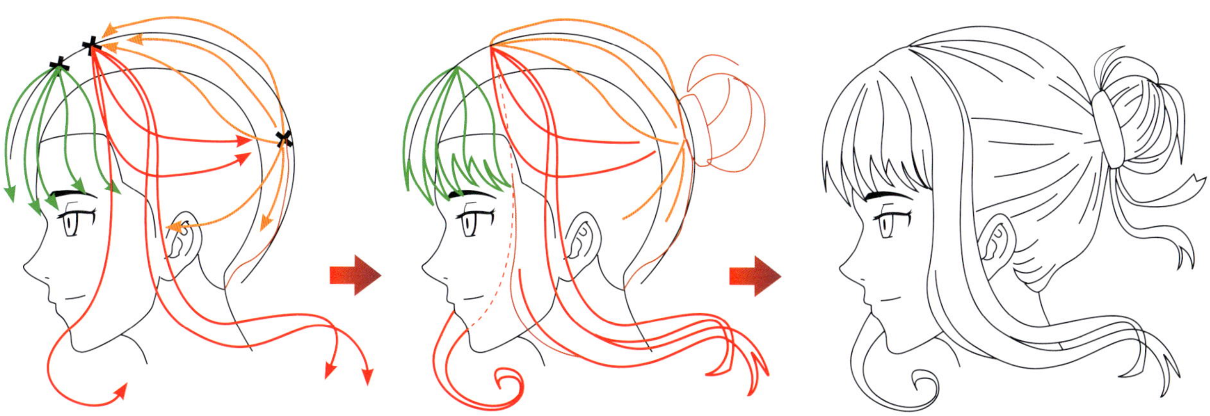

Verschiedene Frisuren im Profil

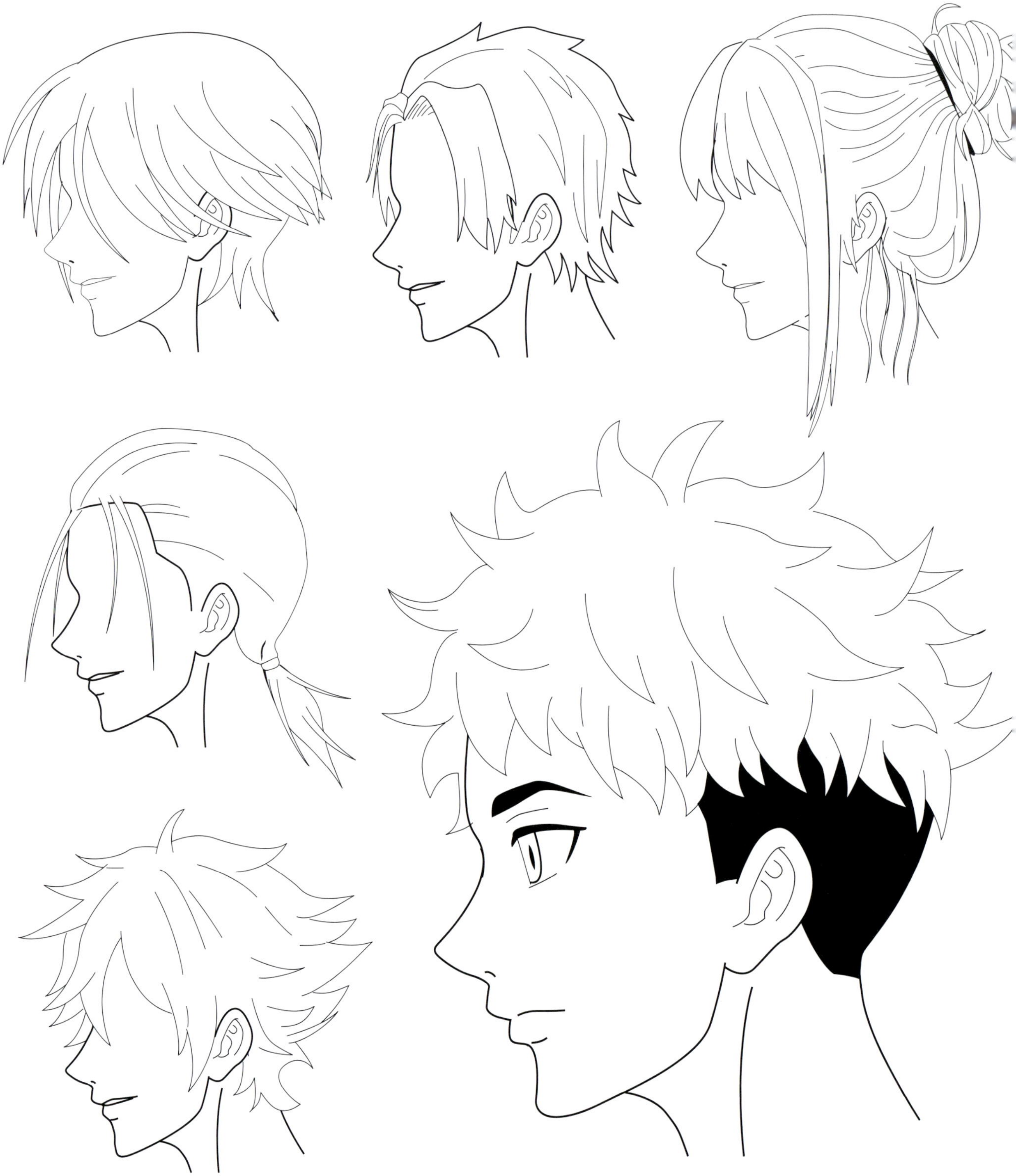

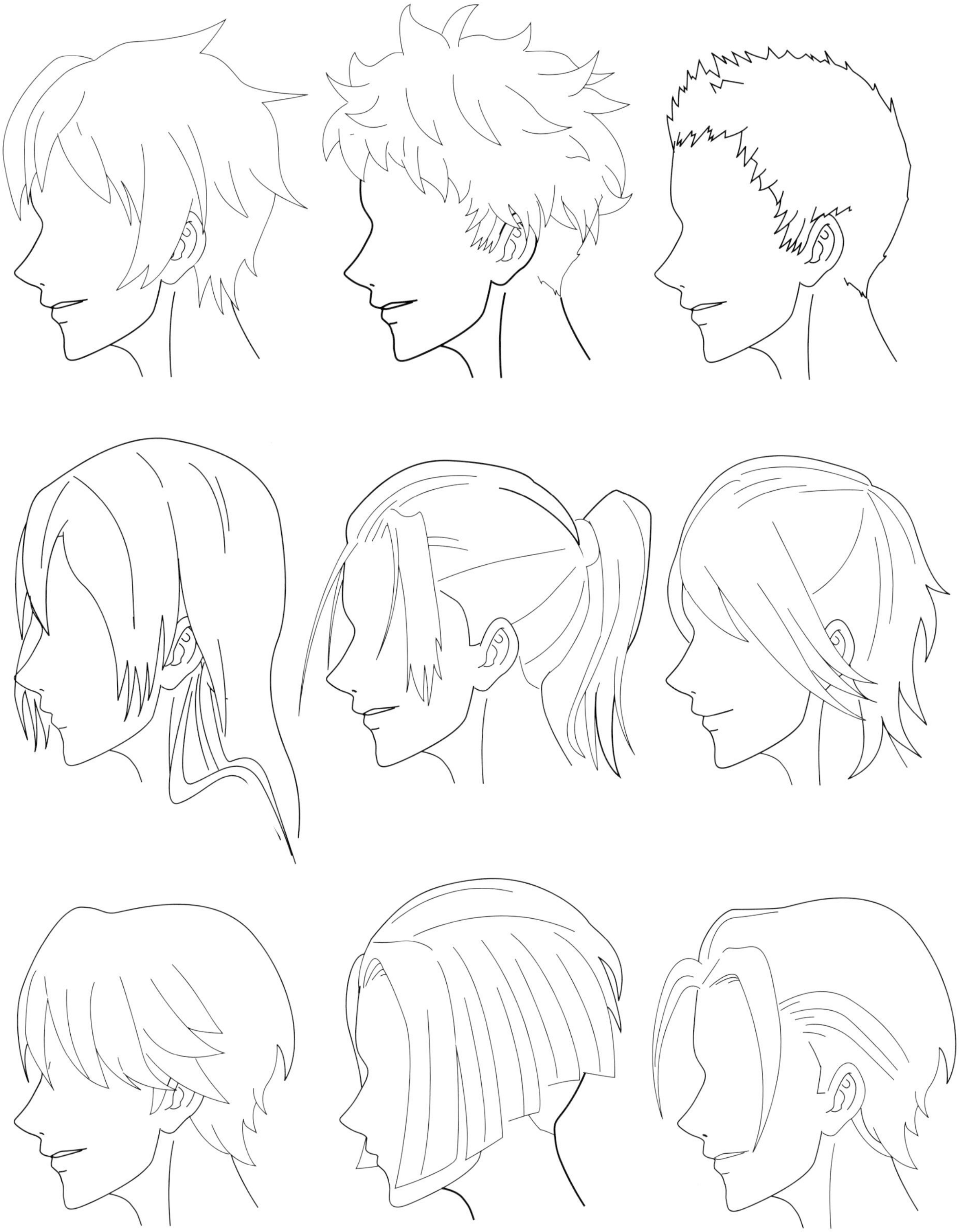

Haare von hinten

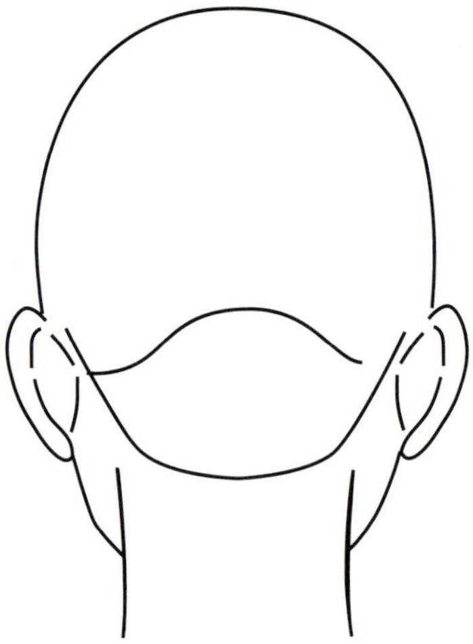

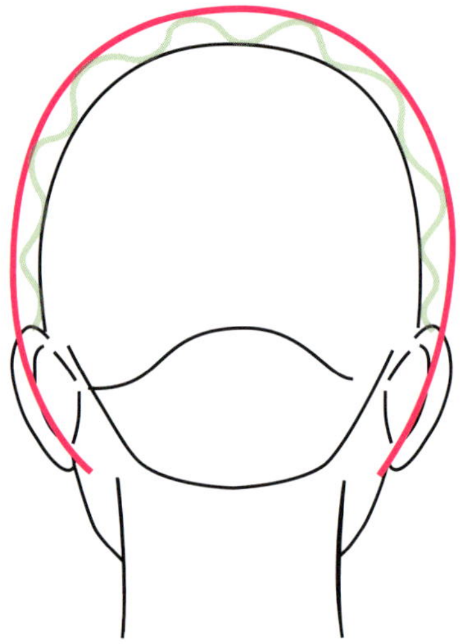

Schritt 1: Die Grundform

Lege mit einem Bogen das Volumen der Haare fest.

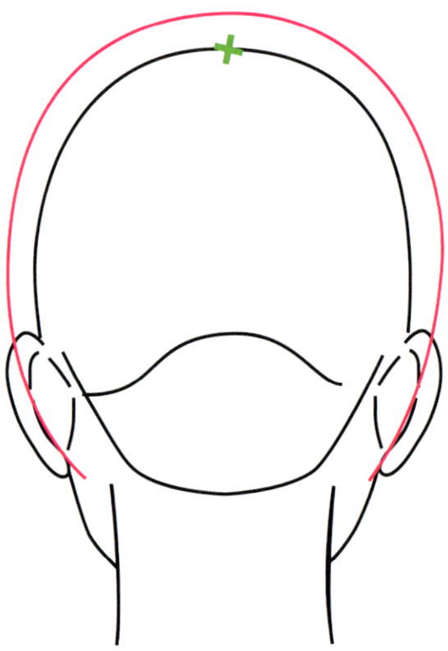

Schritt 2: Der Ausgangspunkt

Setze ein Kreuz auf den Oberkopf. Seine Position hängt von der gewünschten Frisur ab.

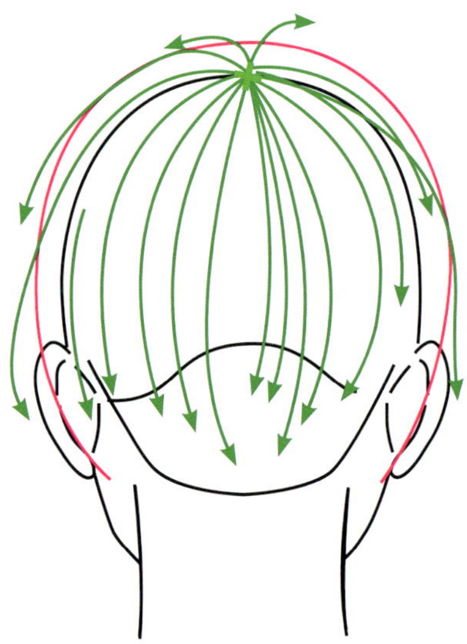

Schritt 3: Die Deckhaare

Zeichne ausgehend vom Kreuz gekrümmte Hilfslinien ein, die etwa auf Ohrhöhe enden.

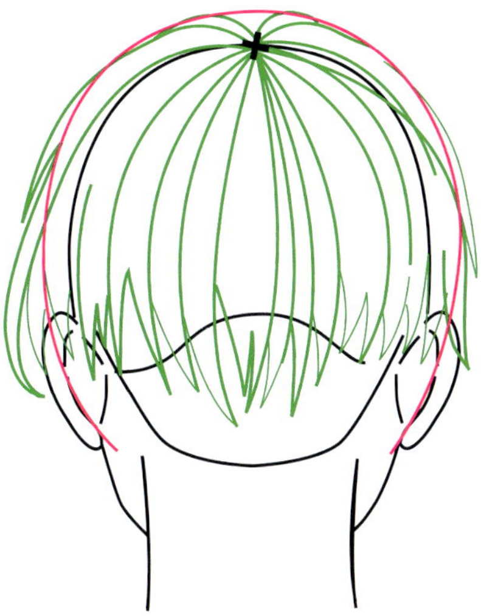

Schritt 4: Die Deckhaare
Entwickle aus den Hilfslinien Strähnen, die in Spitzen auslaufen.

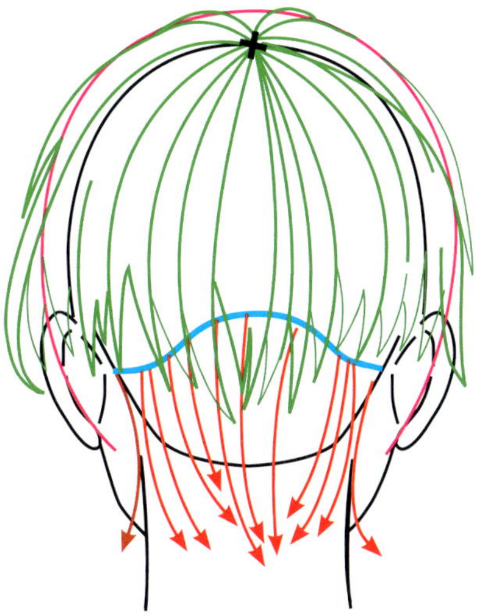

Schritt 5: Die unteren Haare
Füge jetzt ausgehend vom Hinterhauptbein einige Bögen in Richtung Hals hinzu.

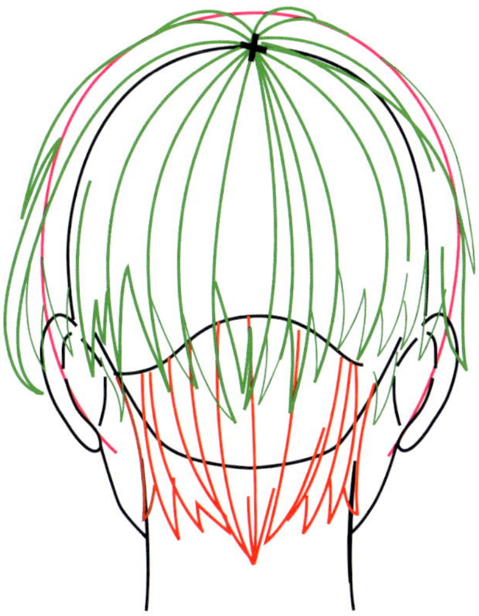

Schritt 6: Die unteren Haare
Entwickle aus diesen Hilfslinien wie zuvor spitz zulaufende Strähnen.

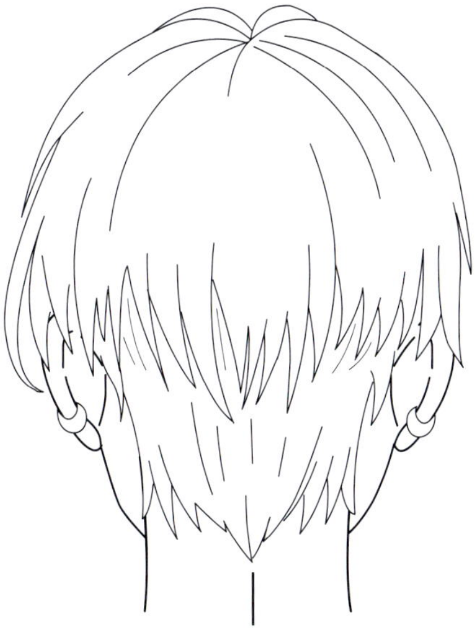

Schritt 7: Inking
Zeichne zuletzt die Strähnen nach und füge eventuell einige weitere Details ein.

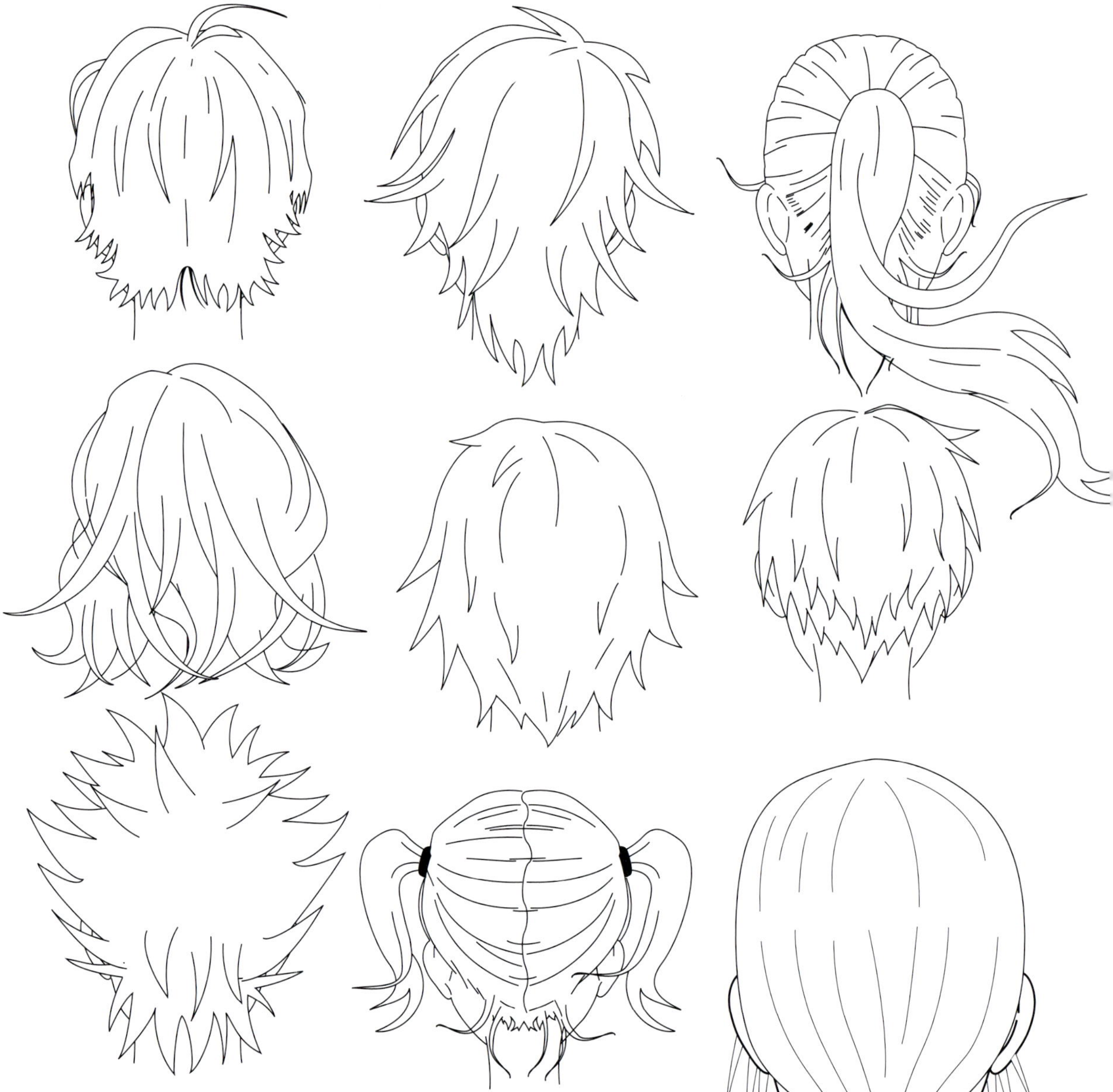

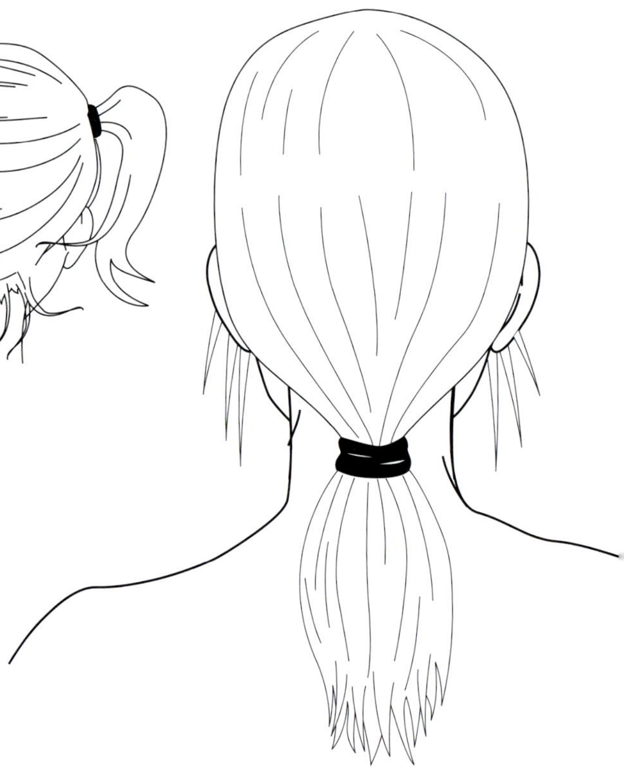

TIPP

Denk daran, dass sich Haare bewegen können. Ein Afrolook ist relativ stabil, aber feine Haare bewegen sich beim kleinsten Windhauch.

TIPP

Ob von vorn, von der Seite, von hinten oder aus einem anderen Blickwinkel: Die grundsätzliche Konstruktion der Haare ist immer gleich.

Zeichne immer zuerst das Volumen und die Hilfslinien. Dann wird es dir leichter gelingen, korrekte und glaubwürdige Haare zu Papier zu bringen.

Du bist dran. Probiere einige Varianten aus.

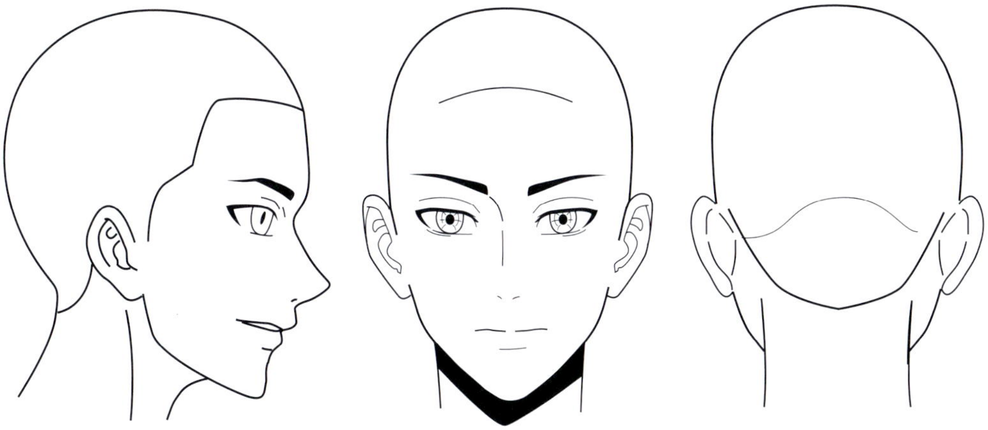

Du kannst an detaillierten Köpfen üben. Wenn dir das Zeichnen von Köpfen aber noch schwer fällt und du erst einmal lernen möchtest, wie man Haare zeichnet, kannst du diese Köpfe durch vereinfachte Formen ersetzen.

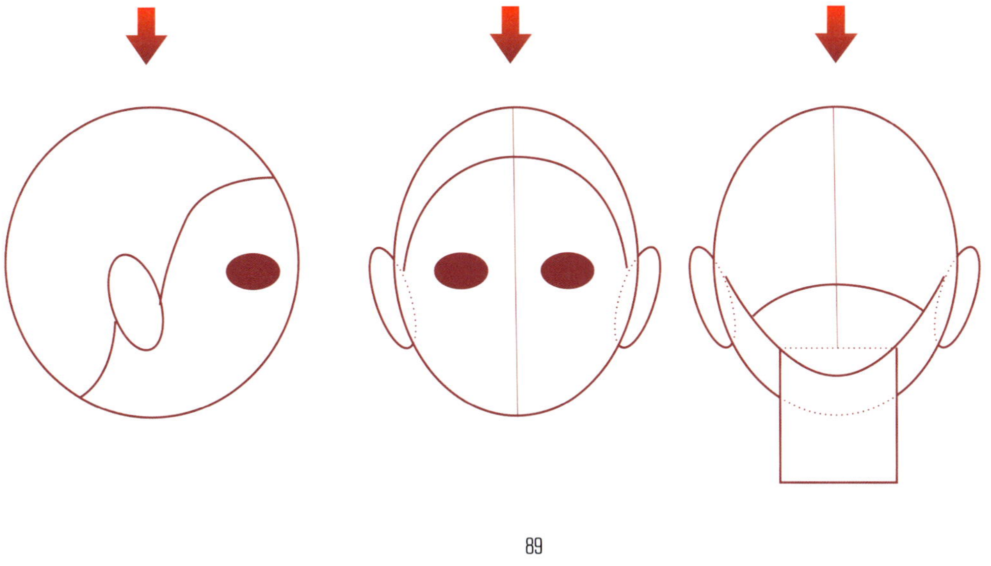

Kapitel 02

Der menschliche Körper

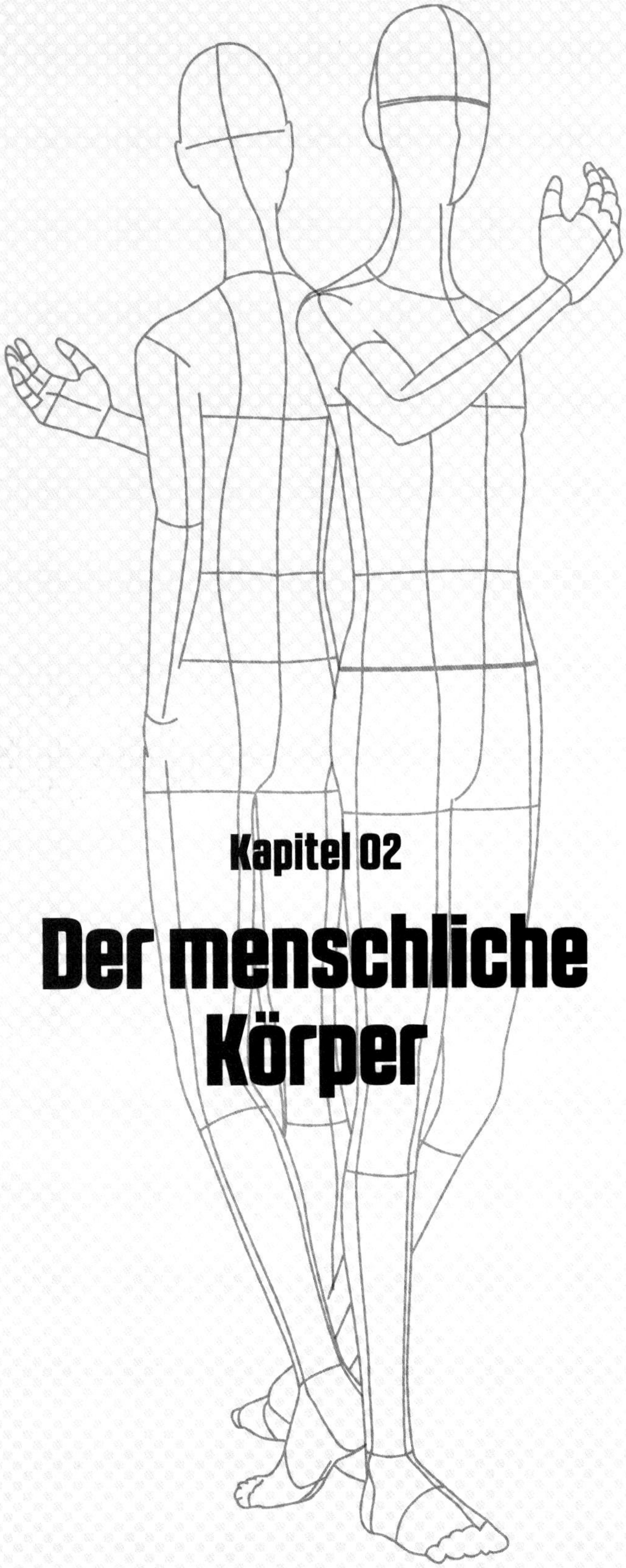

01 ANATOMIE

Der Aufbau des Körpers

Jetzt kommen wir zum wichtigsten Teil. Wir beginnen wieder damit, dass wir uns den gesamten Körper genau ansehen. Dann werde ich die einzelnen Volumina erklären, aus denen er aufgebaut ist. Du wirst feststellen, dass es gar nicht so kompliziert ist, wie es auf den ersten Blick scheint.

Hier ist eine ausgearbeitete Figur. Wir werden den Körper in einfache Grundformen zerlegen.

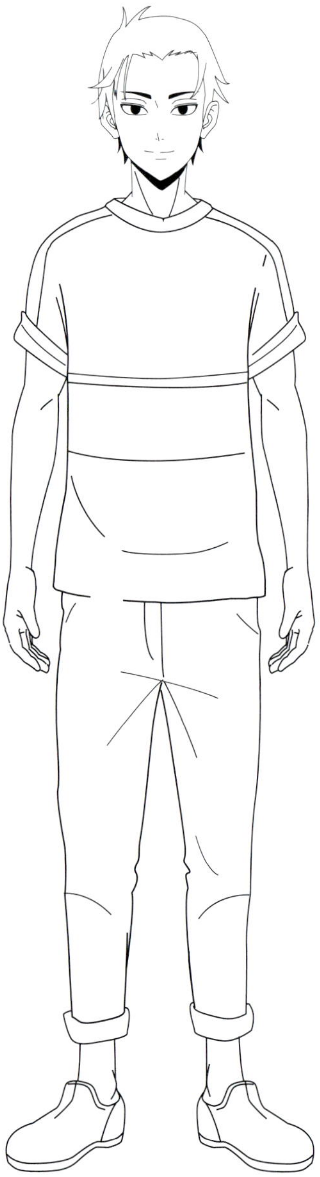

Diese Formen erhalten wir.

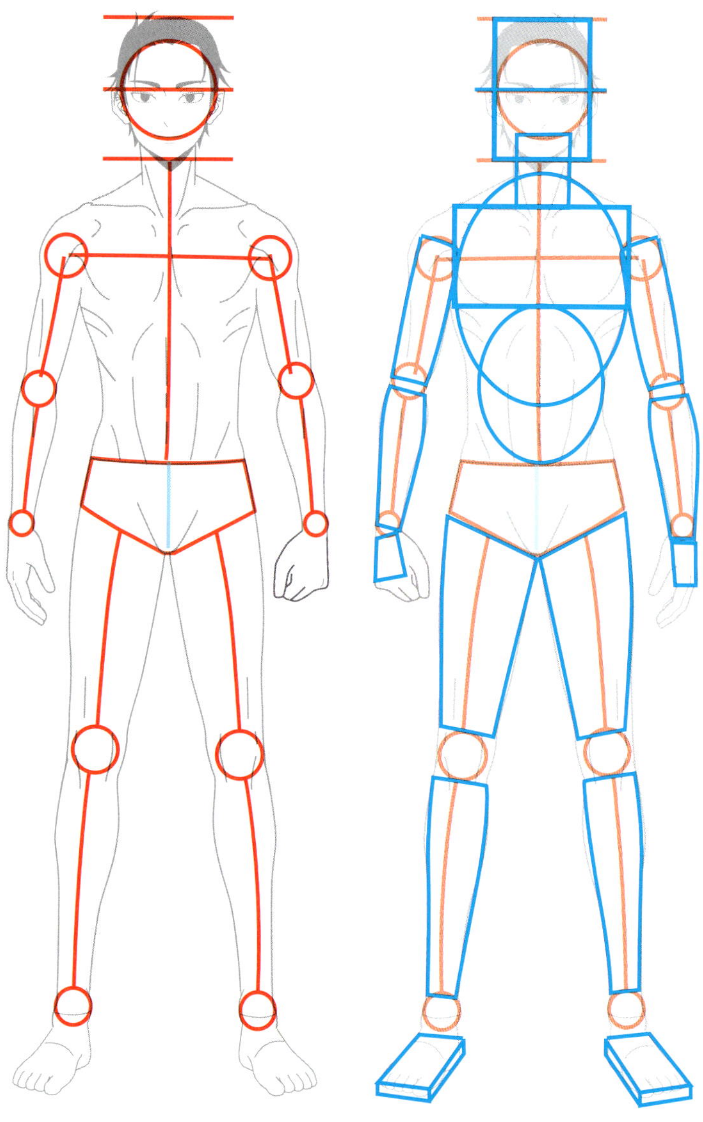

Die roten Striche stellen das vereinfachte Skelett dar.

Damit später die Proportionen stimmen, ist es wichtig, das Skelett vorzuzeichnen. Dann gelingt die Platzierung der Einzelheiten leichter.

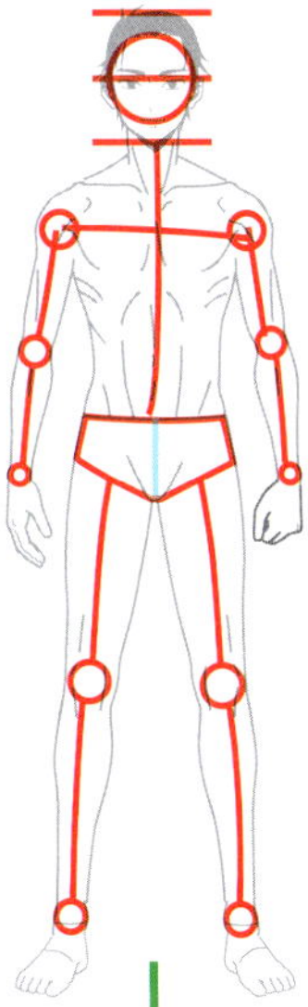

TIPP

Wenn du das Skelett zeichnest, irrst du dich nicht so leicht in den Maßen. Es ist ähnlich wie beim Hausbau. Bevor du die Wände errichtest, braucht du Grundrisse und Maße, die dir helfen und dich vor Fehlern bewahren.

Der Körper eines Erwachsenen ist etwa siebeneinhalb Kopfhöhen groß.

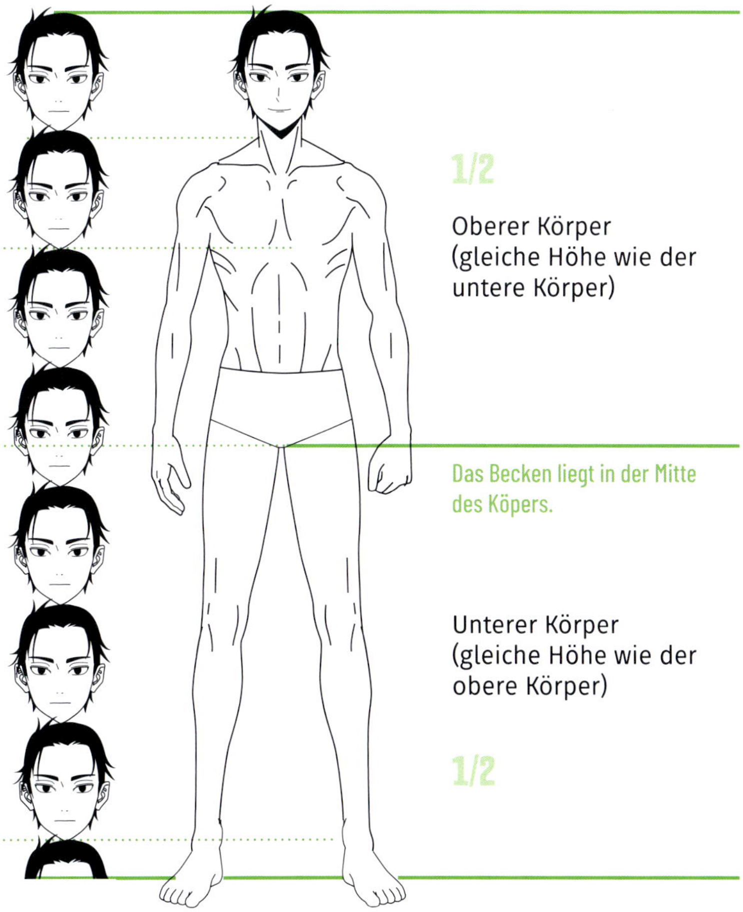

Zwei Köpfe zwischen Schädeldecke und Achselhöhlen

Eineinhalb Köpfe zwischen Achselhöhle und Schritt

Die Hände liegen bei geraden Armen ebenfalls auf Höhe des Schritts.

Dreieinhalb Köpfe von Schritt bis Knöchel

Ein halber Kopf für die Füße

1/2

Oberer Körper (gleiche Höhe wie der untere Körper)

Das Becken liegt in der Mitte des Köpers.

Unterer Körper (gleiche Höhe wie der obere Körper)

1/2

Die Gelenke der Arme

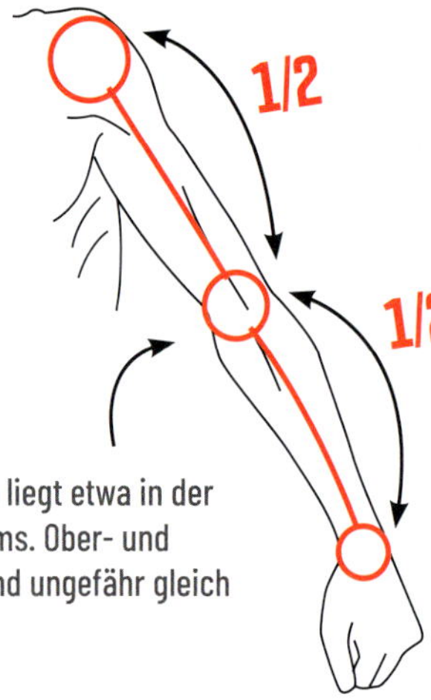

Der Ellbogen liegt etwa in der Mitte des Arms. Ober- und Unterarm sind ungefähr gleich lang.

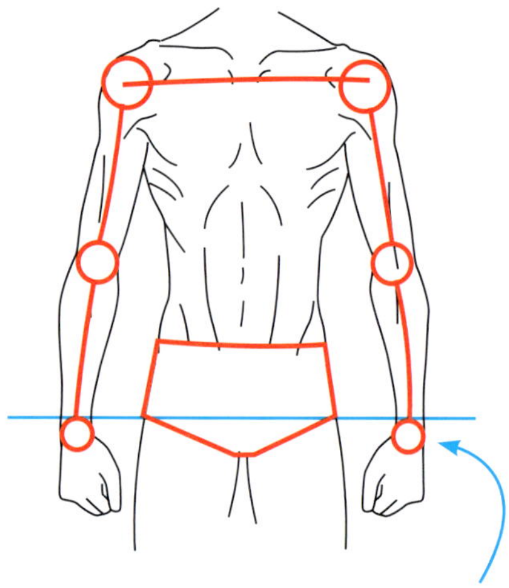

Das Handgelenk liegt in der Mitte des Körpers, also auf Höhe des Beckens (bei gestreckten Armen).

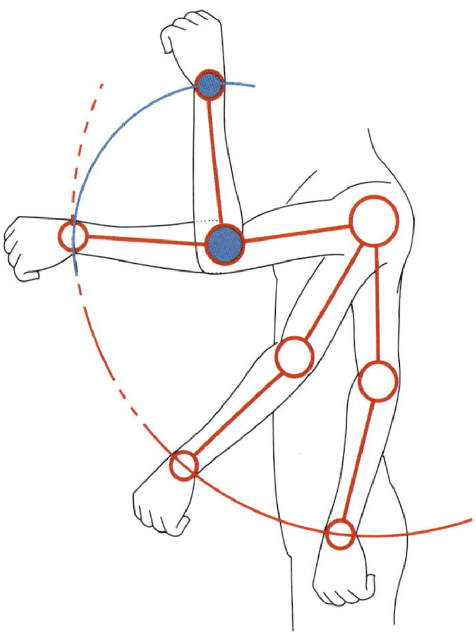

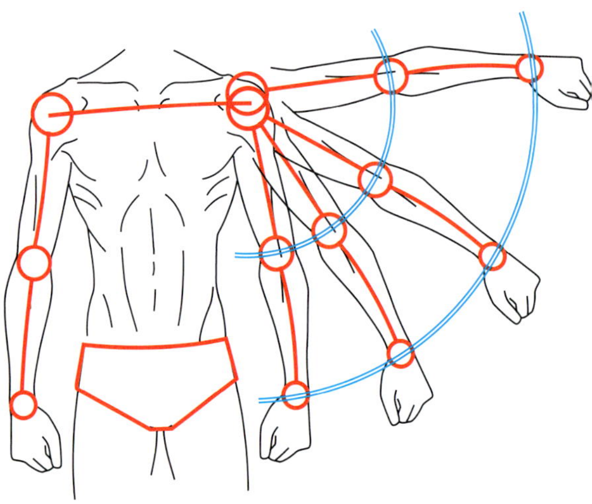

Die Bewegungen der Arme sind kreisförmig. Zeichne einen Kreisbogen durch die Gelenke (die statisch bleiben müssen), um die richtigen Proportionen zu erkennen.

Die Volumina

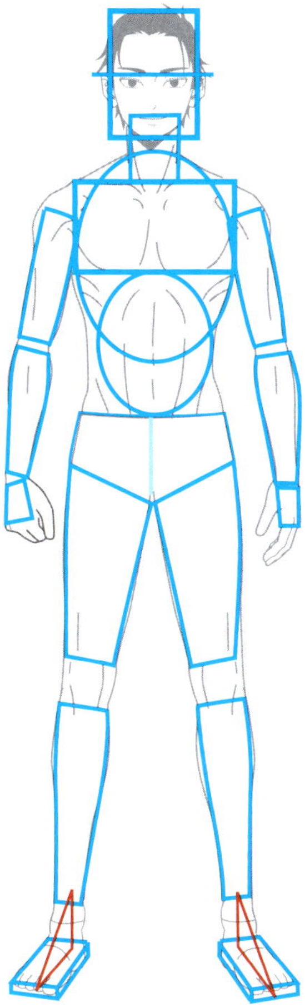

Du hast ein Skelett gezeichnet. Aber wie wird daraus nun eine Figur?

Da kommen die Volumina ins Spiel. Erinnerst du dich an den Vergleich mit dem Hausbau?

Einen Grundriss hast du. Jetzt kümmern wir uns um die Fundamente der Figur – die Volumina.

Die Volumina helfen dir, einen Körper mit plastischer Wirkung zu zeichnen – aus jedem gewünschten Blickwinkel.

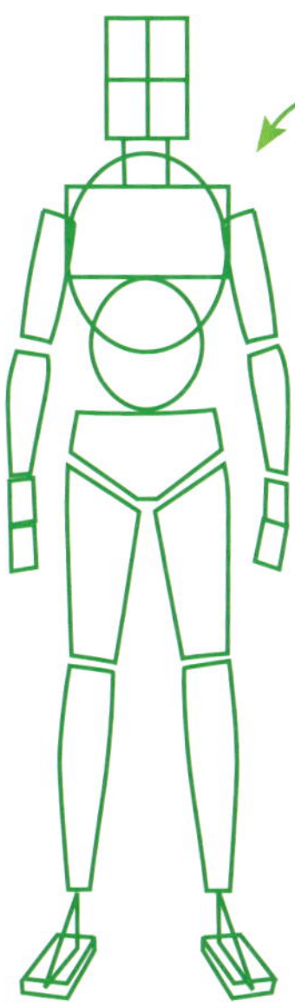

Hier sind alle Volumina abgebildet, aus denen sich der Körper zusammensetzt.

TIPP

Wir arbeiten hauptsächlich mit geometrischen Grundformen, die sehr einfach zu zeichnen sind.

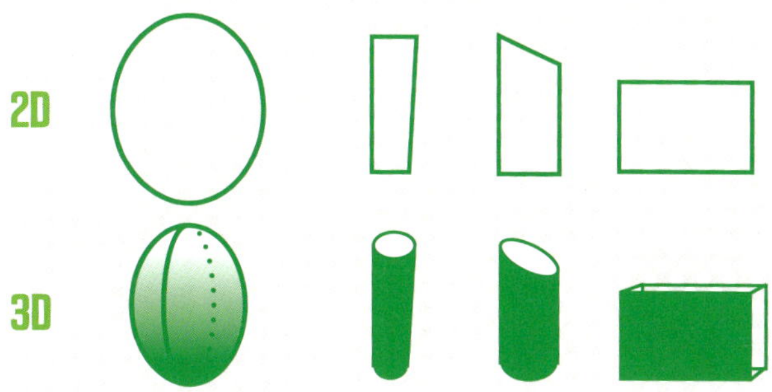

02 DIE VOLUMINA DES KÖRPERS

Das Volumen des Kopfs

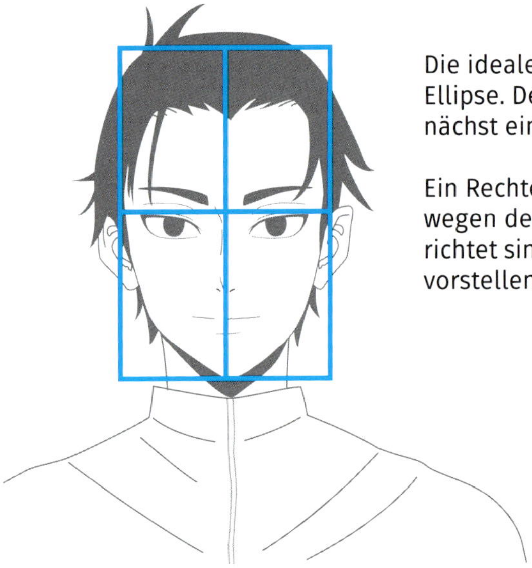

Die ideale Form für den Kopf ist eigentlich eine Ellipse. Der Einfachheit halber verwenden wir zunächst ein Rechteck.

Ein Rechteck ist in 2D einfacher zu zeichnen, und wegen der Linien, die auf einen Fluchtpunkt gerichtet sind, kann man es sich auch in 3D leichter vorstellen.

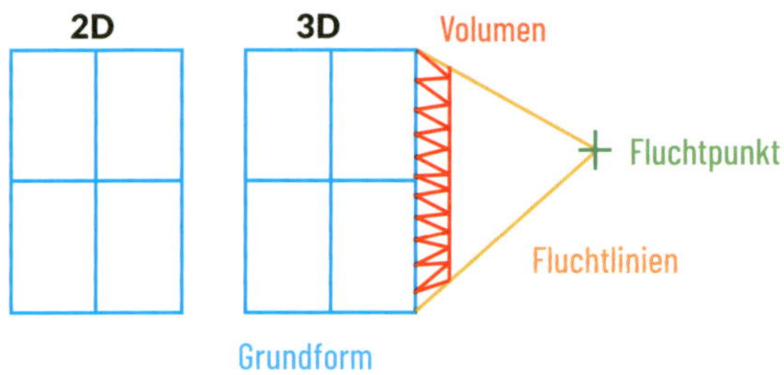

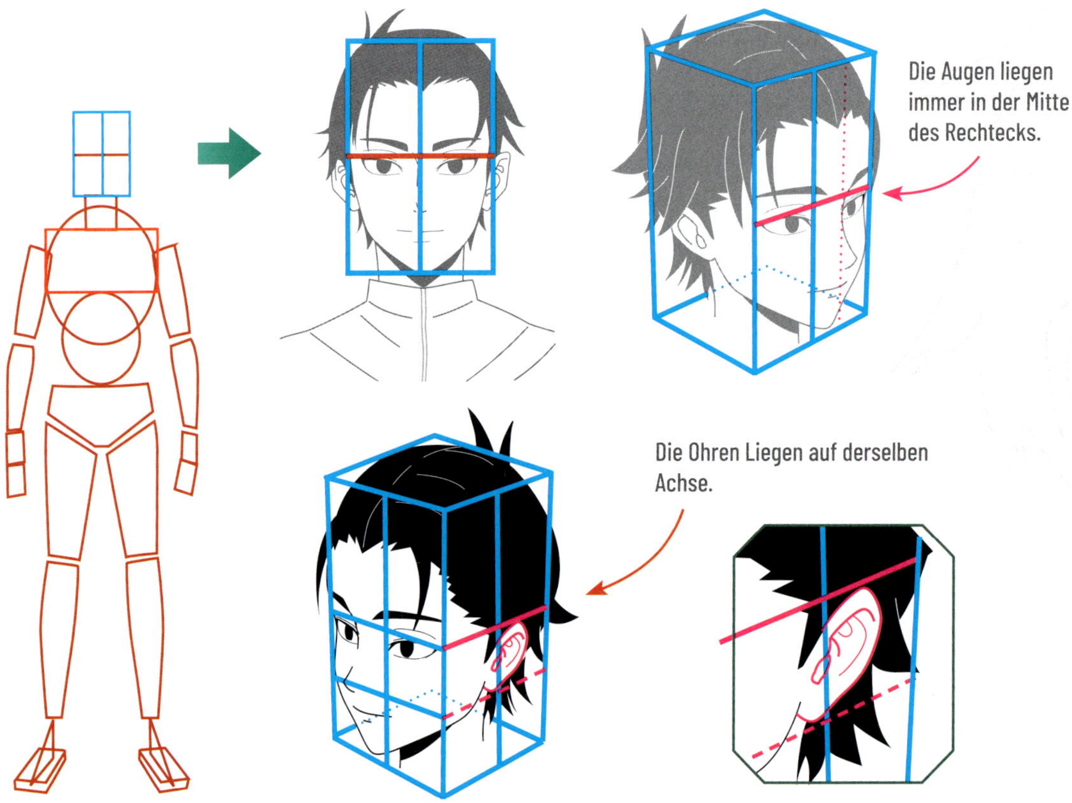

Das Gesicht aus verschiedenen Winkeln

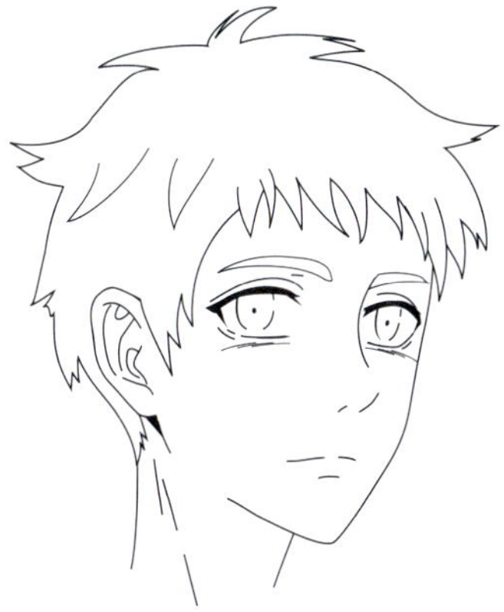

Schritt 1: Erste Seite des Quaders

Wähle einen Blickwinkel und zeichne ein Rechteck in der Perspektive. Wähle dafür einen Fluchtpunkt in ausreichender Entfernung. Auf diesen sind die Fluchtlinien ausgerichtet. Teile zuletzt das Rechteck in Viertel.

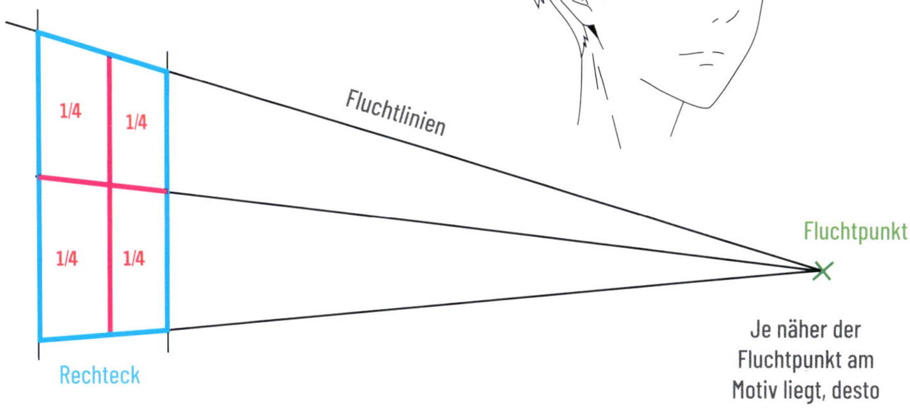

Je näher der Fluchtpunkt am Motiv liegt, desto schräger verlaufen die Fluchtlinien.

Schritt 2: Erste Seite des Quaders

Teile das Rechteck nochmals, sodass Achtel entstehen. Die Linien sind wieder auf den Fluchtpunkt gerichtet.

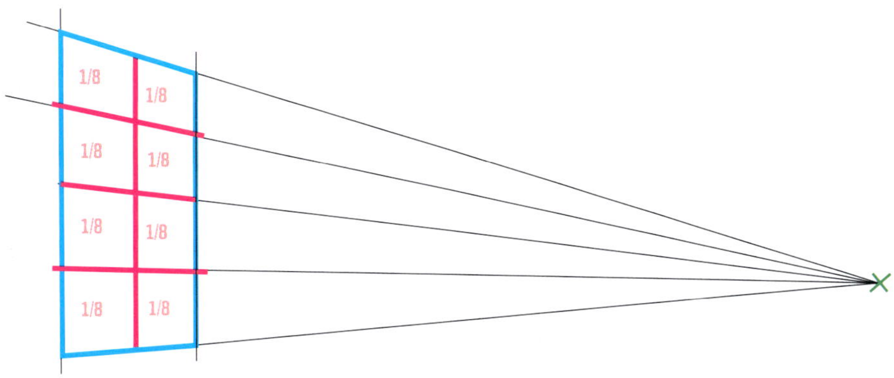

Schritt 3: Zweite Seite des Quaders

Jetzt wird die zweite Seite gezeichnet. Lege einen zweiten Fluchtpunkt fest und verlängere die Linien, ausgehend vom ersten Rechteck, zu diesem hin. Teile das zweite Rechteck ebenfalls in Viertel.

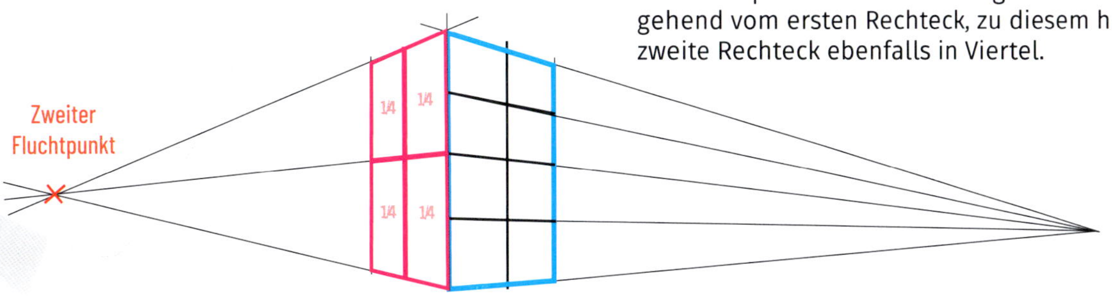

Schritt 4: Die Augen

Vor allen anderen Teilen des Gesichts werden jetzt die Augen eingezeichnet. Zeichne dafür eine weitere Linie zum Fluchtpunkt. Sie bestimmt die Höhe der Augen.

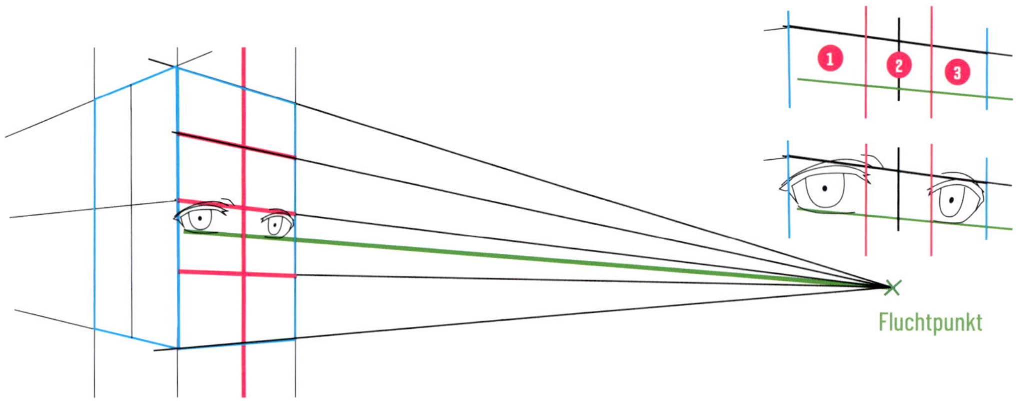

Nachdem die Höhe festgelegt ist, zeichne zwei senkrechte Striche, um die drei Rechtecke für den korrekten Abstand der Augen zu erhalten.

Schritt 5: Die Nase

Für die Nase verwenden wir die bereits vorhandenen Hilfslinien.

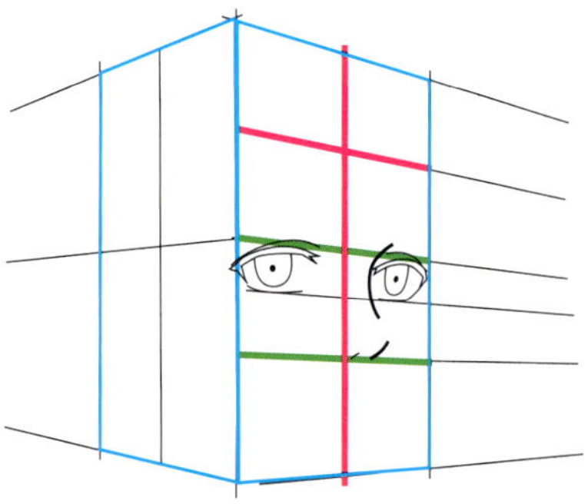

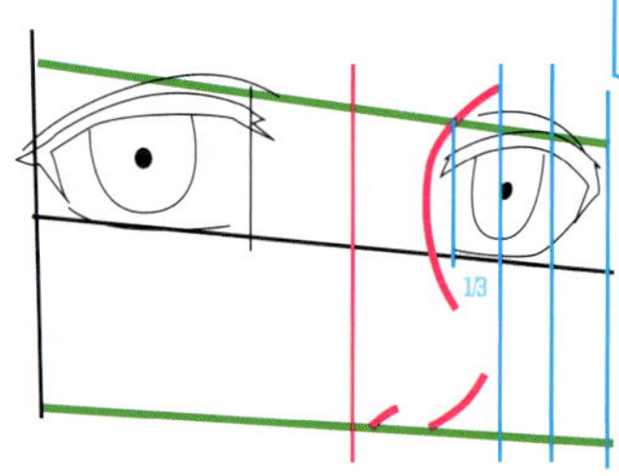

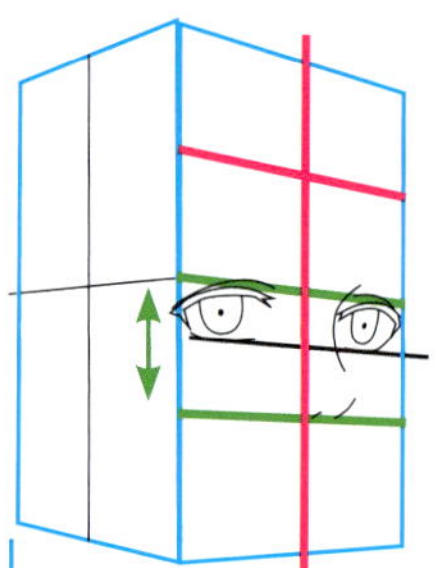

Die beiden grünen Hilfslinien definieren die Höhe der Nase.

Zeichne die Nase nahe am hinteren Auge. Die Nasenspitze reicht höchstens bis zu einem Drittel seiner Breite.

Schritt 6: Die Augenbrauen

Zeichne eine weitere Hilfslinie zum Fluchtpunkt hin. Sie gibt die Höhe der Augenbrauen vor.

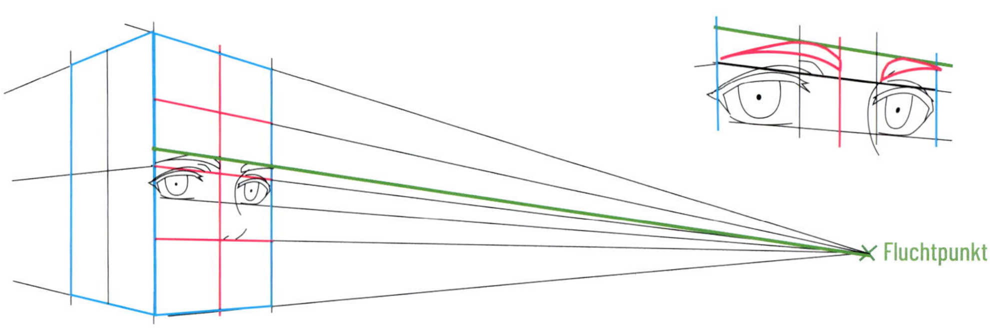

Die Augenbraue über dem hinteren Auge ist kürzer. Gehe beim Zeichnen von der Nase aus.

Schritt 7: Der Mund

Füge für den Mund nun zwei Hilfslinien ein, die auf den Fluchtpunkt gerichtet sind. Sie teilen diesen Bereich des Rechtecks in drei gleiche Teile.

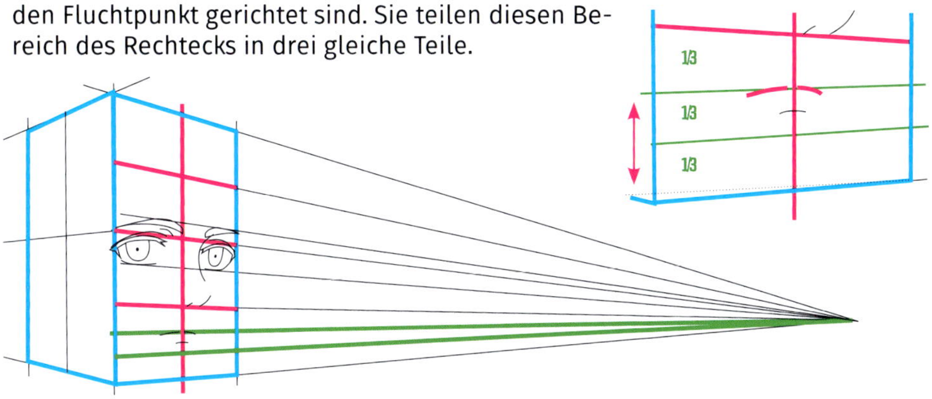

Zeichne den Mund auf der oberen Hilfslinie ein. Seine Breite entspricht dem Abstand zwischen den Augen.

Schritt 8: Das Ohr

Zeichne eine Hilfslinie vom unteren Ende der Nase zum zweiten Fluchtpunkt.

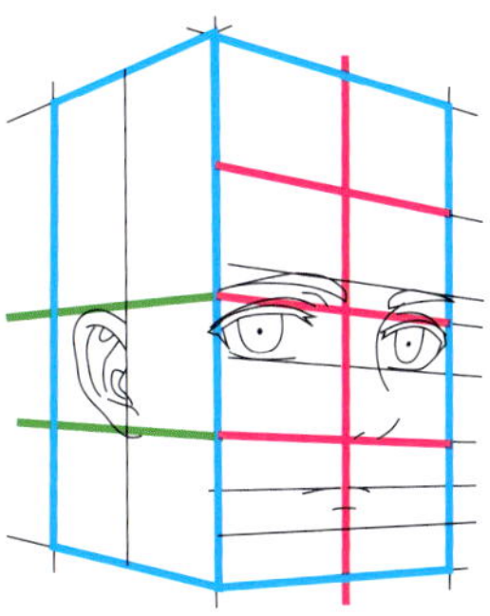

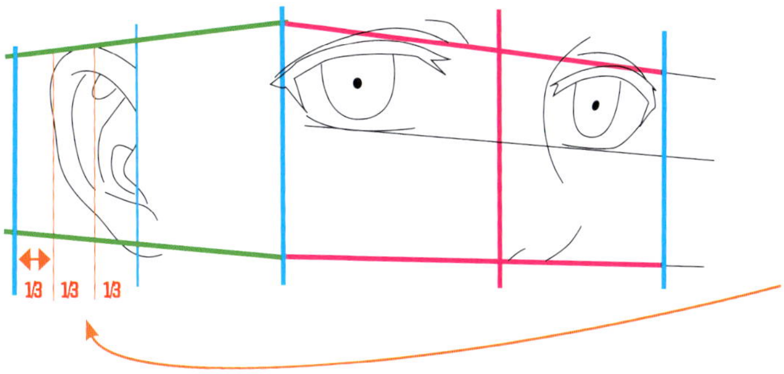

Zeichne das Ohr ins erste Feld .

Das Ohr darf dieses Feld nicht ganz ausfüllen. Es nimmt nur etwa zwei Drittel seiner Breite ein.

Schritt 9: Der Oberkopf

Nutze für den Oberkopf den gesamten oberen Bereich des Quaders aus.

1. Beginne mit dem Kinn. Es liegt nur auf einer Ebene des Quaders.
2. Zeichne einen Bogen, der vom Ohr bis zum Auge reicht.
3. Füge zuletzt den Hals hinzu.

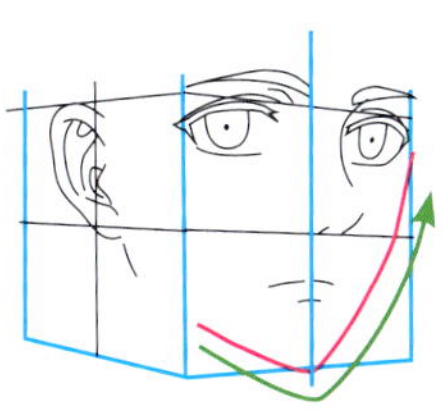

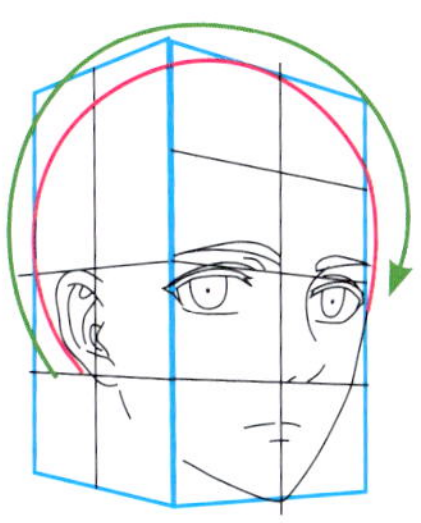

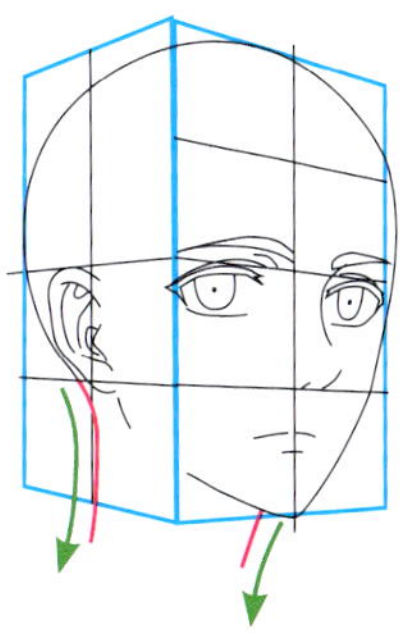

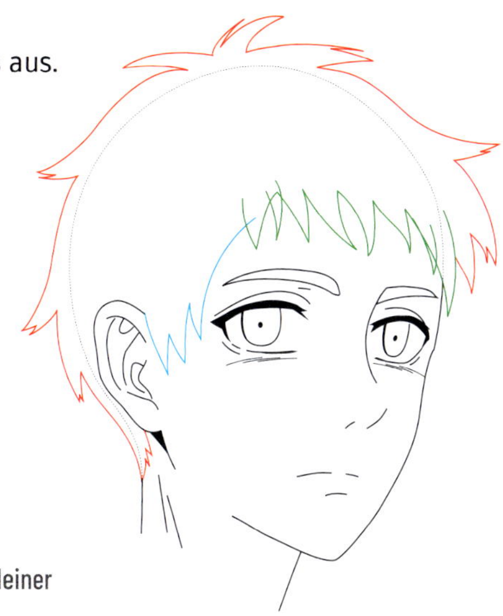

Jetzt kannst du weitere Details ergänzen (Narben, Tattoos usw.) oder gleich die Frisur deiner Figur gestalten. Was dabei zu beachten ist, steht auf Seite 74–86.

Das Volumen des Halses

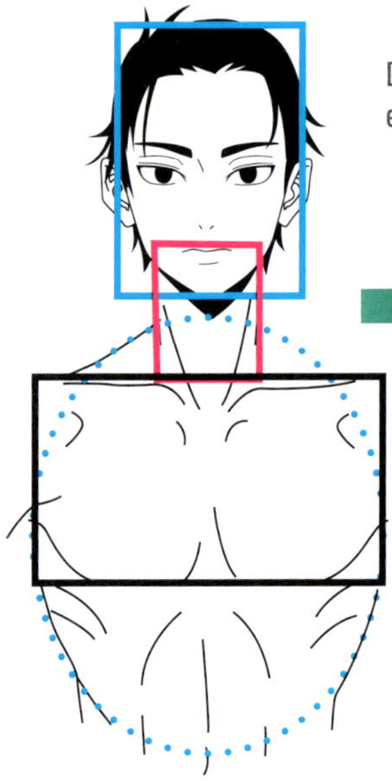

Der Hals hat die Form eines Zylinders.

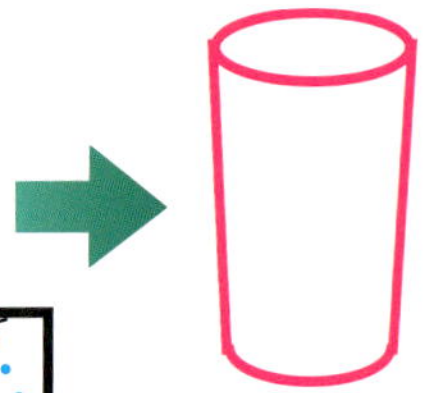

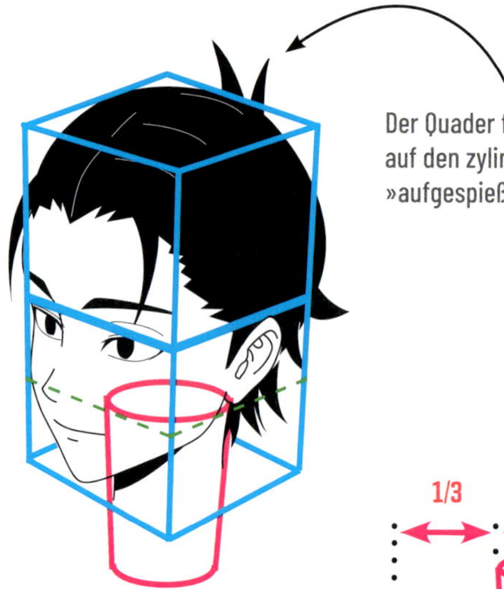

Der Quader für den Kopf wird auf den zylindrischen Hals »aufgespießt«.

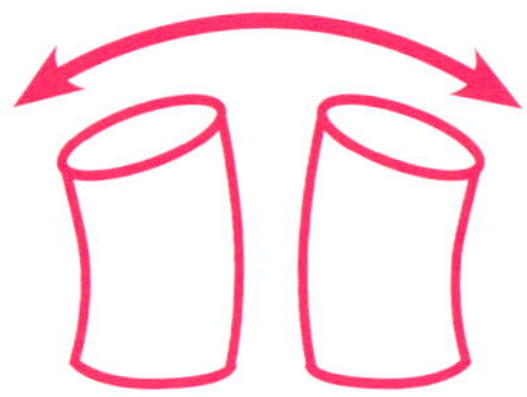

Der Zylinder verformt sich, wenn der Hals sich bewegt. Stell dir zum Vergleich einen Marshmallow vor.

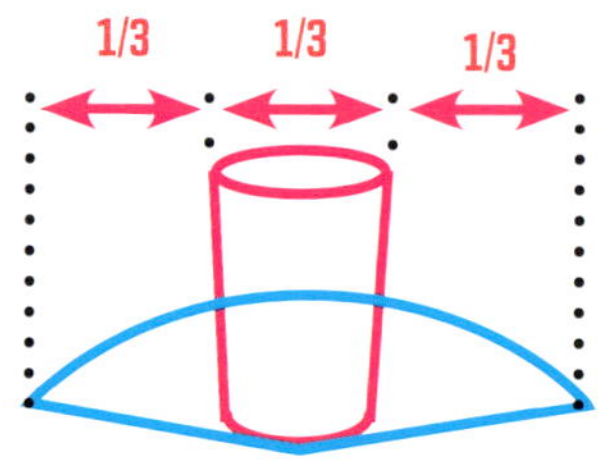

Der Hals sitzt auf einer gerundeten Basis, die von den Trapezmuskeln gebildet wird.

Der Hals ist zwar ein einfacher Zylinder, doch seine Details haben zusätzliche geometrische Formen.

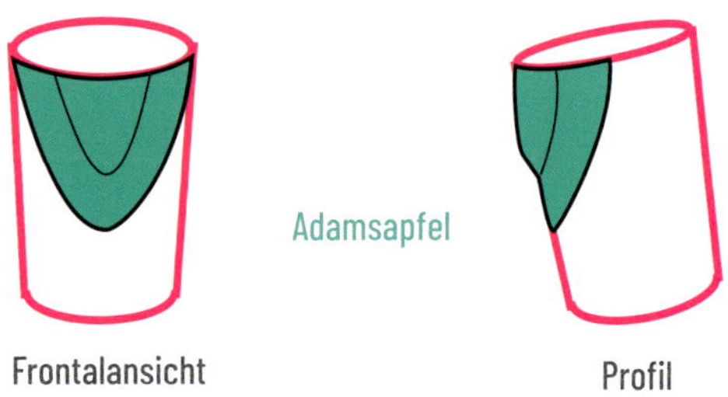

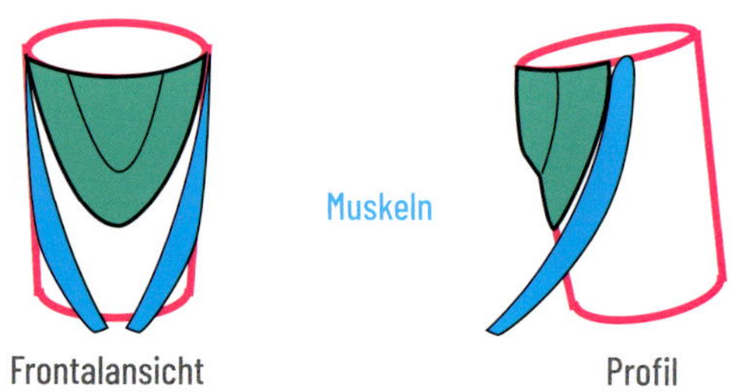

Wichtig ist außerdem die Position der Schlüsselbeine.

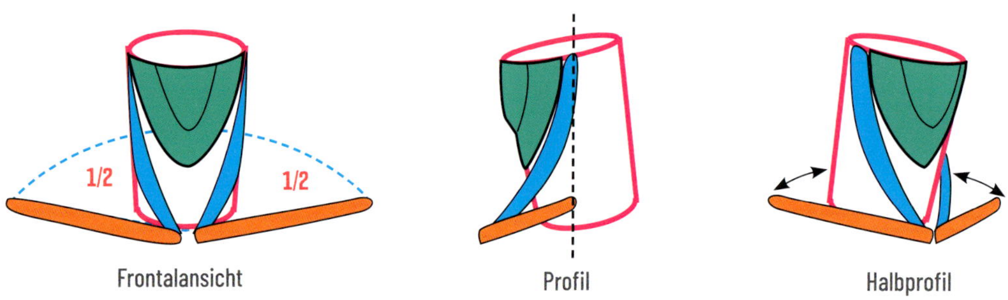

Fehler vermeiden

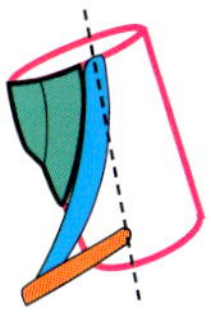

Profil

Lass zwischen Ohr und Nacken ausreichend Abstand, denn hier verläuft die Wirbelsäule. Oberhalb des Adamsapfels geht der Hals im Bogen ins Kinn über.

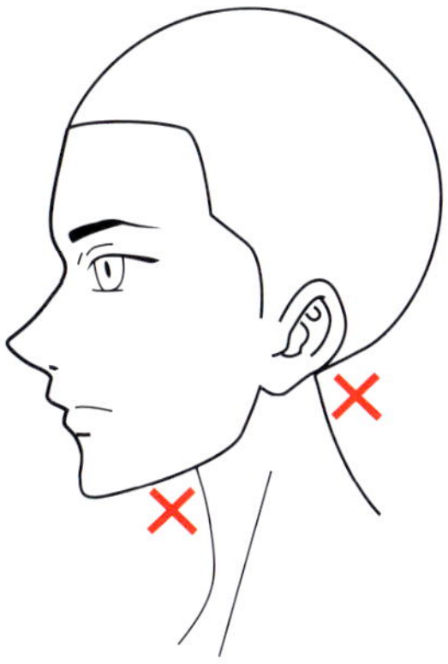

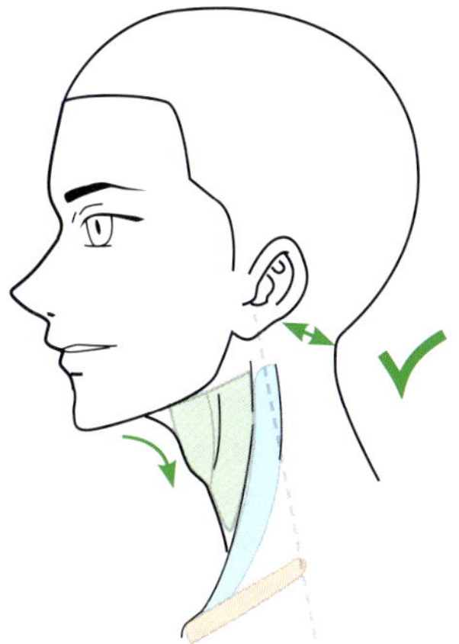

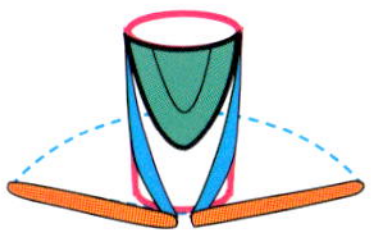

Frontalansicht

Zeichne den Hals relativ gerade und lass ihn in die Trapezmuskeln hineinragen. Die Schlüsselbeine beginnen an den Ansätzen der Schultern.

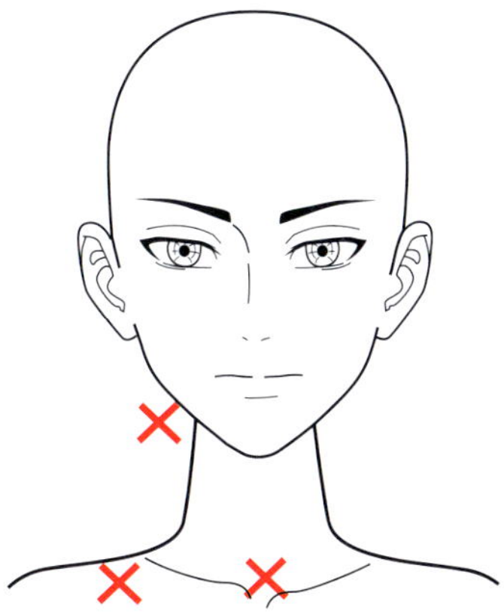

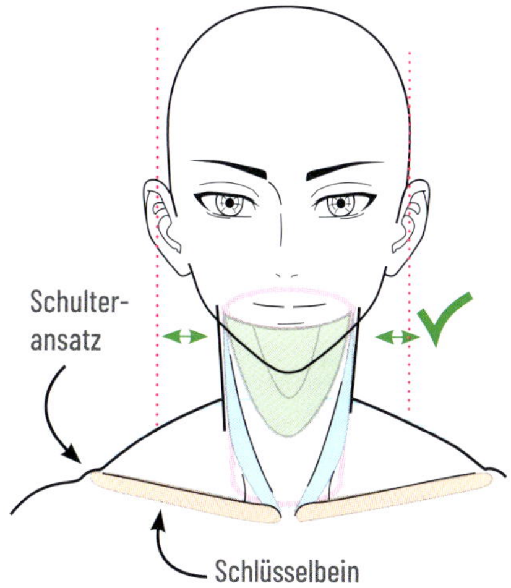

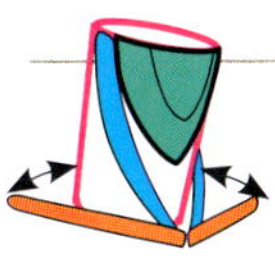

Halbprofil

Der vordere Trapezmuskel ist größer als der hintere. Der veränderte Blickwinkel wirkt sich auch auf die Schlüsselbeine aus. Der Körper hat eine Symmetrieachse. Sie muss beim Zeichnen aller Körperteile beachtet werden.

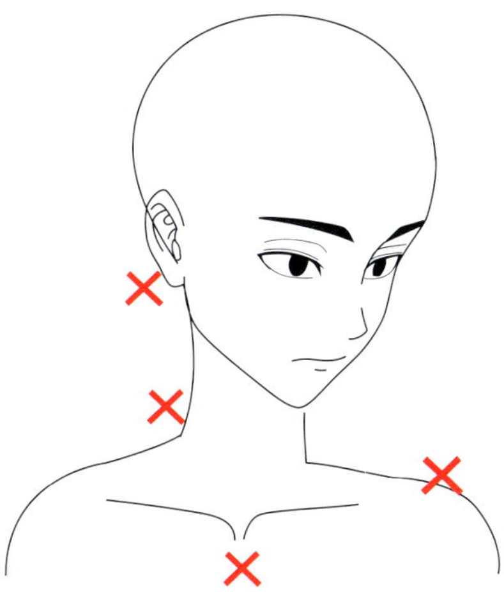

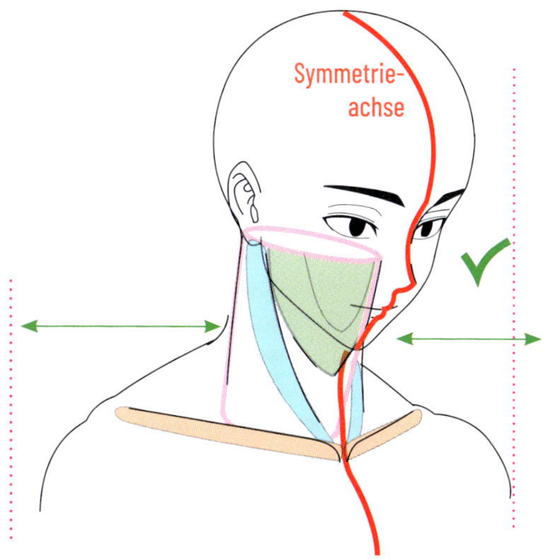

Das Volumen von Brust und Becken

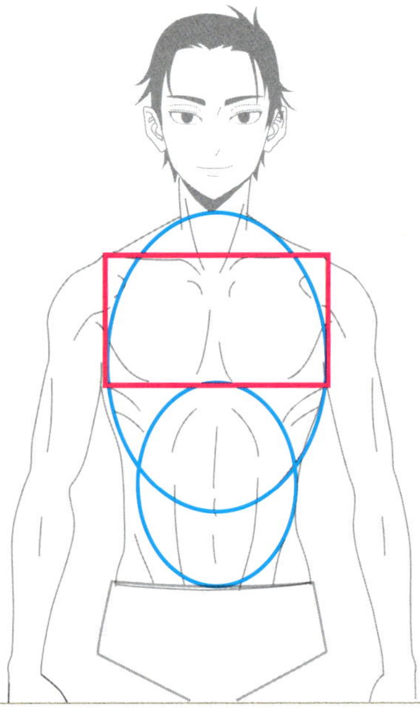

Der Oberkörper besteht aus drei geometrischen Grundformen.

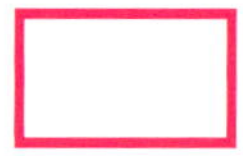

Ein Rechteck für die obere Brust und die Schlüsselbeine

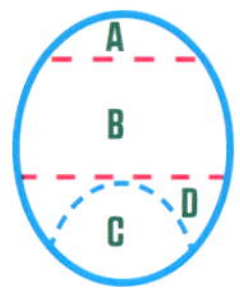

Eine Ellipse für die Trapezmuskeln **A**, die großen Brustmuskeln **B**, die geraden Bauchmuskeln **C** und die vorderen Sägemuskeln **D**

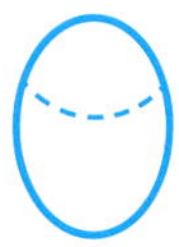

Eine etwas kleinere Ellipse für die Gesamtheit der Bauchmuskeln

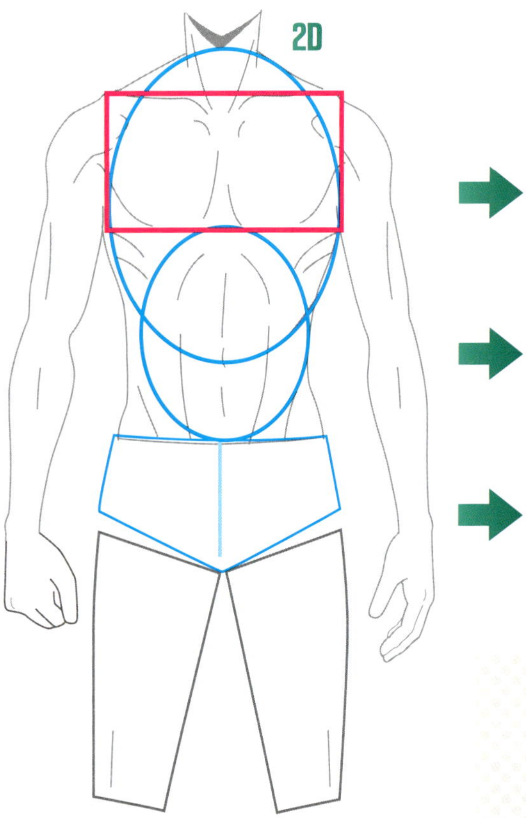

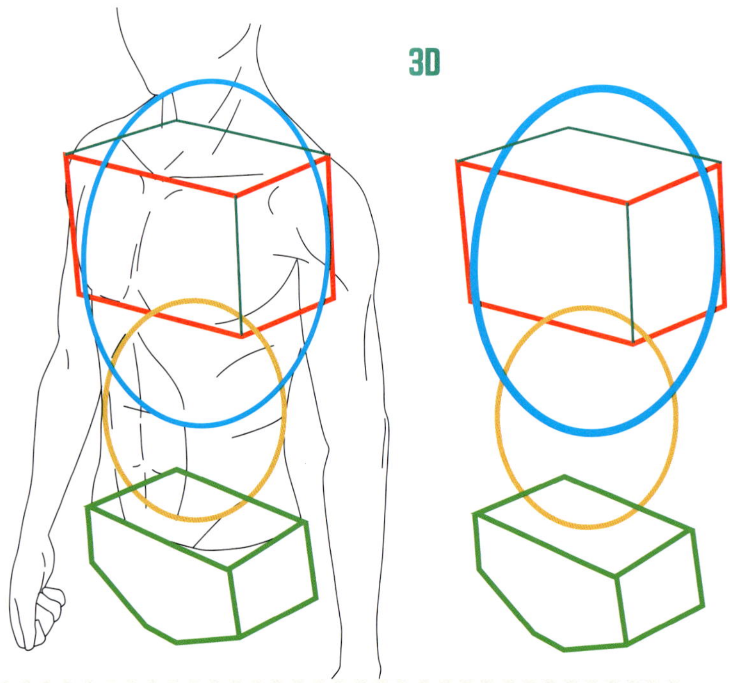

Beim Zeichnen musst du lernen, dir die einzelnen Volumina vorzustellen. Dann werden dir die richtigen Proportionen leichter gelingen.

Profil

Die Formen verändern sich und nehmen andere Positionen ein.

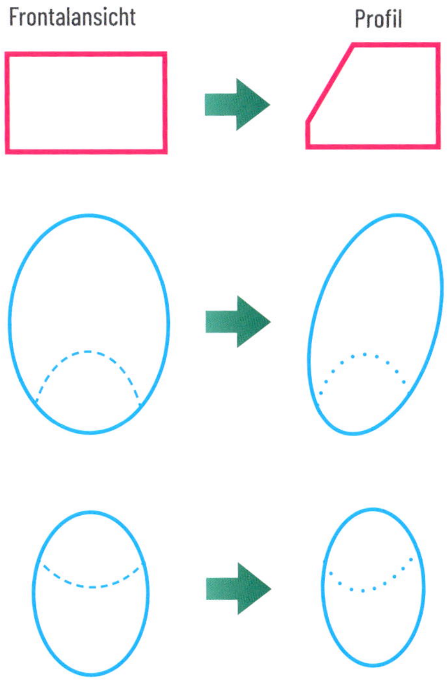

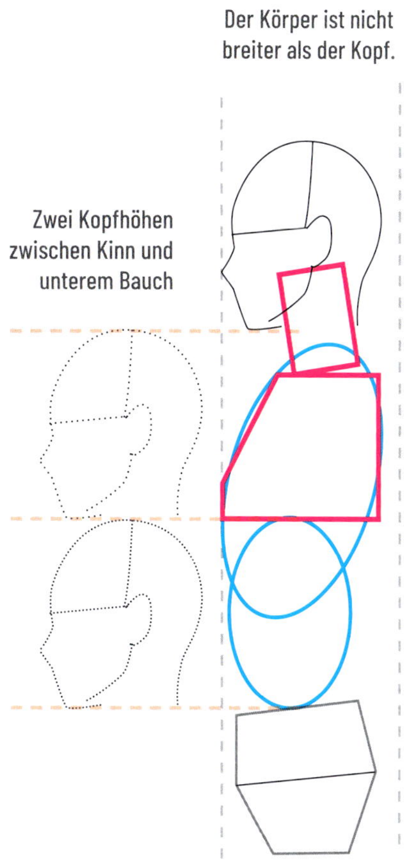

Bewegungen

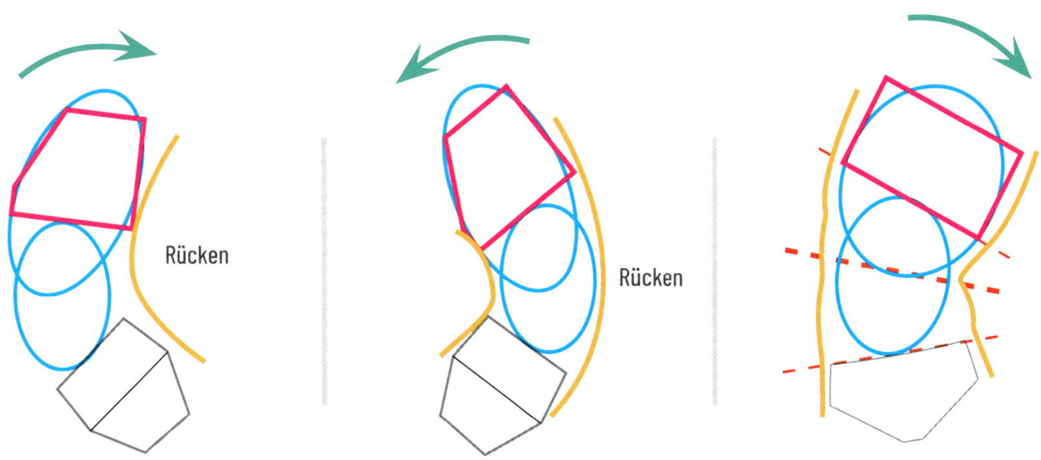

Profil

Profil

Frontalansicht

Die weibliche Brust

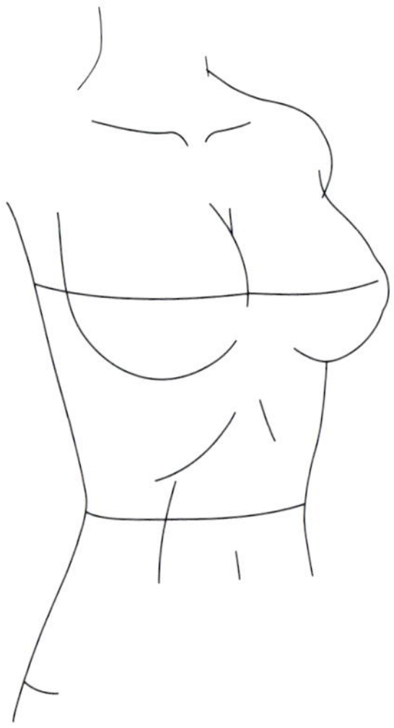

Ob groß oder klein: Wir tendieren dazu, die weibliche Brust durch zwei Kreise darzustellen und uns dann anderen Körperteilen zuzuwenden. Aber auch die Brust hat ihre eigenen Regeln.

Ein Kreis reicht nicht aus, denn das Volumen der Brust sieht von vorn ganz anders aus als im Profil.

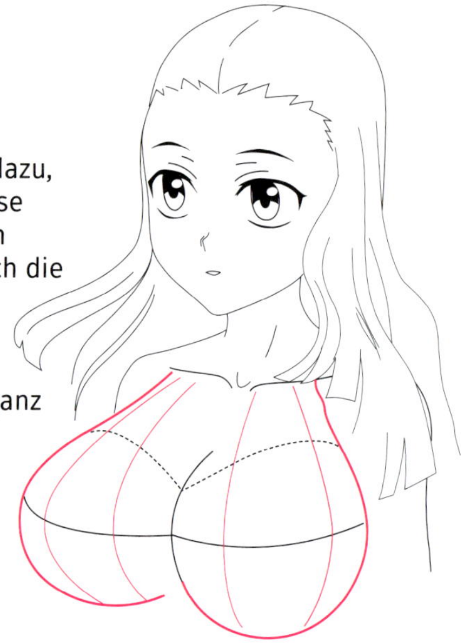

Damit die Brust realistisch wirkt, gilt es, einige Fehler zu vermeiden.

Setze die Brust nicht zu hoch an, sondern halte etwas Abstand zu den Schlüsselbeinen.

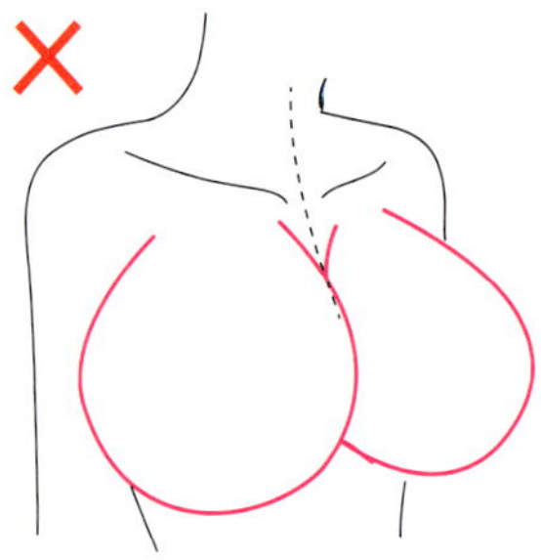

Halbprofil

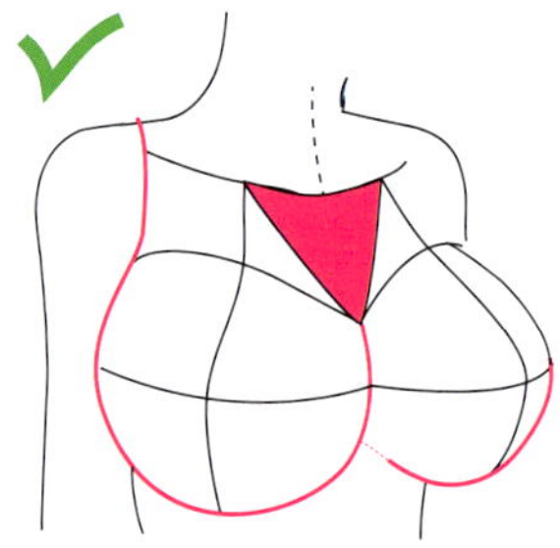

Die Spitze eines gedachten Dreiecks unter den Schlüsselbeinen markiert den Bereich, wo die Brüste zusammentreffen.

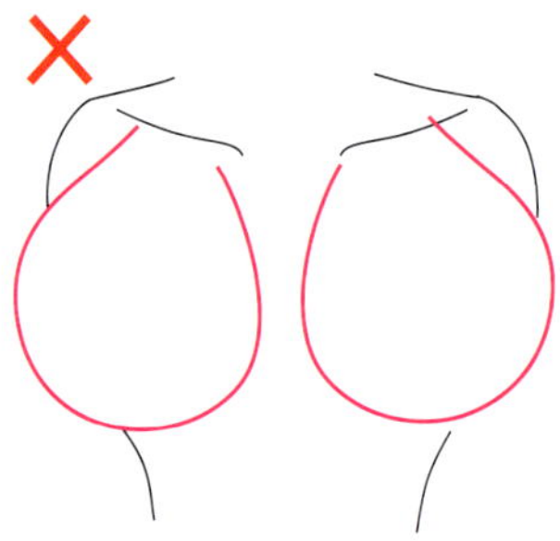

Frontalansicht

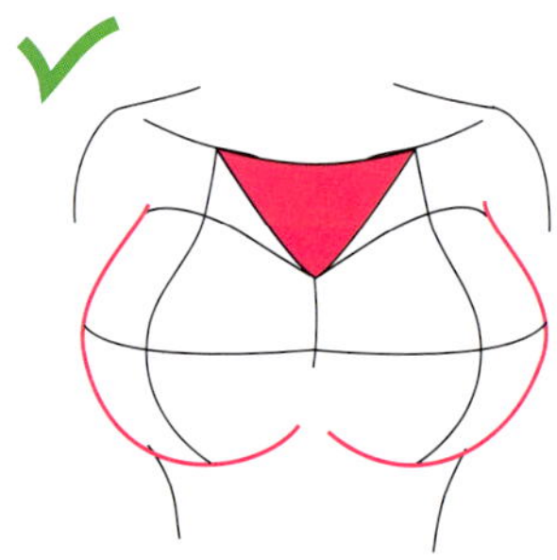

Zeichne im Profil die Brust eher in Form eines Wasserballs und nicht eines Fußballs. Ein Fußball hat eine perfekte, unverformbare Rundung, während der Wasserball sich verformt, wenn man mit ihm hantiert. Auch die Erdanziehungskraft wirkt sich auf seine Verzerrung aus.

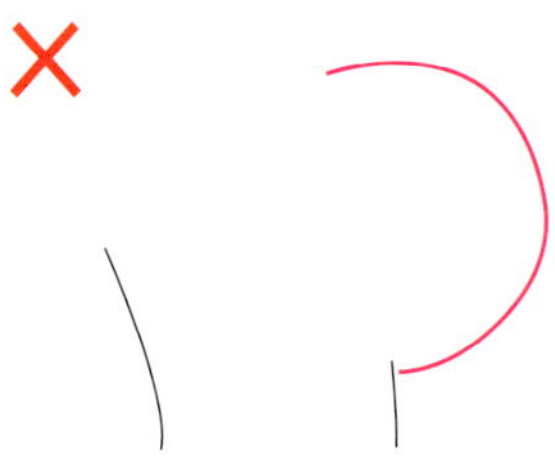

Profil

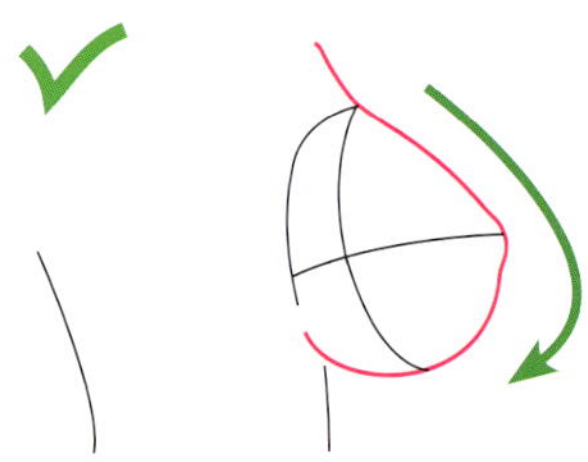

Beim Zeichnen der weiblichen Brust sind verschiedene Aspekte zu berücksichtigen. Vor allem die Kleidung kann erheblichen Einfluss auf ihr Aussehen haben.

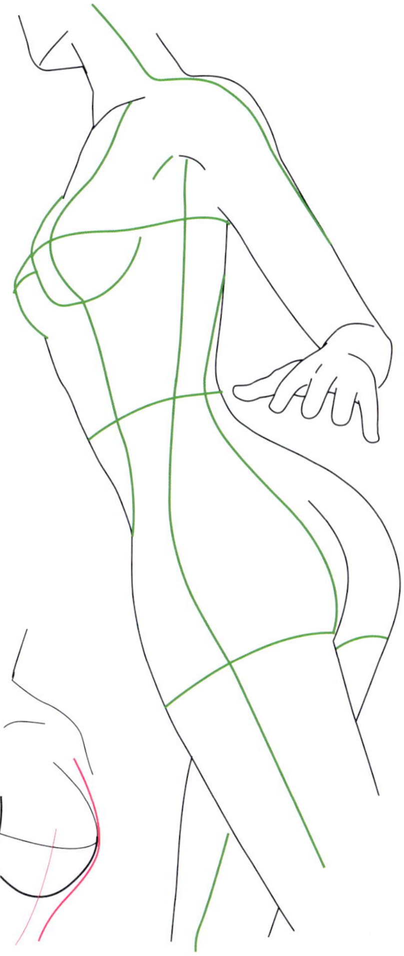

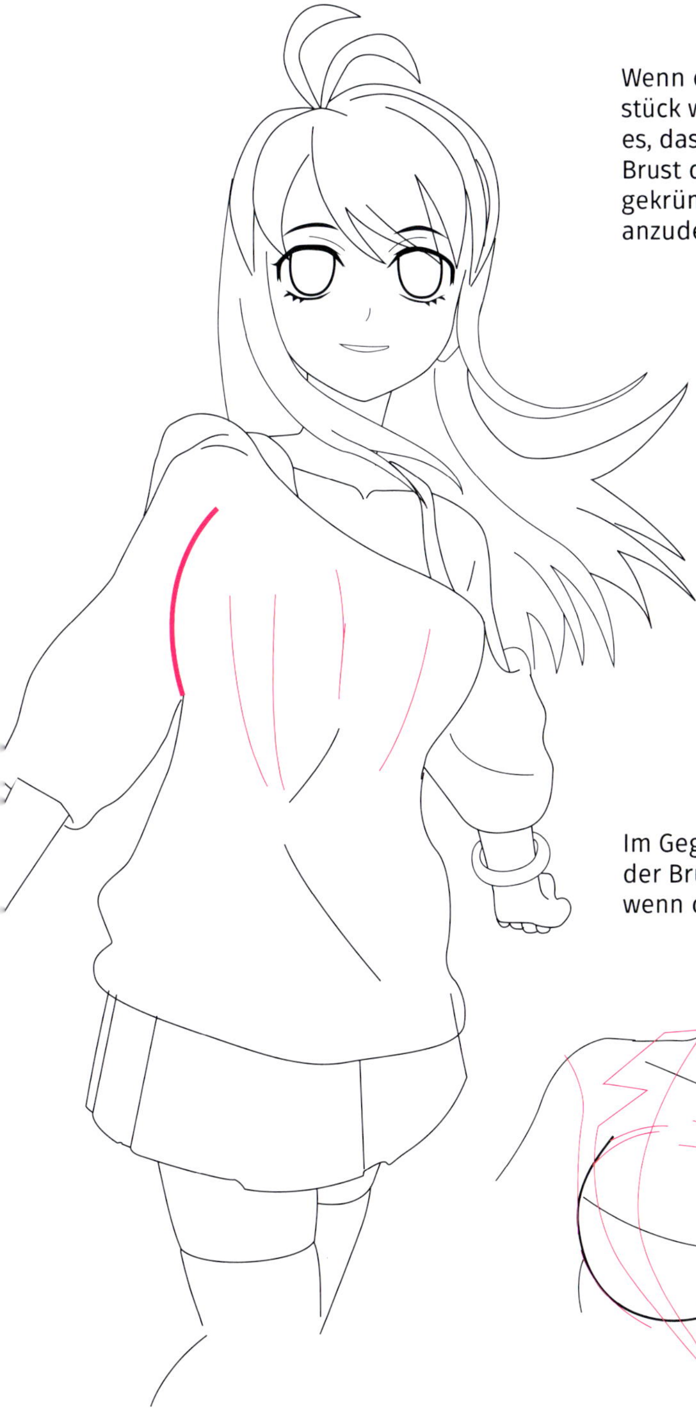

Wenn das Kleidungsstück weit ist, genügt es, das Volumen der Brust durch einige gekrümmte Striche anzudeuten.

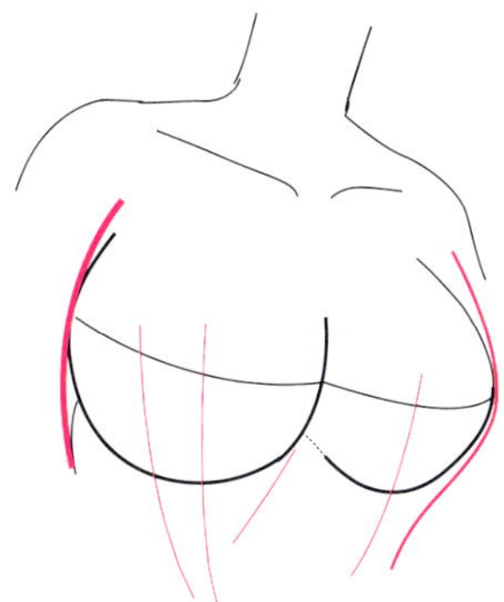

Im Gegensatz dazu muss die Grundform der Brust korrekt konstruiert werden, wenn die Figur enge Kleidung trägt.

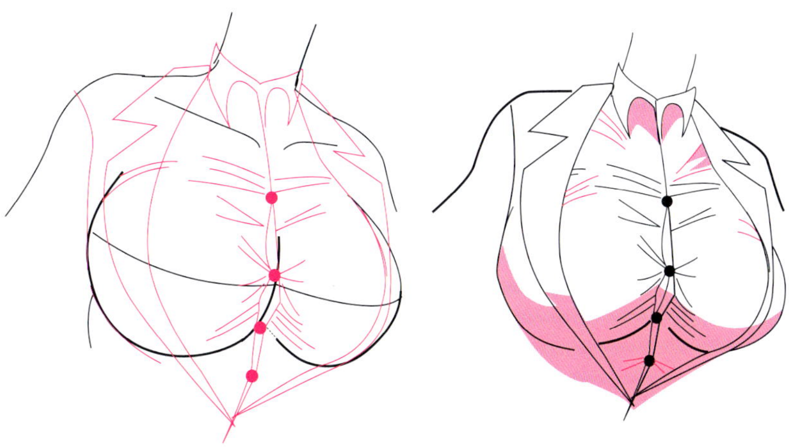

Das Volumen der Arme

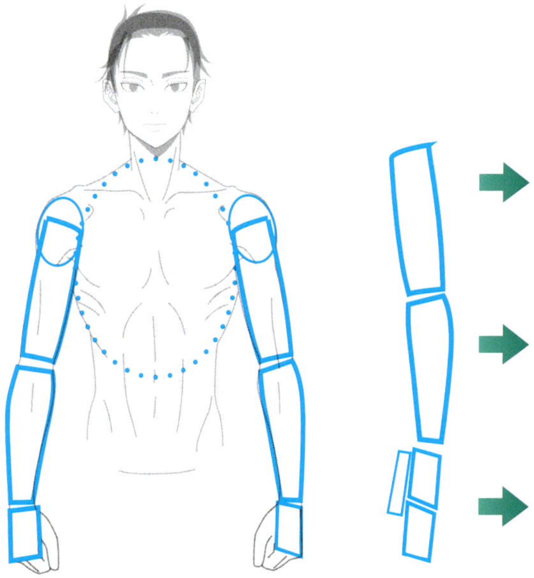

Der Arm besteht aus drei Abschnitten.

Der Oberarm hat eine zylindrische Form.

Der Unterarm ist ebenfalls zylindrisch, verjüngt sich aber zum Handgelenk hin.

Die Hand wird aus zwei Rechtecken konstruiert.

Der Arm ist viel einfacher zu zeichnen, wenn du ihn auf einfache Grundformen reduzierst.
Damit du seine Funktionsweise besser verstehst, solltest du dir **zwei Regeln** einprägen.

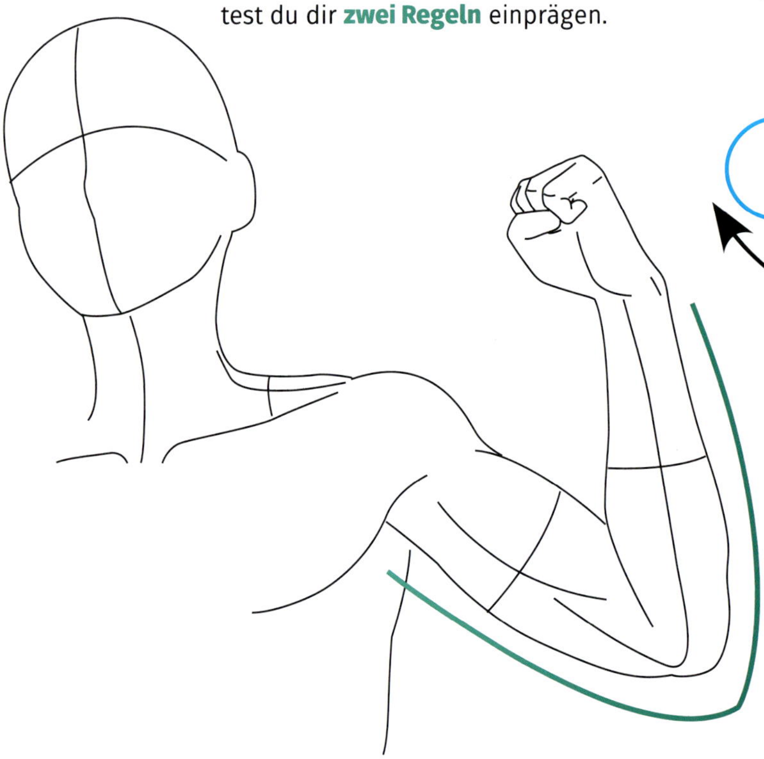

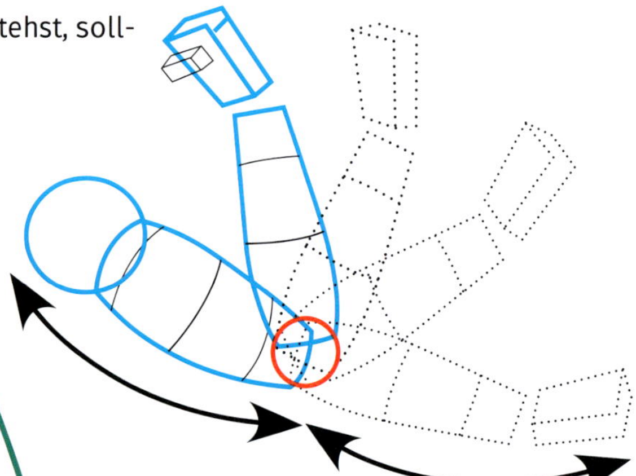

Regel 1
Das Ellbogengelenk sitzt auf halber Armlänge, zwischen Ober- und Unterarm.

Regel 2
Der abgewinkelte Arm bildet ein abgerundetes V. Das Handgelenk berührt niemals die Schulter.

Um den Arm zu vereinfachen, kannst du auch **Ellipsen** verwenden.

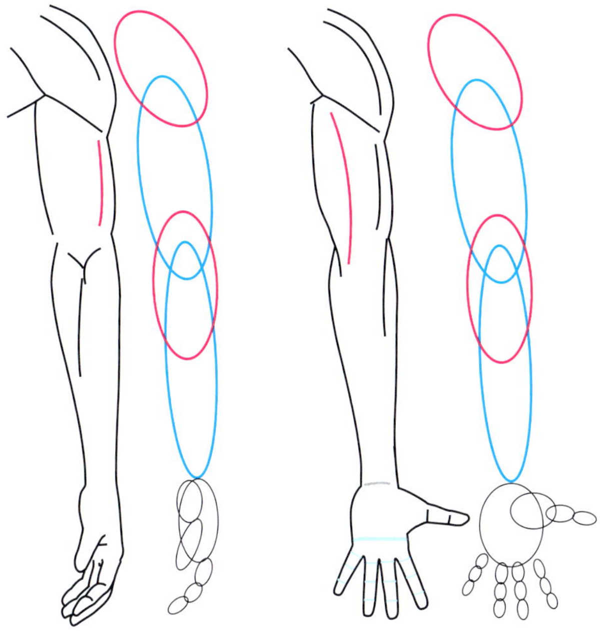

Der weibliche Arm wird ebenso konstruiert wie der männliche, allerdings wird auf ausgeprägte Muskeln verzichtet, damit er eleganter wirkt.

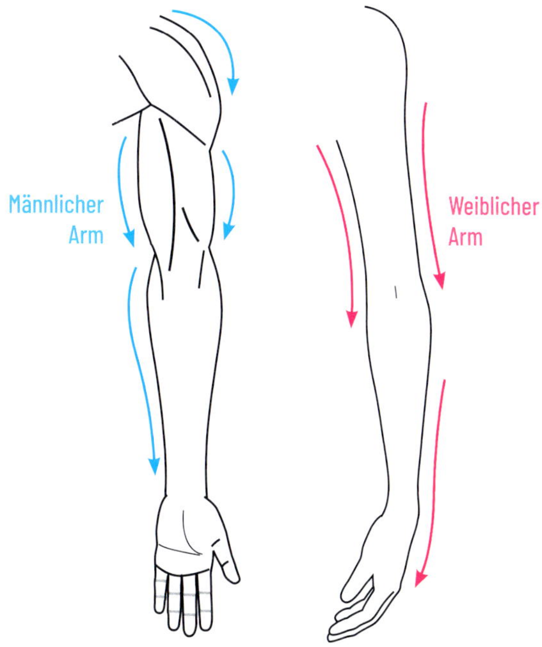

In der Frontalansicht tritt bei gebeugtem Arm die Hand stärker in den Vordergrund. Sie wird größer gezeichnet, damit eine Tiefenwirkung entsteht.

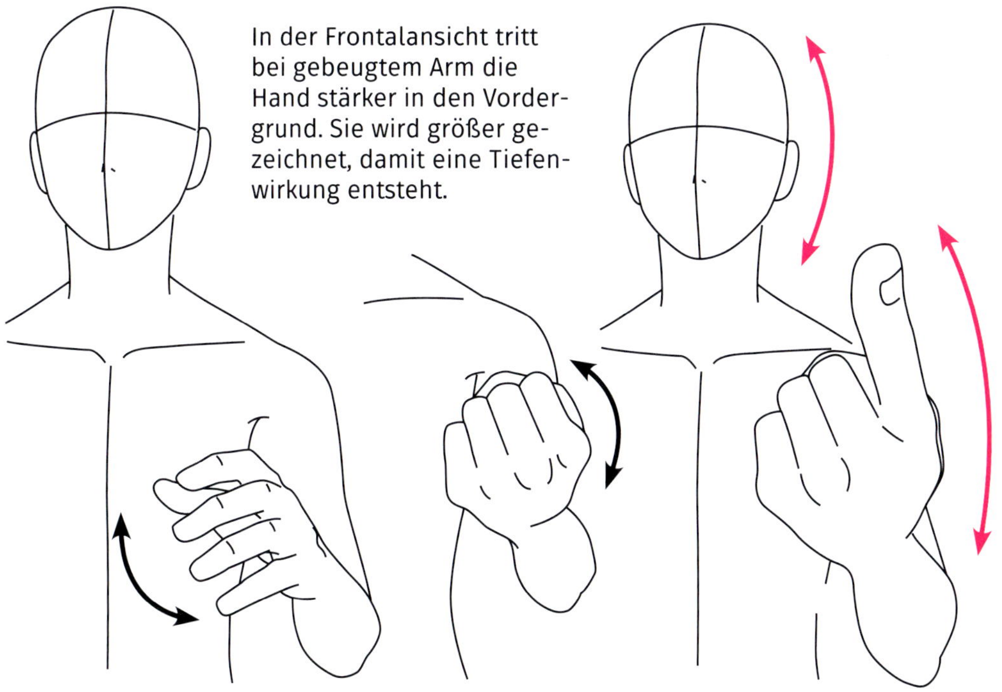

Wenn die Perspektive betont werden soll, kann die Hand sogar größer als der Kopf sein.

Das Geheimnis einer gelungenen Zeichnung liegt in der Wahl der Perspektive sowie ihrer Volumina. Eine unbewegte Zeichnung in Frontalansicht zeigt uns die tatsächlichen Abmessungen jedes Körperteils.
Und wie sieht es aus, wenn sich die Figur (oder die Kamera) bewegt?

Der Teil, der sich in der Nähe der Kamera befindet, erscheint immer größer als der restliche Körper, der sich weiter hinten befindet. Der Körper erscheint immer kleiner, je weiter er vom Betrachter entfernt ist.

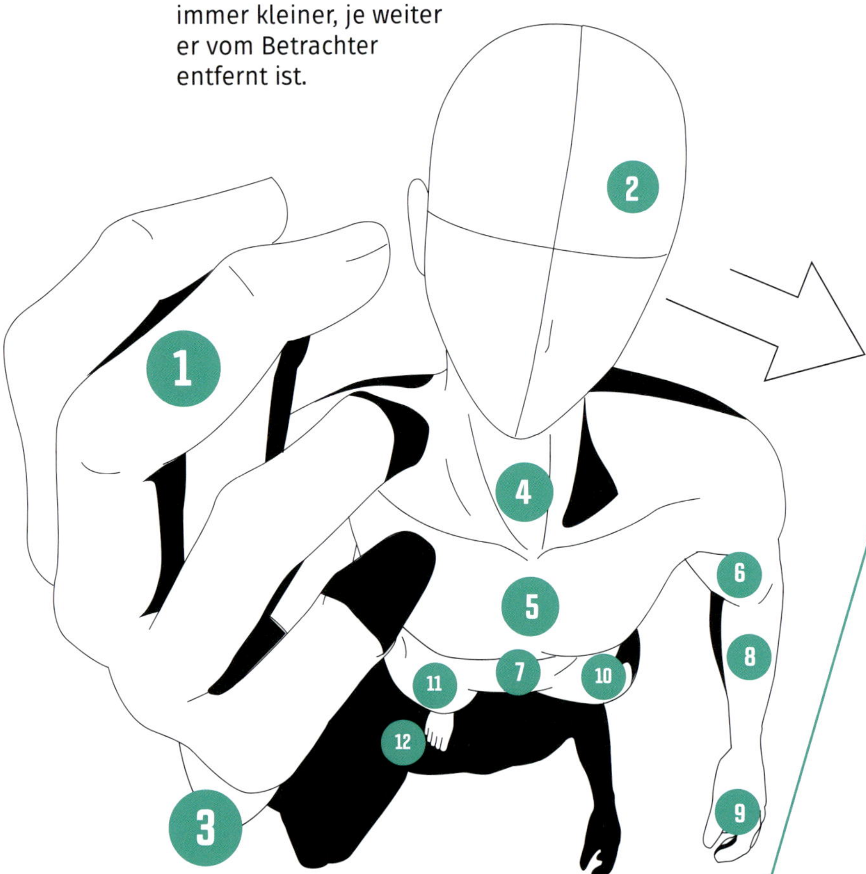

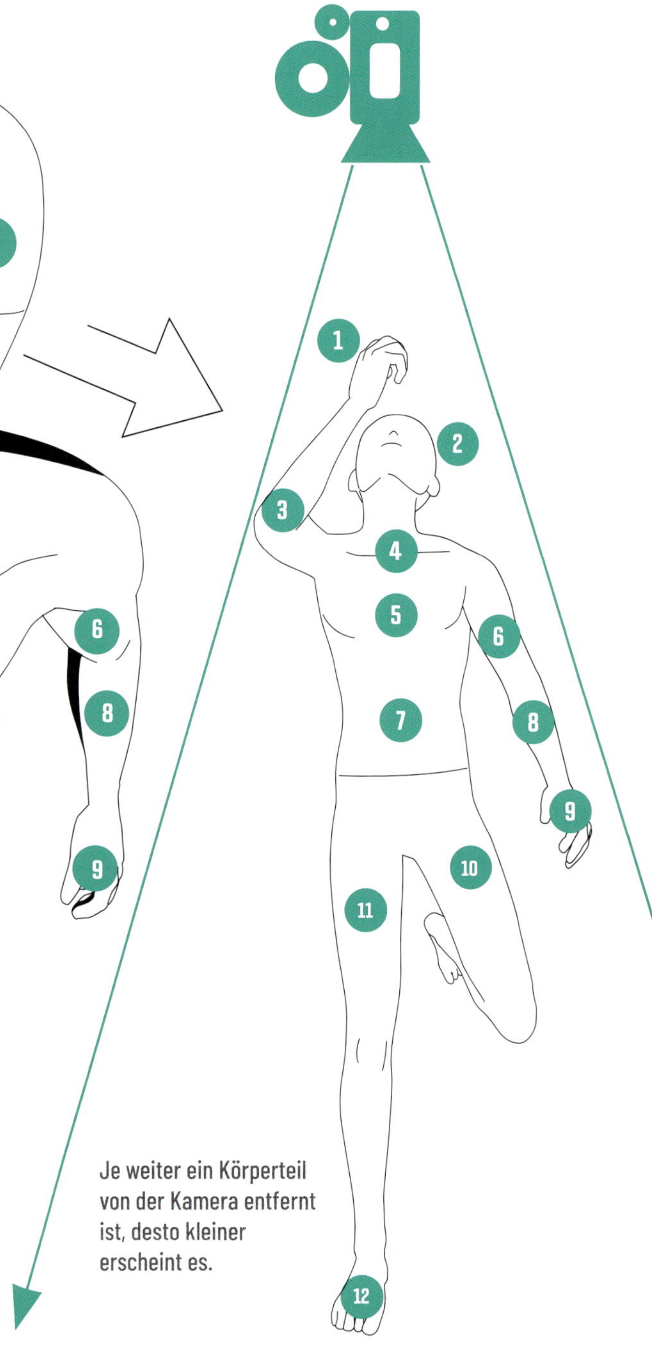

Die Größen der einzelnen Körperteile nehmen hier in aufsteigender Reihenfolge ab.

Je weiter ein Körperteil von der Kamera entfernt ist, desto kleiner erscheint es.

Wenn du den Blick auf einen bestimmten Körperteil lenken möchtest, zoome ihn stark heran, um deiner Zeichnung mehr Tiefenwirkung zu verleihen. Du kannst dabei die Perspektive ruhig übertreiben, indem du den Bereich im Vordergrund so weit wie möglich vergrößerst.

Wer beim Vergrößern unsicher ist, sollte eine kleine 2D-Skizze der 2D-Figur zeichnen (im Beispiel im Profil) und die Position der Kamera einzeichnen. Daraus ergibt sich der Blickwinkel des Betrachters.

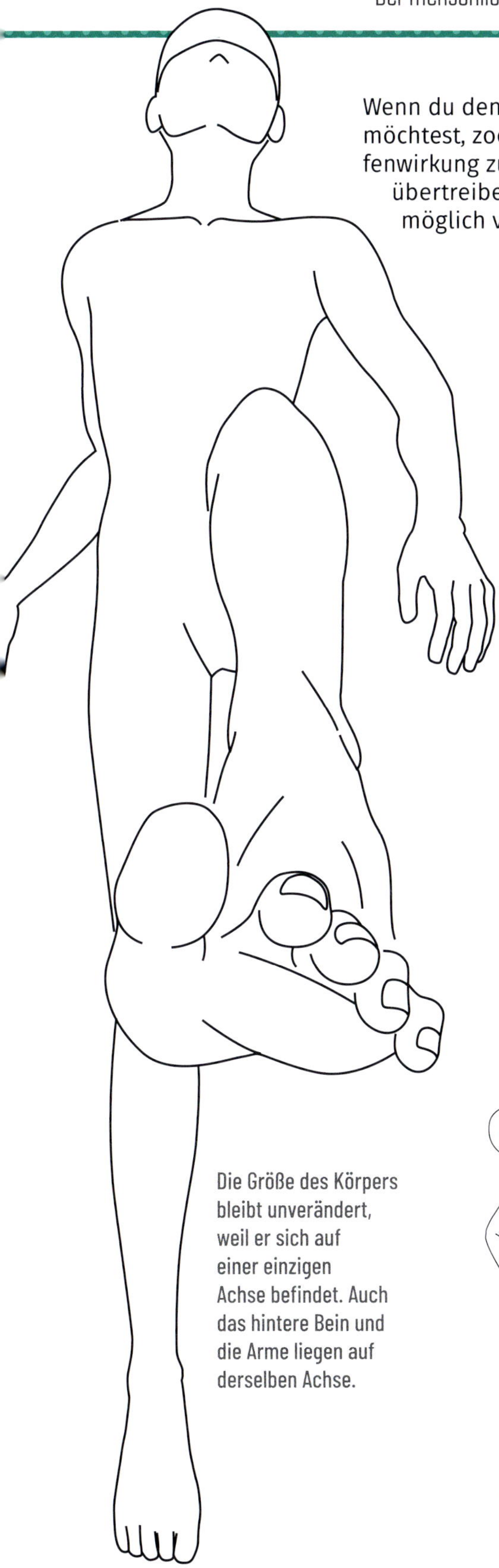

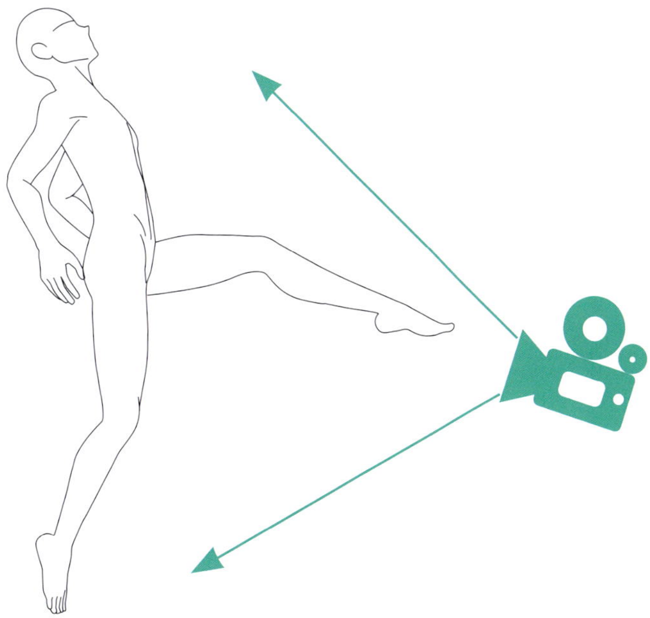

Die Größe des Körpers bleibt unverändert, weil er sich auf einer einzigen Achse befindet. Auch das hintere Bein und die Arme liegen auf derselben Achse.

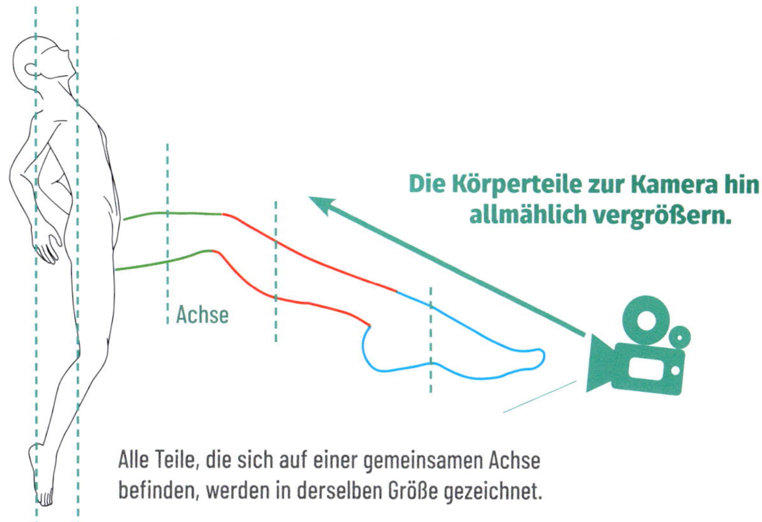

Alle Teile, die sich auf einer gemeinsamen Achse befinden, werden in derselben Größe gezeichnet.

Das Volumen der Hände

Eine Hand ist etwa so hoch wie das Gesicht, aber nur halb so breit.

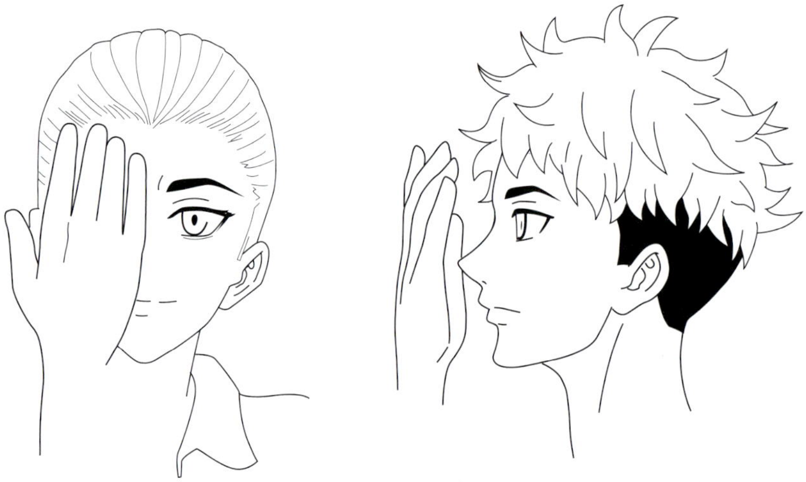

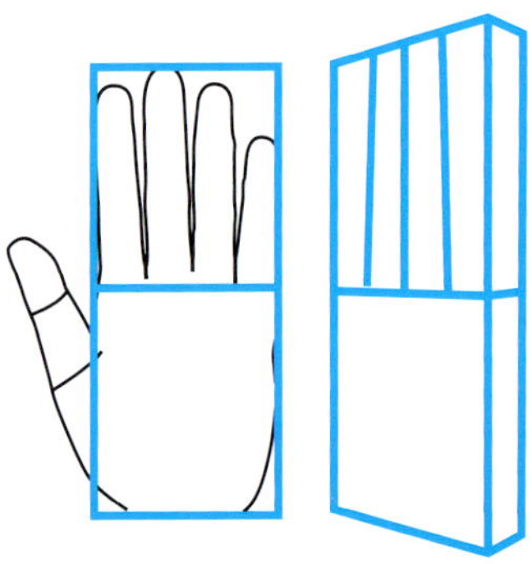

Für eine 3D-Zeichnung der Hand beginnen wir mit einem Rechteck, das halbiert wird.

Die Hand als Maßeinheit für den Körper: zwischen Augenlinie und unterem Becken liegen fünf Handhöhen. Das Bein entspricht ebenfalls fünf Handhöhen.

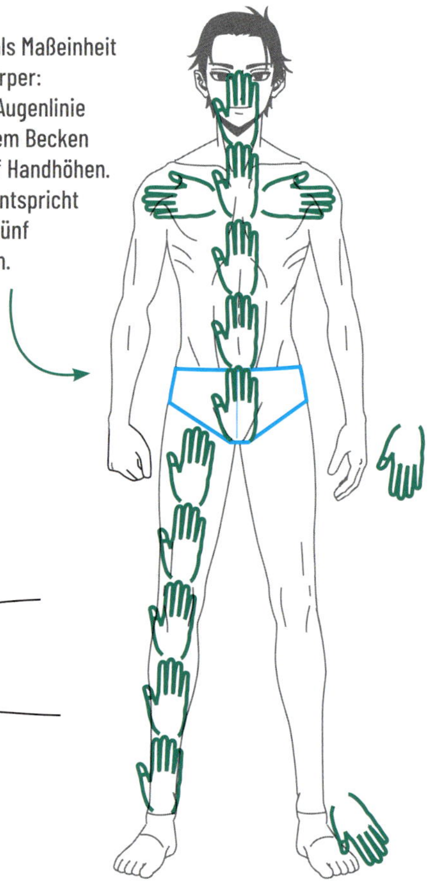

Der Unterarm entspricht knapp zwei Handhöhen.

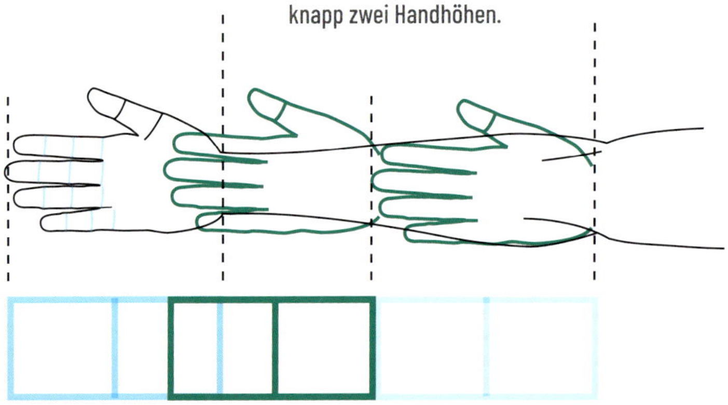

Einsteiger tun sich mit dem Zeichnen von Händen oft schwer.
Um dieser Hürde aus dem Weg zu gehen, zeichnen sie ihre Figuren oft mit den Händen auf dem Rücken oder in den Taschen.

Das ist durchaus verständlich!
Sie wagen es einfach nicht, eine gute Zeichnung, die vier Stunden in Anspruch genommen hat, durch missglückte Hände zu verderben.

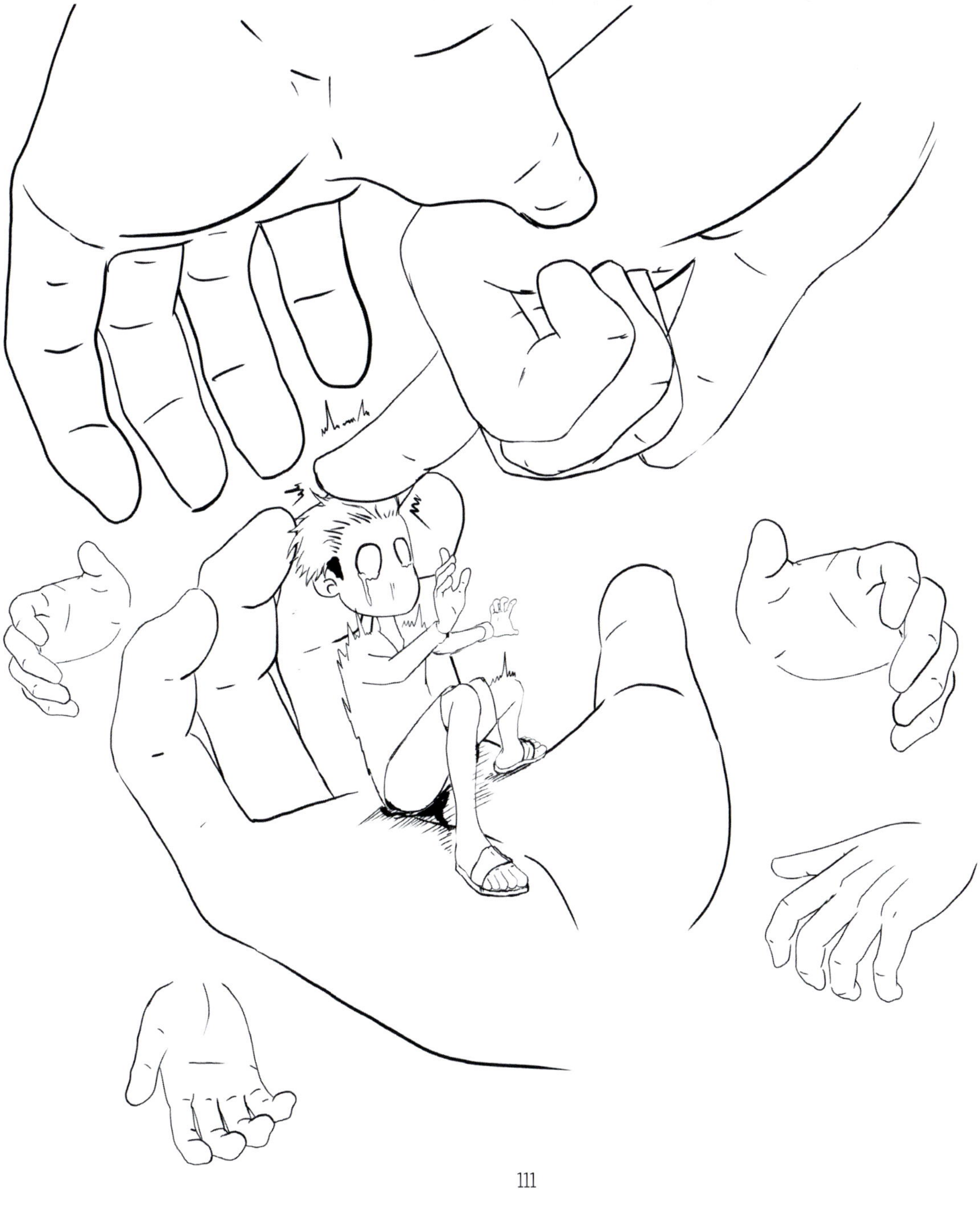

Der Aufbau einer Hand

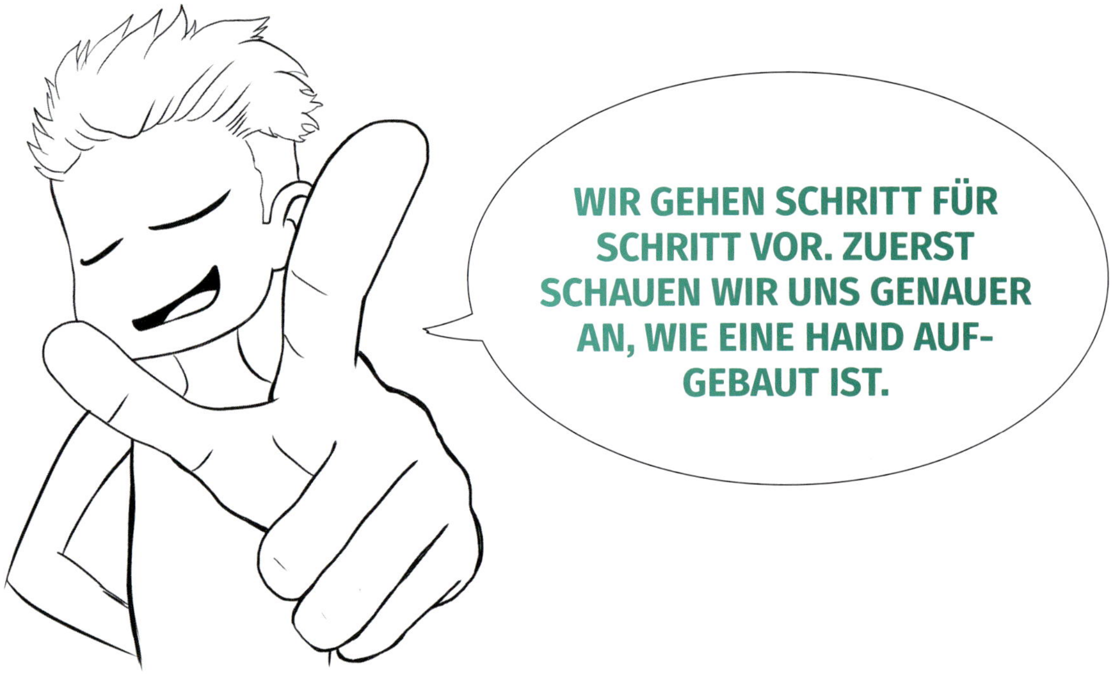

**Wir zerlegen die Hand in drei Abschnitte.
Jeder Abschnitt hat seine eigenen, typischen Bewegungen.
Du siehst hier, dass die Abschnitte 2 und 3 gleich groß sind. Das solltest du dir merken, denn es wird dir später beim Zeichnen von Händen helfen.**

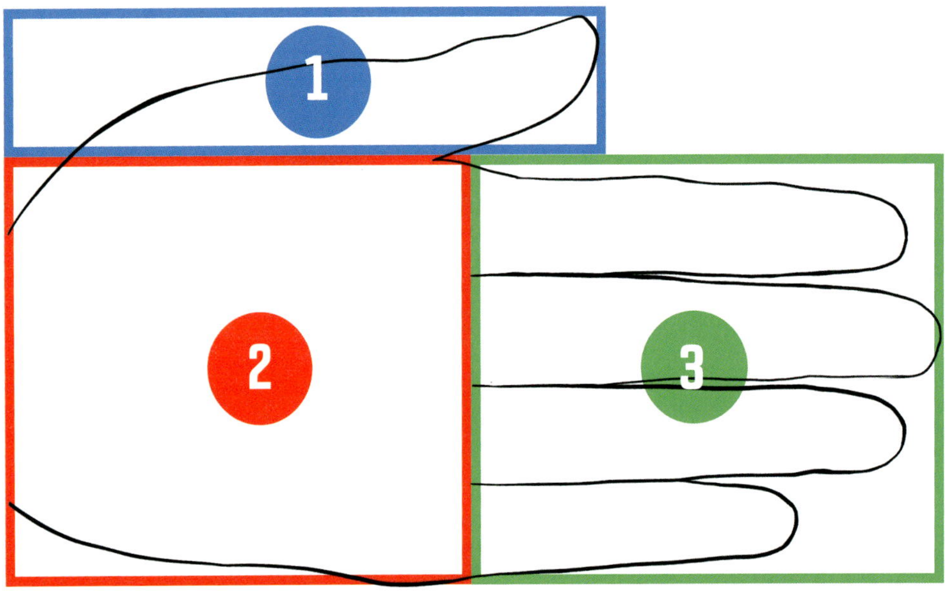

Die Finger

Die vier Finger haben den gleichen anatomischen Aufbau.

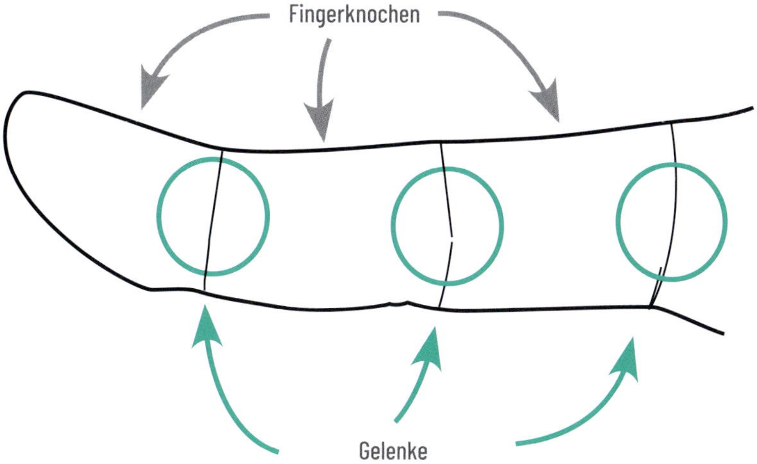

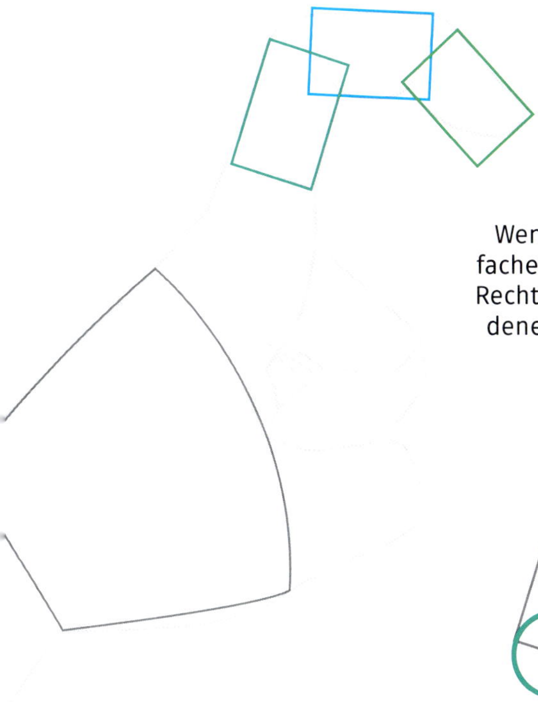

Wenn wir den Finger vereinfachen, können wir ihn aus drei Rechtecken aufbauen, zwischen denen sich Gelenke befinden.

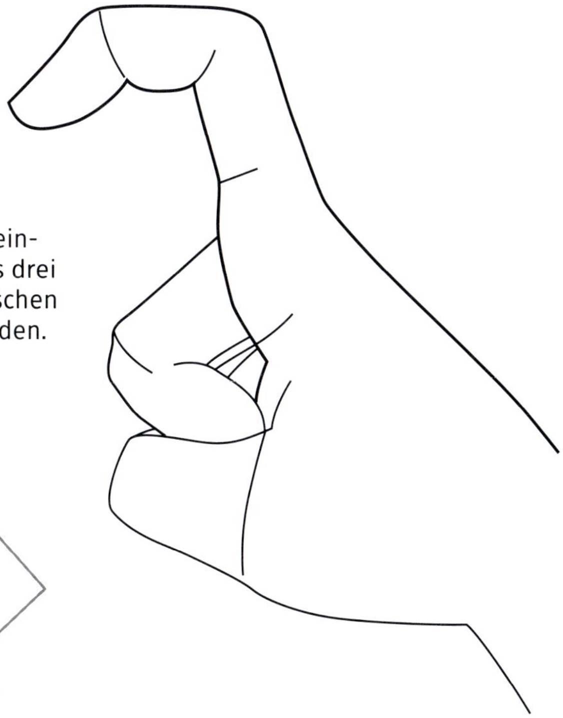

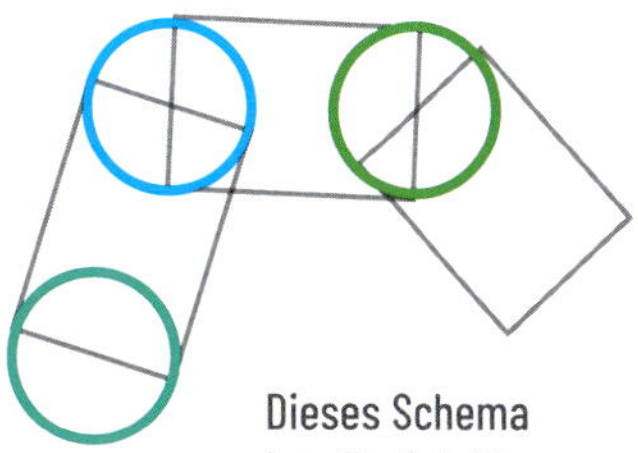

Dieses Schema ist nützlich für verschiedene Fingerstellungen.

Analyse einer Hand

Der Finger kann nur in einer Richtung gebeugt werden (Ausnahme: Roboter und Monster).

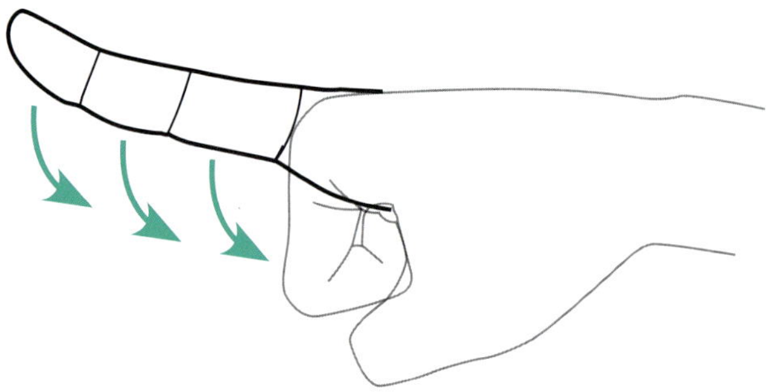

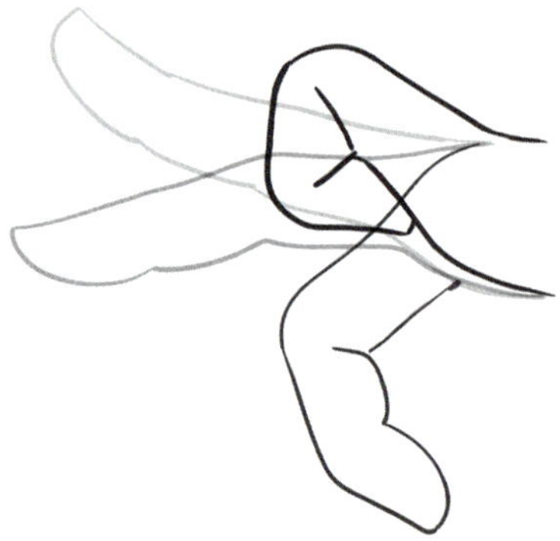

Die Breite der Hand (A) ist etwas geringer als die Länge (B).

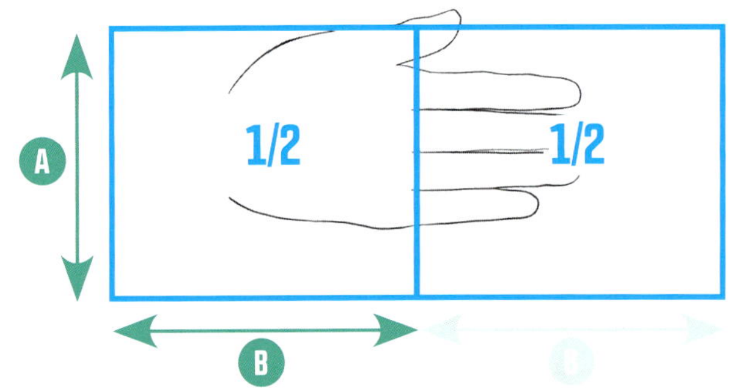

Dieser Abstand entspricht einer Handlänge.

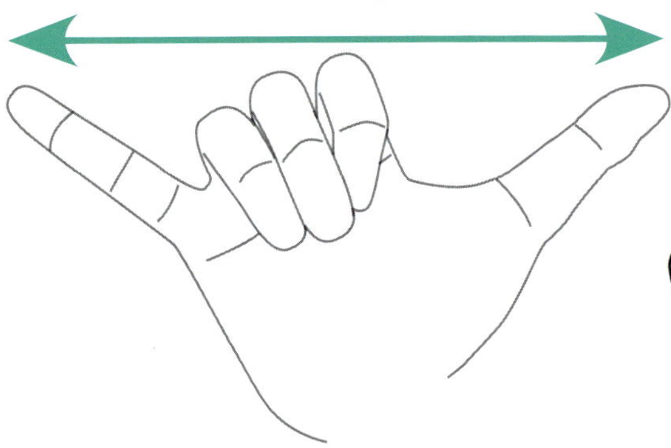

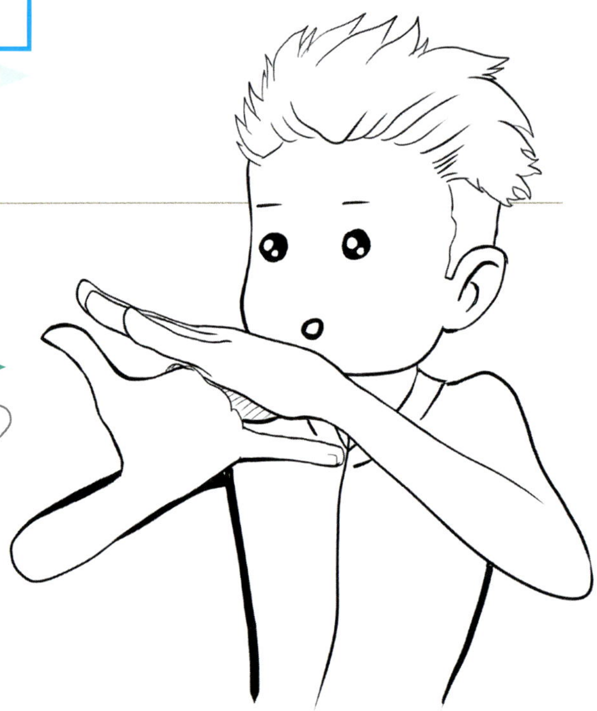

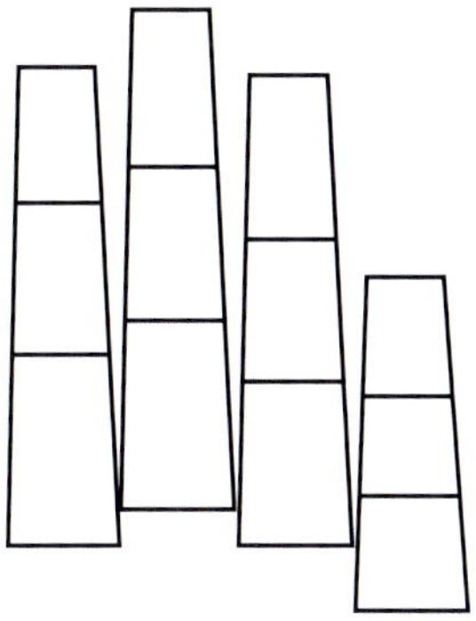

Jeder Finger hat eine spezifische Größe.

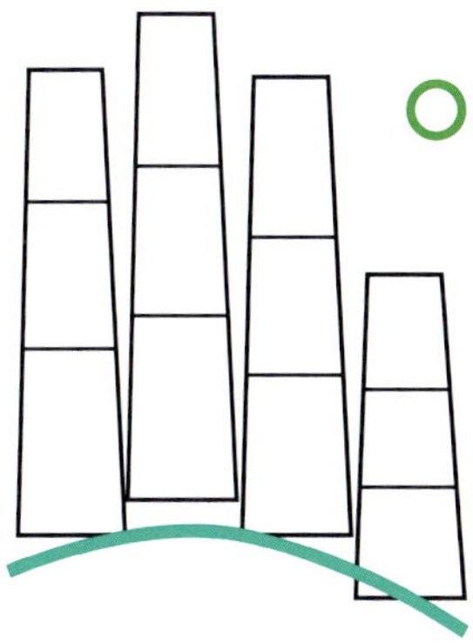

Die Finger sind auf einer gekrümmten Grundlinie angeordnet (links), nicht auf einer geraden.

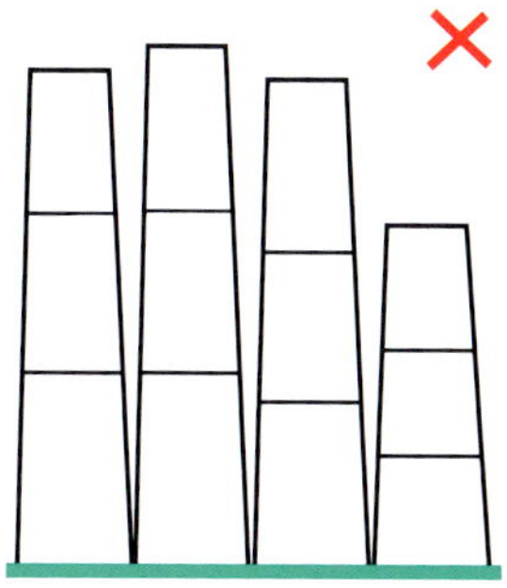

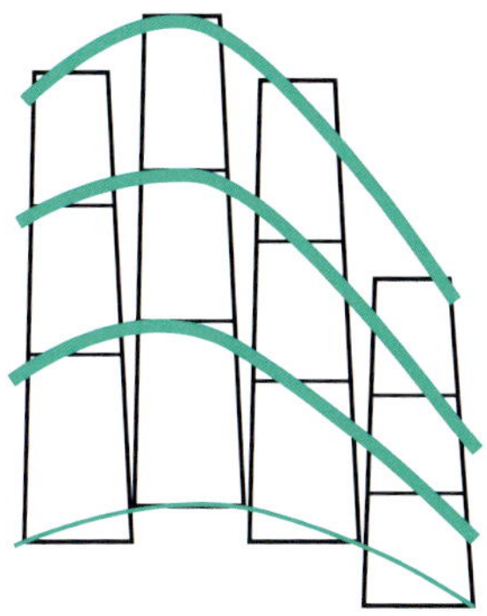

Auch die Fingerknochen folgen gekrümmten Linien.

Auch der Daumen besteht aus drei Knochen und zwei Gelenken.

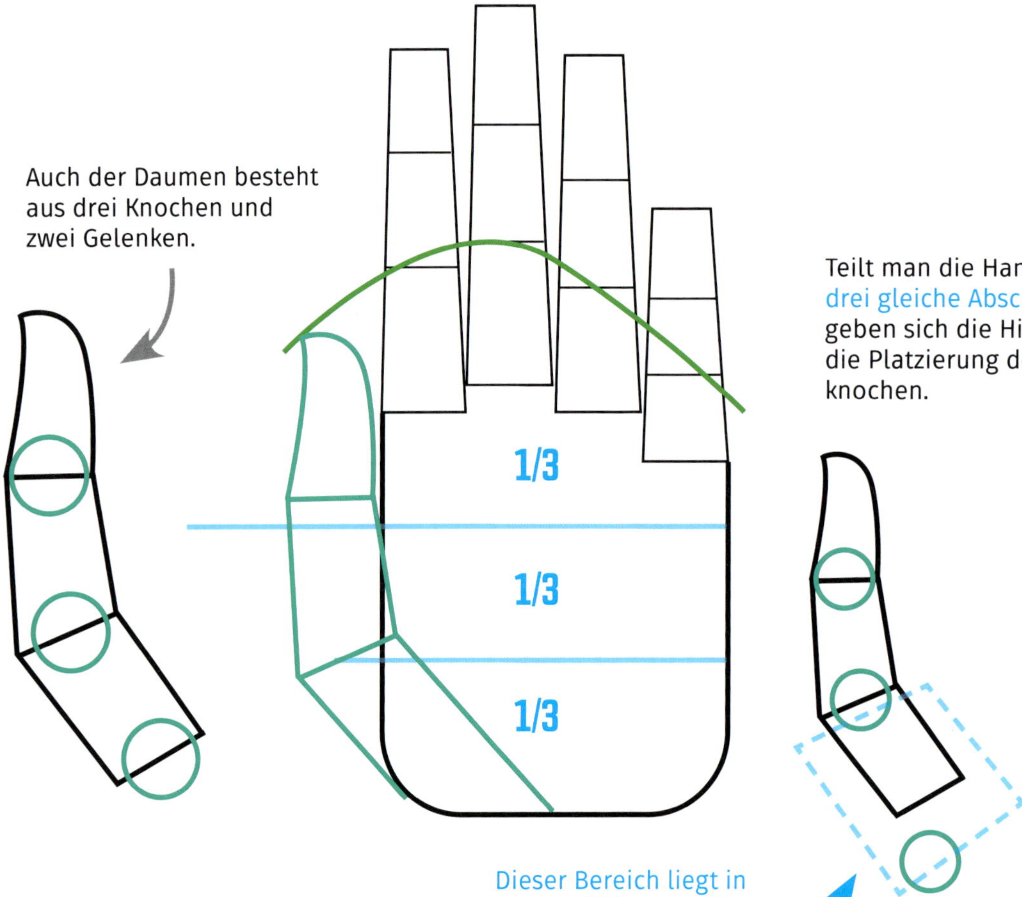

Teilt man die Handfläche in drei gleiche Abschnitte, ergeben sich die Hilfslinien für die Platzierung der Fingerknochen.

Dieser Bereich liegt in der Handfläche und ist nicht sichtbar.

Die Bewegungen des Daumens

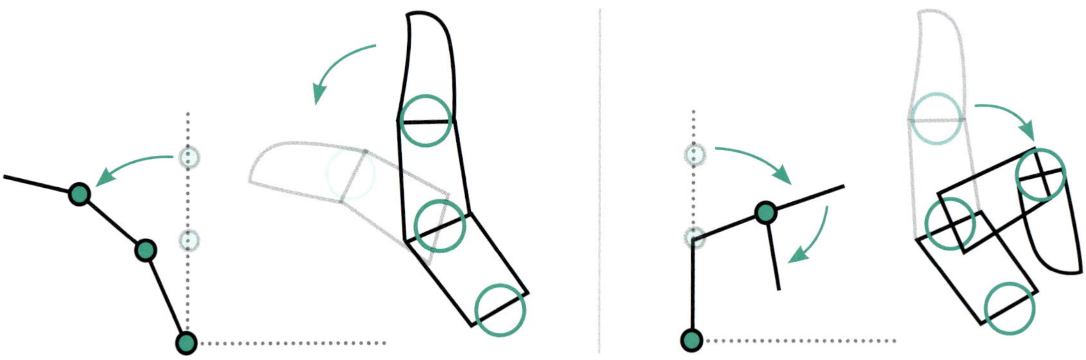

Die Bewegungen des Daumens von oben gesehen

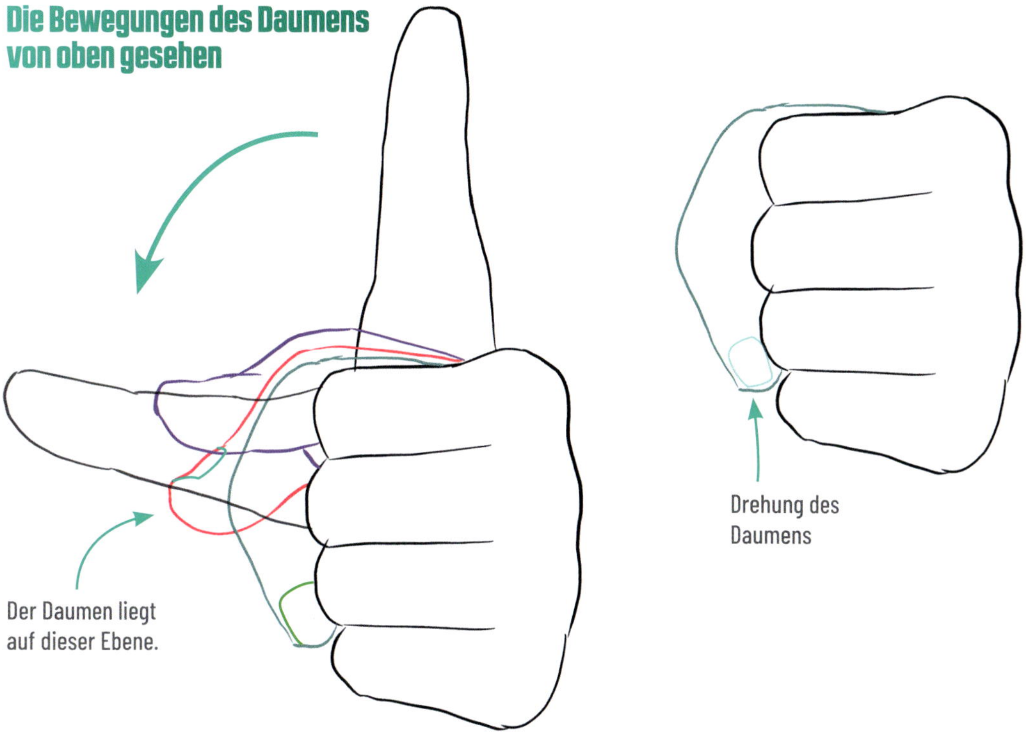

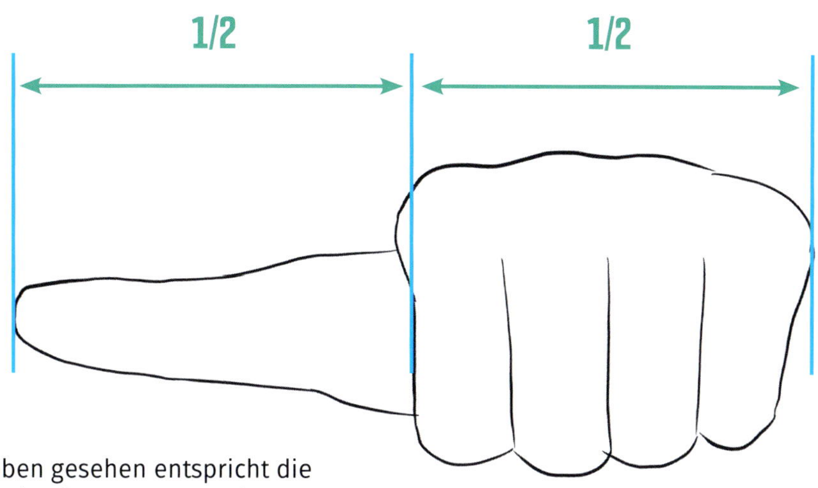

Von oben gesehen entspricht die Länge des Daumens etwa der Breite der Hand.

Praktische Übung

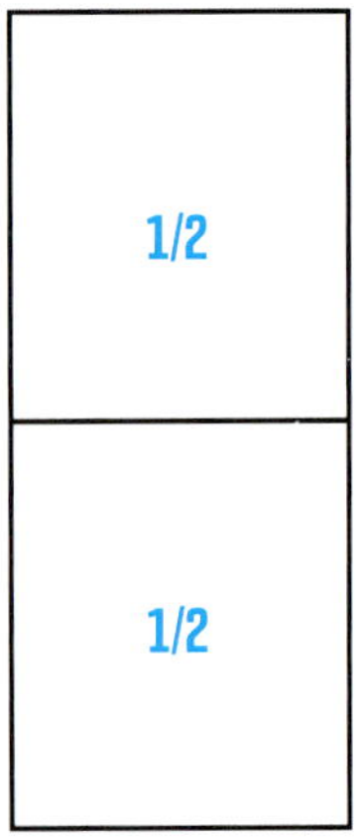

Schritt 1

Zeichne ein Rechteck und teile es in zwei gleich große Abschnitte.

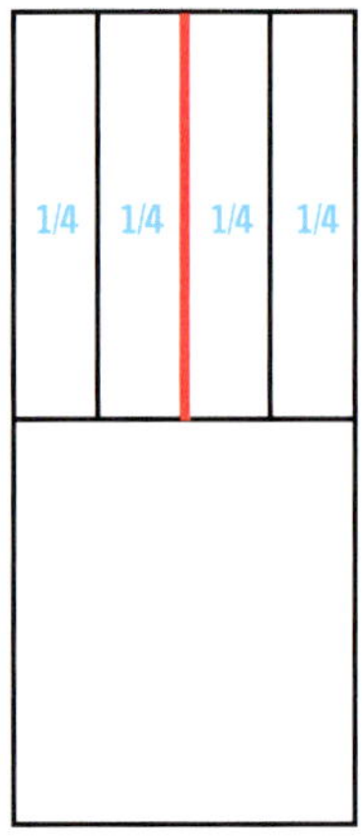

Schritt 2

Teile das obere Rechteck in vier gleiche Abschnitte. Jeder entspricht einem Finger.

Beginne mit der roten Hilfslinie. Sie halbiert das obere Rechteck.

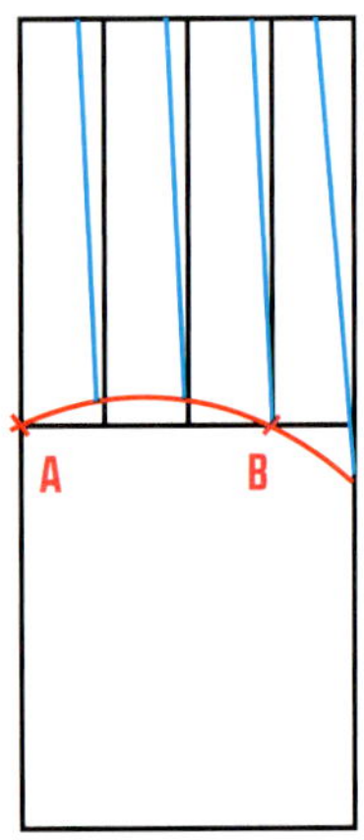

Schritt 3

Zeichne einen Bogen von Punkt **A** bis Punkt **B** und verlängere ihn etwas nach unten. Dann zeichne vier schräge Linien in die Rechtecke.

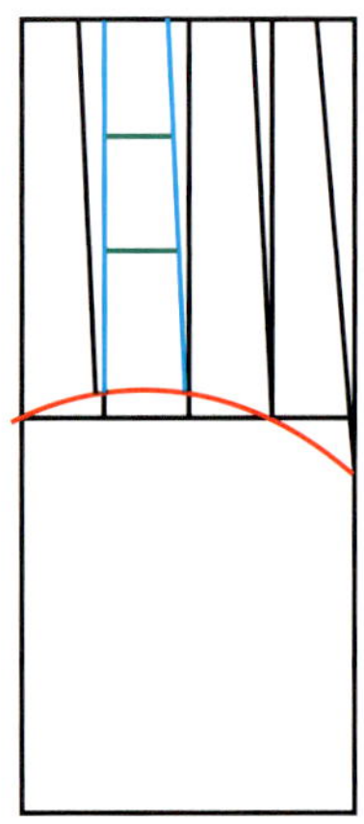

Schritt 4

Fahre mit dem Mittelfinger fort. Er wird – vom Bogen ausgehend – in drei gleiche Abschnitte geteilt.

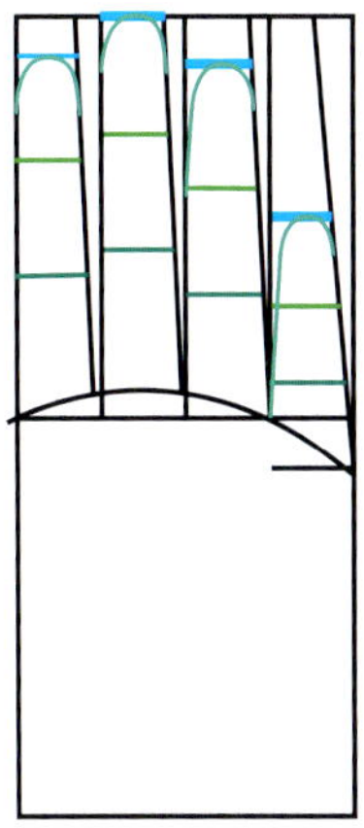

Schritt 5

Zeichne anhand des Mittelfingers die anderen Finger. Runde die Fingerspitzen ab.

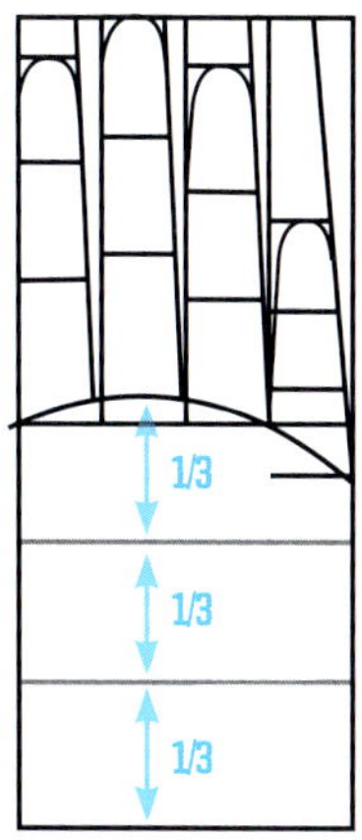

Schritt 6

Teile für den Daumen zunächst die Handfläche in drei gleiche Abschnitte ein.

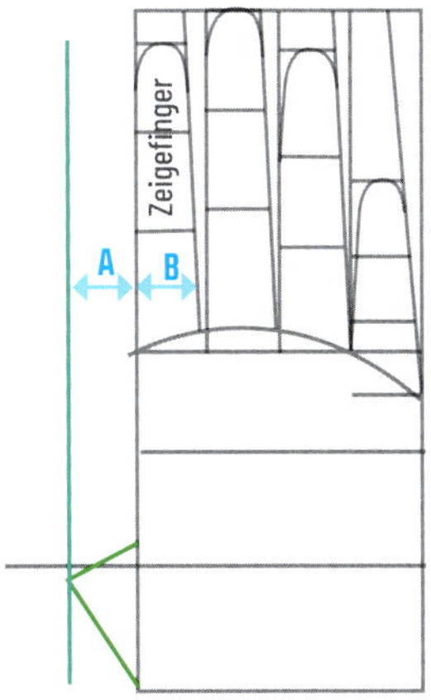

Schritt 7

Zeichne eine senkrechte Hilfslinie neben dem Zeigefinger, dabei sind die Abstände **A** und **B** gleich. Füge den ersten Knochen des Daumens an.

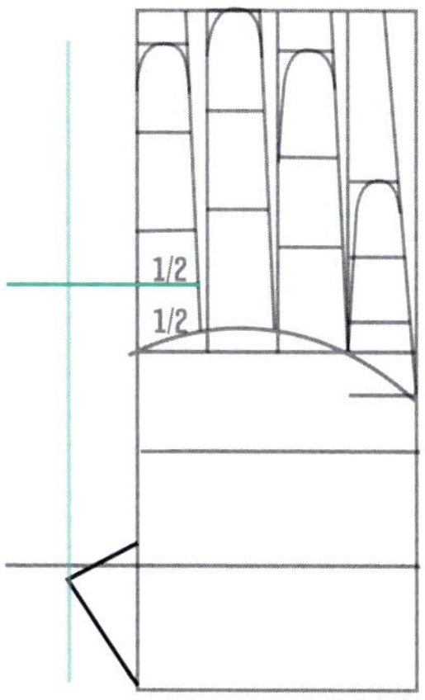

Schritt 8

Zeichne eine waagerechte Hilfslinie in der Mitte des unteren Zeigefingerknochens. Sie gibt die Länge des Daumens vor.

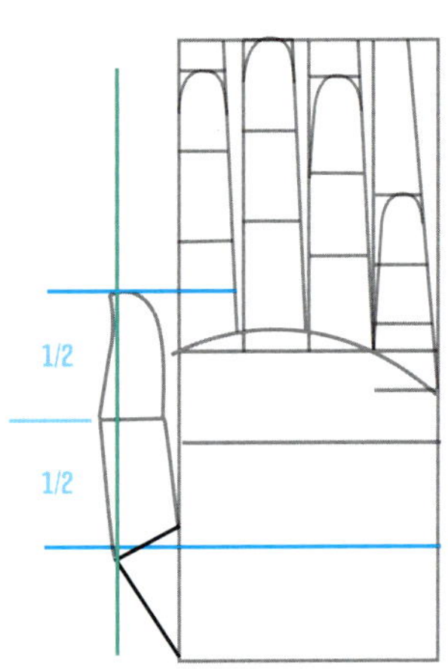

Schritt 9

Füge die beiden anderen Daumenglieder zwischen den waagerechten Hilfslinien ein. Der Daumen ist etwa so dick wie die anderen Finger.

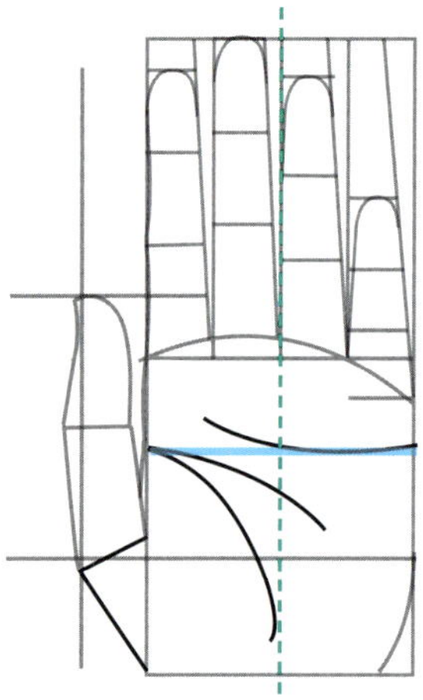

Schritt 10

Zeichne die letzten Einzelheiten in die Handfläche ein.

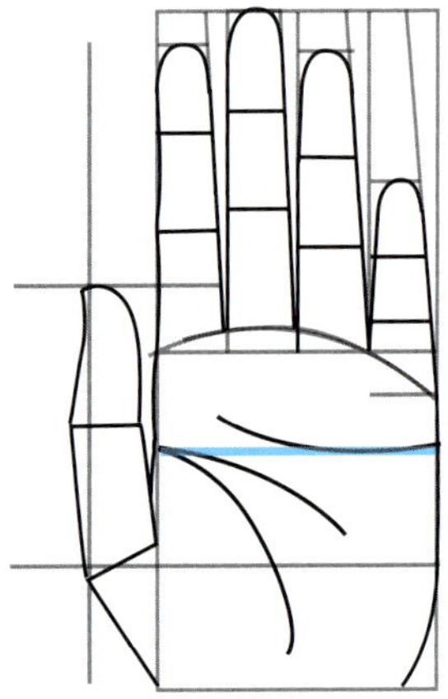

Schritt 11

Zum Schluss zeichne die wichtigsten Striche mit einem schwarzen Fineliner oder schwarzer Tusche nach.

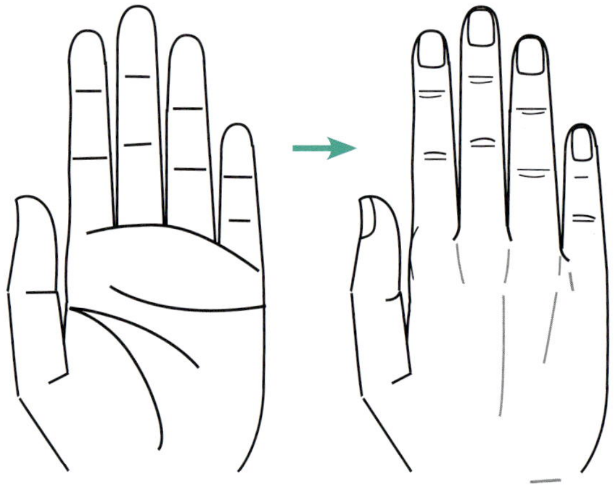

Handrücken

Der Handrücken wird ebenso konstruiert, lediglich die Details müssen verändert werden.

Das Volumen der Beine

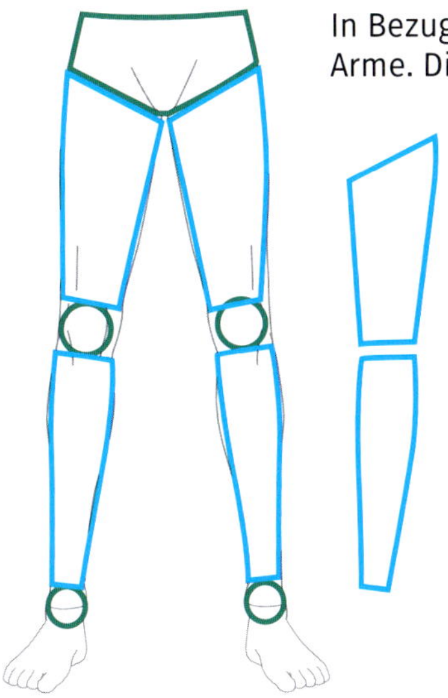

In Bezug auf die Gelenke sind die Beine ebenso gebaut wie die Arme. Die Beine bestehen aber aus zwei verschiedenen Formen.

Der Oberschenkel ist wie ein Zylinder geformt.

Der Unterschenkel ist ebenfalls zylindrisch, verjüngt sich aber zum Knöchel hin.

Männliche und weibliche Beine im Vergleich

Bei genauem Hinsehen können wir einen Unterschied erkennen: Die weiblichen Beine haben leicht gekrümmte Achsen, die männlichen eine gerade.

Weiblich

Weibliche Beine werden mit gekrümmten Strichen gezeichnet, und der Oberschenkel ist leicht asymmetrisch.

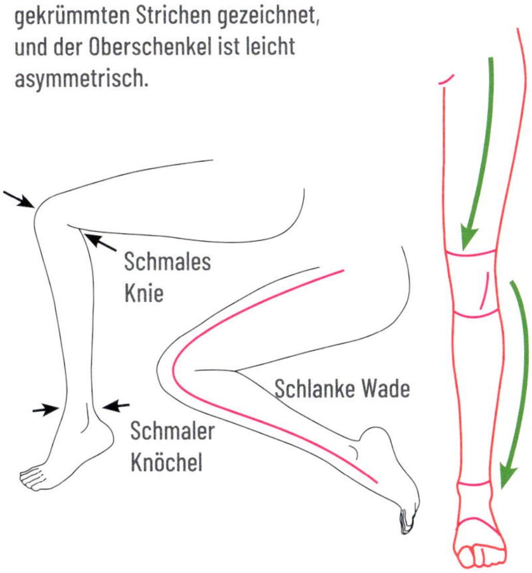

Männlich

Im männlichen Bein ist eine gerade Achse zu erkennen.

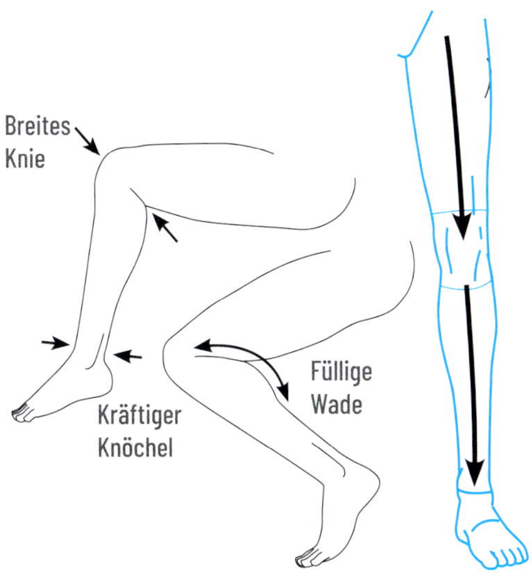

Das Volumen der Füße

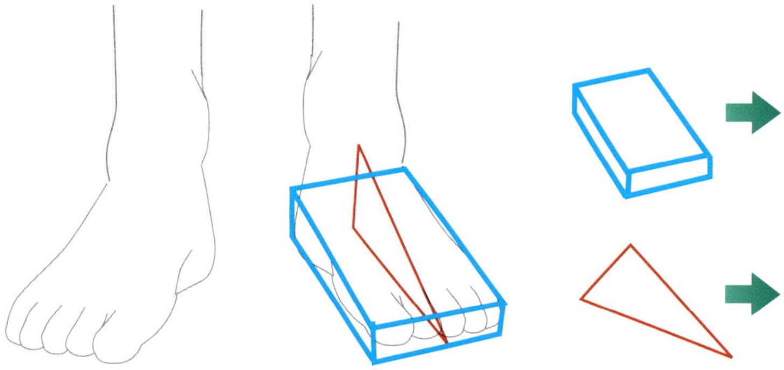

Diese 3D-Form stellt das Volumen des Fußes perspektivisch dar. Sie hilft dir, den gewünschten Blickwinkel und die Größe zu bestimmen, um den Fuß korrekt zu zeichnen.

Die Dreiecksform steht für den Fuß im Profil.

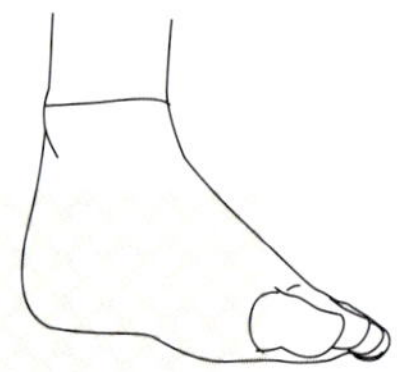

Diese beiden Formen helfen dir, die Größe der Füße im Verhältnis zu anderen Körperteilen richtig zu bestimmen.

Erst nachdem Größe und Position des Fußes festgelegt sind, wird die Form ausgearbeitet. Dann werden die Details gezeichnet.

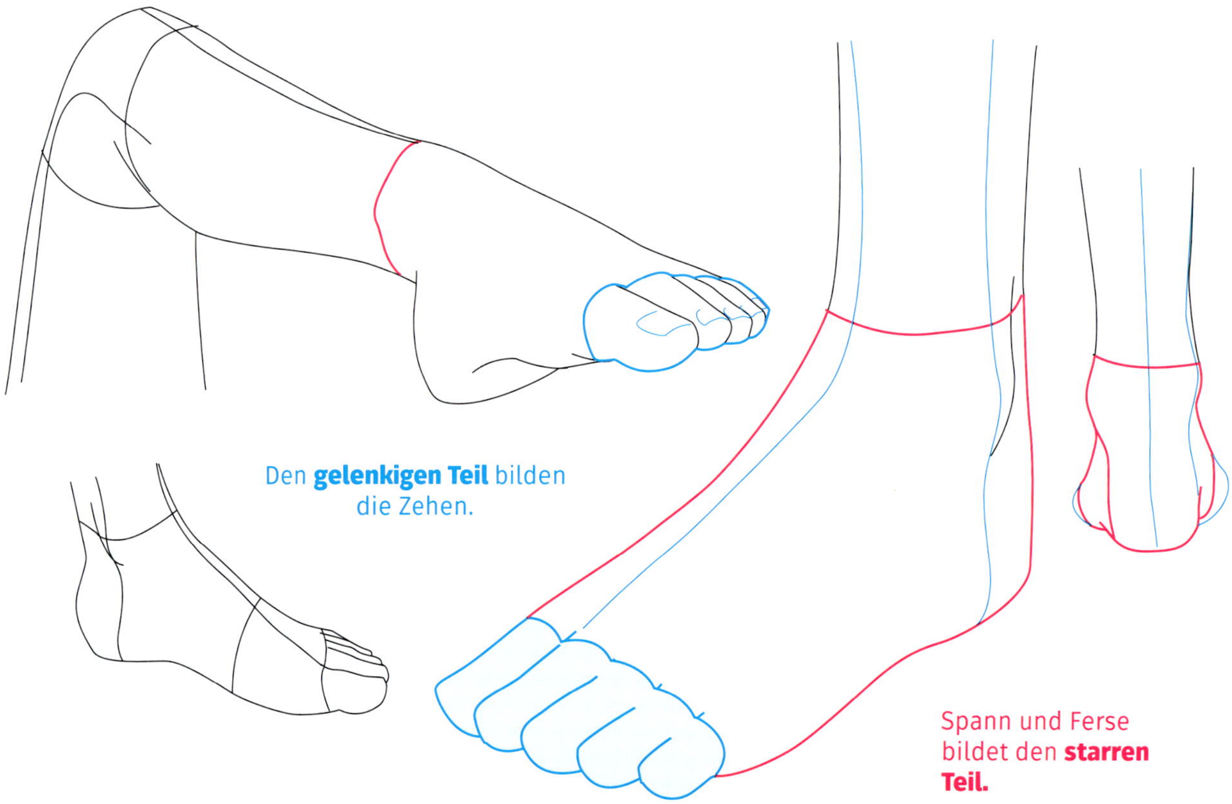

Der Knöchel steht immer auf einer Achse, die schräg zum Boden verläuft.

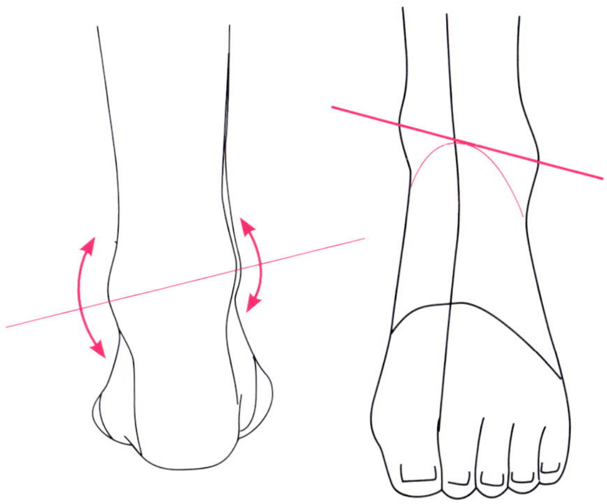

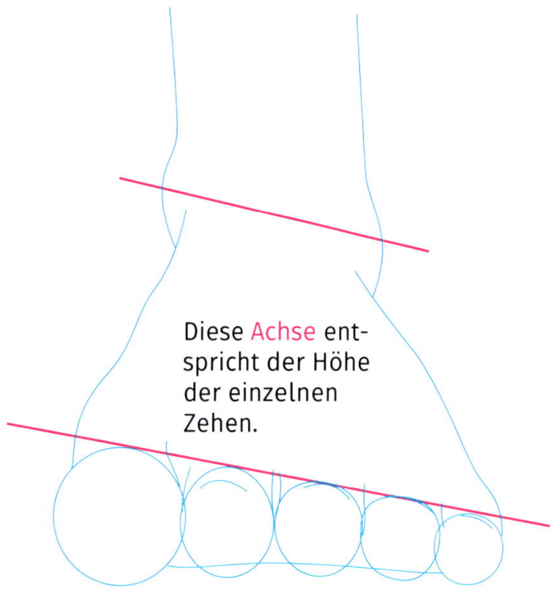

Die Bewegungsmöglichkeiten des Fußes sind begrenzt. Nimm am besten deine eigenen Füße als Modell, um anatomisch unmögliche Fußstellungen zu vermeiden.

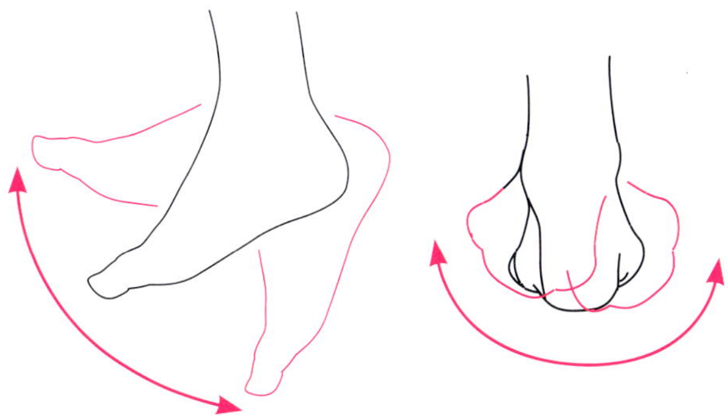

Die Zehen besitzen zwar Gelenke, sind aber weitaus weniger beweglich als die Finger. Im Grunde kann man sich die vier kleineren Zehen als einen einzigen Block vorstellen.

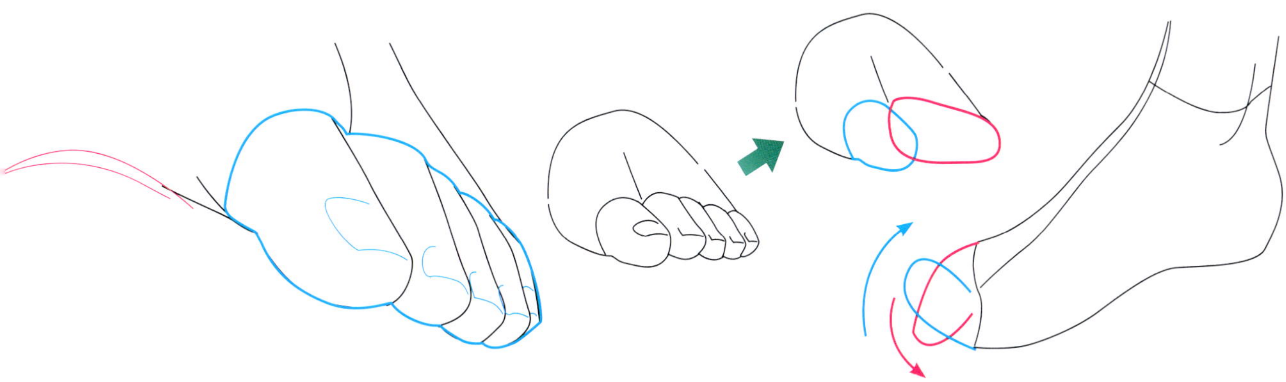

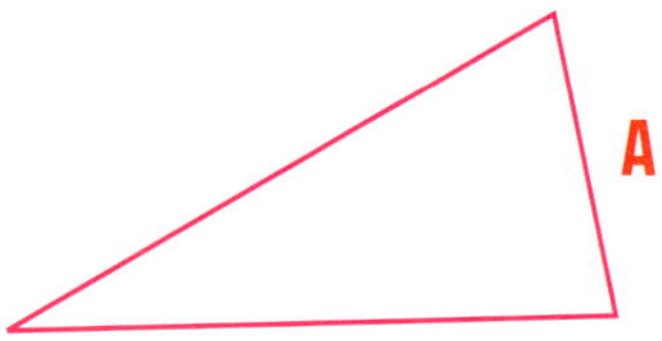

Schritt 1

Beginne mit einem Dreieck. Die Seite **A** steht leicht schräg.

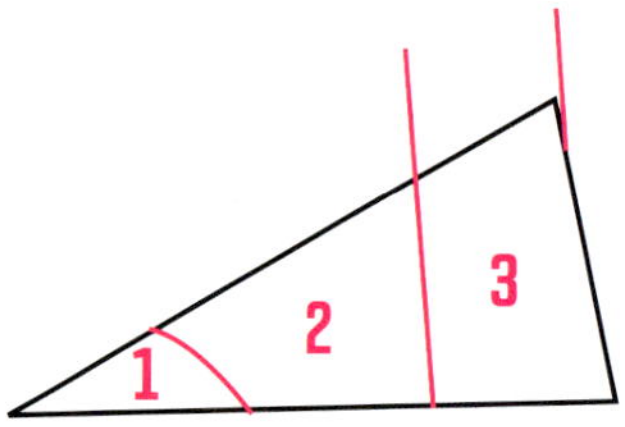

Schritt 2

Teile das Dreieck wie oben in drei Abschnitte. Der dritte Abschnitt ist so breit wie der Knöchel.

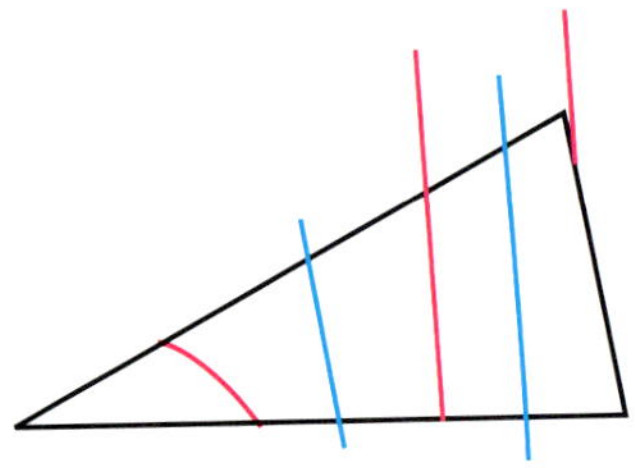

Schritt 3

Zeichne je eine Achse in die Mitte des zweiten und dritten Abschnitts.

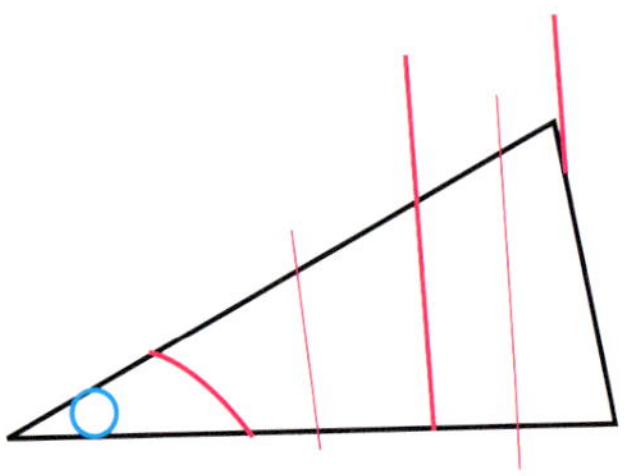

Schritt 4

Füge einen kleinen Kreis für die Position des Zehs ein.

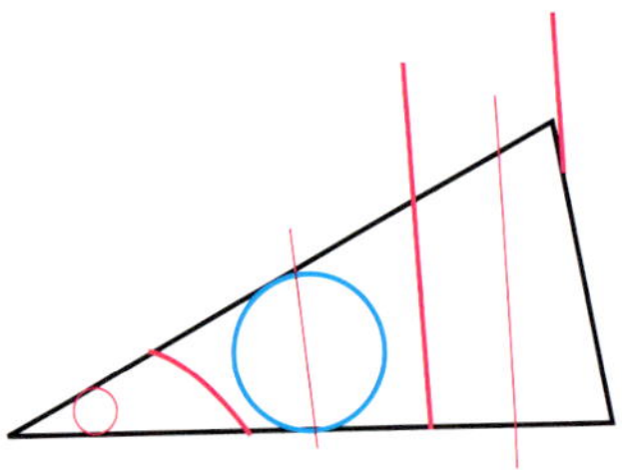

Schritt 5

Zeichne einen zweiten Kreis in die Mitte des zweiten Abschnitts. Er berührt die Seiten des Dreiecks.

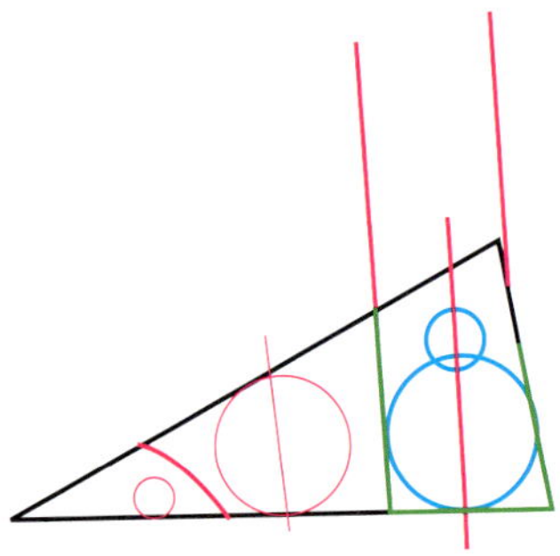

Schritt 6

Füge einen dritten Kreis hinzu, der die Seiten des letzten Abschnitts berührt. Setze darüber einen kleinen Kreis.

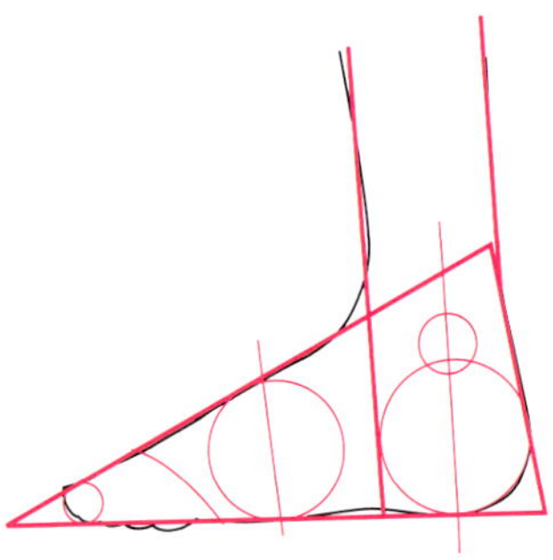

Schritt 7

Entwickle anhand dieser Hilfslinien die Form des Fußes.

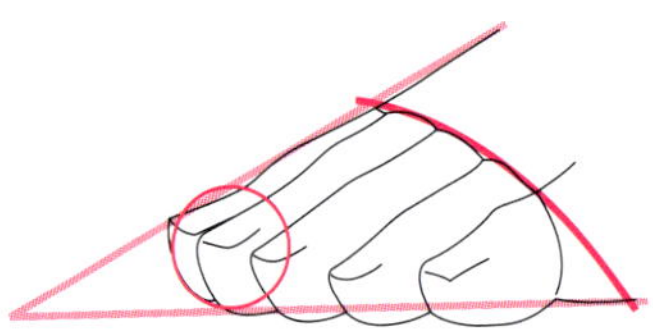

Schritt 8

Zeichne die Zehen in den vorderen Abschnitt. Alle sind gleich dick, ausgenommen der große Zeh.

Einfacher ist es, wenn du den Bereich durch parallele Striche unterteilst.

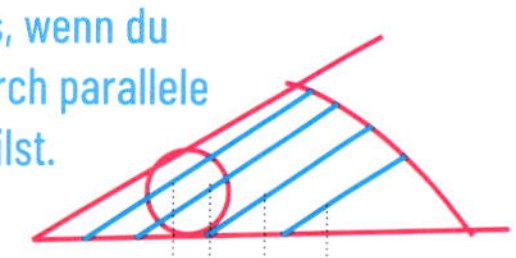

Schritt 9

Deute zuletzt den Knöchel an und ziehe die Linien mit schwarzem Fineliner oder Tusche nach.

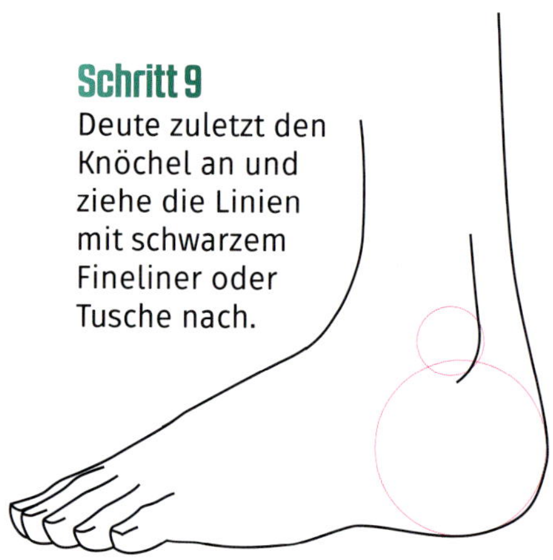

Für den Fuß aus einem anderen Blickwinkel gehst du nach denselben Schritten vor, außer bei den Zehen. Aus diesem Blickwinkel ist nur der große Zeh zu sehen.

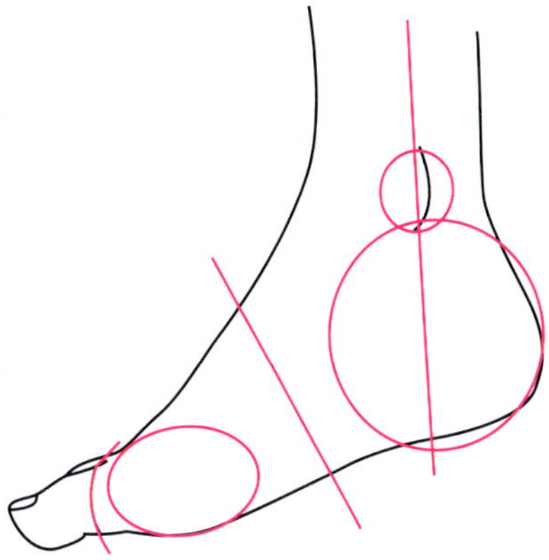

Hier sind einige Blickwinkel, die dir helfen, dir die Gesamtform der Füße besser zu vorzustellen.

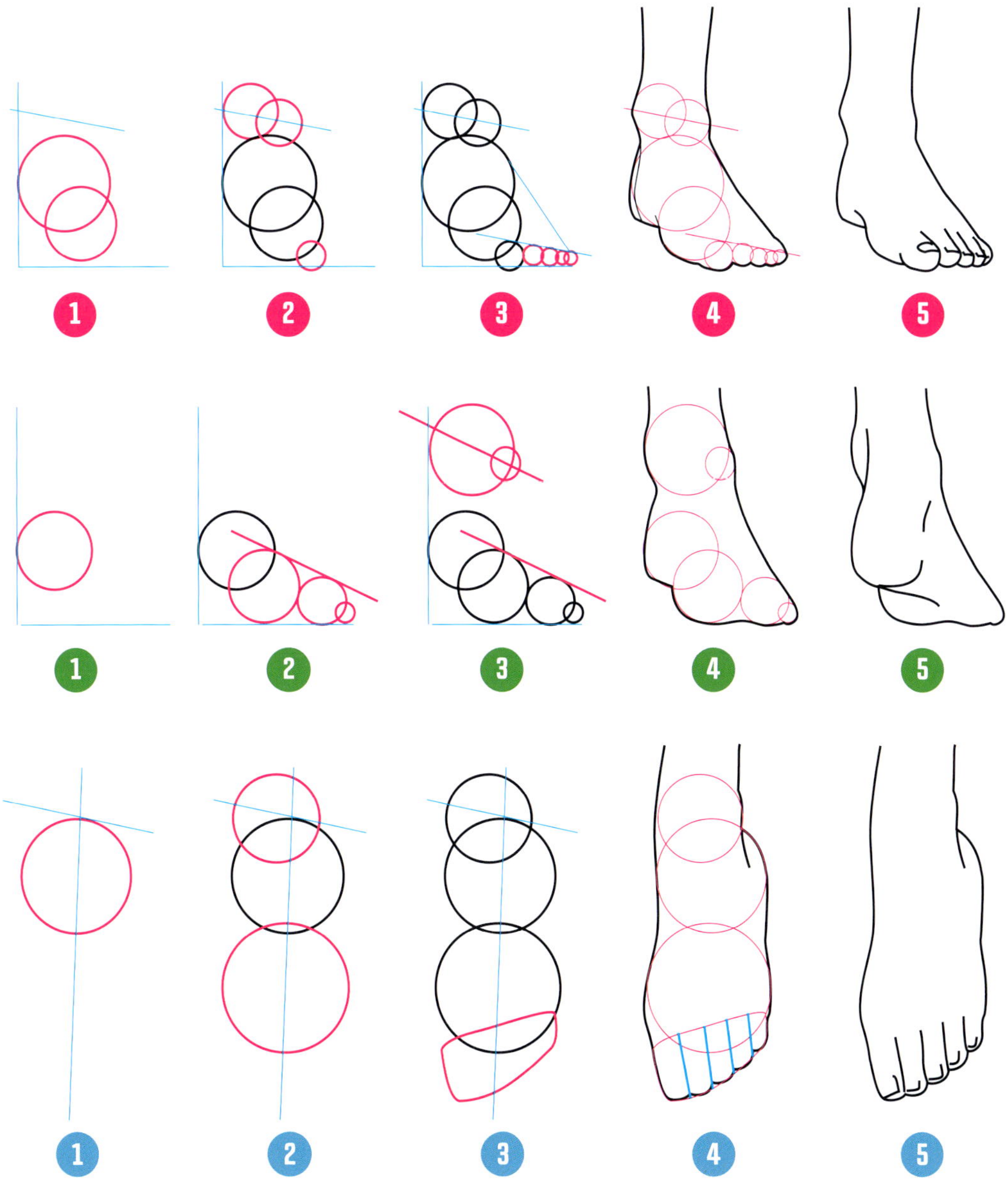

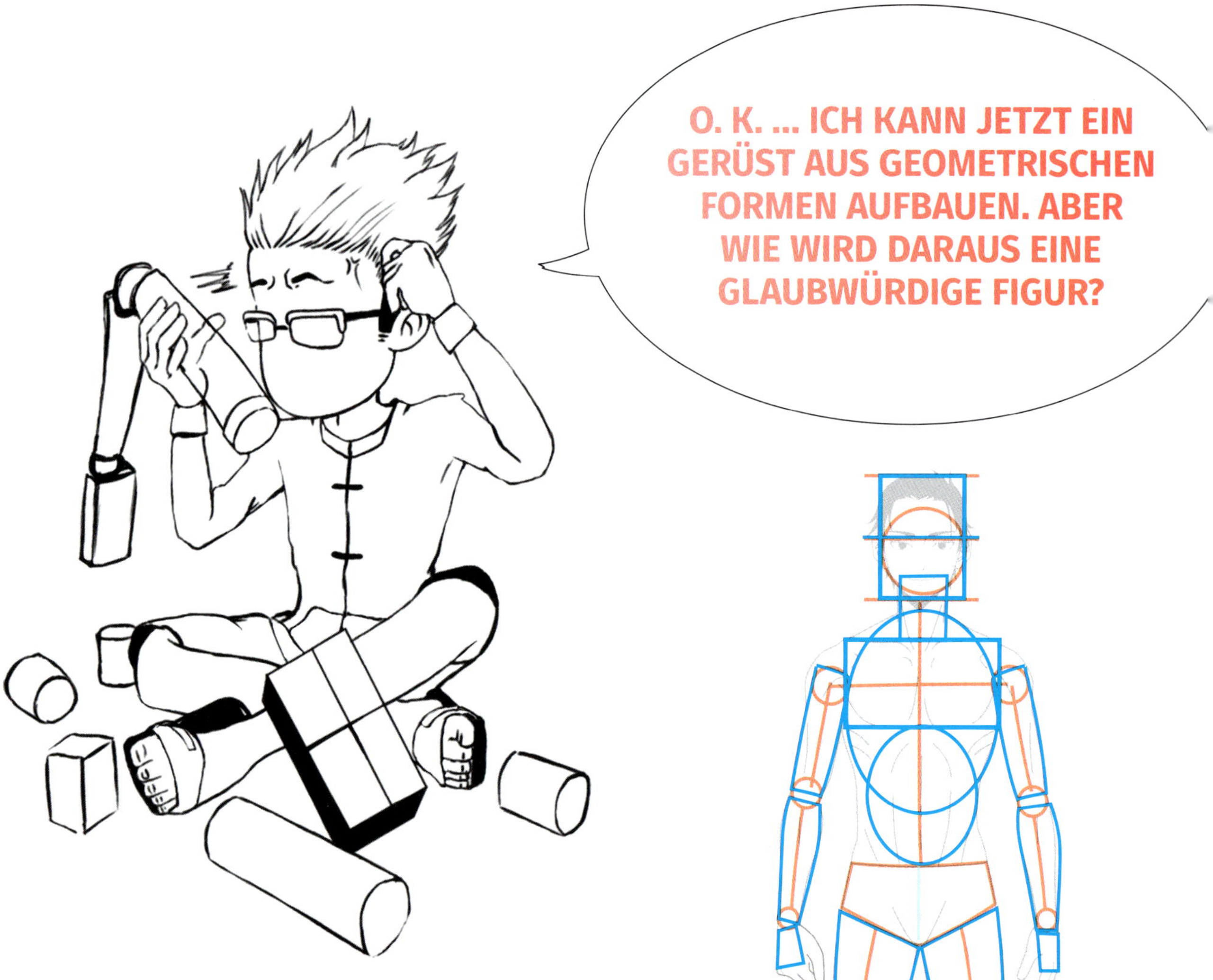

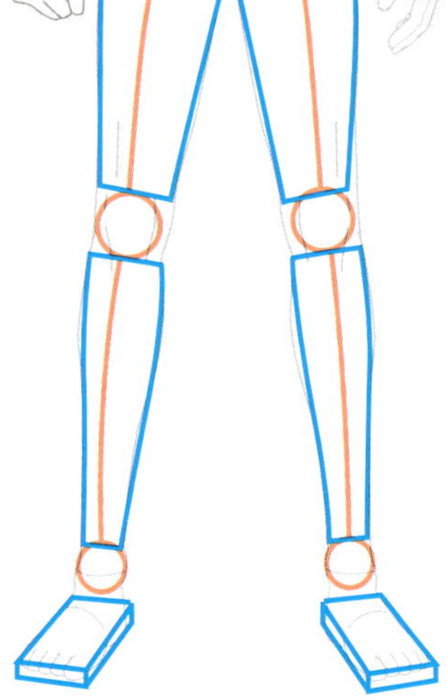

DAS PACKEN WIR JETZT AN!

Du hast das Gerüst deiner Figur aus geometrischen Grundformen und Gelenken konstruiert. Glückwunsch, damit sind 80 % schon getan. Die restlichen 20 % sind nun eigentlich nur noch Kleinigkeiten.

Nachdem das Gerüst der Figur fertig ist, fehlen nur noch Details, um daraus eine überzeugende Figur zu entwickeln.

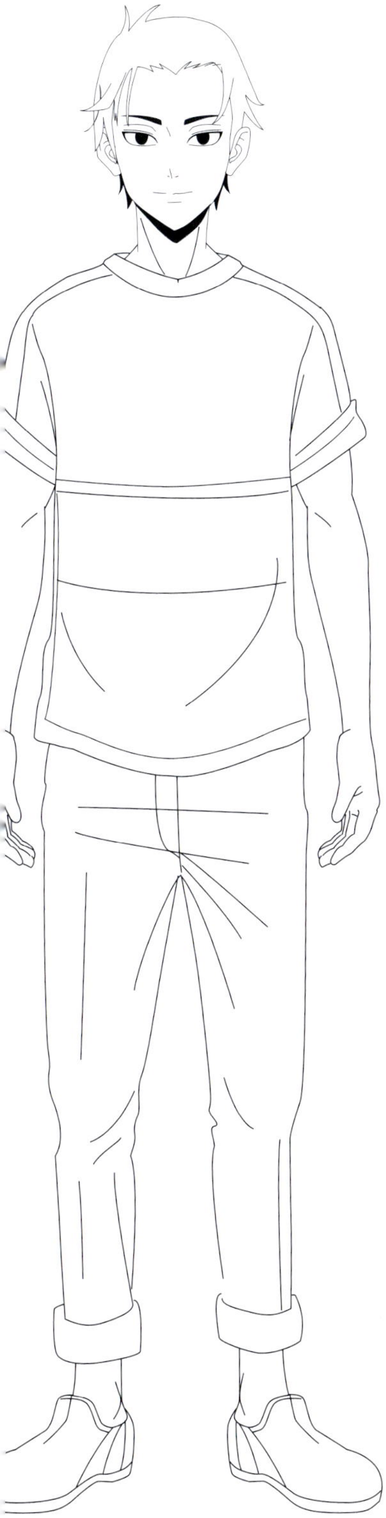

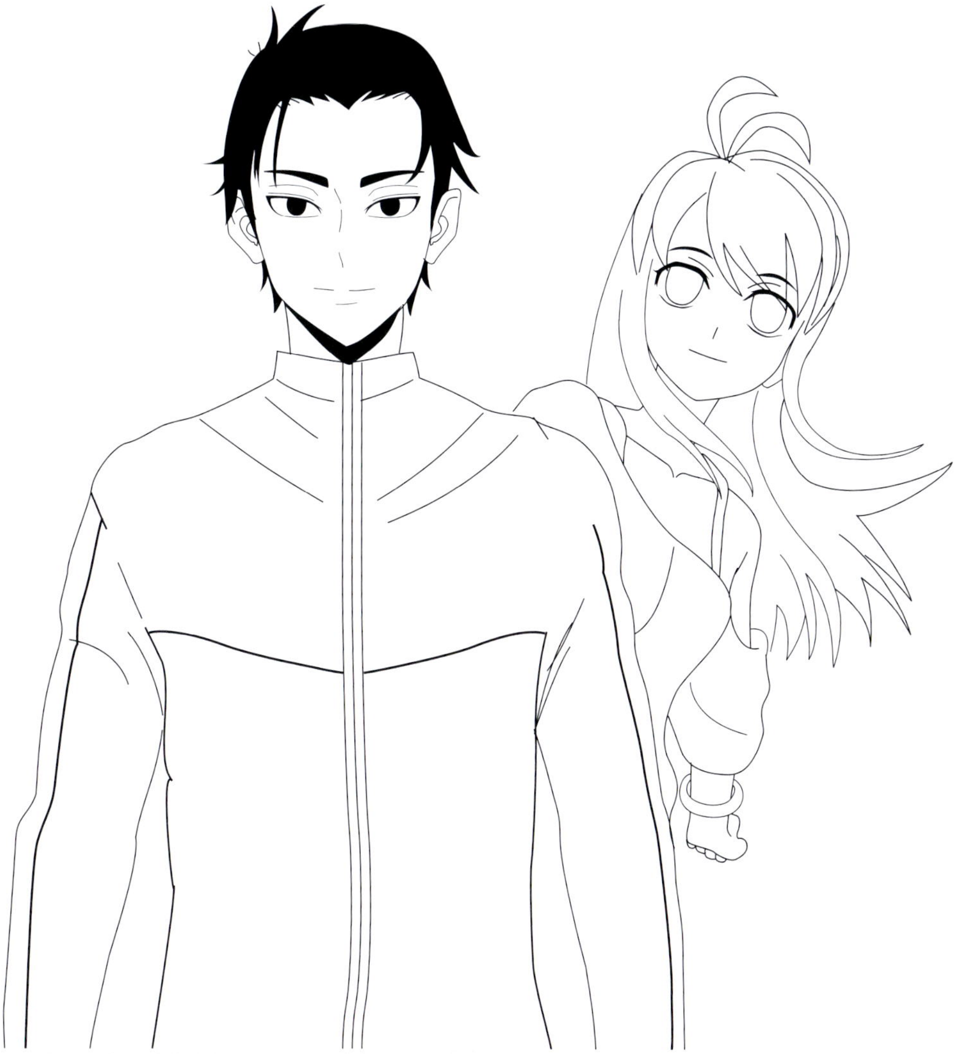

Jetzt kommt zum Tragen, was du in den vorherigen Kapiteln gelernt hast. Nimm dir die Zeit, jeden Körperteil genau zu betrachten und alle Hilfslinien zu zeichnen, die du für die Ausarbeitung brauchst.

Körperhaltungen

Mithilfe des Wissens, das du dir über Volumina, Maße und Gelenke angeeignet hast, kannst du jetzt üben, den Körper in verschiedenen Haltungen zu zeichnen.

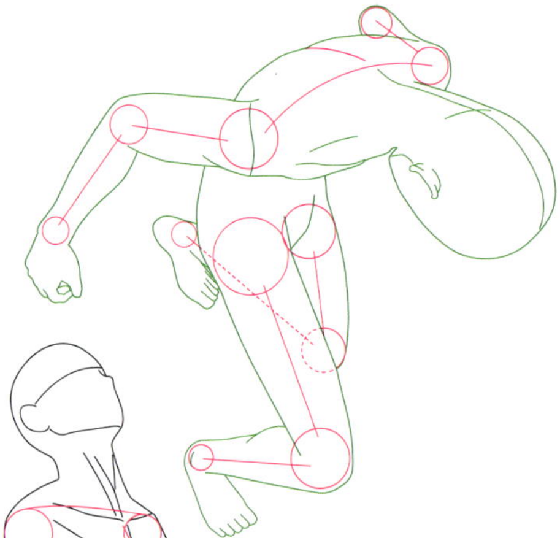

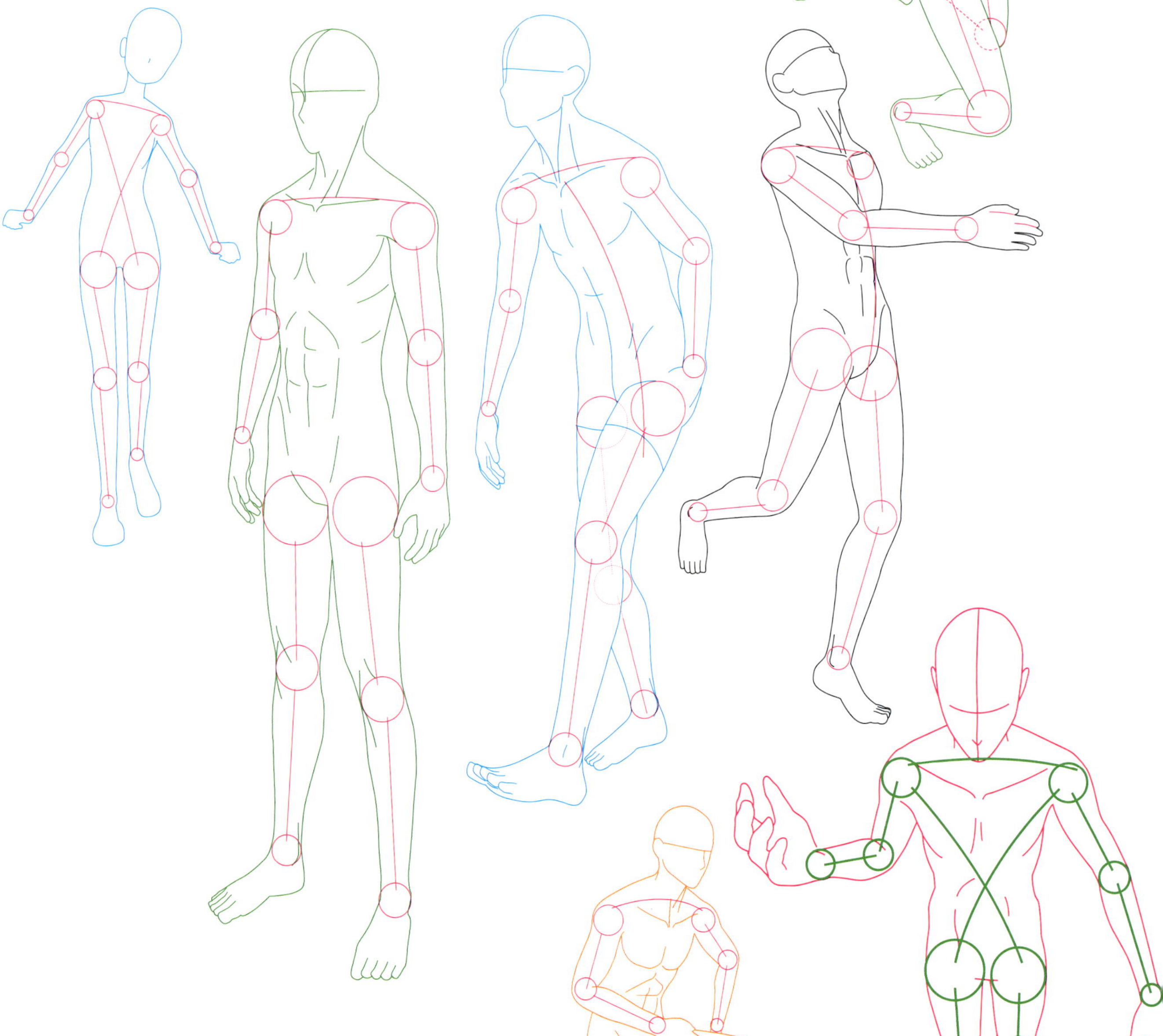

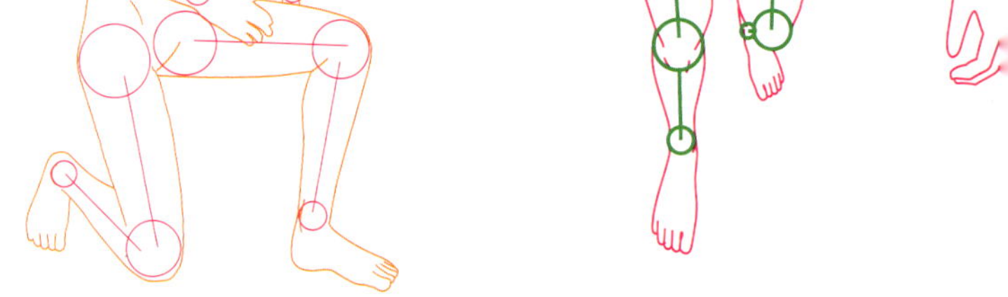

Du kannst es dir auch einfacher machen: Drucke die Figuren aus und zeichne die Volumina mit einem farbigen Fineliner ein.

Mit dieser Übung lernst du, dich beim Zeichnen an den Volumina zu orientieren.

Wie zeichnet man eine Figur?

Wir zeichnen die Figur zuerst ohne Kleidung und ziehen sie anschließend an.

Schritt 1: Das Skelett

Zeichne zuerst die Körperhaltung als Skelett oder Strichfigur. Nutze dafür, was du auf den Seiten 92 bis 94 gelernt hast. .

Schritt 2: Die Volumina

Entwickle aus dem Skelett jetzt die Volumina. Falls nötig, blättere noch einmal zu Seite 95 bis 109 zurück.

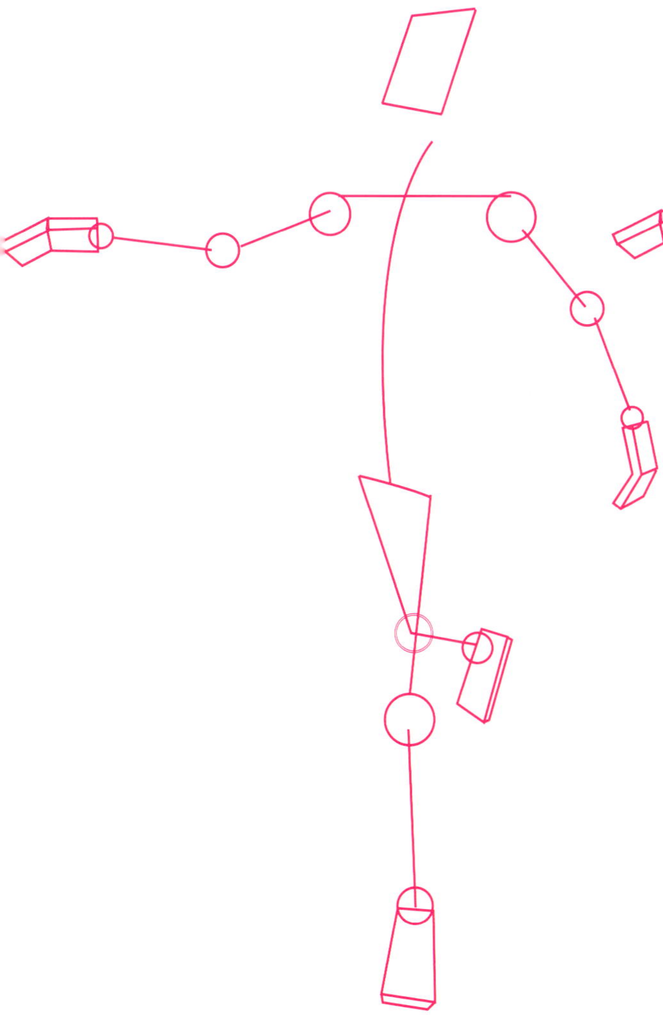

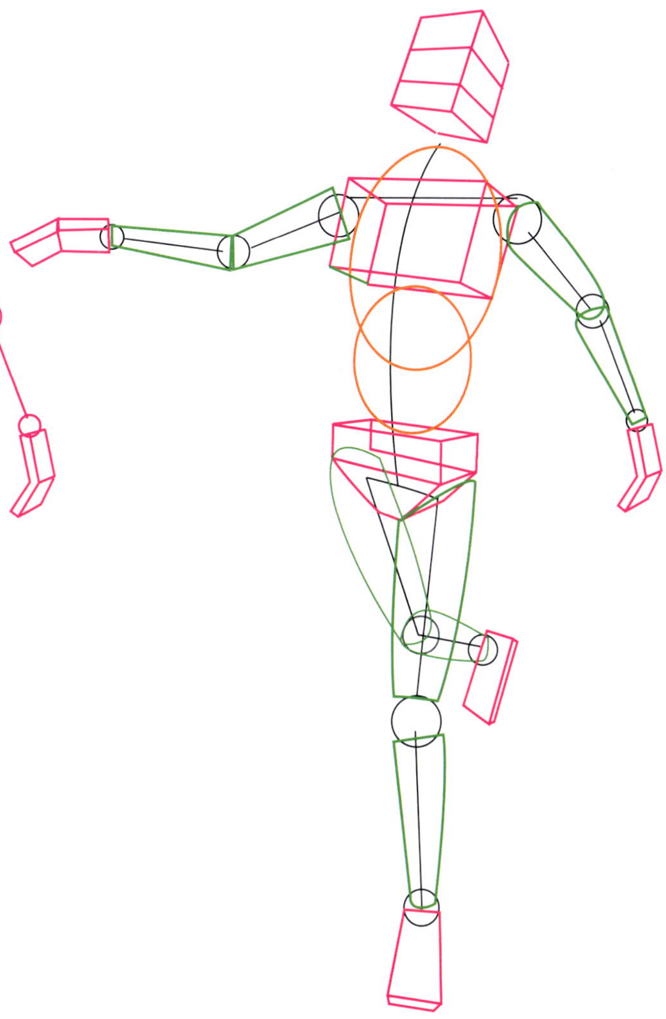

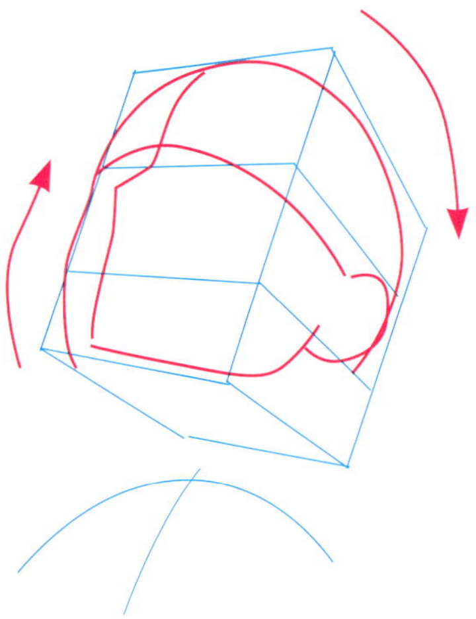

Schritt 3: Der Kopf
Arbeite nun die Form des Kopfs aus. Siehe auch Seite 96 bis 99.

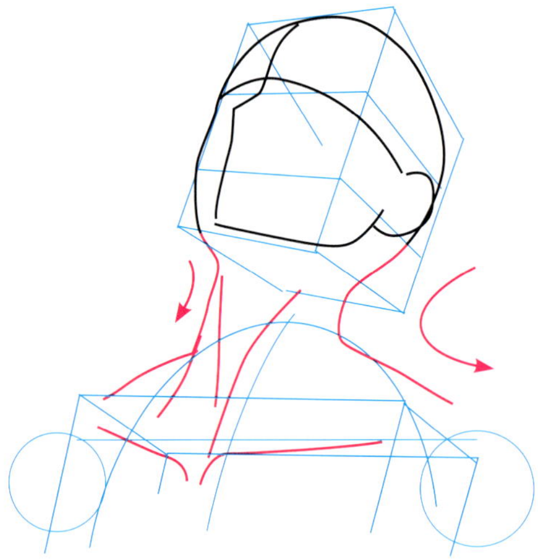

Schritt 4: Der Hals
Weiter geht es mit dem Hals, wie auf Seite 100 bis 101 beschrieben.

TIPP

Anfänger sollten zunächst nur die Hülle der einzelnen Teile zeichnen und sich nicht um die Details kümmern, denn sie können verwirren und blockieren.

Gehe in Schritten vor, übe zuerst die Hülle des Körpers und widme dich erst im nächsten Schritt den Einzelheiten.

Wenn du dir für jeden Schritt die nötige Zeit nimmst, wirst du bald Fortschritte beobachten. Vermeide, alles auf einmal erledigen zu wollen, sonst riskierst du, dich zu überfordern und zu blockieren.

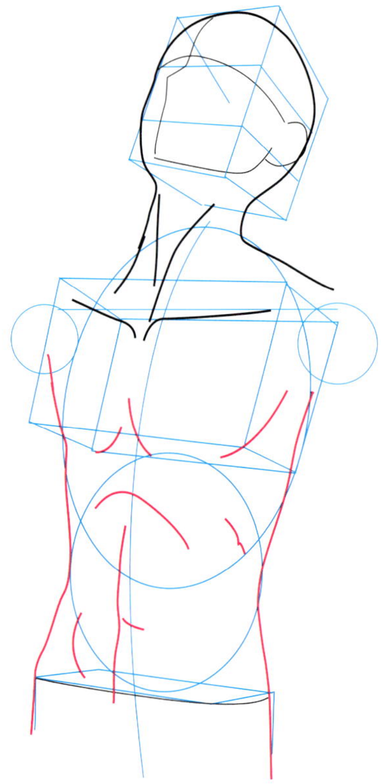

Schritt 5: Der Oberkörper
Entwickle die Hülle des Oberkörpers (siehe Seite 102-105). Zeichne danach einige Details ein, z.B. die Bauchmuskeln.

Schritt 6: Die Arme

Für die Hülle der Arme kannst du dich an den Seiten 106 bis 107 orientieren. Lass die Details vorerst weg – dazu gehören auch die Hände.

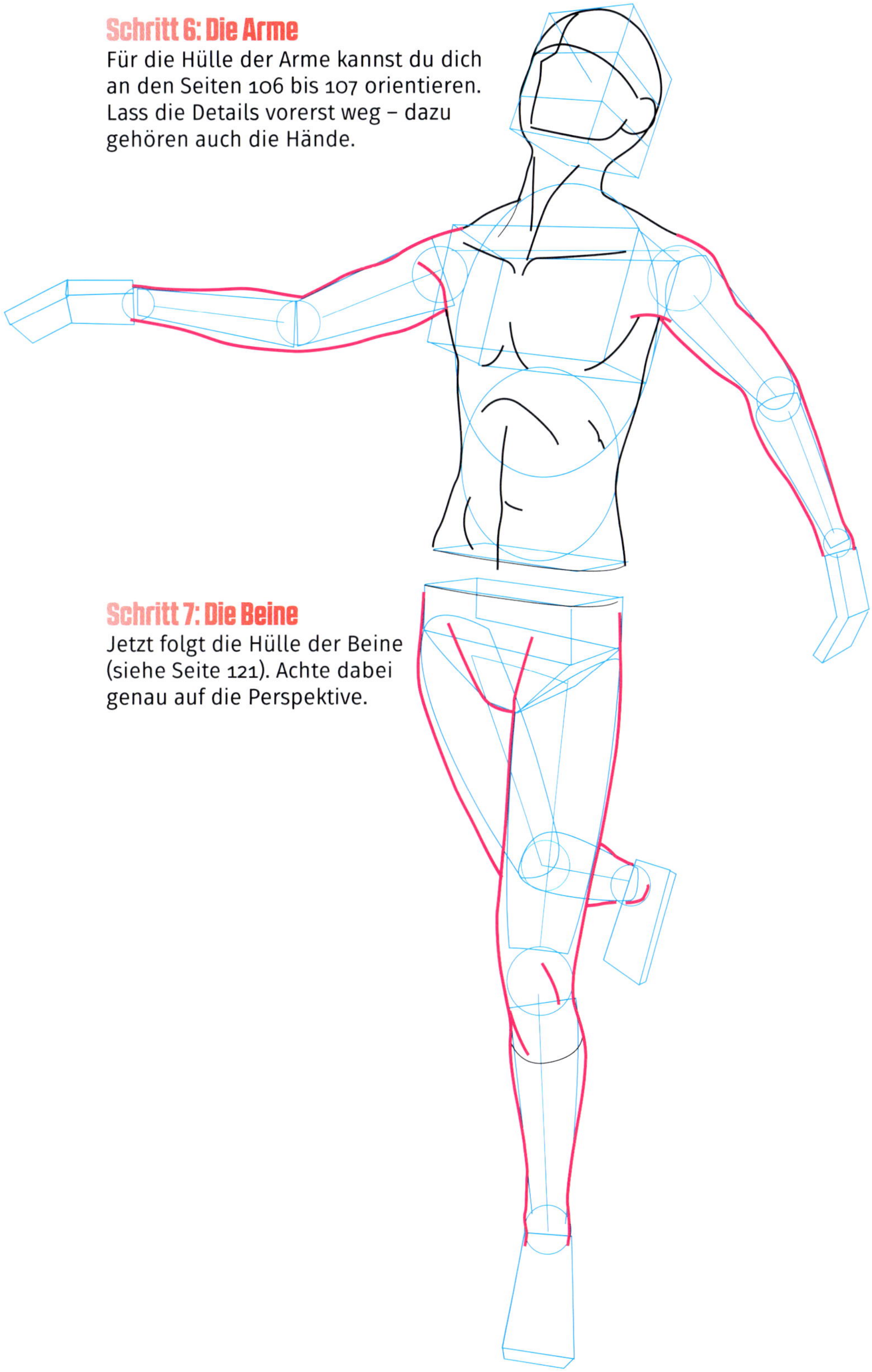

Schritt 7: Die Beine

Jetzt folgt die Hülle der Beine (siehe Seite 121). Achte dabei genau auf die Perspektive.

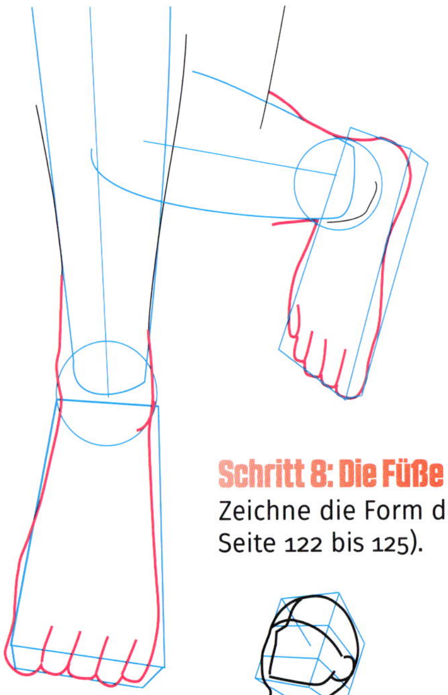

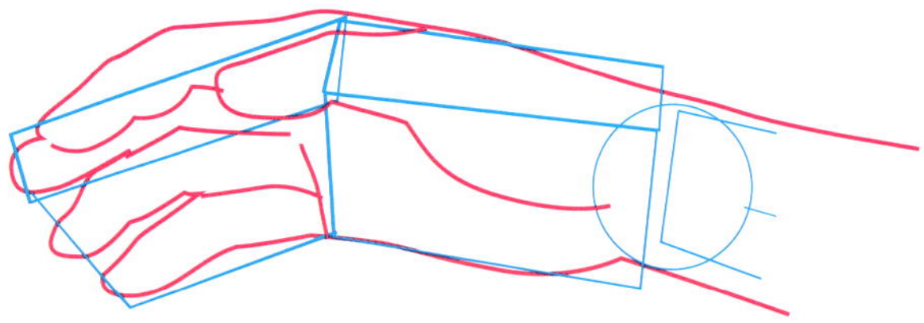

Schritt 8: Die Füße

Zeichne die Form der Füße (siehe Seite 122 bis 125).

Schritt 9: Die Hände

Entwickle die Form der Hände (siehe Seite 110 bis 120).

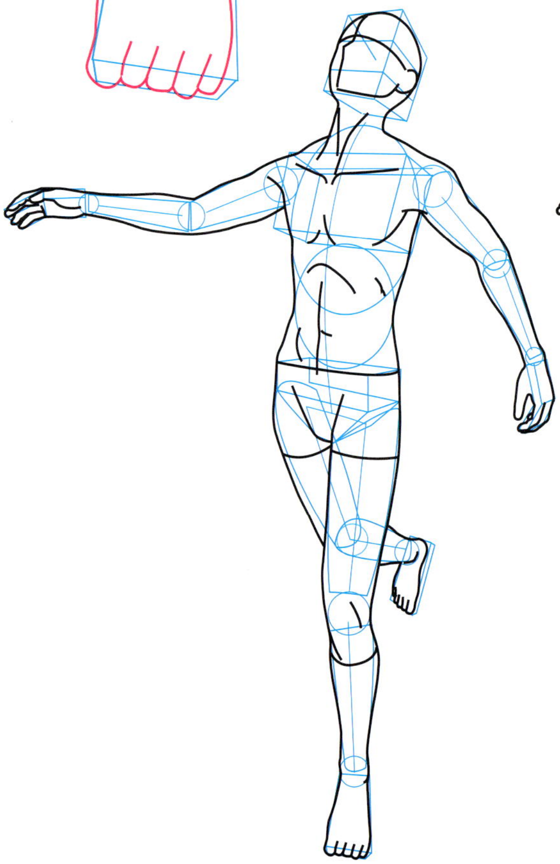

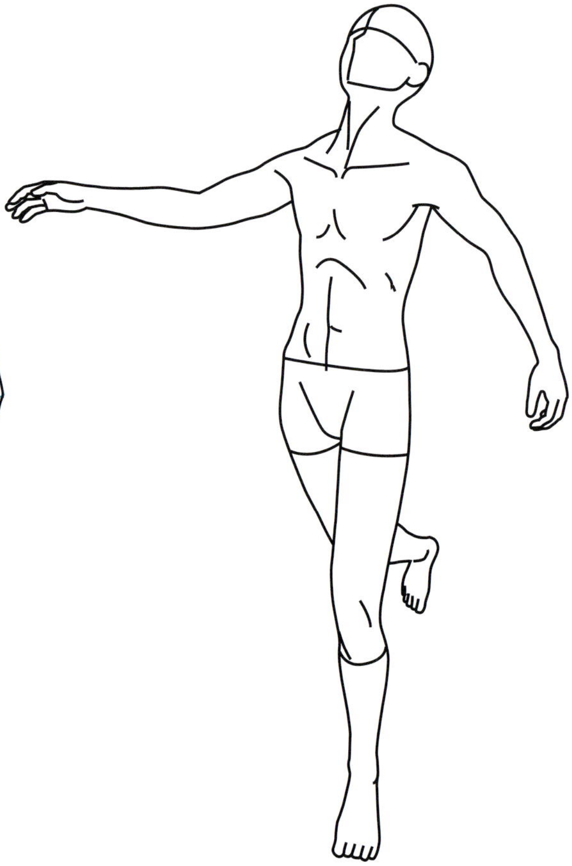

Schritt 11: Inking

Zeichne nun die wichtigen Linien der Zeichnung mit schwarzem Fineliner oder Tusche nach.

Schritt 9: Die Details

Jetzt kannst du noch Feinheiten ausarbeiten, beispielsweise die Beinmuskeln.

Schritt 10: Die Kleidung

Wenn der Körper fertig ist, kommt die Kleidung an die Reihe. Wer auf Ideensuche ist, sollte sich in Zeitschriften oder im Internet umsehen.

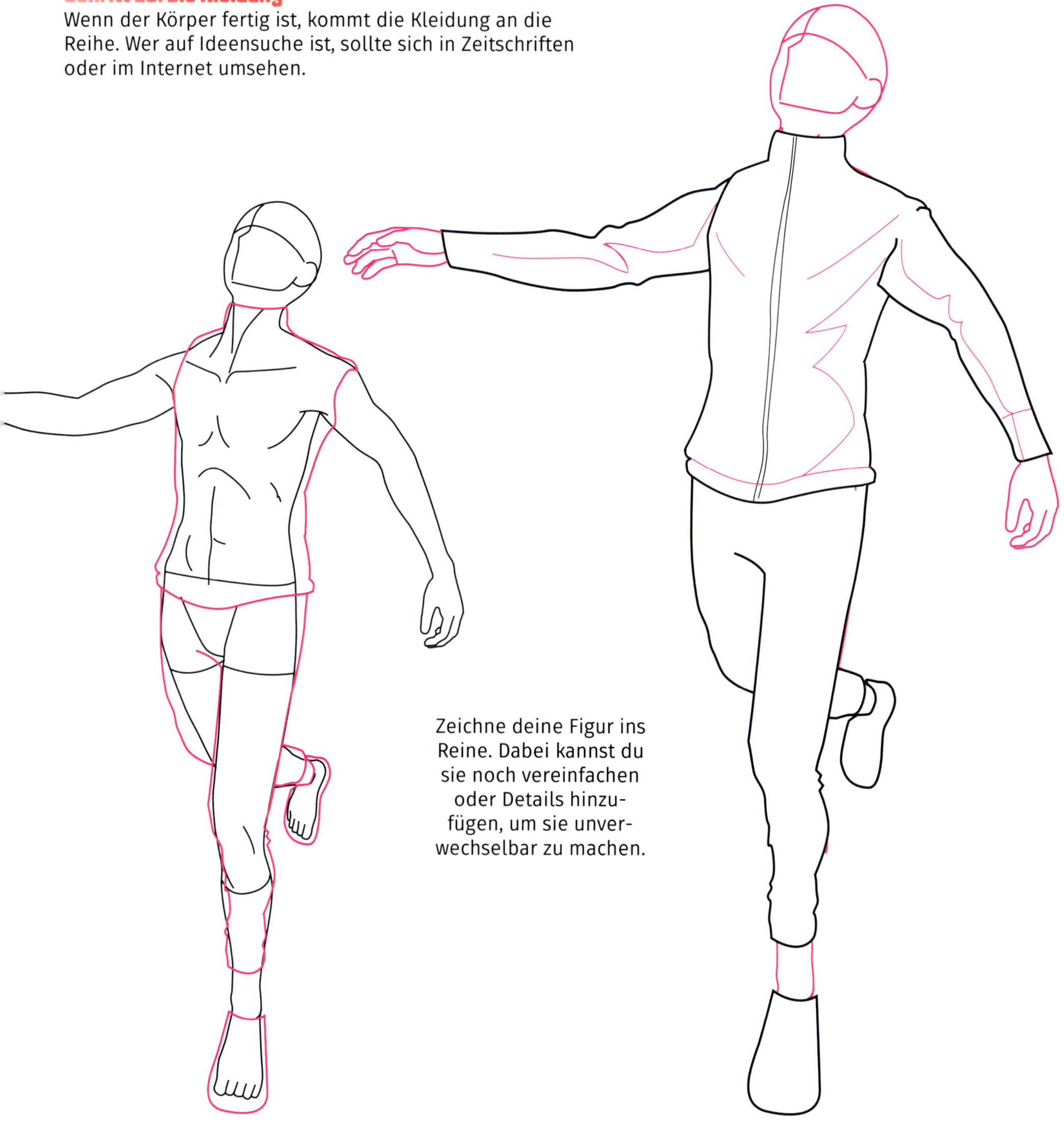

Zeichne deine Figur ins Reine. Dabei kannst du sie noch vereinfachen oder Details hinzufügen, um sie unverwechselbar zu machen.

Weiblich, männlich oder ganz anders: Diese Schritte gelten für Figuren aller Stile und Typen.

Teil 2

パート2

MANGA-FIGUREN ANIMIEREN

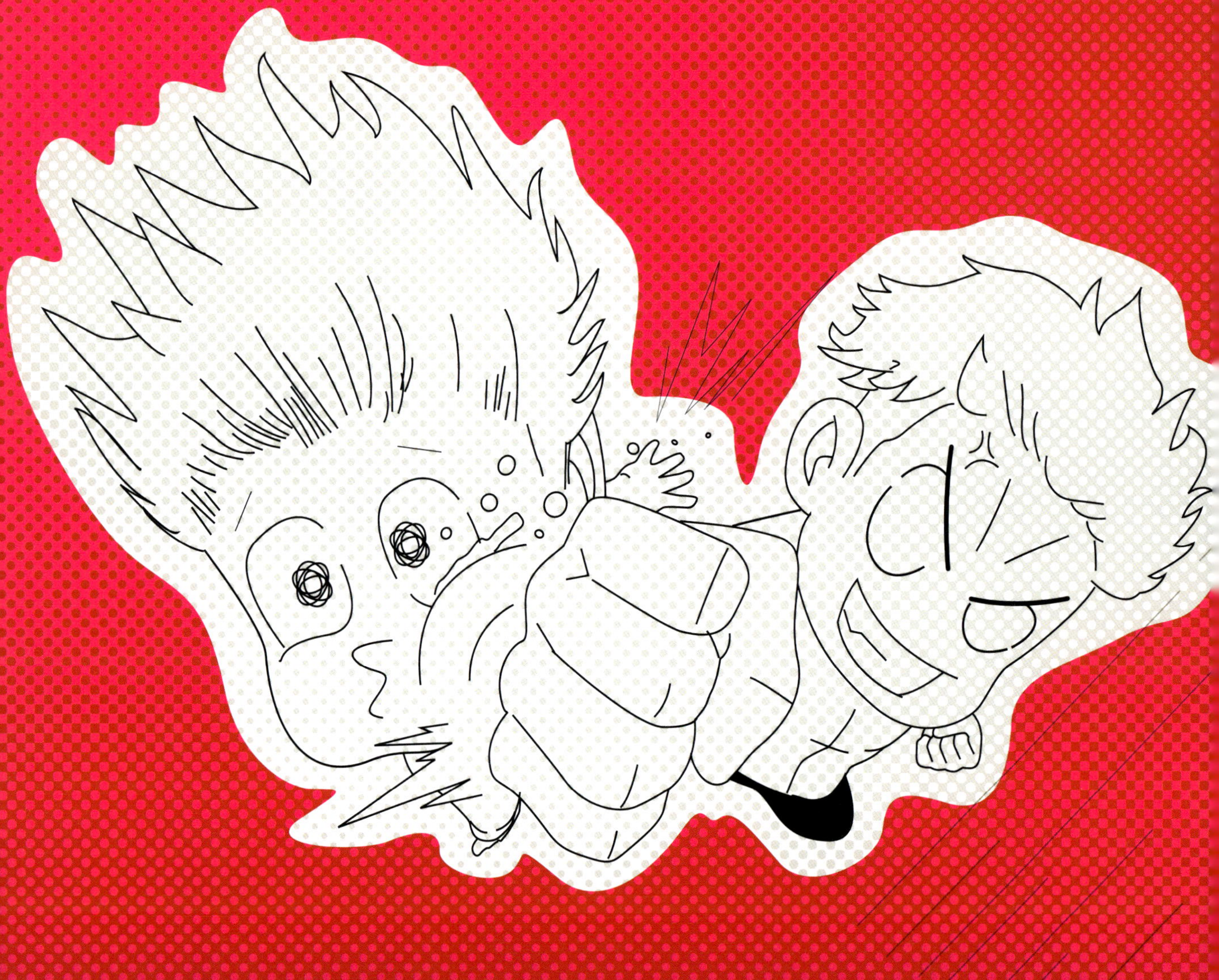

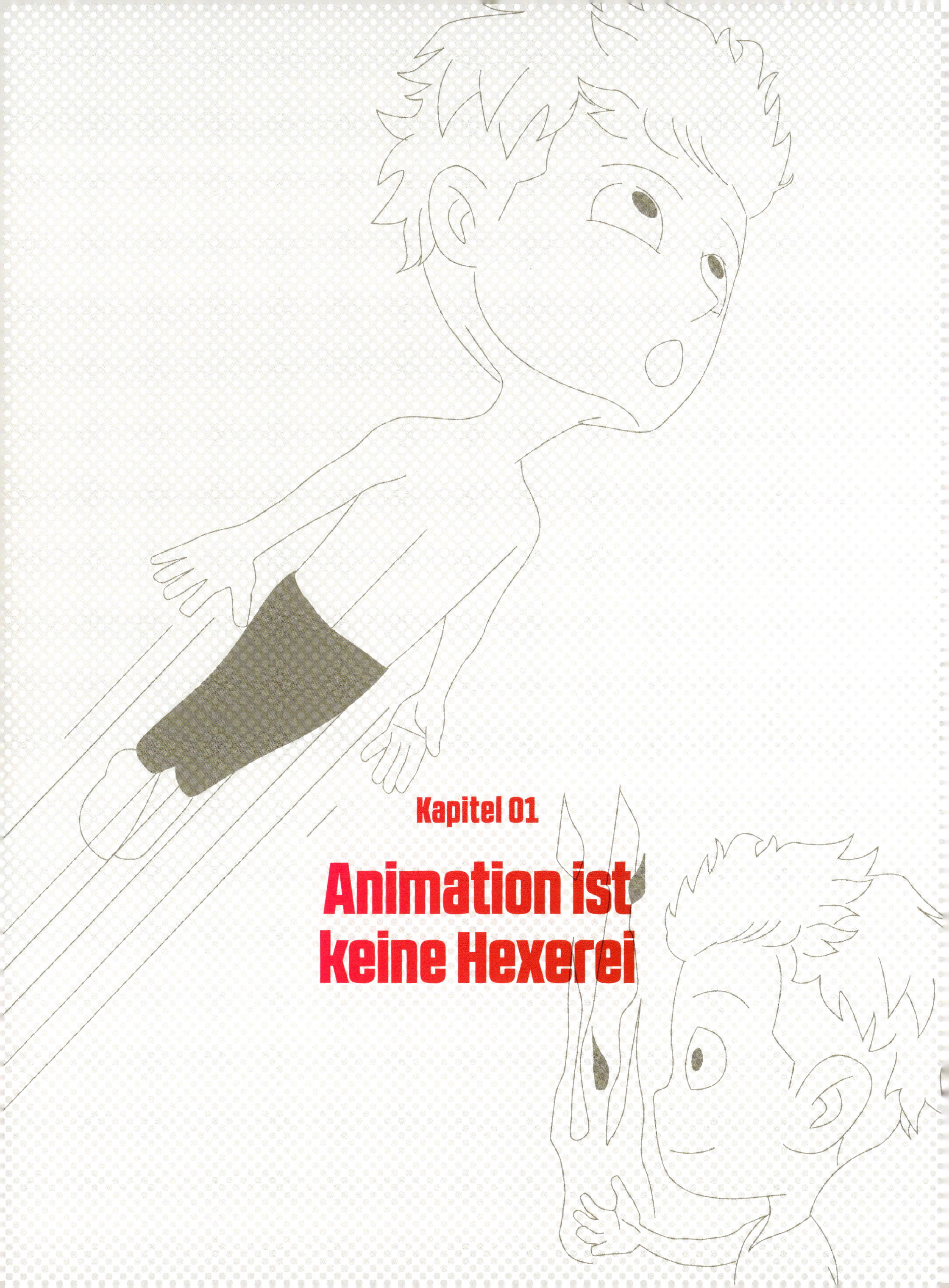

Kapitel 01

Animation ist keine Hexerei

01 TRADITIONELLE ANIMATION

Es gibt verschiedene Methoden, Figuren zu animieren.
Die traditionellste besteht darin, jede Bewegung einer Szene oder einer Figur Bild für Bild zu zeichnen, um die Illusion von Bewegung zu erzeugen.

BEISPIEL: DREHUNG EINER FIGUR

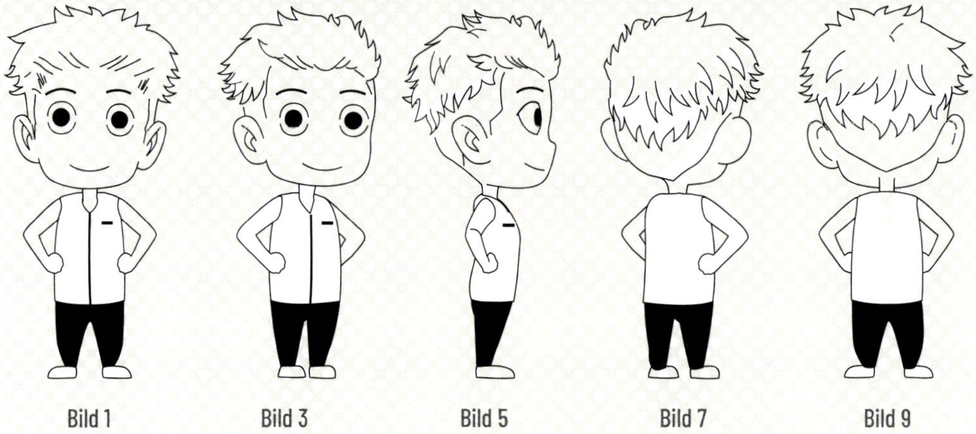

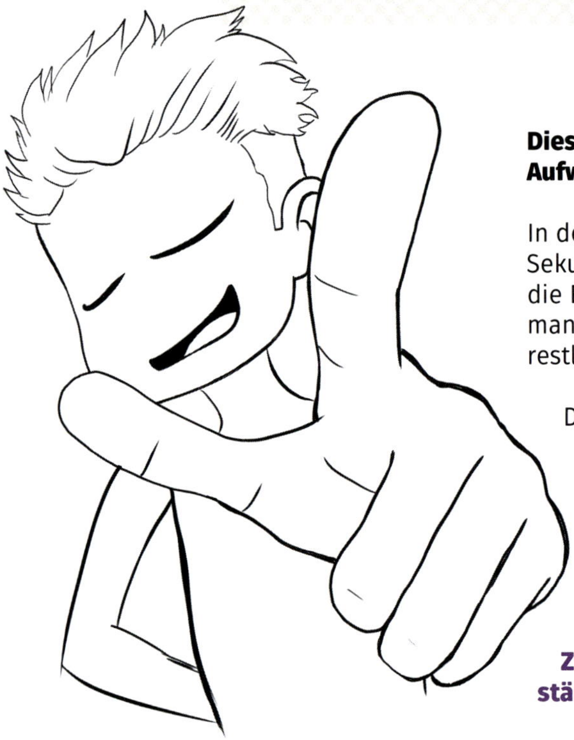

Dieses Verfahren ist mit einem enormen zeichnerischen Aufwand verbunden.

In der Regel werden nämlich 24 verschiedene Bilder für eine Sekunde Bewegung benötigt. Diese Bildrate sorgt dafür, dass die Bewegung fließend erscheint. Um Zeit zu sparen, senken manche Zeichner diese Rate auf 15 verschiedene Bilder. Die restlichen 9 Bilder werden durch Duplikate aufgefüllt.

Die ersten Animationen wurden auf Papier und vollständig von Hand erstellt – also ganz ohne Computer. Das Verfahren war mühsam, denn sobald die Animation fertig war, musste sie noch einmal von Hand sauber neu gezeichnet werden. Um eine einzige 15-minütige Episode zu zeichnen, brauchte man durchschnittlich neun Monate!

Zum Glück stehen uns heute Technologien zur Verfügung, die ständig verfeinert und weiterentwickelt werden.

Das Material

Zum Animieren deiner Zeichnungen brauchst du einen guten Computer und ein Grafiktablett wie Wacom oder XP Pen (jedes andere Tablett tut es auch). Eine Animation ohne Grafiktablett (mit der Maus) ist möglich, dauert aber länger.

Außerdem brauchst du eine Animationssoftware. Ich stelle hier zuerst einige **kostenpflichtige** Programme vor.

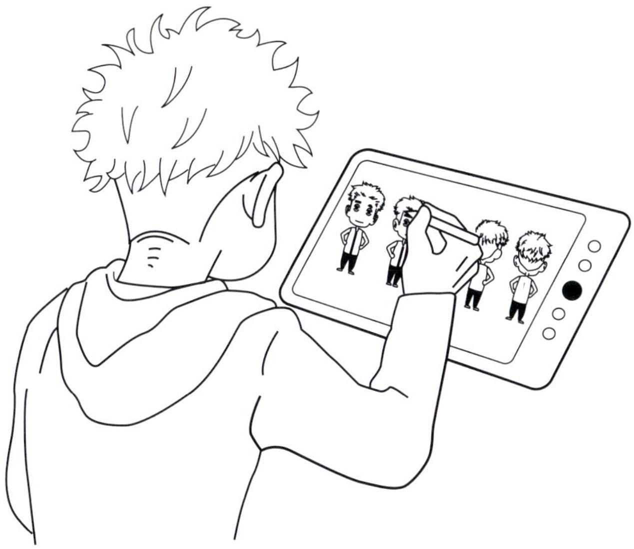

After Effects

Animate

Photoshop

Toon Boom Harmony

Moho

TVPaint

Wenn diese Anwendungen dein Budget übersteigen, könntest du es mit einer **kostenlosen** Software versuchen.

OpenToonz

Pencil 2D

Synfig Studio

Auf den Websites der Programmanbieter findest du weitere Informationen zur jeweiligen Software. Schau dir auch die Präsentationsvideos an, die ihre Funktionen zusammenfassen, und wähle das Programm, das am besten zu dir passt.

Ae

Selbst wenn sich die Programme unterscheiden, das Prinzip der Animation ist immer gleich. In diesem Buch verwende ich Beispiele aus **After Effects**. Die Tipps lassen sich auf andere Programme übertragen.

Vorbereitung

Wenn du mit der richtigen Hardware ausgestattet bist, solltest du dich zunächst mit den Grundlagen deiner Software vertraut machen, die verschiedenen Werkzeuge kennenlernen und den Umgang mit ihr üben, bevor du dich an deine ersten Projekte wagst.

Später stelle ich dir die unverzichtbaren Funktionen der Software vor, die ich persönlich für meine Animationstechnik verwende.
Beschäftigen wir uns aber zuerst mit den Grundlagen.

Schritt 1

Du musst ein Drehbuch schreiben, in dem alles, was in deiner Animation passieren wird, detailliert beschrieben wird. Man spricht auch von einem Storyboard.

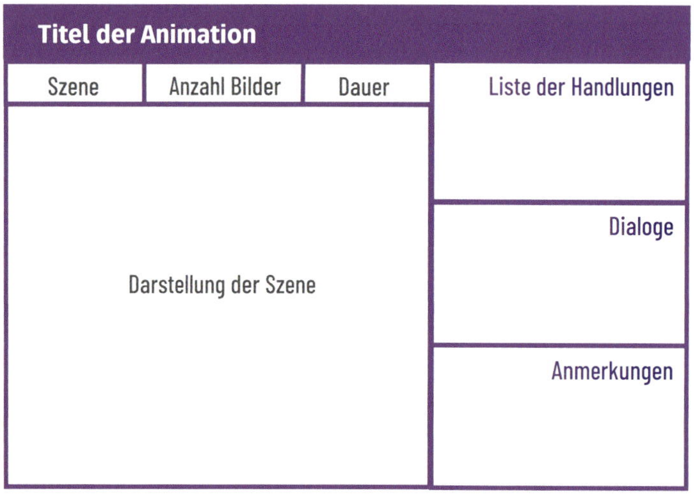

Schritt 2

Zeichne die Figur (aus verschiedenen Blickwinkeln).

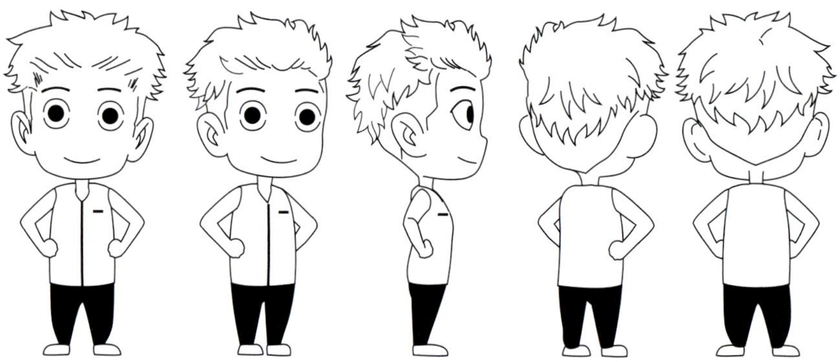

Schritt 3

Bereite die Animation vor.

Grundlagen der Animation

Schritt 1

Zeichne drei Hauptbilder für die Animation.

Anfang, Mitte und Ende der Bewegung

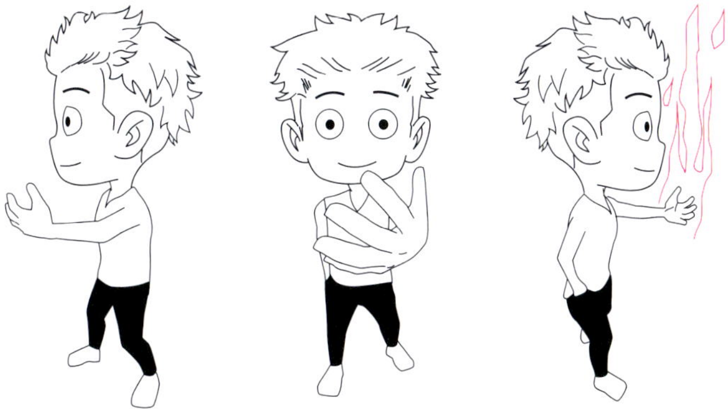

Schritt 2

Zeichne jetzt Zwischenschritte, damit die Bewegung flüssiger wirkt.

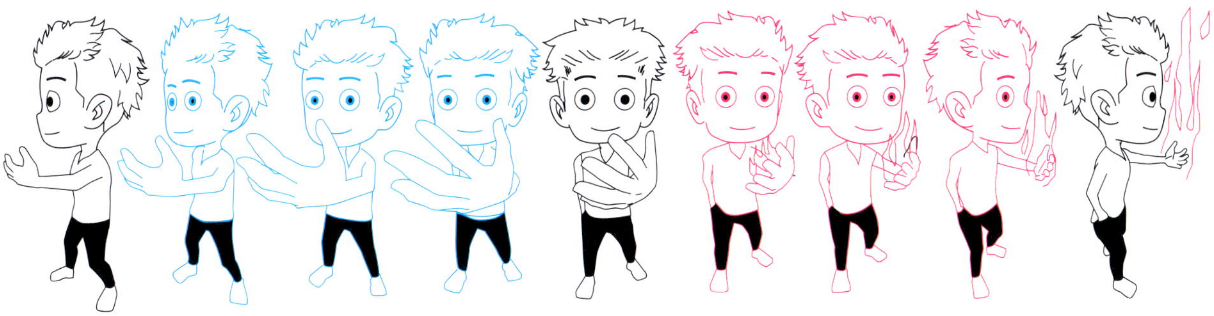

Wenn du Schwierigkeiten hast, die Zwischenschritte zu zeichnen, oder wenn du einfach nur schneller sein und Zeit sparen willst, dupliziere ein Hauptbild und verzerre es leicht. Wenn die Animation dann abgespielt wird, wirkt die Bewegung trotzdem natürlich.

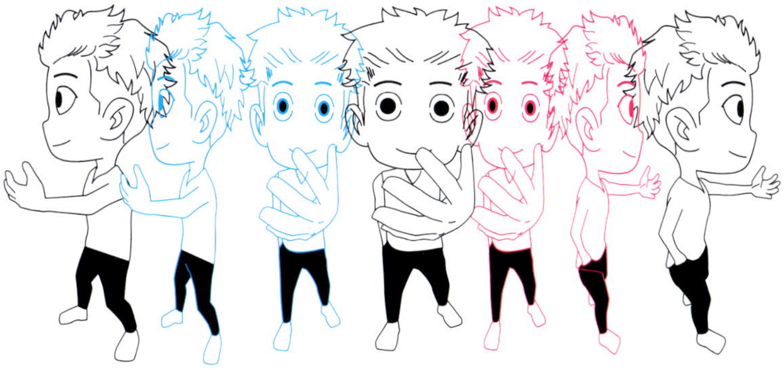

Verzerrung

Diesen Schritt solltest du nicht unterschätzen, denn durch die Verzerrung wirkt die Animation viel flüssiger.

Bewegung ohne Verzerrung

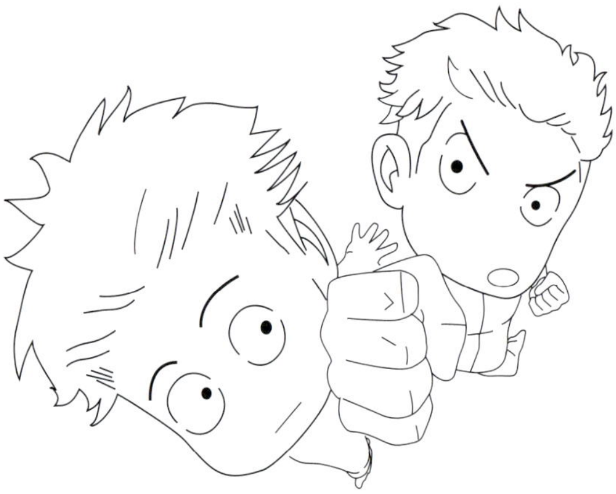

Bewegung mit Verzerrung
Hier sind Wange und Haare verzerrt. Ziel ist, jedes Detail zu erfassen, das mit der Bewegung einhergeht.

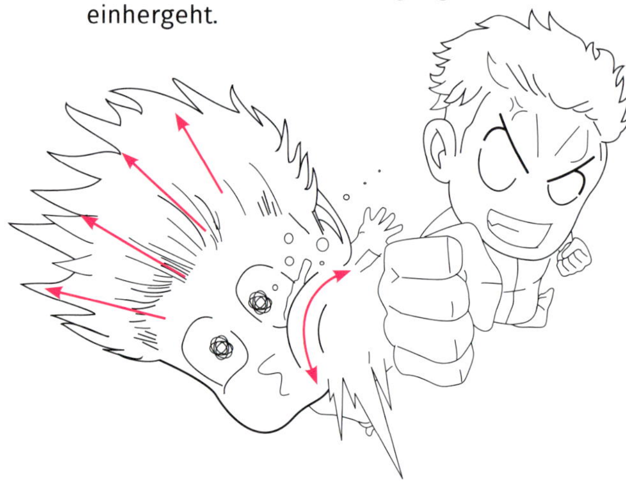

Antizipation der Bewegung

Jeder Bewegung gehen vorbereitende Bewegungen voraus. Eine Person, die springen möchte, geht zunächst in die Knie und holt Schwung. Man spricht hier von der Antizipation der Handlung. Ohne diese Antizipation würde die gezeichnete Figur wirken, als ob sie schwebt.

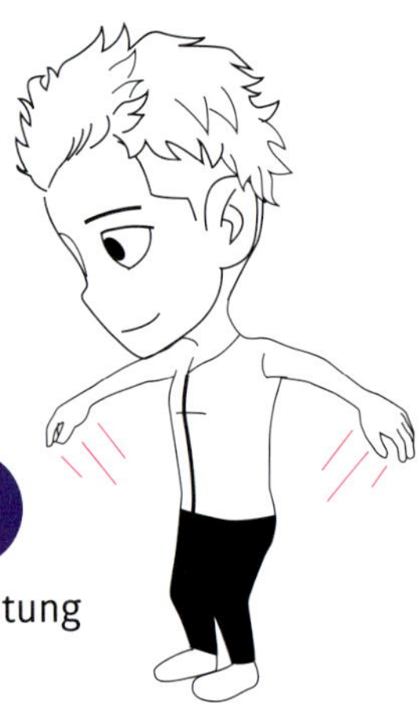

1 Vorbereitung

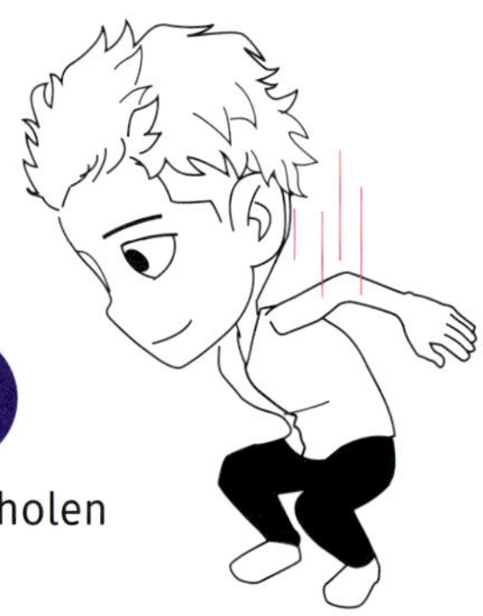

2 Schwung holen

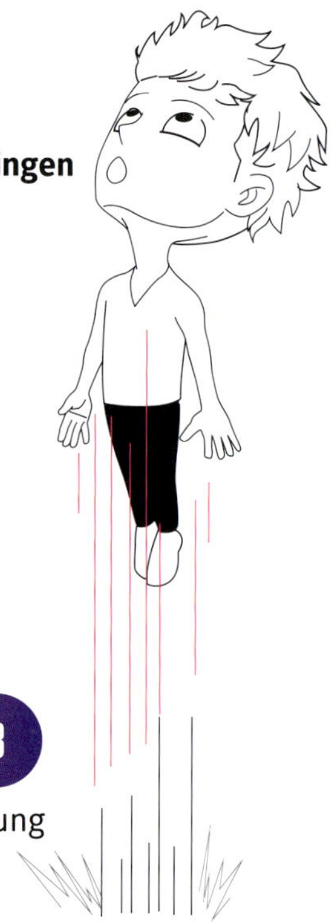

3 Sprung

Das Timing

Die Dauer einer Bewegung hängt von der Anzahl der gezeichneten Bilder ab.

Erhöht man die Anzahl der Hauptbilder, wird die Bewegung verlangsamt.

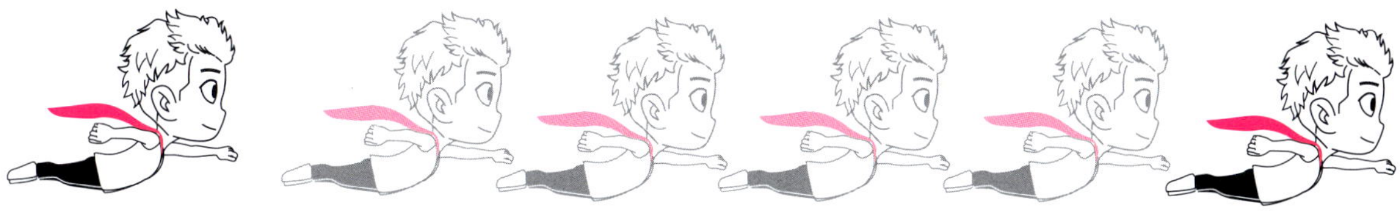

Verringert man dagegen die Anzahl de Hauptbilder, wird die Bewegung beschleunigt.

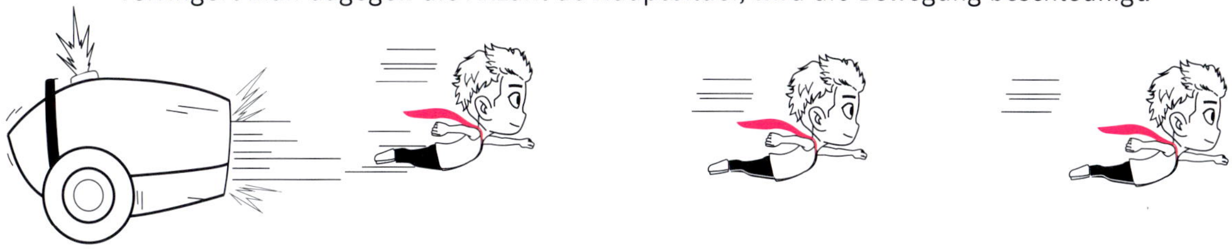

DAS BEDEUTET

Bildanzahl verringern: Die Bilder einer Bewegung in größeren Abständen zeichnen. .

Bildanzahl erhöhen: Die Bilder einer Bewegung in geringeren Abständen zeichnen.

Damit Bewegungen natürlich wirken, ist es wichtig, die richtige Bildanzahl zu wählen.

Durch Verstärkung des ersten und letzten Bilds lässt sich ein Eindruck von Beschleunigung oder Verlangsamung erzielen.

Damit das Bremsen eines Autos glaubwürdig wirkt, ist eine allmähliche Verlangsamung notwendig. Dazu musst du die Anzahl der Bilder am Ende der Bewegungssequenz erhöhen. Der Effekt lässt sich durch eine Verzerrung des Autos noch verstärken.

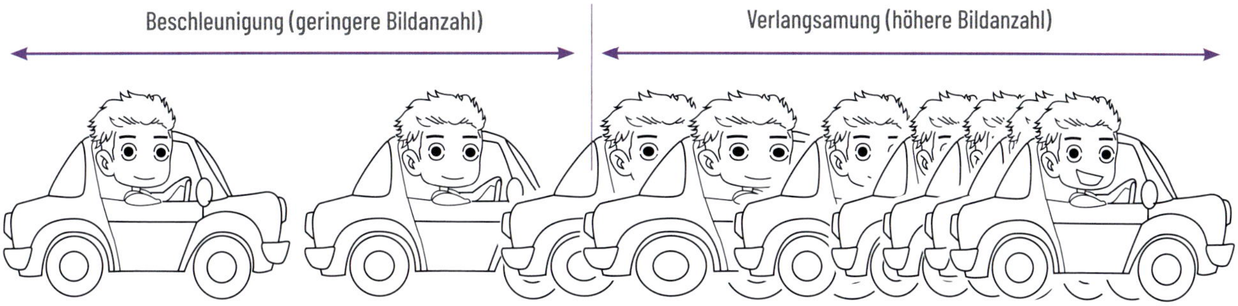

Sekundäre Animation

Die sekundäre Animation lässt sich gut an einer springenden Figur mit langen Haaren erklären.

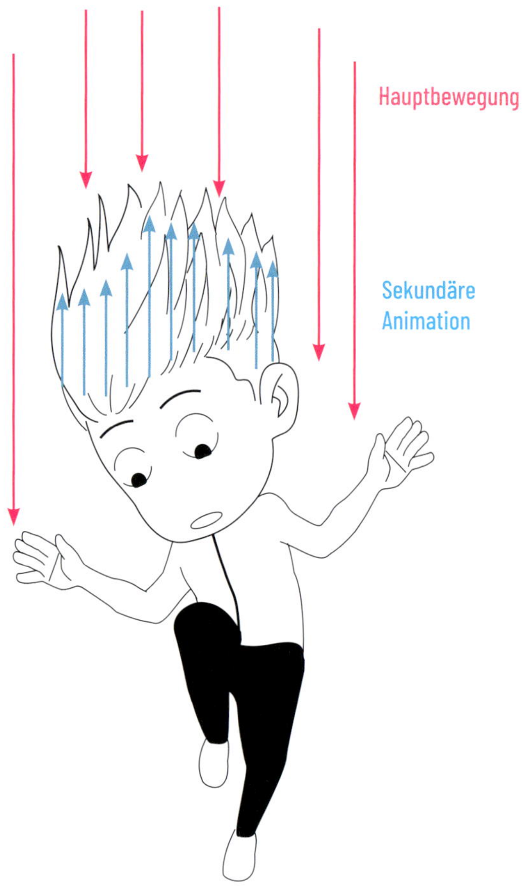

Die sekundäre Animation betrifft z.B. die Haare, denn sie reagieren auf die Sprungbewegung des Körpers.

Der Schwung des Sprungs bewirkt, dass die Haare eine andere Form einnehmen.

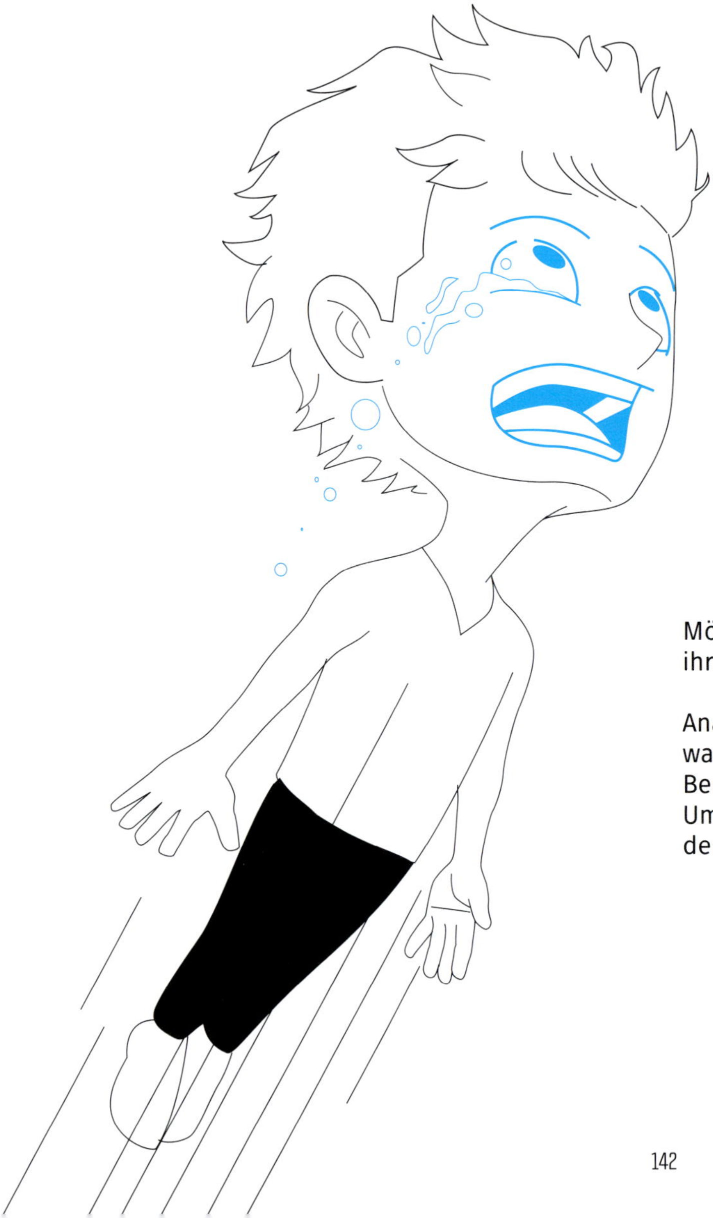

Möglich ist auch, dass eine Figur im Sprung ihren Gesichtsausdruck verändert.

Analysiere die Bewegung und schreibe alles auf, was normalerweise mit ihr zusammenhängt. Berücksichtige dabei die Schwerkraft, eventuelle Umgebungselemente und andere Kräfte, die auf deine Figur einwirken sollen.

Die Komposition

Beim Anschauen von Animes ist dir vielleicht schon aufgefallen, dass manche Figuren sich gar nicht so viel bewegen. Oft bleibt der Körper unbeweglich, und nur die Lippen bewegen sich zum Sprechen, oder die Figur dreht den Kopf.
Die wechselnden Bilder der Szenen vermitteln trotzdem den Eindruck einer kontinuierlichen Animation. Beim genauen Hinschauen kommt es aber eher einer Diashow nahe.

In diesen Beispielen sind nur die blauen Elemente animiert.

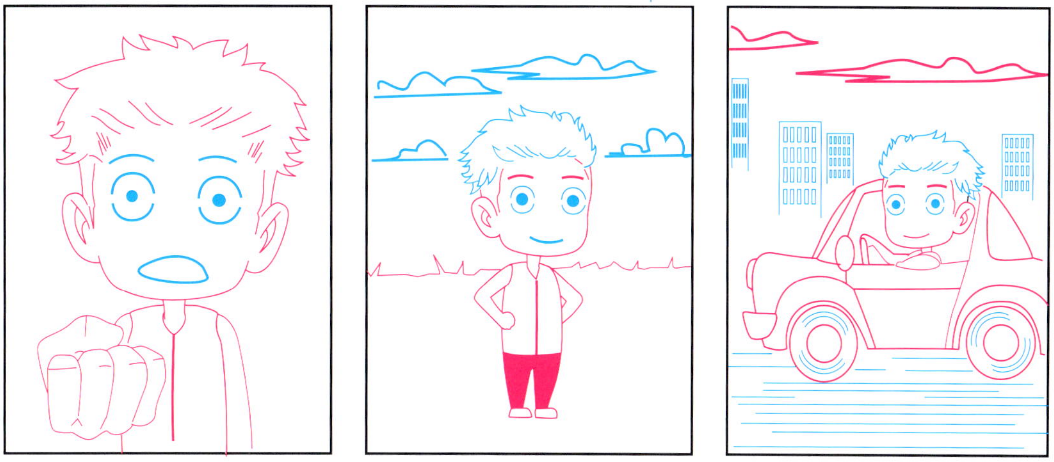

Um eine Szene zu animieren, musst du nicht alles zeichnen. Anstatt die ganze Figur neu zu zeichnen, zeichnest du in diesem Fall einfach die beweglichen Elemente. In den oben gezeigten Beispielen genügt es, nur die blauen Elemente zu animieren. Zeichne den Körper auf einer anderen Ebene und lege das Ganze übereinander.

Kleider machen nicht unbedingt Leute, und eine gute Animation besteht nicht einfach nur aus der Anzahl der Zeichnungen oder Details. Das Geheimnis liegt in einem guten Drehbuch. Variiere die Szenen, füge ein paar Bewegungen hinzu – das genügt schon für eine brauchbare Animation.

TIPP

Ich habe einige Regeln für die traditionelle Animation vorgestellt. Es war mir wichtig, darauf einzugehen, damit du weißt, dass es so etwas gibt. Vor allem möchte ich dich anregen, dich damit zu beschäftigen, wenn du deine Fähigkeiten in der Animation ausbauen möchtest. Es gibt noch viele Dinge, die du wissen solltest, und viele Tricks, die es zu entdecken gilt.

02 VEKTOR-ANIMATION

Ich stelle dir nun einen weiteren Animationsstil vor, für den ich die Adobe-Software After Effects verwende. Im Gegensatz zur traditionellen Animation werden bei der Vektor-Animation nicht so viele Zeichenschritte benötigt. Allerdings erfordert sie mehr Vorbereitung.

Aufbau einer Vektorgrafik

Schauen wir uns diese Vektorgrafik einmal genauer an.

Auf den ersten Blick sieht sie normal aus.
Wenn du dir aber ihren Aufbau im Animationsprogramm genauer ansiehst, kannst du feststellen, dass diese Zeichnung in ihre Bestandteile zerlegt wird und in mehrere Ebenen aufgeteilt ist.

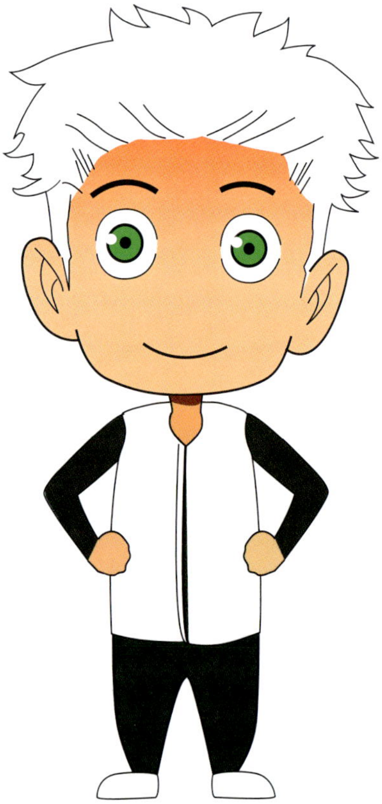

↕ Ebenen

Gruppe Kopf
- Auge 1
- Auge 2
- Mund
- Haare

Gruppe Körper
- Arm 1
- Arm 2
- Bein 1
- Bein 2
- Rumpf

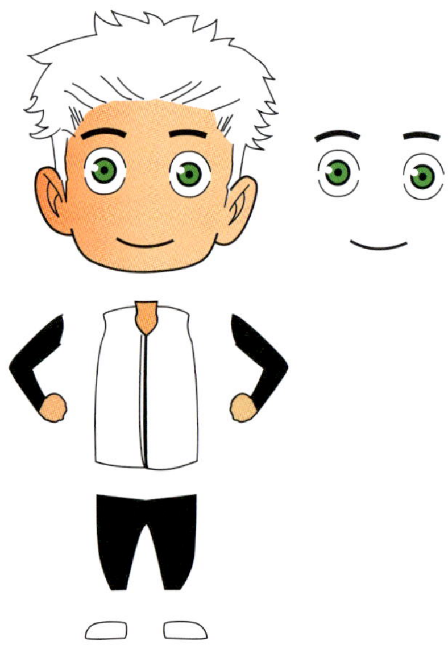

Auf jeder Ebene liegt ein Teil, der animiert wird.

Weil die Figur in Teile zerlegt wird, kannst du sie wie eine Marionette animieren.

Die Vorteile

Der größte Vorteil der Vektor-Animation besteht darin, dass sich die Hauptbilder automatisieren lassen.

Beispiel

Der Ball soll sich von Punkt A zu Punkt B bewegen.

In der traditionellen Animation müsste man zwischen den beiden Punkten mehrere Bälle zeichnen.

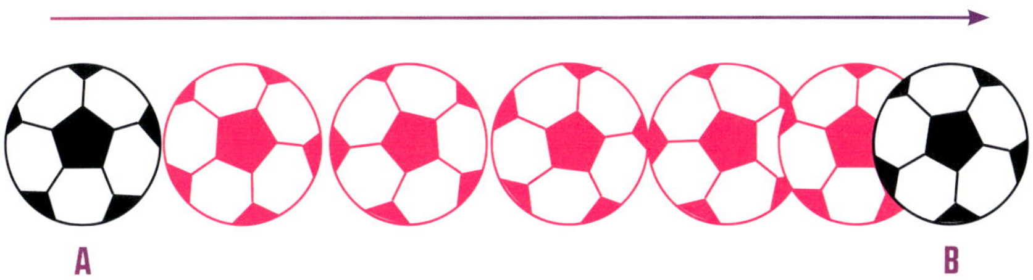

In der Vektor-Animation genügt es, einen Keyframe (Schlüsselbild) für die Startsekunde und einen weiteren am Ende der vorher für die Animation definierten Zeit zu zeichnen.

Das Programm wird automatisch alle Bilder zwischen diesen Punkten erzeugen. Außerdem hast du die Möglichkeit, die Dauer leicht zu manipulieren, indem du die Position der Hauptbilder verschiebst.

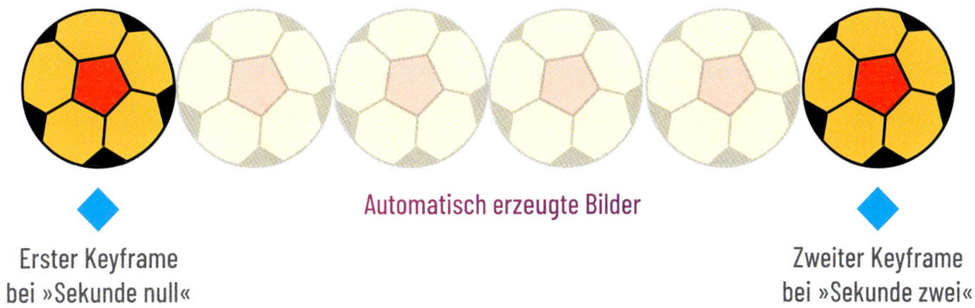

Die Funktionen von After Effects

After Effects ist ein Programm zur Videobearbeitung und für Spezialeffekte. Es ist ziemlich umfangreich. Man kann damit Animationen erstellen und auch ganze Szenen zusammenstellen. Andere Programme bieten diese Möglichkeiten häufig nicht. Zeichner verwenden oft andere Software für die Animation und wechseln dann zu After Effects für die endgültige Komposition ihrer Szenen.

Die Kernfunktion von After Effects für die Animation sind **Keyframes** (Schlüsselbilder). Jeder Parameter, Effekt und sogar der Ton kann damit gesteuert werden.

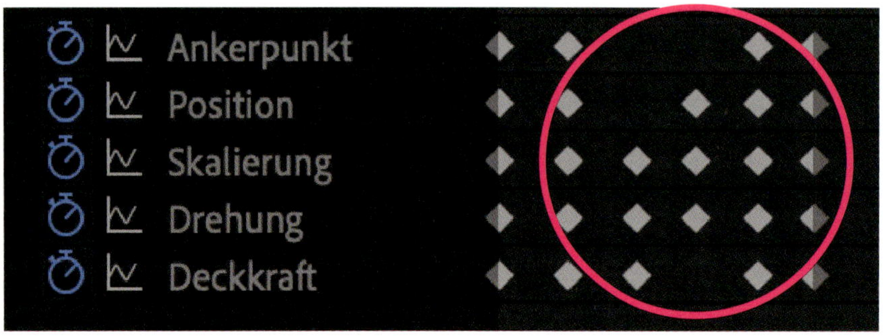

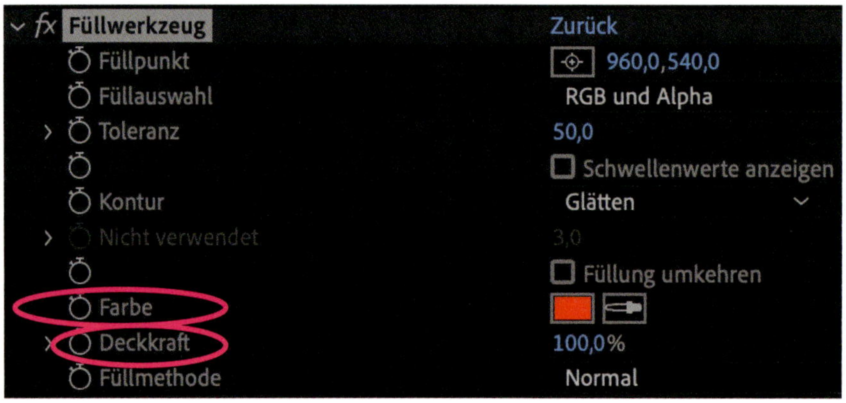

Was ist eigentlich ein Keyframe?

Wie funktioniert Keyframe-Animation?

Schritt 1

Erstelle einen Keyframe für die »Postition«, indem du auf das Stoppuhr-Symbold klickst.

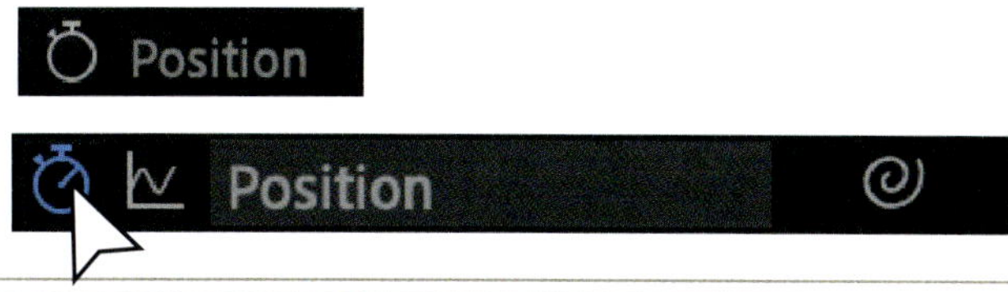

Schritt 2

Bewege die Zeitmarke mit der Maus um den gewünschten Zeitintervall weiter.

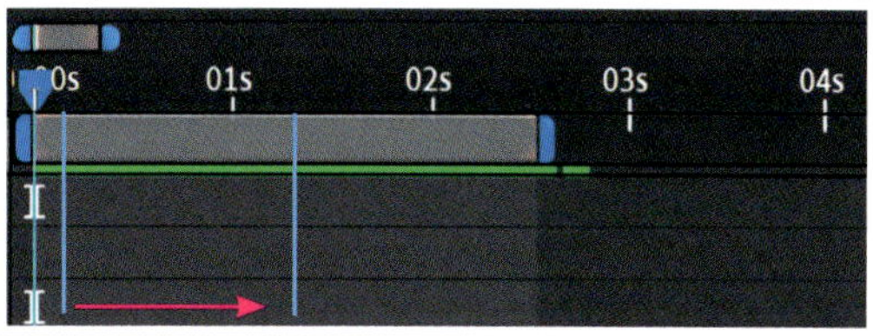

Schritt 3

Bewege das Element, das du animieren möchtest.

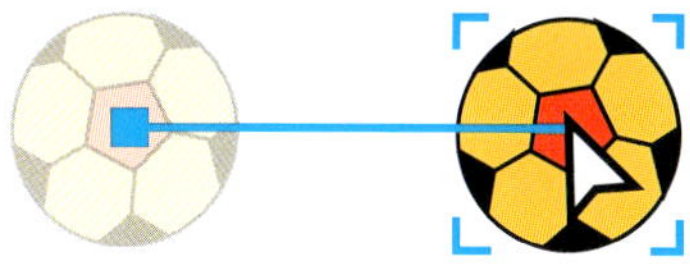

Schritt 4

Drücke auf »Vorschau« und prüfe, ob dir die Animation gefällt, und passe sie ggf. an.

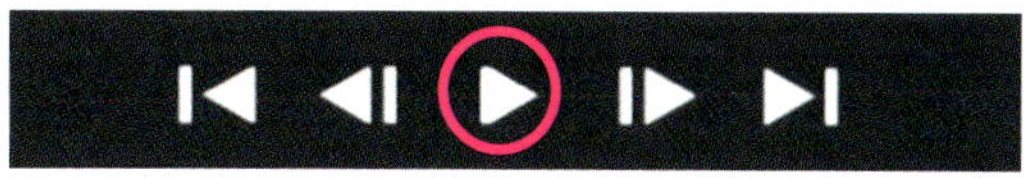

Das ist das ganze Prinzip der Keyframe-Animation in After Effects.

Du kannst mit demselben Vorgehen auch noch weitere Sachen animieren:

- die **Skalierung**, um die Größe deiner Ebene (deiner Zeichnung) zu verändern
- die **Drehung**, um die Ebene zu drehen
- die **Deckkraft**, um die Sichtbarkeit deiner Ebene zu verändern

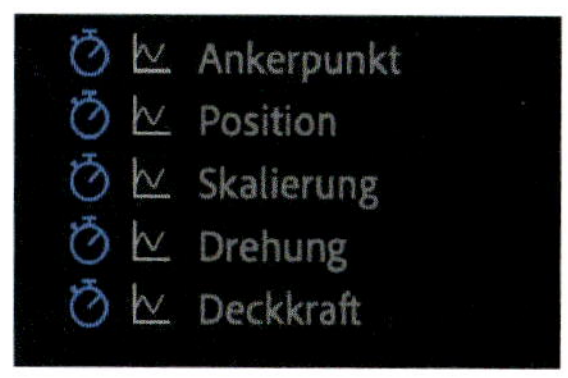

Diese Optionen finden sich bei jeder Ebene.
Auch die Parameter einzelner Effekte können animiert werden.

Überall wo du dieses Stoppuhr-Symbol siehst, kannst du Keyframe-Animationen erstellen.

ANMERKUNG!

Jetzt verstehst du, warum deine Zeichnung zuerst in Einzelteile zerlegt und in mehrere Ebenen aufgeteilt werden muss. Bevor wir zum praktischen Kapitel übergehen, möchte ich dir zunächst erklären, wie du deine Zeichnung am besten aufteilst.

Eine Papierzeichnung in eine Vektorversion umwandeln

Du hast eine Papierzeichnung gemacht und möchtest sie digitalisieren, um sie dann zu animieren oder einfach nur zu kolorieren (auszumalen). Dazu gehe wie folgt vor:

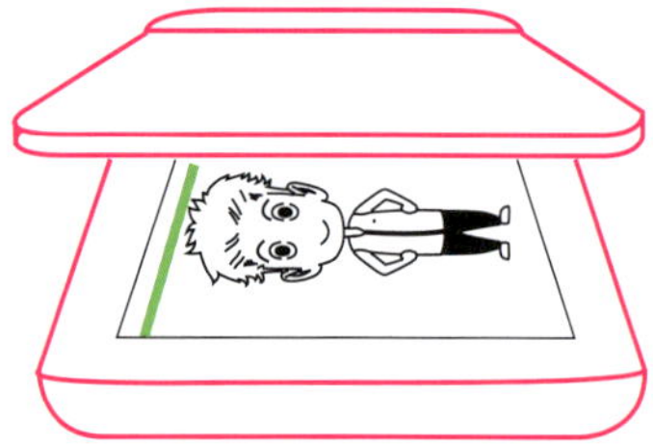

Schritt 1
Scanne deine Zeichnung mit einem Scanner ein oder mach ein Foto mit deinem Smartphone. Importiere das Bild auf deinen PC.

Schritt 2
Öffne After Effects oder Photoshop.

ANMERKUNG!

Wenn es dein Ziel ist, eine Zeichnung zu animieren, empfehle ich dir, direkt mit den Werkzeugen von After Effects zu arbeiten. Es ist zwar möglich, eine Photoshop PSD-Datei in After Effects zu importieren, aber einige Form-Ebenen lassen sich nicht ohne Weiteres weiterbearbeiten.
Kurz gesagt: Verwende Photoshop, wenn du eine Zeichnung nur kolorieren möchtest. Wenn du es mit der Animation einfacher haben willst, benutze am besten von vorneherein After Effects.

Schritt 3
Erstelle eine neue Datei, wähle dabei ihre Abmessungen und importiere die Datei deiner Zeichnung.

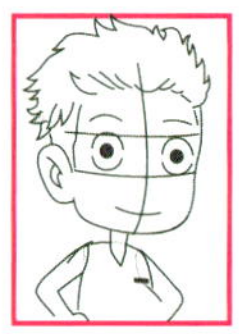

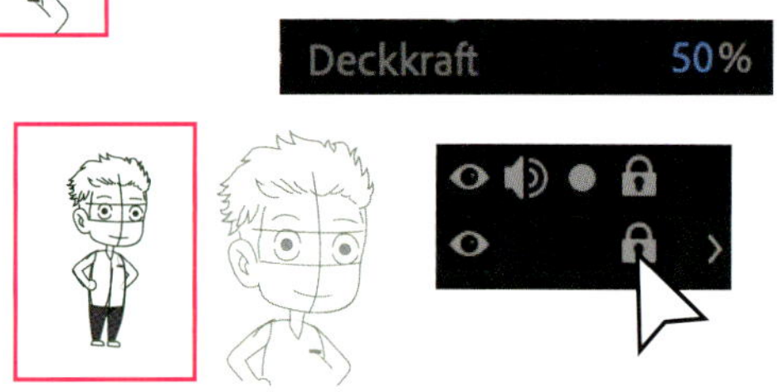

Schritt 4
Positioniere deine Zeichnung, verringere ihre Deckkraft auf 50 % und sperre die Ebene, indem du auf das kleine Vorhängeschlosssymbol klickst.

Schritt 5
Erstelle eine neue Ebene und wähle das »Zeichenstift-Werkzeug« aus. Zeichne zunächst das Gesicht deiner Figur neu, indem du den Linien deiner Papierzeichnung folgst.
Wenn du dein Gesicht gezeichnet hast, wähle alle Ebenen aus und setze sie in eine Gruppe (wenn du Photoshop benutzt), oder in eine Unterkompostition (in After Effects).

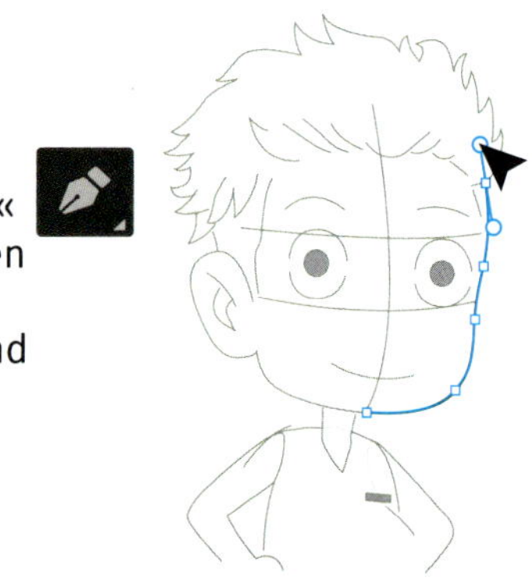

Schritt 6

Zeichne die nächten Teile des Bildes nach. Auch jeweils in einer eigenen Ebene.

So könntest du deine Ebenen anordnen.

Gruppe 1: Haare
Ebene 1 - Strähne 1
Ebene 2 - Strähne 2
Ebene 3 - Strähne 3
Ebene 4 - Strähne 4

Gruppe 2: Gesicht
Ebene 1 - rechtes Auge
Ebene 2 - linkes Auge
Ebene 3 - rechte Pupille
Ebene 4 - linke Pupille
Ebene 5 - Nase
Ebene 6 - Mund
Ebene 7 - rechte Augenbraue
Ebene 8 - linke Augenbraue

Gruppe 3: Körper
Ebene 1 - nackter Hals und Oberkörper
Ebene 2 - Kleidung »rechte Seite«
Ebene 3 - Kleidung linke Seite
Ebene 4 - Unterbekleidung

Gruppe 4: rechter Arm
Ebene 1 - Arm
Ebene 2 - Hand

Gruppe 5: linker Arm
Ebene 1 - Arm
Ebene 2 - Hand

Gruppe 6: rechtes Bein
Ebene 1 - Bein
Ebene 2 - Fuß

Gruppe 7: linkes Bein
Ebene 1 - Bein
Ebene 2 - Fuß

Gruppe 8: Haare am Hinterkopf

Wie man in Photoshop oder After Effects mit Vektoren zeichnet.

Wenn du gerade erst anfängst und dir das »Zeichenstift-Werkzeug« noch neu ist, mach dich zuerst mit ihm vertraut, bevor du weitermachst.

Um den Umgang mit dem Werkzeug zu üben, schau dir mal diese Website an:

https://bezier.method.ac

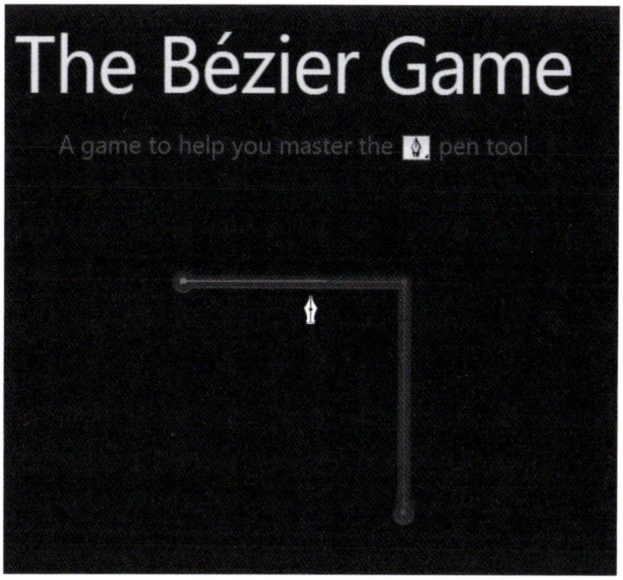

Auf dieser Website lernst du spielerisch, wie das »Zeichenstift-Werkzeug« funktioniert. Auf der Seite kannst du üben, geometrische Formen zu zeichnen.

In allen Programmen, die dieses Werkzeug anbieten (After Effects, Photoshop, Illustrtator usw.), funktioniert es auf die gleiche Weise.

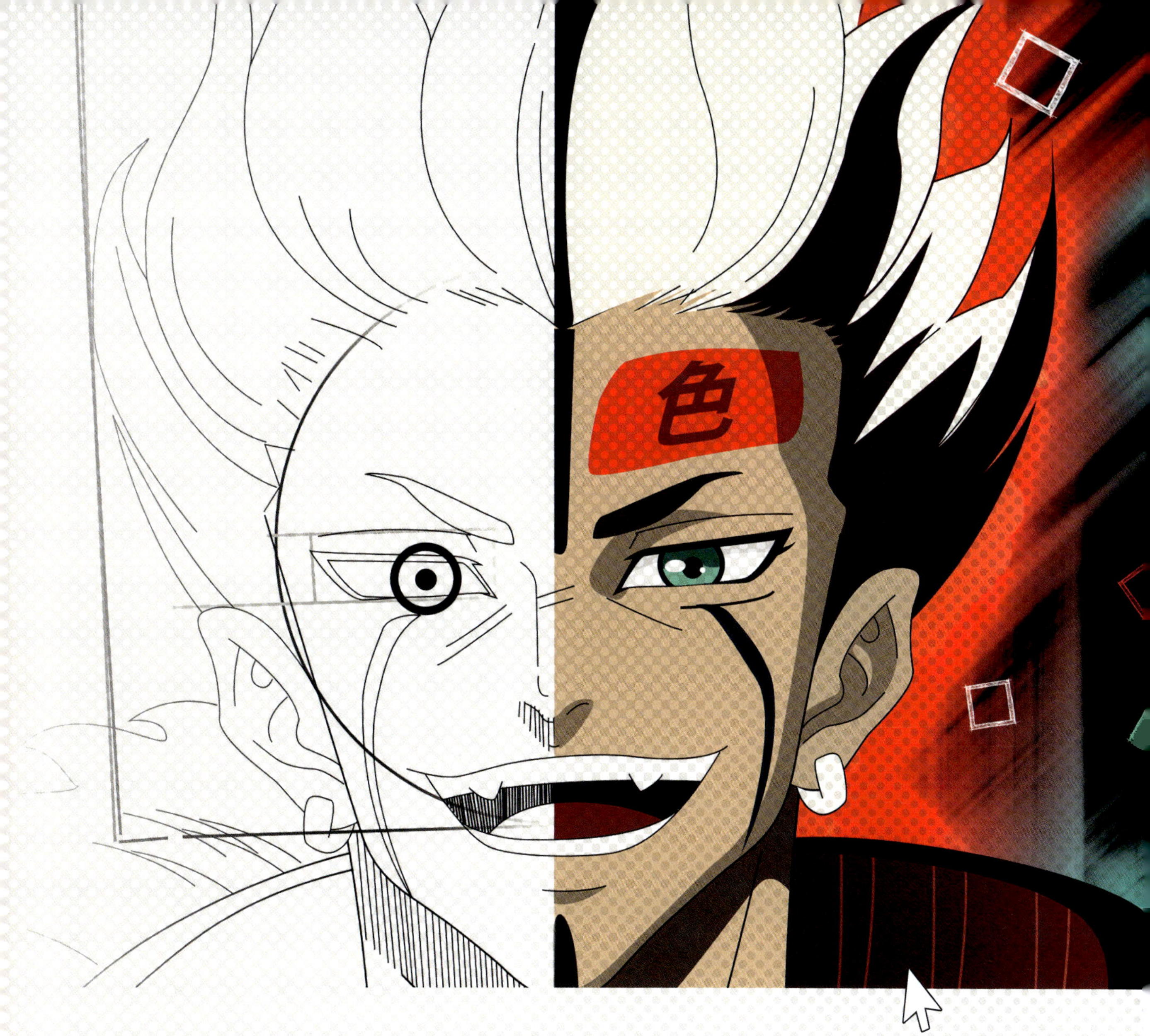

Kapitel 02

Die Benutzeroberfläche von After Effects

01 GRUNDLAGEN VON AFTER EFFECTS

Bevor ich dir die konkreten Animationstechniken vorstelle, möchte ich im ersten Schritt die Benutzeroberfläch von After Effects erklären. Um alle Arbeitsschritte verstehen und nachvollziehen zu können, ist es wichtig, dass du ein paar Werkzeuge kennenlernst.

Die Benutzeroberfläche von After Effects

So sieht die Benutzeroberfläche von After Effects aus. Auf den nächsten Seiten findest du eine Beschreibung zu jedem der nummerierten Bereiche.

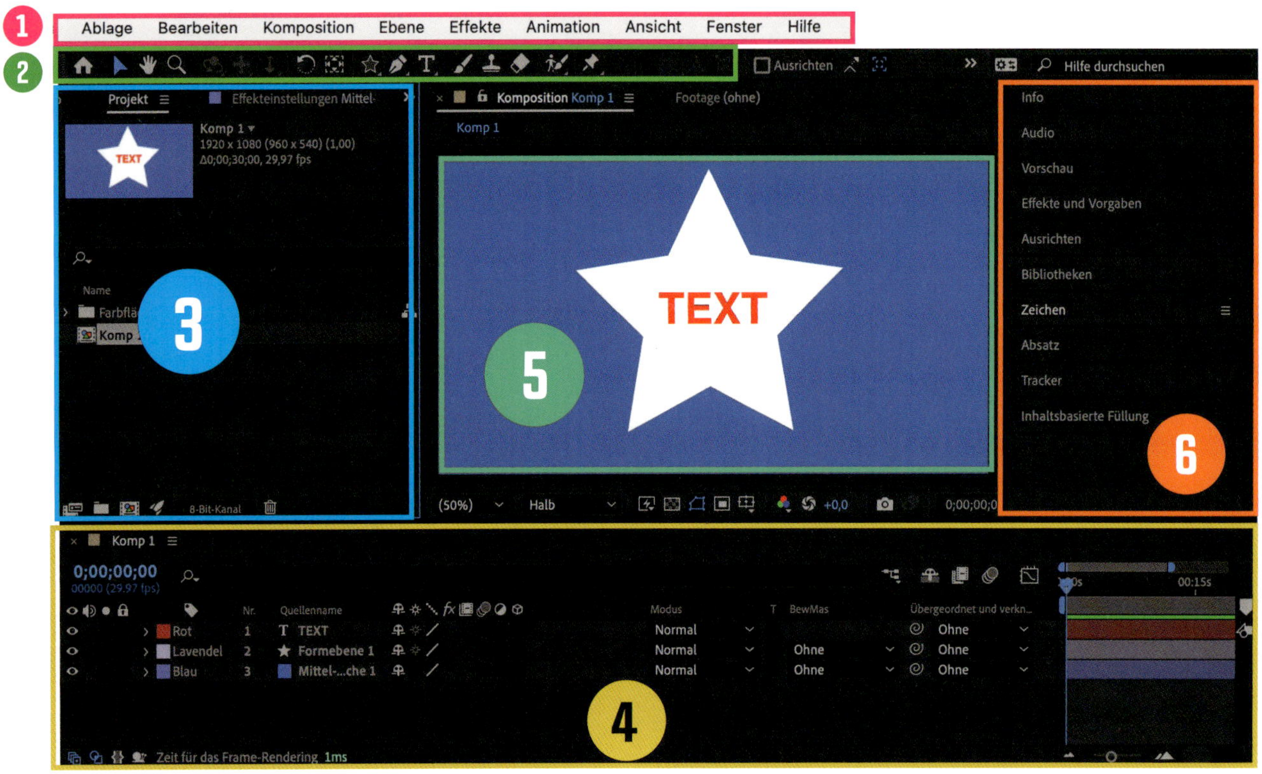

1 Die Menüleiste

Wie bei jeder Software finden wir alle Einstellungen (Komposition, Effekte etc.) in der Menüleiste wieder. Sie dient auch zum Importieren und Exportieren deiner Projekte. Sie unterscheidet sich bei macOS und Windows geringfügig. Hier wird die macOS-Version dagestellt.

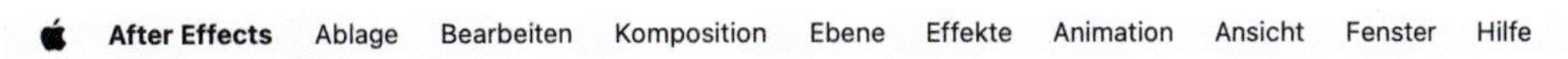

2 Die Werkzeugleiste

Jedes dieser Werkzeuge hat bei der Anpassung oder Gestaltung seine eigene Aufgabe.

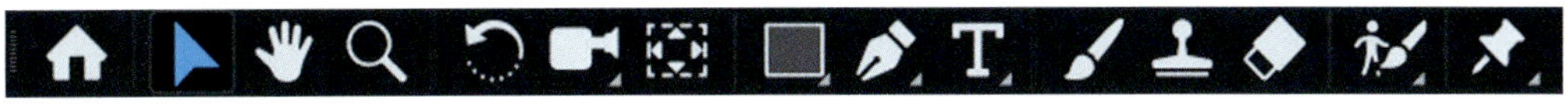

Ich stelle dir die Werkzeuge vor, die du für die Animation benötigst. Ich würde dir vorschlagen, sie dir aber alle einmal anzusehen.

Das »Auswahlwerkzeug« ermöglicht es dir, Ebenen auszuwählen. Achte darauf, dass es aktiv ist, wenn du deine Ebenen bearbeitest. *Das Tastenkürzel ist die V-Taste.*

Das »Ausschnittswerkzeug« ermöglicht es, den Ankerpunkt einer Ebene (Komposition, Formebene etc.) zu ändern. Dieses Werkzeug ist für die Animation sehr wichtig.

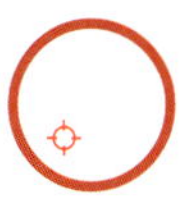

Beispiel: Ein Kreis, der einen nicht zentrierten Ankerpunkt besitzt.

Mit dem Werkzeug kannst du diesen Punkt verschieben. Wenn du diese Ebene animierst, wird die Animation von diesem Punkt aus erfolgen.

Um diesen Ankerpunkt automatisch zu zentrieren, markiere deine Ebene und klicke zweimal auf das Werkzeug und halte dabei die Option- (macOS) bzw. Strg-Taste (Windows) auf deiner Tastatur gedrückt. *Du kannst das Werkzeug aktivieren, indem du die Taste »Y« auf deiner Tastatur drückst.*

Das »Formenwerkzeug« ermöglicht das Erstellen von geometrischen Formen.

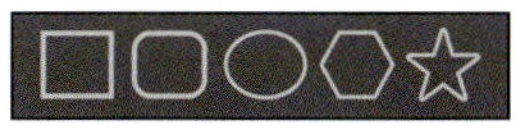

Das »Zeichenstift-Werkzeug« ermöglicht das Zeichnen von Verktorpfaden. Dieses Werkzeug hat die gleiche Funktionsweise wie die entsprechenden Werkzeuge in Photoshop oder Illustrator.
Du kannst das Werkzeug aktivieren, indem du die Taste G auf deiner Tastatur drückst.

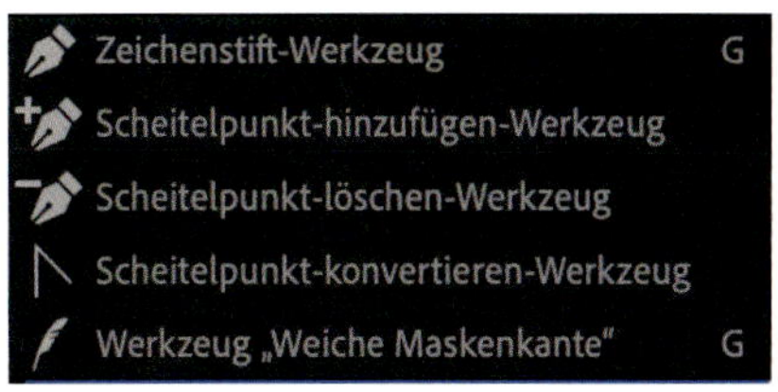

Das »Marionetten-Positions-Pin-Werkzeug« ermöglicht das Hinzufügen von Punkten, um eine Vektorform in eine Marionette umzuwandeln und sie zu bewegen. Dieses Werkzeug ist für die Animation sehr nützlich. *Drücke die Command- (macOS) bzw. Strg- (Windows) und P-Taste, um das Werkzeug zu aktivieren.*

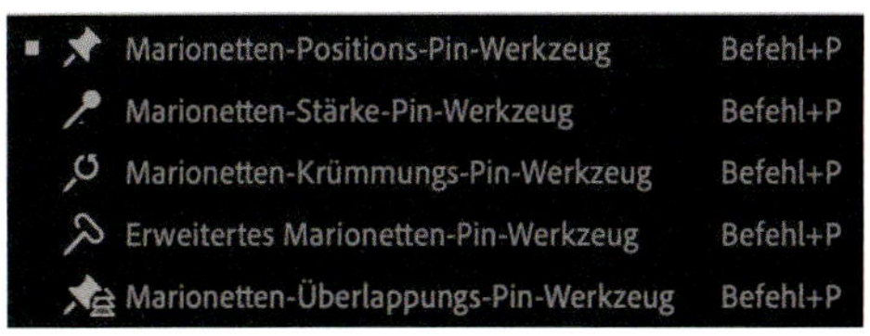

Das »Marionetten-Stärke-Pin-Werkzeug« erzeugt hingegen Punkte, die eine Bewegung der Marionette verhindern.

3 Das Panel »Projekt«

In diesem Panel kannst du deine Projekte (Kompositionen) erstellen. Jedes erstellte Element wird in diesem Panel gesammelt. Es ist gewissermaßen ein Koffer, in dem alle deine Kreationen (Bilder, die Komposition, Klänge usw.) zusammengefasst sind.

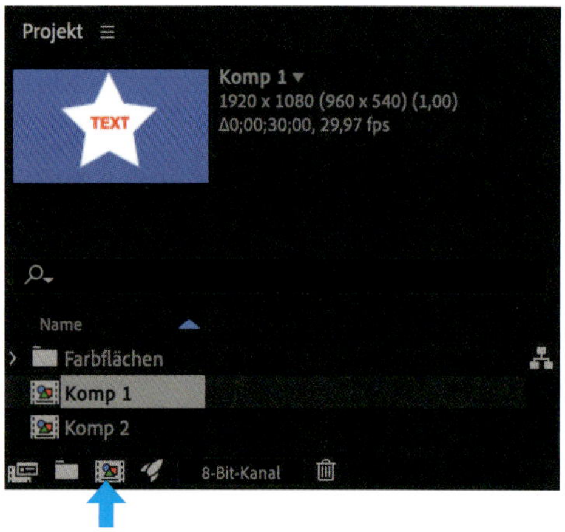

Um ein neues Projekt zu erstellen, klicke auf das Werkzeug »Eine Neue Komposition erstellen«.
Um eine Datei zu importieren, kannst du in der Mitte des Panels doppelklicken
Du kannst alternativ die Tasten Comand (macOS) oder Ctrl (Windows) und i auf deiner Tastatur drücken.

Das Panel »Effekte«

Tippe auf den Reiter »Effekte«, der sich neben dem Reiter »Projekt« befindet, um diesen Bereich zu öffnen. Jeder Effekt, den du auf eine Ebene anwenden wirst, wird in diesem Panel gesammelt.

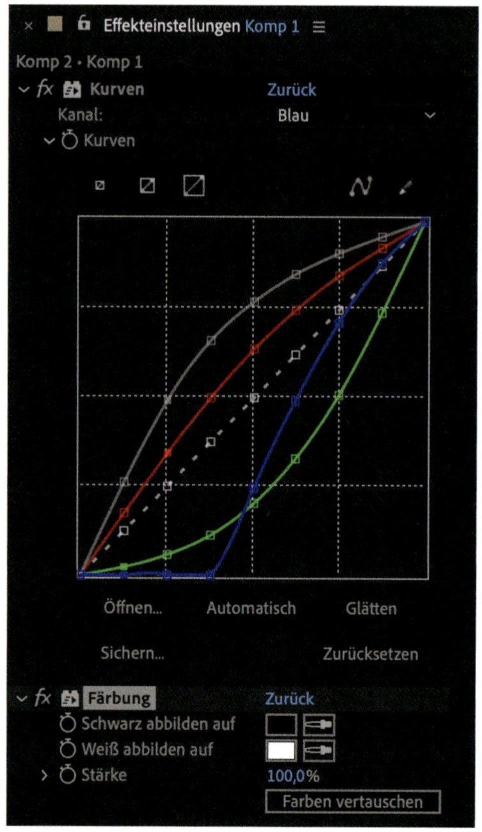

4 Das Panel »Komposition«

Dieses Panel enthält alle Ebenen.
Animationen werden ebenfalls in diesem Panel erstellt.

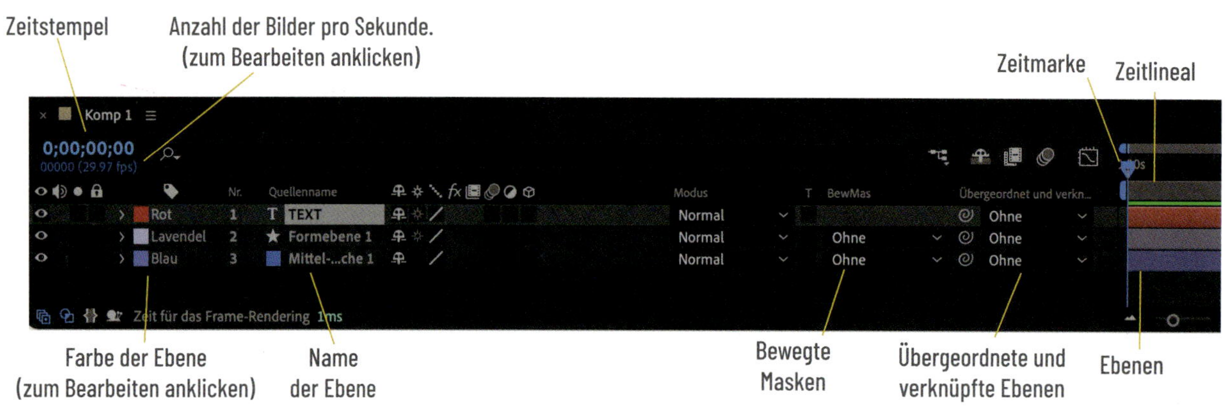

Hier die wichtigsten Werkzeuge, die du aus dem Panel »Komposition« kennen solltest.

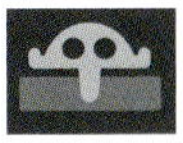

Mit der Option »Verbergen« kannst du Ebenen verstecken, um dich leichter in deiner Komposition zurechtzufinden.

Schritt 1
Klicke zunächst auf dieses Symbol an deiner Ebene

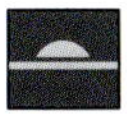

Das Werkzeug nimmt diese Form an.

Schritt 2
Zum Ausblenden klicke auf das Symbol über den Ebene.

Das Werkzeug wird blau, wenn es aktiviertist. ist.

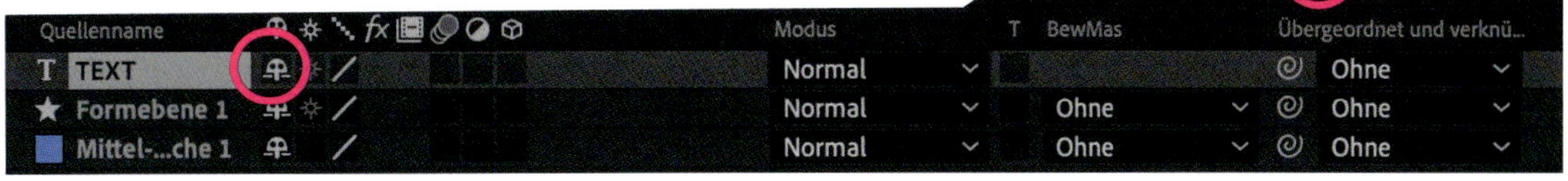

Der »Diagrammeditor« ermöglicht es, die Animation der Keyframes anzupassen. Die Kurven verhalten sich, wie die Kurven des »Zeichenstift-Werkzeugs«.

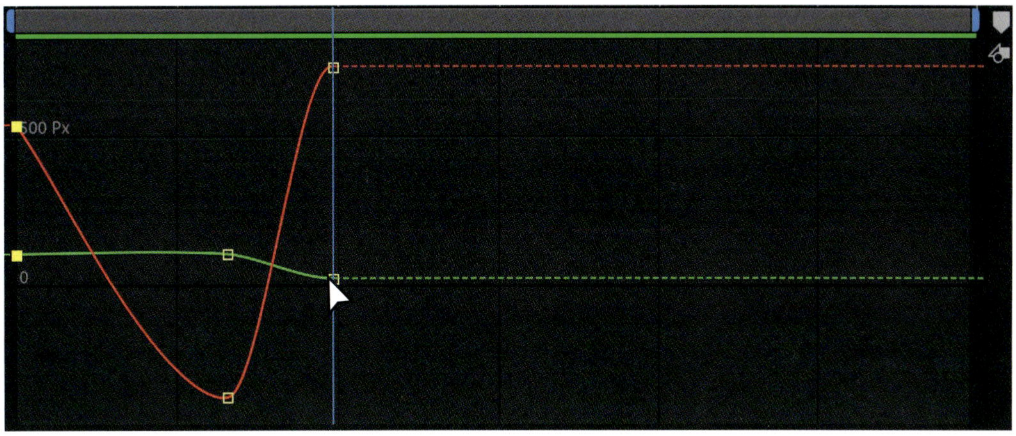

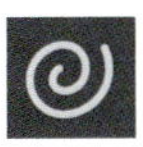

Das Werkzeug »Übergeordnet und verknüpft« ermöglicht es dir, Ebenen miteinander zu verknüpfen. Dieses Werkzeug ist für die Animation sehr nützlich. Um es zu aktivieren, drückst du einfach kurz auf die Spirale und ziehst sie zu der Ebene, die du verbinden möchtest.

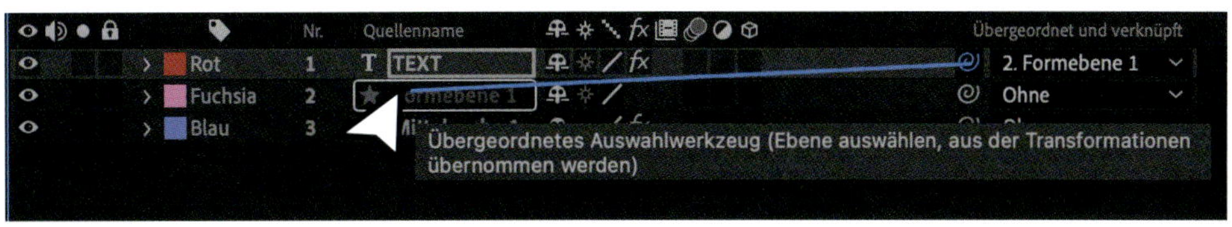

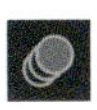

Das Werkzeug »Bewegungsunschärfe« ermöglicht das Hinzufügen von Bewegungsunschärfe, also einer Unschärfe in Bildern bewegter Objekte.

5 Das Kompositionsfenster

Dieses Fenster zeigt dir die Echtzeitvorschau deiner Kompositionen.

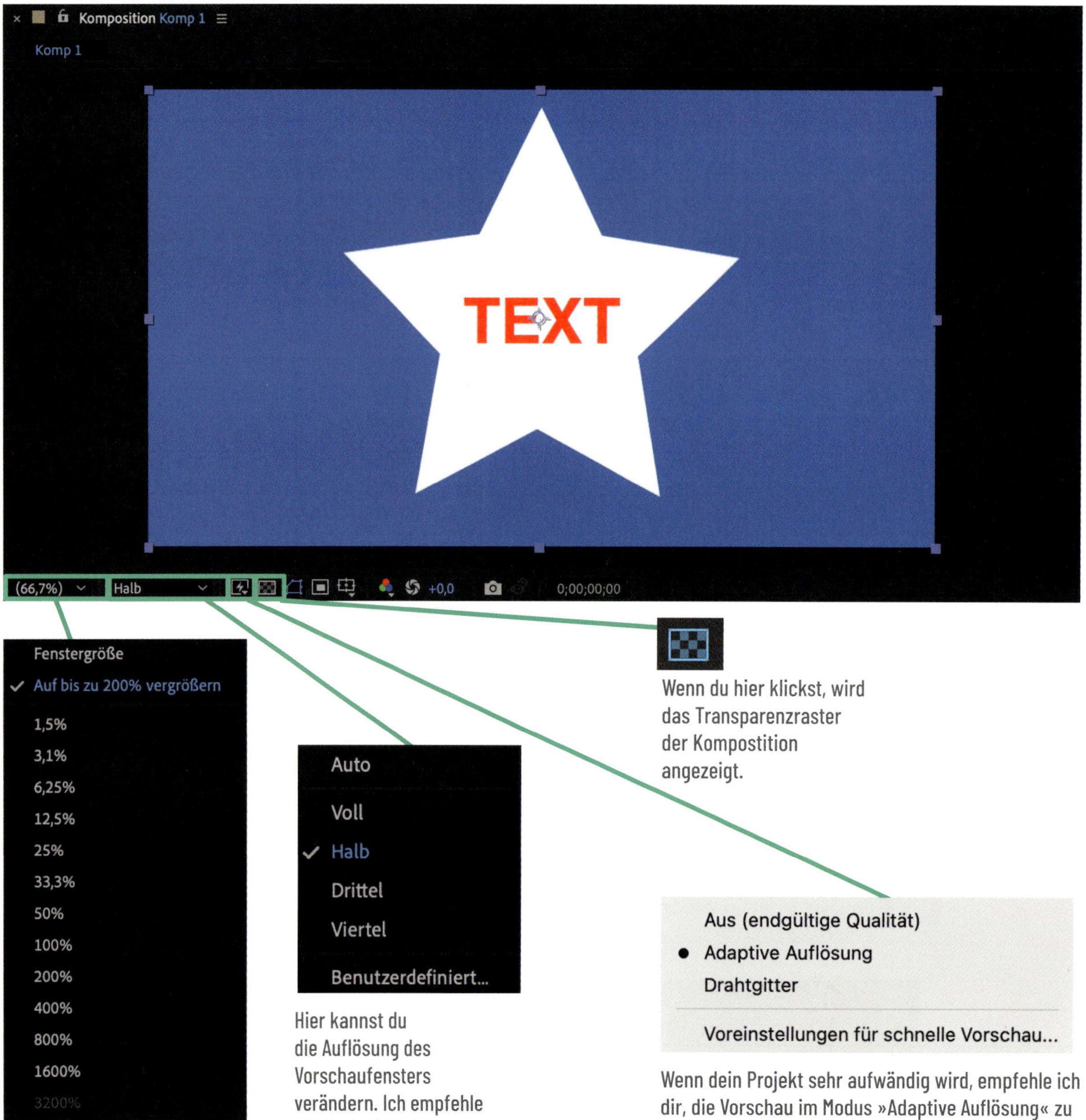

Wenn du hier klickst, wird das Transparenzraster der Kompostition angezeigt.

Wenn dein Projekt sehr aufwändig wird, empfehle ich dir, die Vorschau im Modus »Adaptive Auflösung« zu erstellen.

Hier kannst du mithilfe des Mausrades in das Fenster hineinzoomen oder auch eine der Optionen anklicken. Ich empfehle dir die Option »Fenstergröße«, um das Bild genau ans Fenster anzupassen

Hier kannst du die Auflösung des Vorschaufensters verändern. Ich empfehle dir die Option »Halb«. Außer du hast einen sehr leistungsfähigen Rechner, dann geht auch »Voll«. Je höher die Auflösung, desto länger braucht die Berechnung der Vorschau.

6 Panel »Effekte und Vorschau«

In diesem Panel befinden sich sehr viele Werkzeuge. Wir konzentrieren uns aber besonders auf zwei Reiter.

Die »Vorschau«

Hier kannst du die Wiedergabe deiner Komposition steuern. Du kannst den Clip komplett wiedergeben oder von Einzelbild zu Einzelbild springen.

Ich empfehle dir, den Haken bei »Vor Wiederg. zwischenspeichern« zu setzen. Auf diese Weise wird die Vorschau flüssiger angezeigt.

Was du noch wissen solltest: Markiere den Bereich, den du abspielen möchtest, bevor du eine Vorschau erstellst. Im »Kompositionspanel« hast du die Möglichkeit, den Bereich für die Vorschau auszuwählen.

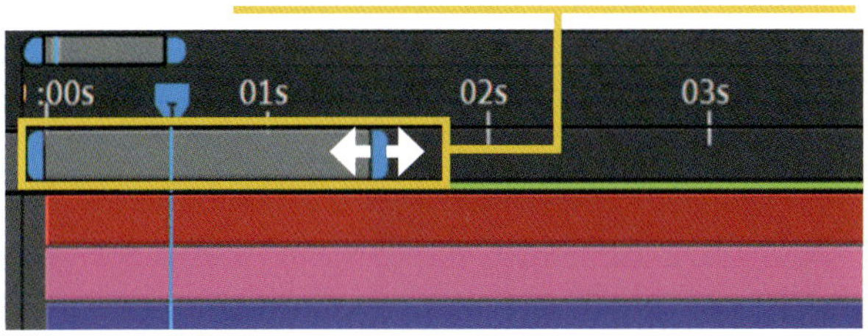

Nützliche Tastaturkürzel, die du kennen solltest: Die Taste **B** legt den Anfang und die Taste **N** das Ende des Vorschaubereichs fest.

»Effekte und Vorgaben«

Auf dieser Registerkarte werden alle Effekte und Einstellungen zusammengefasst. Es gibt auch eine Suchfunktion, um schnell einen Effekt zu finden.

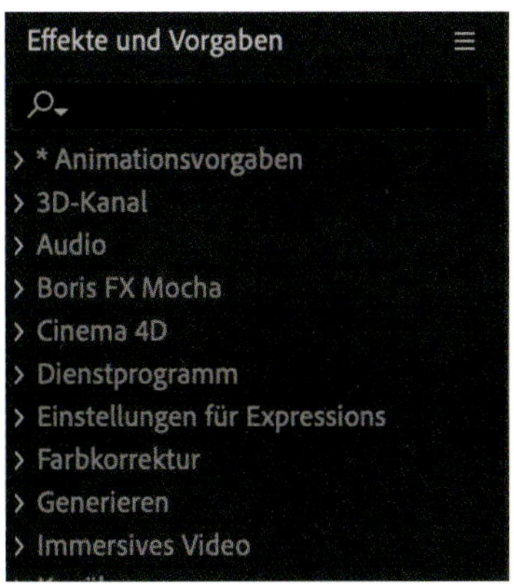

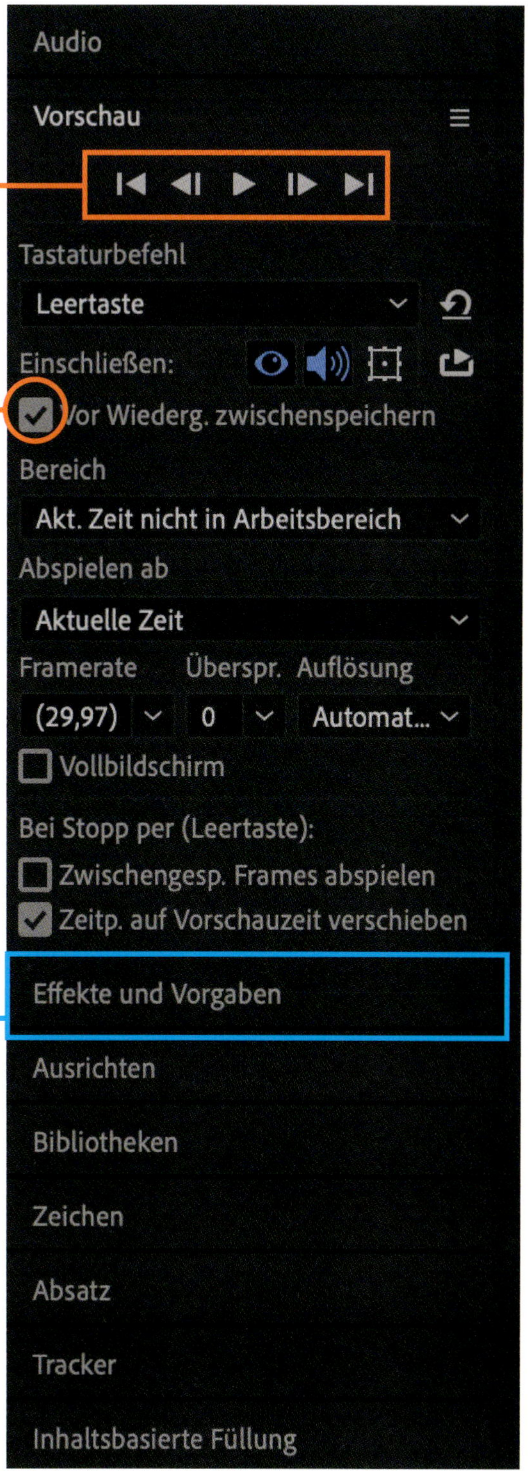

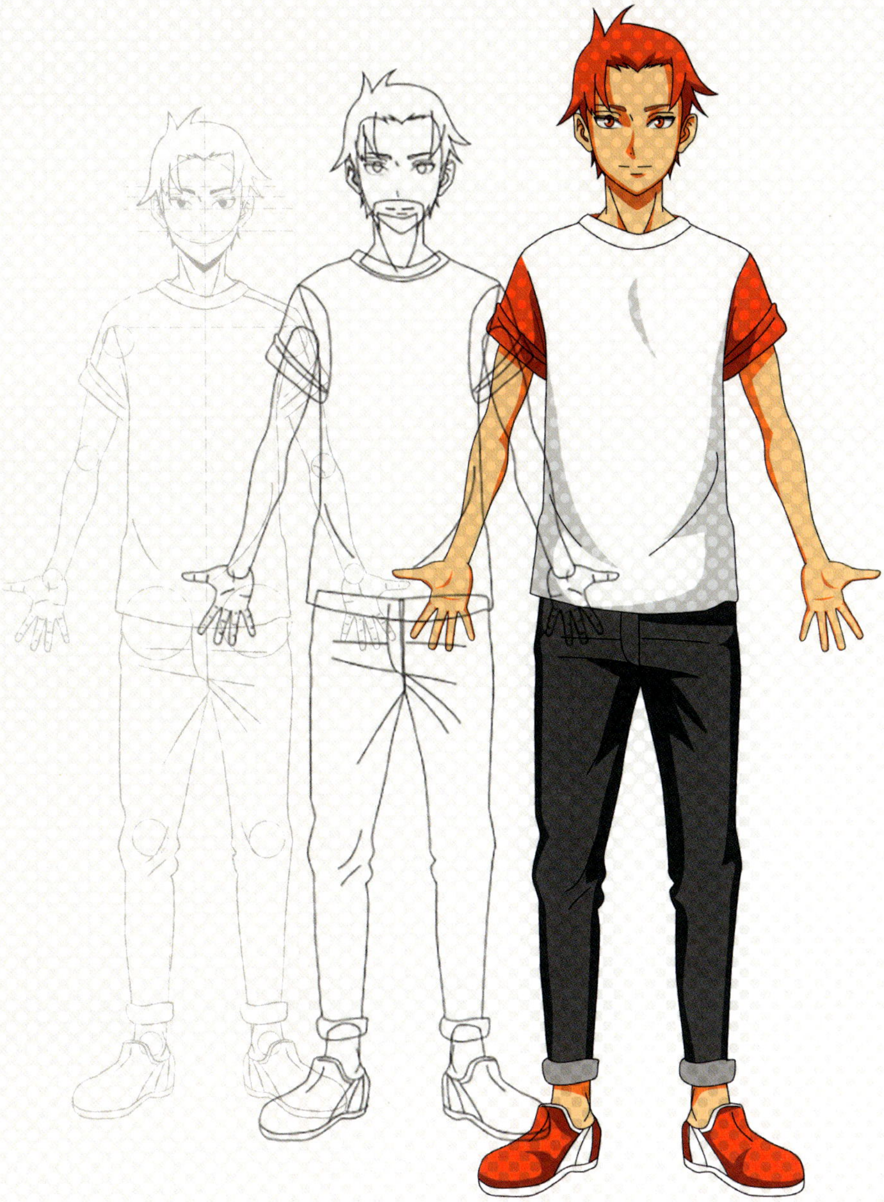

Kapitel 03

Praxisteil: Technik

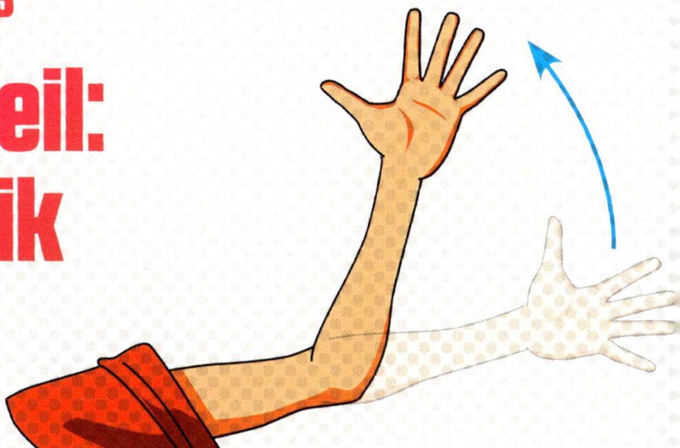

01 SENSEIS TECHNIKEN

Da du nun die verschiedenen Prinzipien der Animation kennst, kommen wir zur praktischen Umsetzung. Um deine eigene Zeichnung zu animieren und ganze Szenen zu erstellen, lade ich dich ein, den Anleitungsschritten zu folgen und mit den Einstellungen zu experimentieren.

Die Zeichnung

Der erste Schritt ist dieVorbereitung deiner Zeichnung.

Es gibt zwei Möglichkeiten:

1 - Die Zeichnung direkt auf das Tablet digital zeichnen.
2 - Du hast eine Zeichnung auf Papier erstellt und möchtest diese importieren und animieren.

In beiden Fällen werden wir die gleichen Schritte verwenden.

Vorbereitung

Mit dem, was du zuvor über Zeichentechniken gelernt hast, wirst du wahrscheinlich deine Figur auf Papier gezeichnet haben.

Für die Animation werden wir im ersten Schritt deine Papierzeichnung in eine Vektorzeichnung umwandeln. Bei dieser Gelegenheit kannst du sie auch gleich kolorieren.

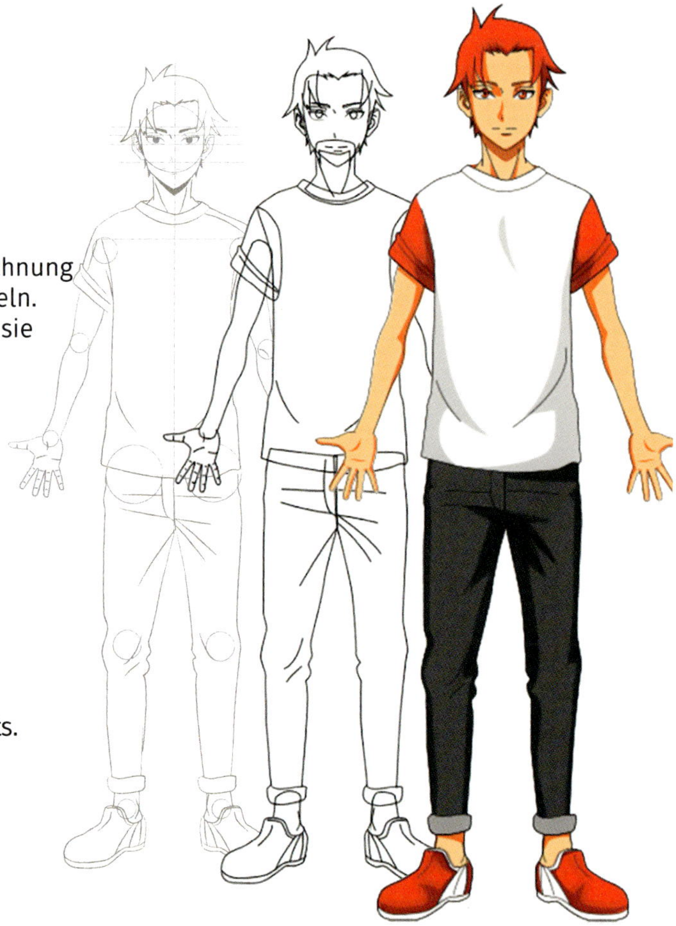

Schritt 1

Öffne Photoshop oder After Effects. Ich gehe davon aus, dass du die Grundlagen dieser Programme kennst. Wenn nicht, bitte ich dich, dich z. B. in Foren oder den Hilfetexten einzulesen, bevor du weitermachst.

Schritt 2

Erstelle ein neues Projekt und importiere deine Zeichnung (Datei > Importieren). Achtung: Wenn du mit Photoshop arbeitest, achte darauf, dass du im RGB- und nicht im CMYK-Modus bist. CMYK ist ein Format, das für Papierausdrucke verwendet wird, es lässt sich nicht in After Effects importieren.

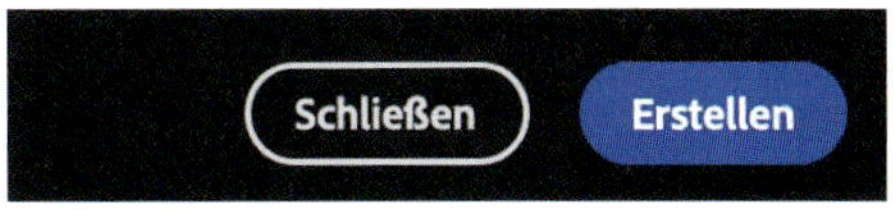

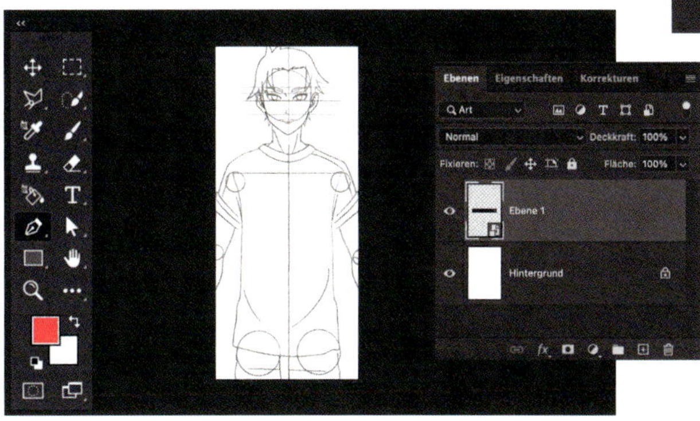

Schritt 3

Passe deine Zeichnung an die Arbeitsfläche an und senke ihre Deckkraft auf 30 %. Zum Schluss sperrst du die Ebene.

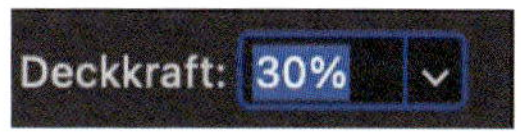

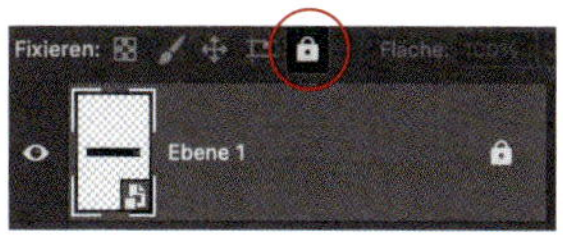

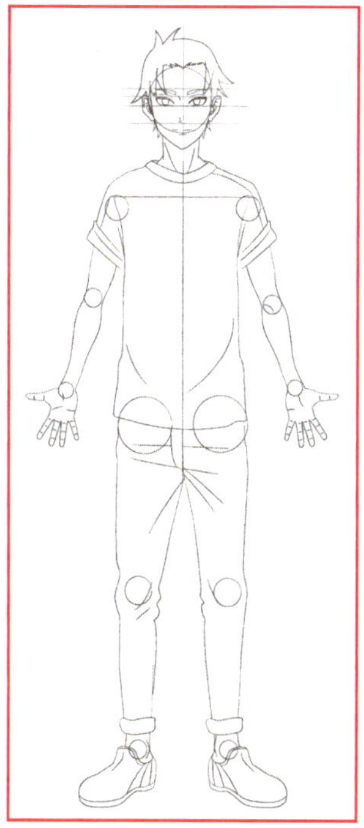

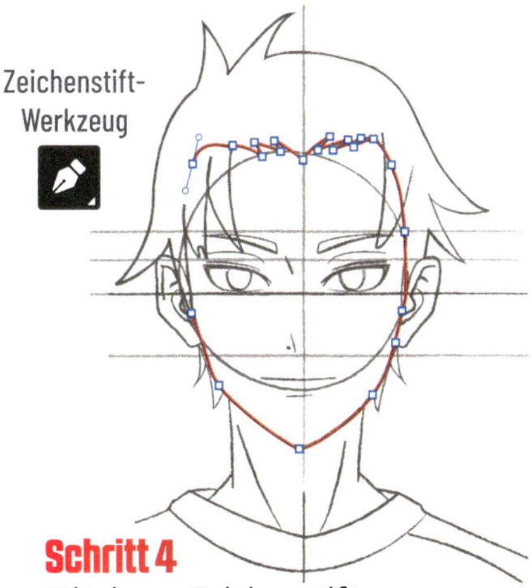

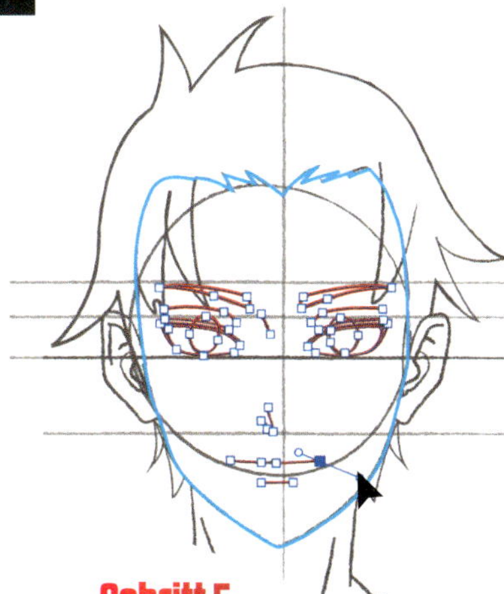

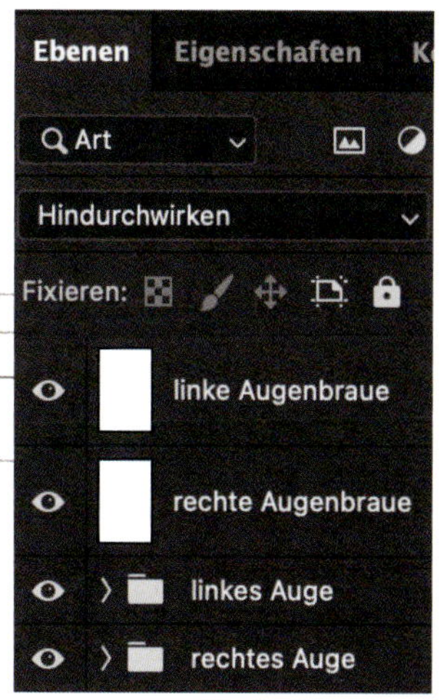

Schritt 4

Mit dem »Zeichenstift-Werkzeug« gehst du zunächst die Gesichtkonturen entlang. Es ist wichtig, dass du auch die Bereiche nachzeichnest, die von den Haaren verdeckt werden. Jeder Körperteil muss vollständig gezeichnet sein. Auch die Bereiche, die von den anderen Teilen verdeckt sind.

Schritt 5

Sobald die Konturen des Gesichts gezeichnet sind, geht es an die Details (Mund, Auge, Augenbrauen usw.). Achte darauf, alles in seine Einzelteile aufzuteilen. Die Pupille, das Augenweiß und die Wimpern müssen jeweils in einer eigenen Ebene liegen.

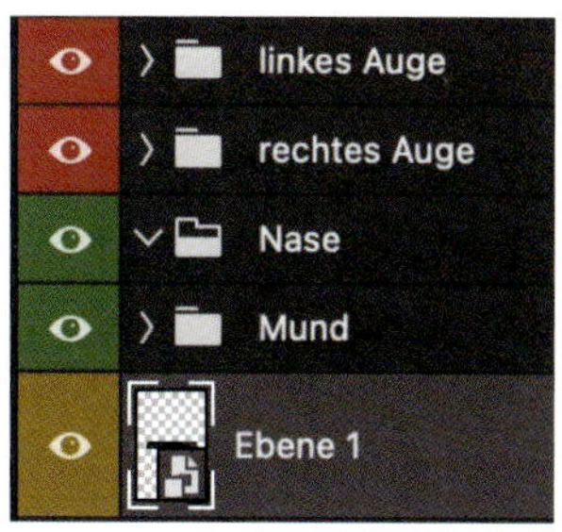

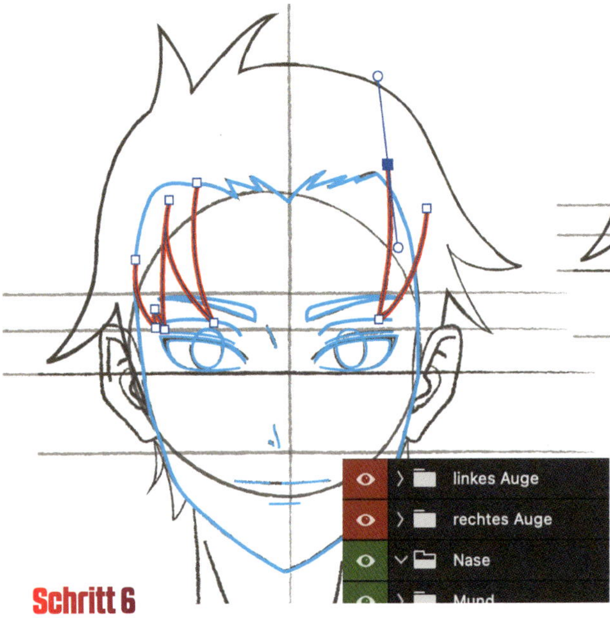

Schritt 6

Wenn du das Gesicht vollständig ausgearbeitet hast, fasse alle Elemente in einer Gruppe zusammen. Zeichne dann die Haarsträhnen, die das Gesicht überdecken. Ebenfalls in verschiedenen Ebenen.

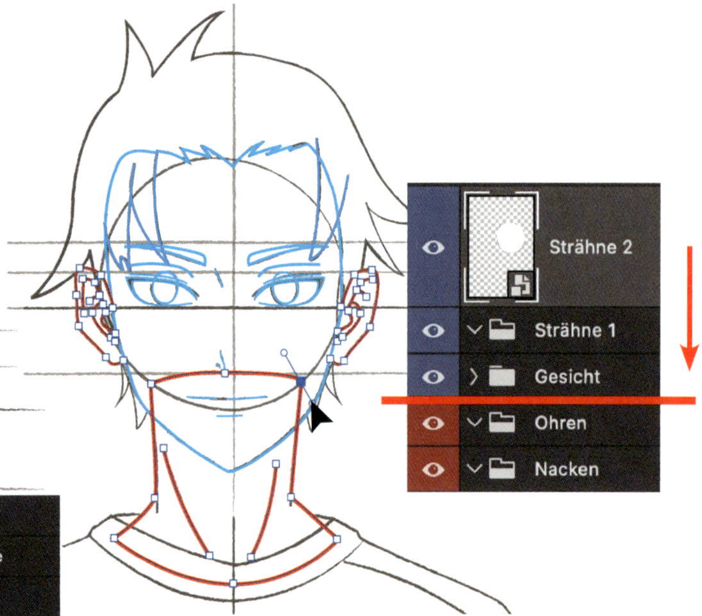

Schritt 7

Zeichne die Ohren und den Hals. Bewege die Ebenen nach unten, damit sie hinter dem Gesicht liegen.

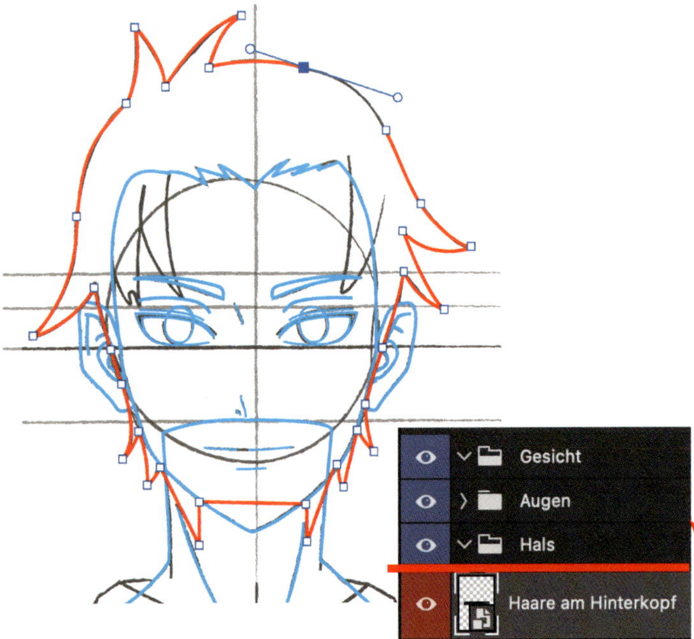

Schritt 8

Zeichne die Haare, die sich am Hinterkopf befinden. Platziere die Ebene unterhalb der Augen und des Halses.

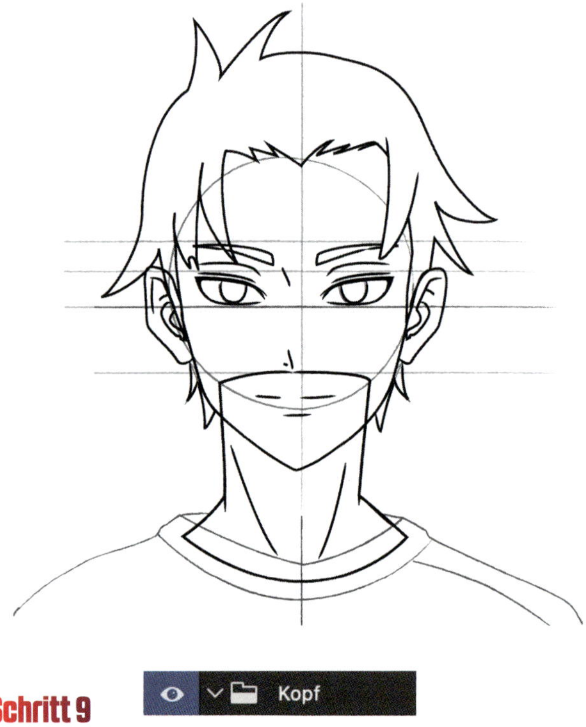

Schritt 9

Wenn du den Kopf fertiggestellt hast, fasse alle Ebenen in eine Gruppe zusammen und nenne sie: »Kopf«.

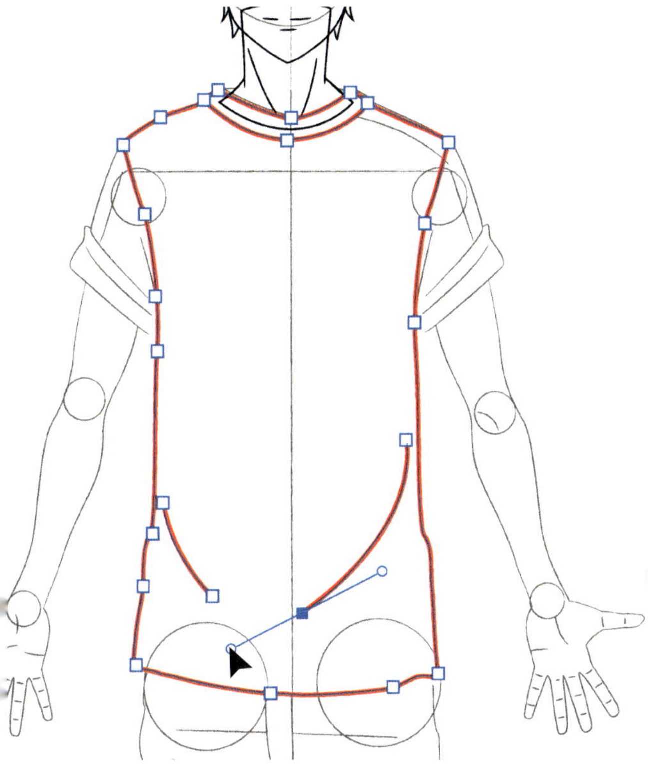

Schritt 10

Zeichne den Oberkörper (Torso, Kleidung usw.).

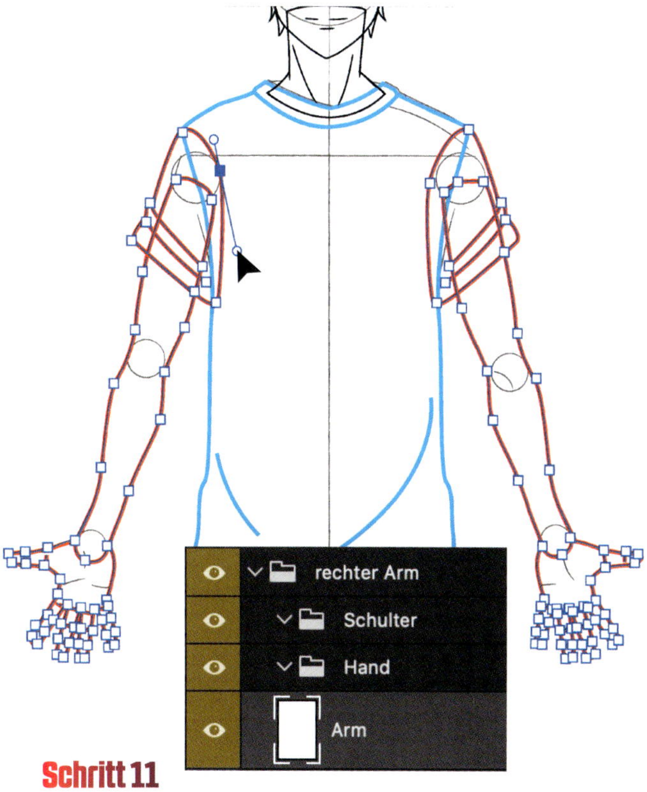

Schritt 11

Zeichne jeden Arm in einer eigenen Ebene. Idealerweise sollten auch die Hände in einer eigenen Ebene liegen.

ANMERKUNG!

Die Idee hier ist, dass du jeden Teil, den du animieren möchtest, in einer eigenen Ebene zeichnest. Denke also daran, dass du für eine gelungene Animation jedes Detail in eine eigene Ebene legst, damit du sie unabhängig voneinander animieren kannst.

Es liegt an dir, die richtige Dosierung zu finden, je nachdem, was du erreichen willst.

Schritt 12

Zeichne zum Schluss die anderen Teile des Körpers auch jeweils in einer eigenen Ebene.

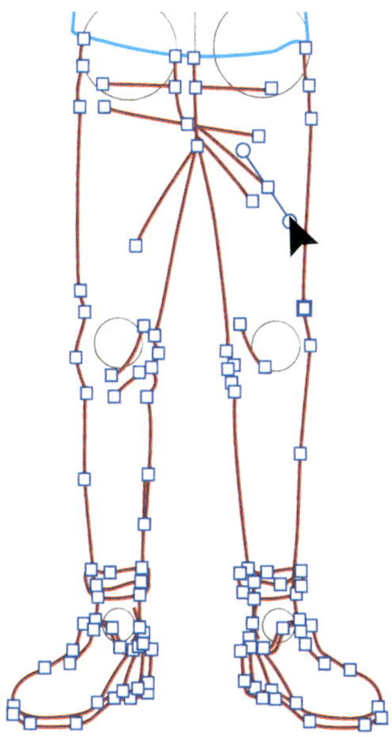

Die ideale Datei für Vektoranimationen

Als Abschluss des vorangegangenen Abschnitts, hier die ideale Aufteilung und Anordnung der Ebenen.

Nimm dir für das Sortieren der Ebenen Zeit. Es kann gut und gerne zwei Stunden dauern. Je detaillierter die Zeichnung, desto länger dauert es.

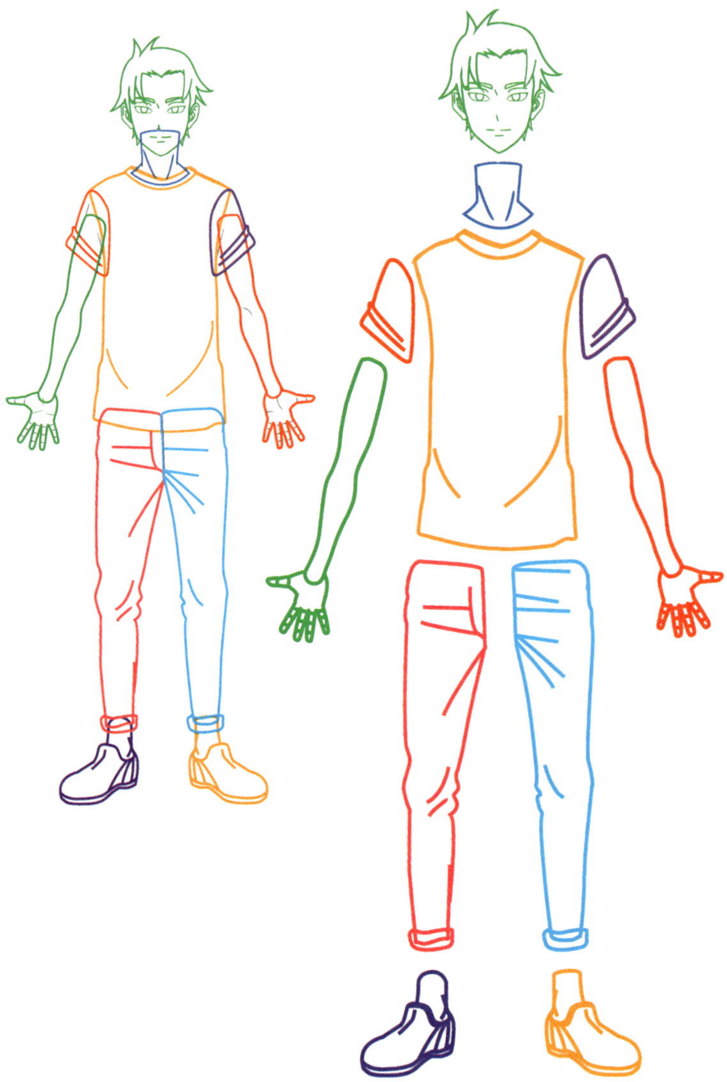

Wie im vorherigen Kapitel erläutert, empfehle ich dir, die Vorbereitung direkt in After Effects zu machen. Der Vorteil: Du hast eine schlanke Datei, mit der es dir einfacher fällt, die Animationen zu erstellen.

Ebenen

Gruppe 1: Haare
Ebene 1 - Strähne 1
Ebene 2 - Strähne 2
Ebene 3 - Strähne 3
Ebene 4 - Strähne 4

Gruppe 2: Gesicht
Ebene 1 - rechtes Auge
Ebene 2 - linkes Auge
Ebene 3 - rechte Pupille
Ebene 4 - linke Pupille
Ebene 5 - Nase
Ebene 6 - Mund
Ebene 7 - rechte Augenbraue
Ebene 8 - linke Augenbraue

Gruppe 3: Körper
Ebene 1 - nackter Hals und Oberkörper
Ebene 2 - Kleidung rechte Seite
Ebene 3 - Kleidung linke Seite
Ebene 4 - Unterbekleidung

Gruppe 4: rechter Arm
Ebene 1 - Arm
Ebene 2 - Hand

Gruppe 5: linker Arm
Ebene 1 - Arm
Ebene 2 - Hand

Gruppe 6: rechtes Bein
Ebene 1 - Bein
Ebene 2 - Fuß

Gruppe 7: linkes Bein
Ebene 1 - Bein
Ebene 2 - Fuß

Gruppe 8: Haare am Hinterkopf

Farben

Wenn du deine Zeichnung mit Photoshop bearbeitest, solltest du dich beim Kolorieren unbedingt an die unten aufgeführten Schritte halten.

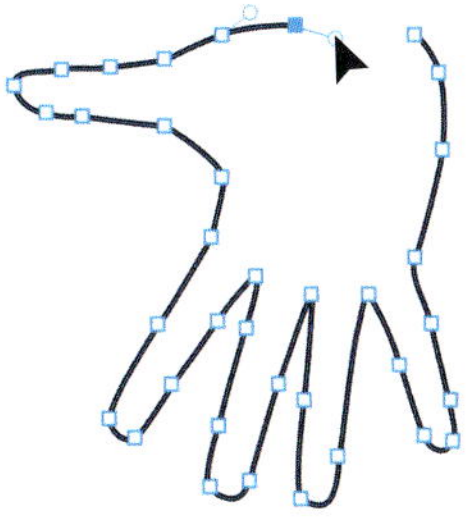

Schritt 1

Zeichne die Kontur mithilfe des »Zeichenstifts«.

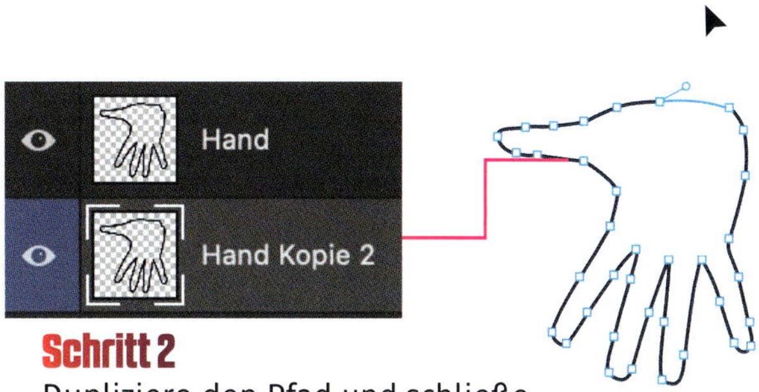

Schritt 2

Dupliziere den Pfad und schließe ihn, indem du die Punkte verbindest.

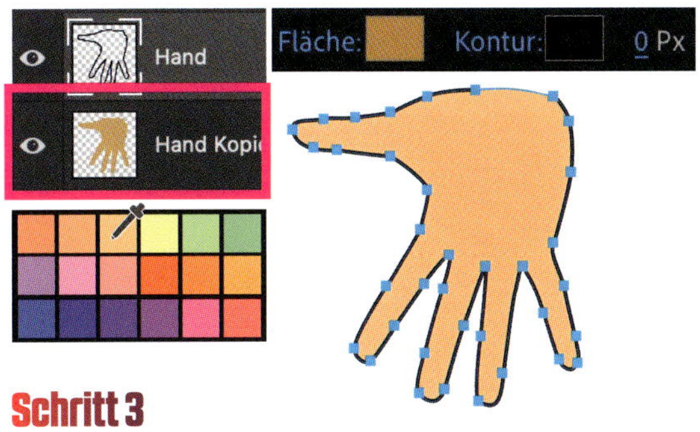

Schritt 3

Wähle diesen duplizierten Pfad aus und wende mithilfe der Farbpalette eine Hintergrundfarbe an. Achte darauf, dass du die Kontur entfernst.

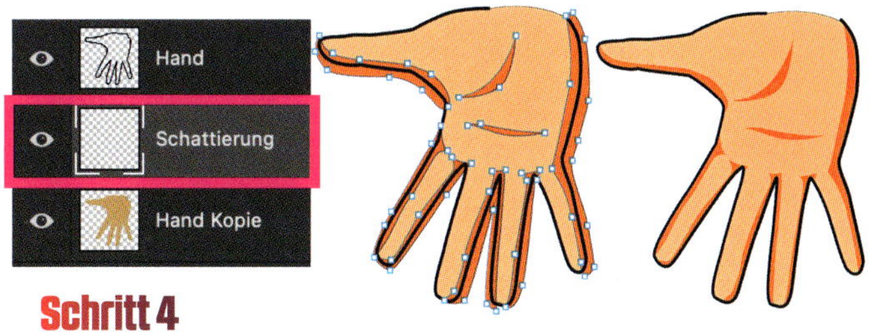

Schritt 4

Um einen Schatten hinzuzufügen, füge eine Ebene über deinem Pfad ein. Zeichne mithilfe des »Zeichenstifts« deinen Schatten. Um den Schatten zu färben, klicke mit der rechten Maustaste und erstelle eine Schnittmaske. →

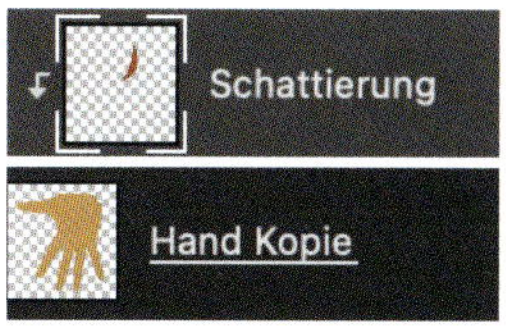

Jede Schattierung muss sich in einer Schnittmaske befinden.

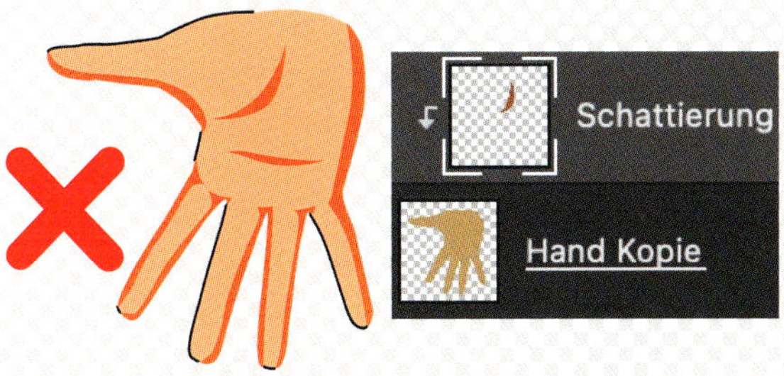

Wende niemals eine Schnittmaske auf die Grundfarbe deiner Zeichnung an. Wenn du deine Zeichnung in After Effects importierst, wird die Schattierung von der Grundfarbe verdeckt.

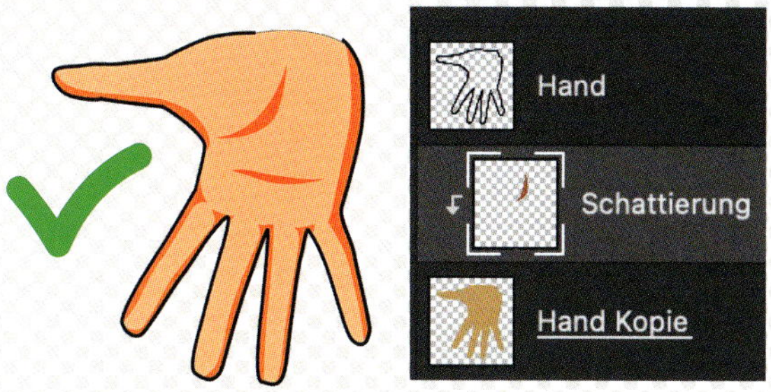

Um dies zu verhindern, musst du die Farben trennen und die Schattierung in eine andere Ebene verschieben.

Wenn du deine Zeichnung direkt in After Effects zeichnest, ersparst du dir die Trennung von Grundfarbe und Schattierung.

02 GESICHTSANIMATION

Wenden wir uns nun der Figur zu, die du in Photoshop gezeichnet hast. Importiere deine Datei in After Effects und erstelle ein neues Projekt.

Vorschlag für die Projekteinstellungen

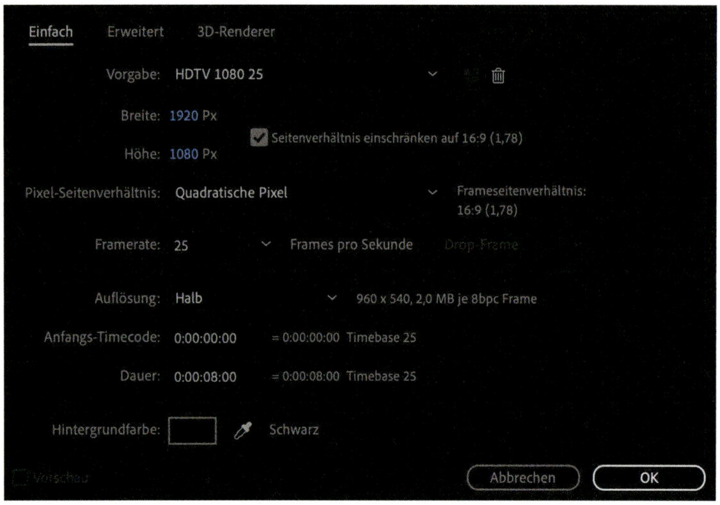

Augen blinzeln lassen

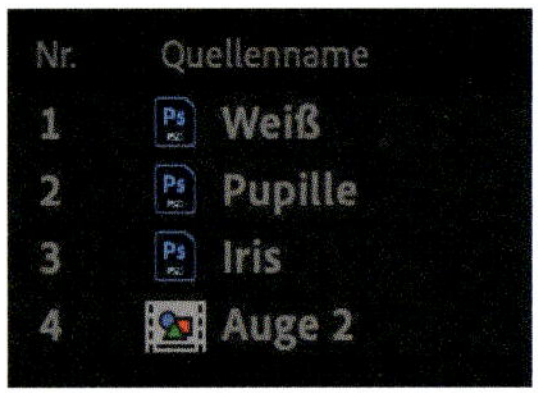

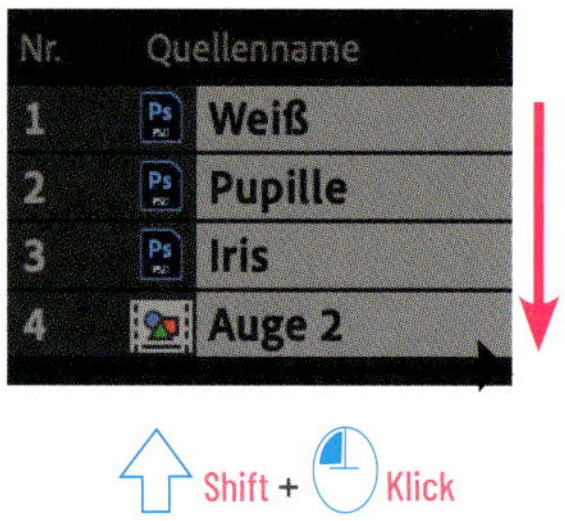

Schritt 1

Bevor du mit der Animation beginnst, öffne die Vorkomposition deines ersten Auges. Kopiere alle Ebenen. Klicke dazu auf die erste Ebene, halte die Umschalttaste auf deiner Tastatur gedrückt und klicke auf die letzte Ebene, um alles auszuwählen.

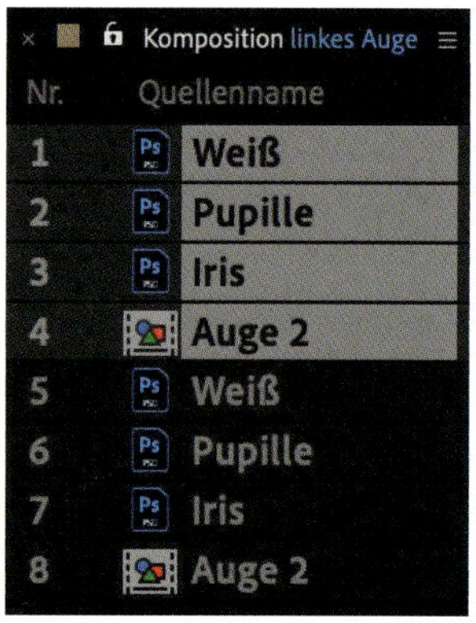

Schritt 2

Kopiere die Ebenen und füge sie danach ein, um das zweite Auge zu erhalten. Du kannst nun die Vorkomposition deines ersten Auges verbergen oder entfernen.

ANMERKUNG!

Wenn du Ebenen in After Effects kopierst, ist die Reihenfolge beim Auswählen sehr wichtig. Wenn du von oben nach unten auswählst, fügst du die Ebenen in der richtigen Reihenfolge ein. Wenn du hingegen von unten nach oben selektierst, wird beim Einfügen der Ebenen die letzte Ebene oben und die erste unten sein. Wähle daher deine Ebenen immer von oben nach unten aus.

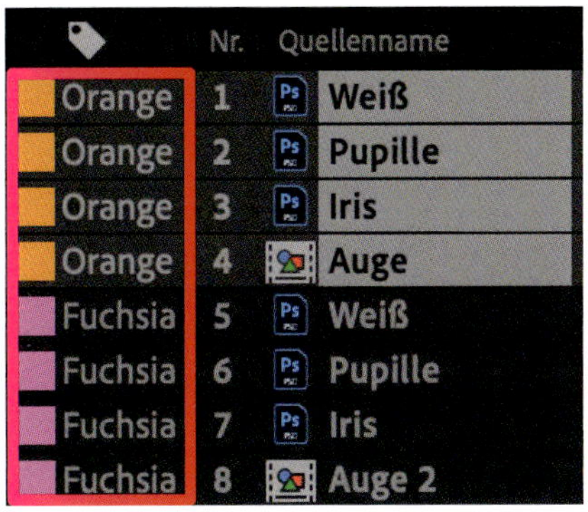

Schritt 3

Wenn du deine Ebenen für das erste Auge eingefügt hast, ändere ihre Farbe, um sie von denen des zweiten Auges zu unterscheiden.

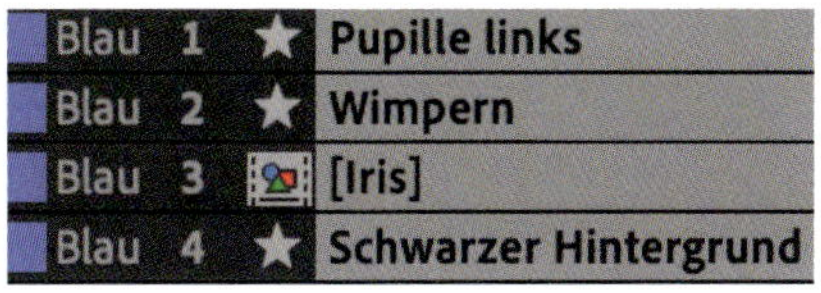

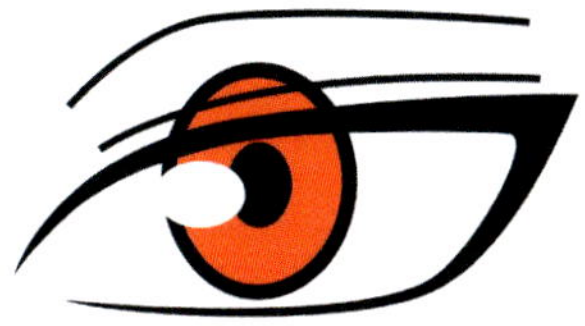

Ziehe dir die Ebenen in diese Reihenfolge

Schritt 4

Um die Augen deiner Figur zum Blinzeln zu bringen, musst du sie, wenn du Photoshop verwendet hast, unbedingt mit After Effects neu zeichnen, damit du die Formen mit dem »Zeichenstift-Werkzeug« manipulieren kannst. Zeichne jeden Teil des Auges mithilfe einer Formebene.

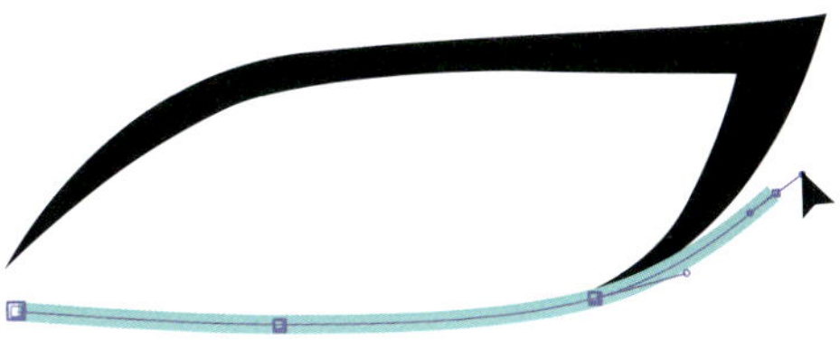

Schritt 5

Zunächst zeichnen wir mit dem »Zeichenstift-Werkzeug« eine Hilfslinie.

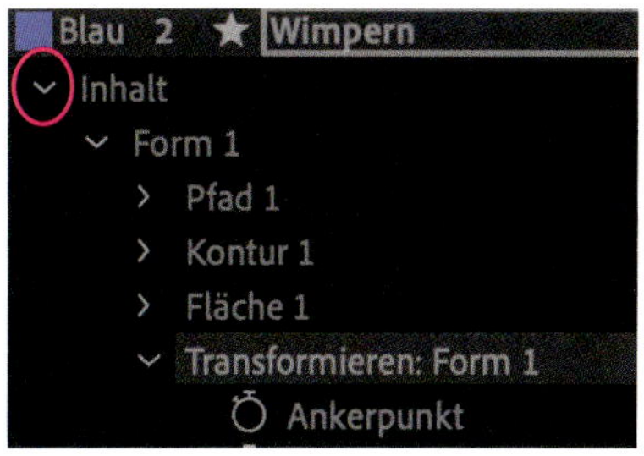

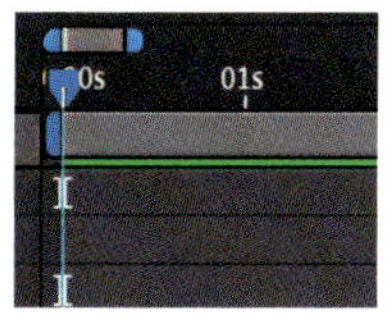

Schritt 6

Öffne die Einstellungen für »Transformieren«, indem du auf den kleinen Pfeil klickst, der sich an der Ebene befindet. Achte darauf, dass die Zeitmarke auf dem Zeitlineal auf null Sekunden steht, bevor du mit der Animation beginnst

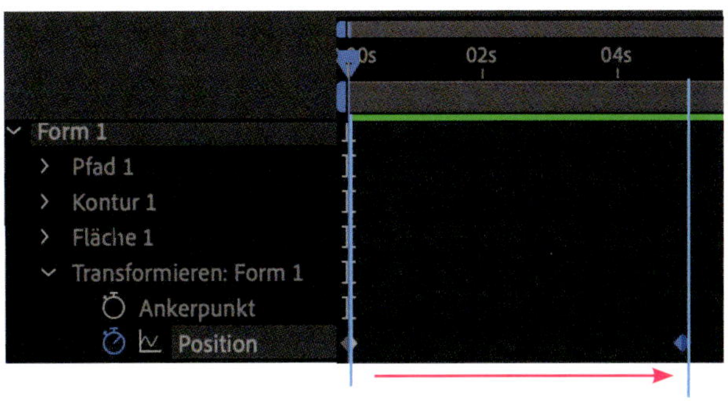

Schritt 7

Klicke auf das Stoppuhr-Symbol um das erste Schlüsselbild der Animation zu erstellen. Bewege deine Zeitmarke z. B. auf eine Sekunde.

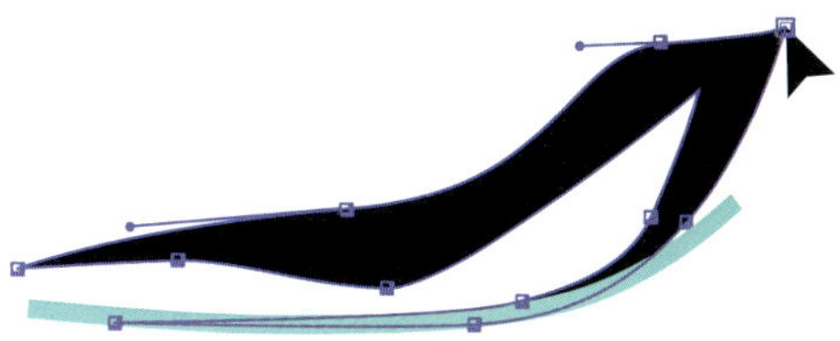

Schritt 8

Zeichne das Auge in geschlossener Position neu. Bewege dazu die Punkte deiner Zeichnung auf die Hilfslinie zu, die du zuvor gezeichnet hast. Der Keyframe wird automatisch erstellt.

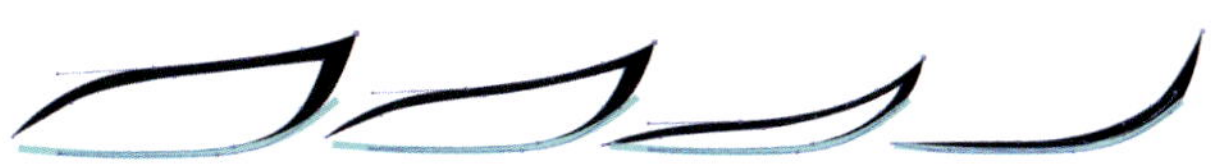

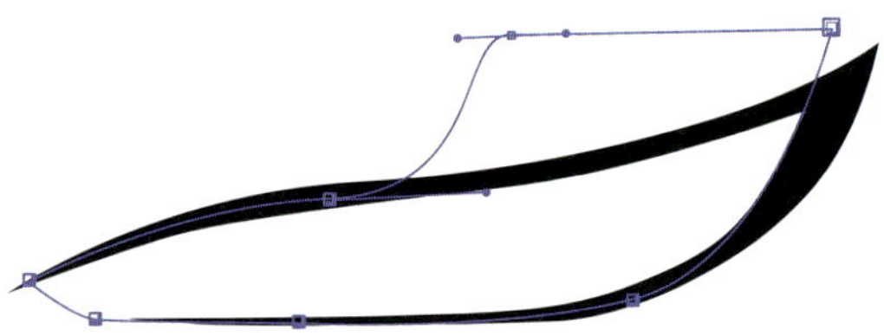

Schritt 9

Beachte dabei das gleiche Keyframe-Timing, wiederhole die vorherige Bearbeitung für jede Ebene, um ein vollständig geschlossenes Auge zu erhalten.

Kleiner Tipp
Wenn du die Wimpern animieren möchtest, bewege zunächst die Punkte, die auf derselben Linie liegen, und versuche, die Form des geschlossenen Lides nachzubilden.

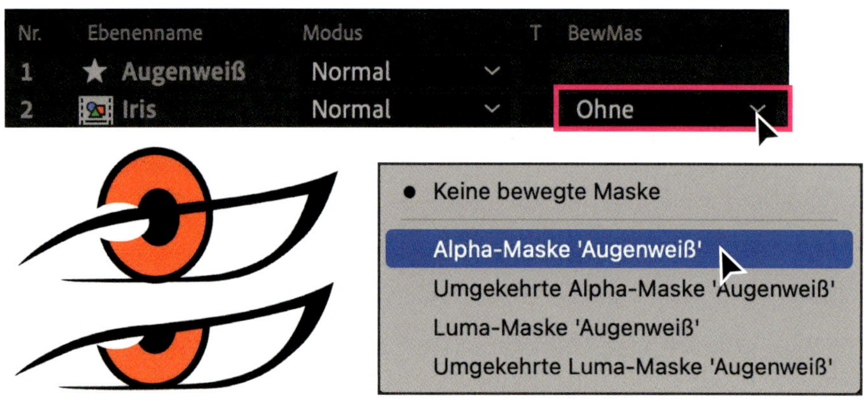

Schritt 10

Um den überstehenden Teil der Pupille zu verstecken, fügen wir eine Maske hinzu, die nur den sichtbaren Bereich übrig lässt. Dazu duplizierst du für jedes Auge das Augenweiß (wähle dazu deine Ebene aus und drücke **Command+D** (Mac) bzw. **Strg+D** (PC) auf deiner Tastatur). Platziere dann die Ebene überhalb der Ebene der Pupille.
Um die Maske zu aktivieren, klicke unter dem Reiter »BewMas« auf der Ebene und wähle »Alpha *Name der Ebene*«. Auf diese Weise wird die Pupille nur innerhalb der Maskenform sichtbar sein, wenn du sie bewegst.

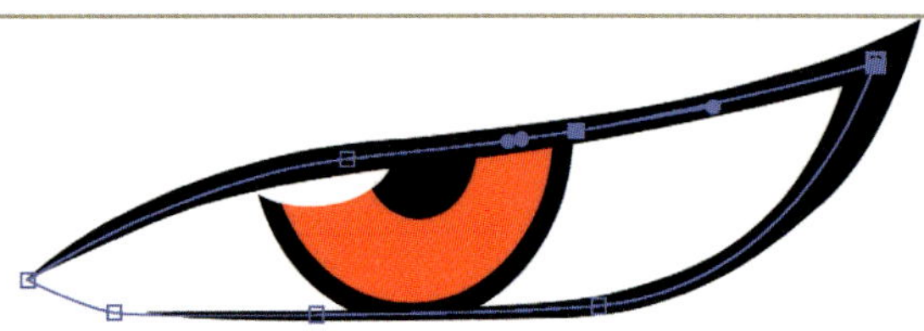

Schritt 11

Herzlichen Glückwunsch, du hast deine Animation fertiggestellt.
Klicke rechts auf den Reiter »Vorschau« und dann auf den Play-Knopf, um die Animation abzuspielen. Passe die Keyframes an, um das gewünschte Ergebnis zu erzielen. Schiebe die Keyframes zusammen, um eine schnellere Animation zu erhalten, oder auseinander für eine langsamere Animation.

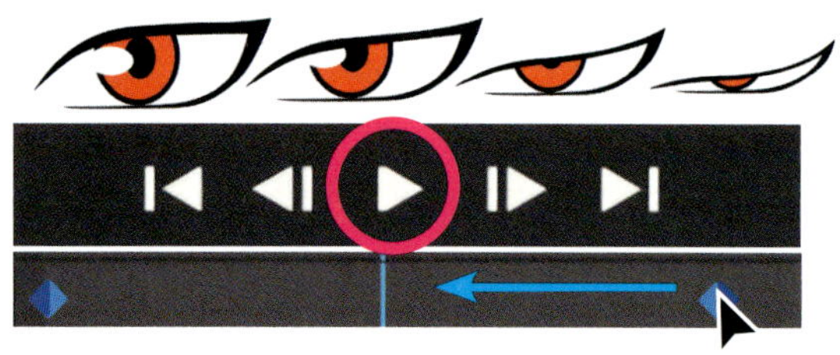

Da dein erstes Auge nun animiert ist, mach die gleichen Schritte für das zweite Auge nach.

Die Augen – die Pupille zittern lassen

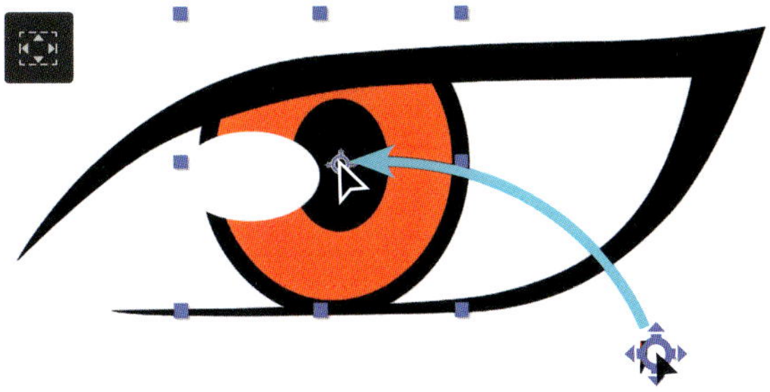

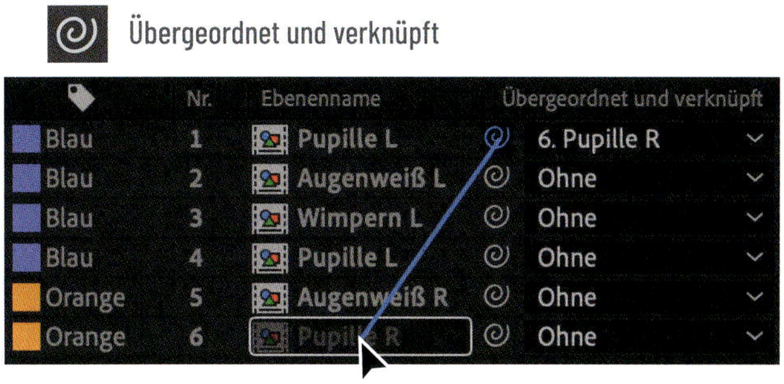

Schritt 1

Wähle die Pupille aus und zentriere ihren Ankerpunkt mit dem »**Ausschnittswerkzeug**«.
Wiederhole diesen Vorgang für die zweite Pupille.

Schritt 2

Um beide Pupillen gleichzeitig zu animieren, müssen sie miteinander verknüpft werden. Dazu wählst du »Übergeordnet und verknüpft« und ziehst das Spiralsymbol auf die zweite Pupille.

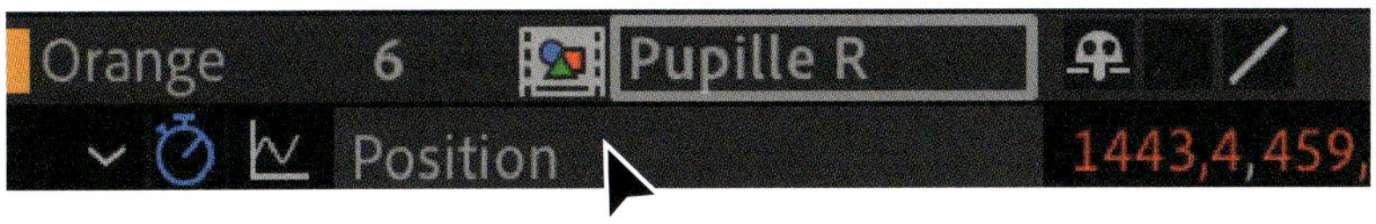

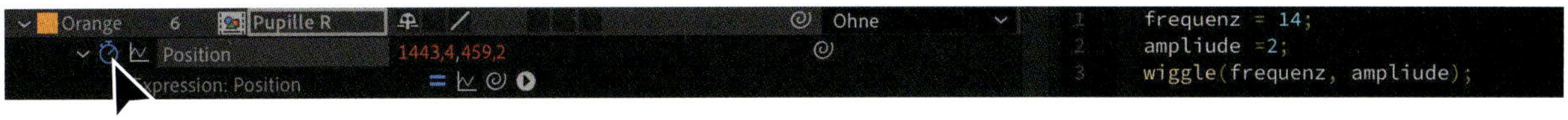

Schritt 3

Um ein Zittern auf die übergeordnete Iris anzuwenden. Wähle dazu die Ebene aus und drücke P, um die Positionseinstellungen zu öffnen. Wähle »Position« aus. Drücke dann **Alt+Klick (auf das Stoppuhr-Sympol)** oder klicke auf **Animation**-> **Expression hinzufügen** (in der Menüleiste).

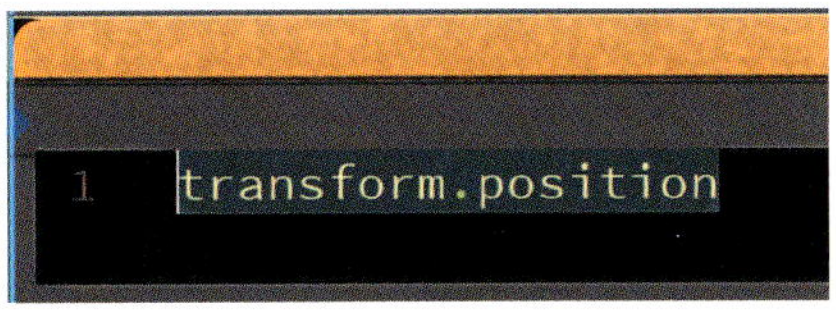

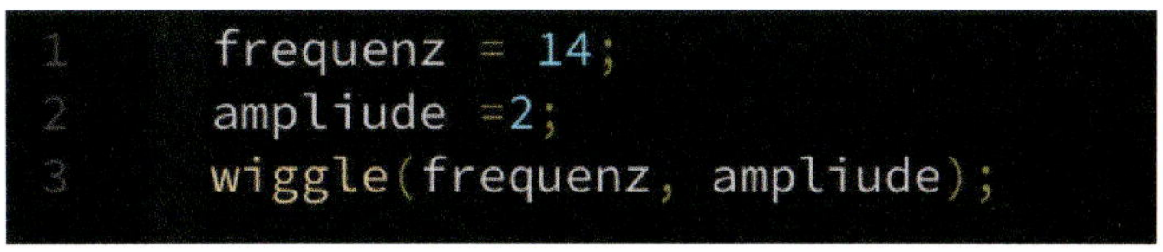

Schritt 4

Wenn du eine Expression hinzugefügt hast, erscheint rechts ein Textfeld in das Programmiercode eingegeben werden kann.

Fügt den folgenden Ausdruck ein:

```
frequenz = 8;
amplitude = 2;
wiggle (frequenz, amplitude);
```

Diese Zahl wirkt sich auf die Geschwindigkeit der Animation aus. Je höher die Zahl, desto schneller ist sie.

Diese Zahl wirkt sich auf die Amplitude aus: Je größer die Zahl, desto größer wird der Bewegungsbereich.

Ändere die Einstellungen so, dass dir die Geschwindigkeit und Bewegung gefällt.

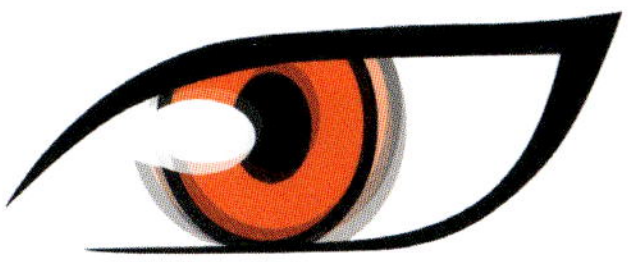

Lächelnder Mund

Es gibt zwei Möglichkeiten, einen geschlossenen Mund zu animieren. Für den Fall, dass du Photoshop für deine Zeichnung verwendet hast, liegt der Mund in After Effects nicht im Vektorformat vor. Am einfachsten ist es, die Pfade mit dem »Zeichenstift-Werkzeug« zu erstellen. Es geht aber trotzdem. Mit einem Trick, den ich dir hier vorstellen möchte.

HINWEIS: Um das »Marionetten-Positions-Pin-Werkzeug« richtig nutzen zu können, muss deine Ebene geschlossen sein. Sie darf auch keine Elemente enthalten, die sich nicht berühren. Wenn das bei deiner Komposition der Fall ist (wie im Beispiel mit dem Mund), musst du deine Komposition öffnen und eine Linie zeichnen, die alle Elemente miteinander verbindet. Die Dicke dieser Linie kannst du auf null setzen, damit die Hauptzeichnung nicht ruiniert wird.

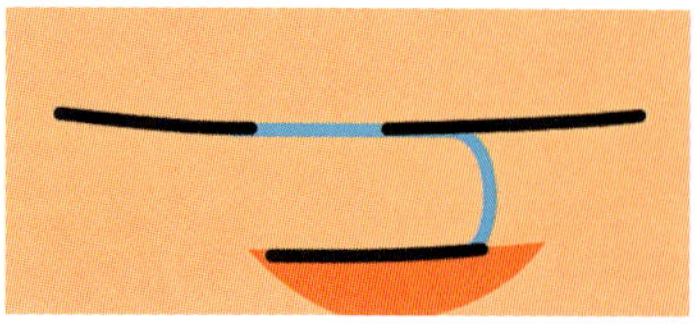

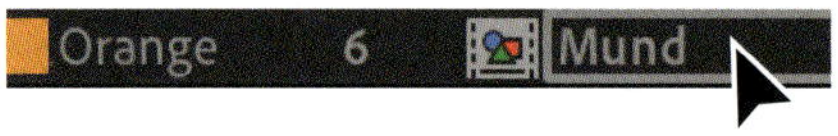

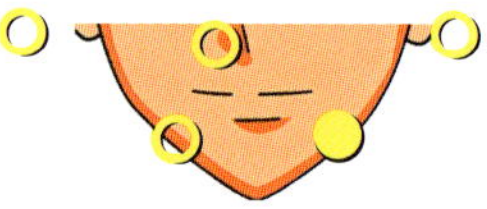

Schritt 1

Achte darauf, dass die Ebene des Munds ausgewählt ist (klicke einmal darauf). Wähle das Werkzeug »Marionetten-Positions-Pin« in der Werkzeugleiste.

Schritt 2

Mit dem Werkzeug »Marionetten-Positions-Pin« kannst du Punkte auf dem Mund hinzufügen, mit denen du ihn animieren kannst. Du kannst diese Punkte einfach hinzufügen, indem du klickst, wenn das Werkzeug ausgewählt ist.

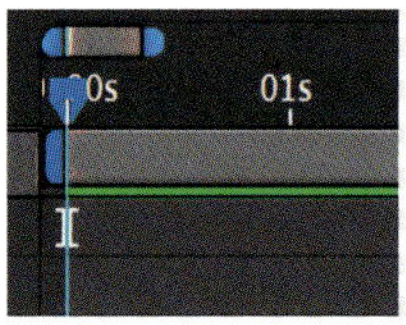

Wenn du einen Punkt mit dem Werkzeug »Marionetten-Positions-Pin« erstellst, wird sein Keyframe automatisch für die Animation aktiviert. Achte also darauf, dass du deine Zeitmarke auf Sekunde null oder auf den Zeitpunkt, an dem die Animation beginnen soll, stellst.

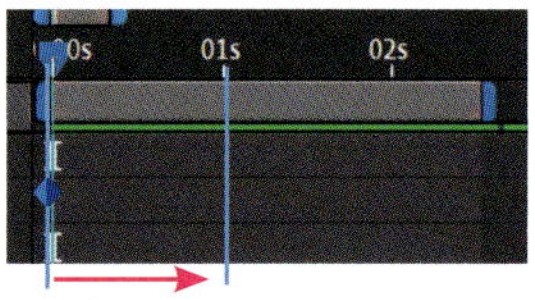

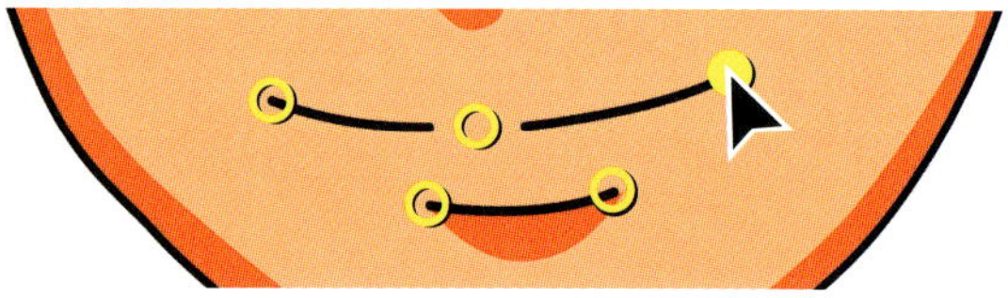

Schritt 3

Bewege deine Zeitmarke auf die Sekunde in der du deine Animation beenden möchtest.

Schritt 4

Du kannst nun die Punkte bewegen, um den Mund zu verändern, um ein Lächeln zu erzeugen.

Schritt 5

Um deine Animation natürlicher erscheinen zu lassen, wähle die beiden Keyframes mit der Maus aus. Klicke sie mit der rechten Maustaste an und wähle »Keyframe-Assistent« und dann »Easy Ease In« oder drücke **Umschalt+F9 (PC und Mac)**. Damit erzeugst du eine Verlangsamung am Ende der Animation.

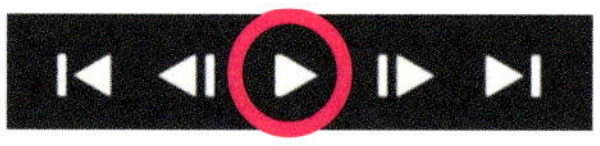

Klicke auf »Vorschau«, um das Ergebnis zu sehen.

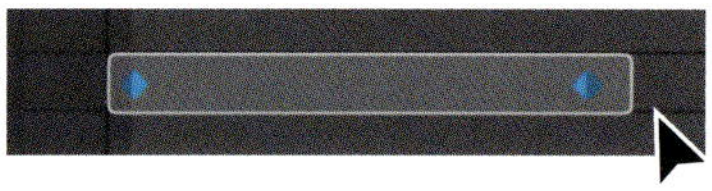

Offener Mund

Um einen offenen Mund zu animieren, brauchst du unbedingt Vektorpfade. Zeichne daher jedes Element des Munds in After Effects neu, bevor du mit der Animation fortfährst.

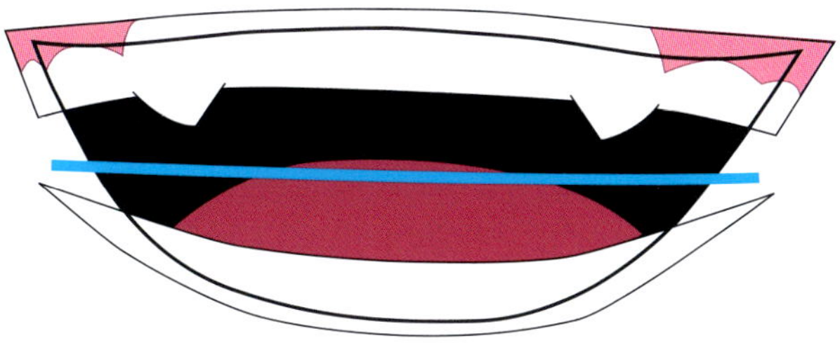

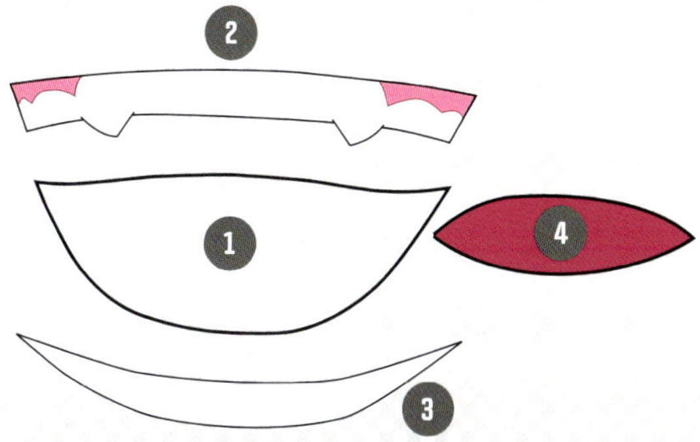

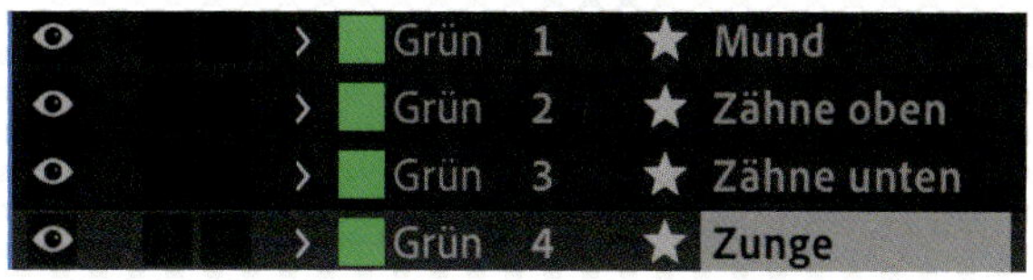

So sollte deine Komposition aussehen.

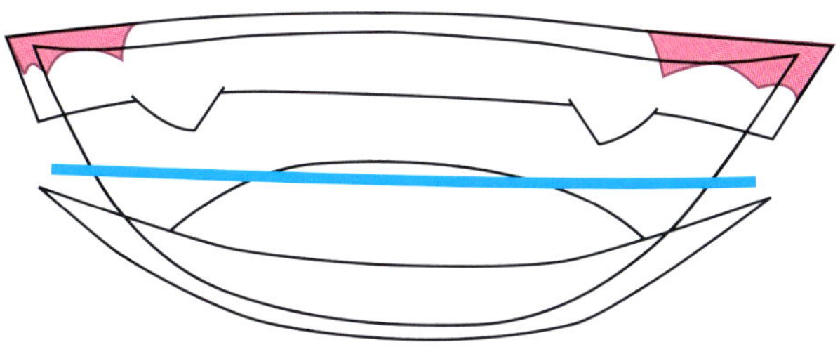

Schritt 1

Wie bei den Augen zeichnen wir zunächst mit dem »**Zeichenstift-Werkzeug**« eine horizontale Hilfslinie in die Mitte des Munds in einer Form-Ebene. Diese Linie soll die Mitte des geschlossenen Munds markieren.

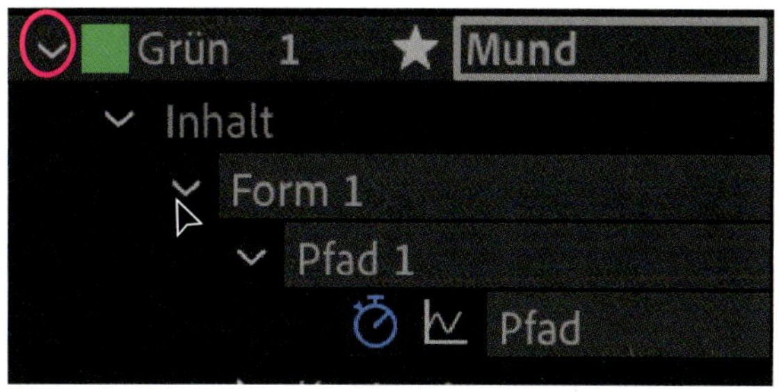

Schritt 2

Öffne die Einstellungen für die Formtransformation, indem du auf den kleinen Pfeil klickst, der sich links an der Ebene befindet, und achte darauf, dass deine Zeitmarke auf dem Zeitlineal auf null Sekunden steht, bevor du mit der Animation beginnst.

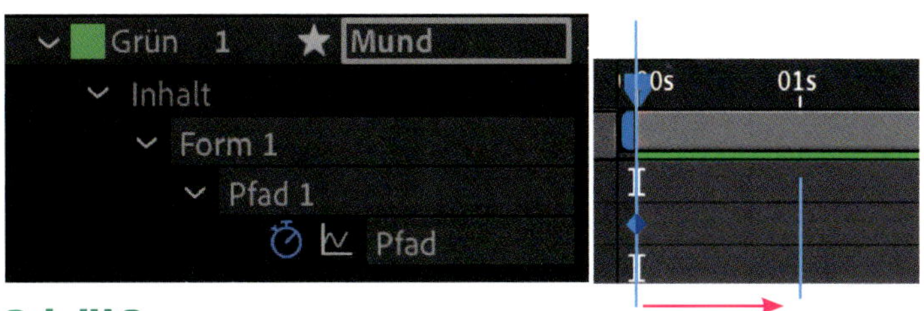

Schritt 3

Klicke auf das Stoppuhr-Symbol, um mit der Animation zu beginnen. Bewege deine Zeitmarke z. B. auf eine Sekunde. Zeichne dann den Mund in geschlossener Position neu. Bewege dazu die Punkte deiner Zeichnung auf die zuvor gezeichnete Markierung. Der Keyframe wird automatisch

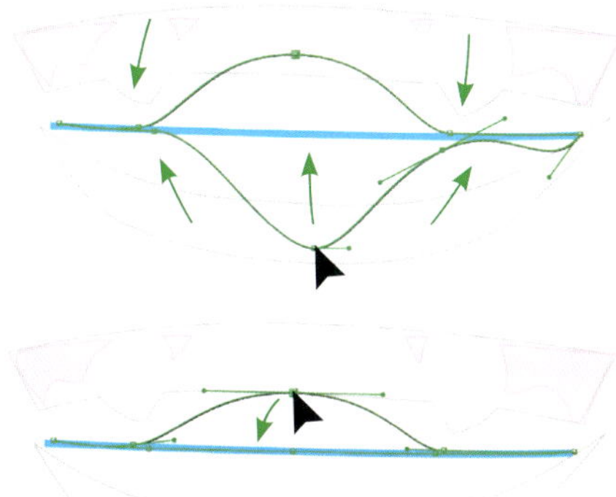

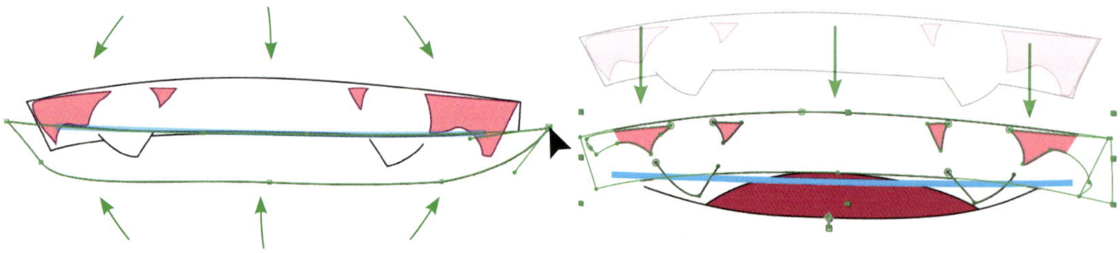

Schritt 4

Mit demselben Keyframe-Timing wiederholst du die vorherigen Veränderungen für jede Ebene, bis der Mund geschlossen ist.

Kleiner Tipp

Anstatt die Zähne komplett neu zu zeichnen, kannst du auch die Postiton der Zähne animieren. Füge also einen Keyframe auf »Position« hinzu und bewege sie auf die Höhe der Hilfslinie für den geschlossenen Mund.

Schritt 5

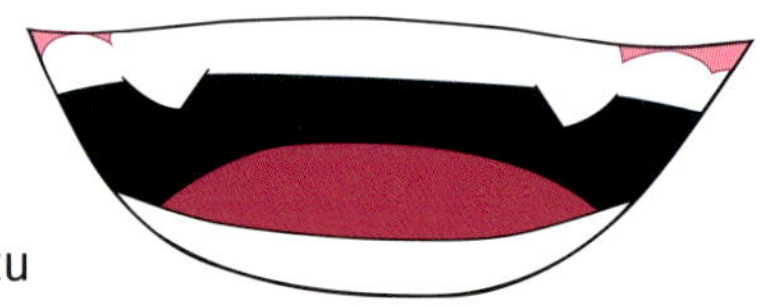

Wir werden nun den sichtbaren Bereich der Zähne und der Zunge mithilfe einer Maske so verdecken, dass sie sich innerhalb des Umrisses des Munds befinden. Dupliziere dazu den Umriss des Munds (**Command+D (mac) Strg+D (PC)**) und verschiebe die Ebene über die Zähne, so dass sie sich darunter befinden. Um die Maske zu aktivieren, klicke auf das Auswahlmenü unter Bewegte Maske (BewMas), das sich an der Ebene befindet, und wähle »Alpha *Name der Ebene*«. Achte darauf, dass die Masken einen farbigen Hintergrund haben, damit sie richtig funktionieren.

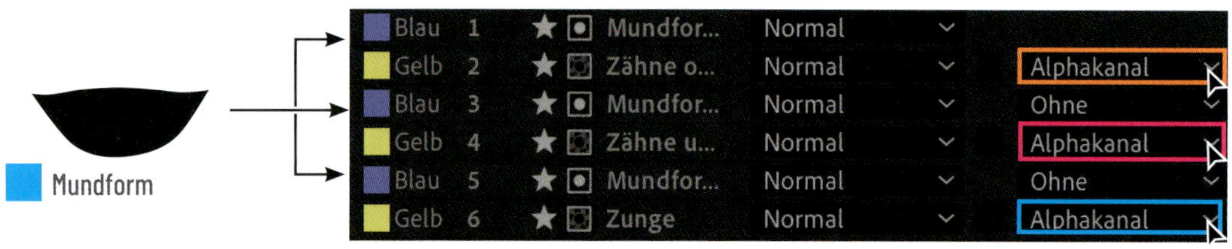

Dupliziere zum Schluss noch einmal die Form des Munds. Wende einen schwarzen Hintergrund an und platziere diese Ebene an letzter Stelle, unter allen anderen.

Schritt 6

Herzlichen Glückwunsch, du hast deine Animation fertiggestellt. Klicke auf »Vorschau« und passe die Keyframes an, um das gewünschte Ergebnis zu erzielen. Schiebe die letzten Keyframes zusammen, um eine schnelle Animation zu erhalten, oder rücke sie auseinander, um eine langsamere Animation zu erhalten.

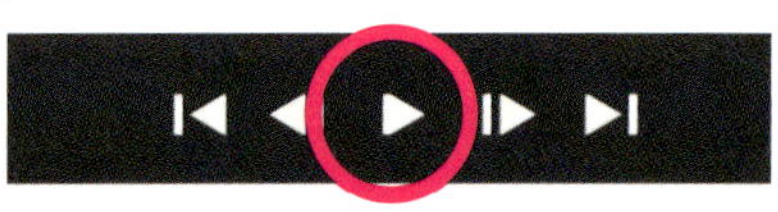

Kleiner Tipp

Um deine Animation flüssiger erscheinen zu lassen, wähle die Keyframes mit der Maus aus. Klicke mit der rechten Maustaste und wähle »Keyframe-Assistent« und dann »Easy Ease In« oder drücke Umschalt+F9. Dadurch wird am Ende der Animation eine Verlangsamung

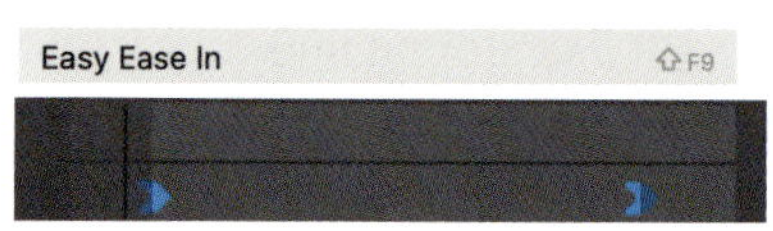

Lachender Mund

Für einen Mund, der sich in einer Endlosschleife öffnet und schließt, musst du eine neue Expression hinzufügen.

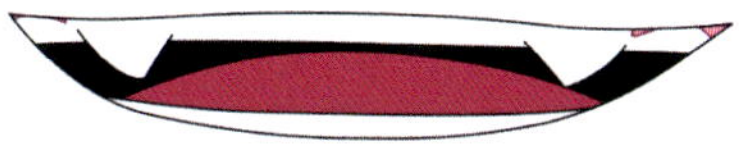

Schritt 1

Füge zunächst ein drittes Schlüsselbild hinzu, wo sich der Mund in der Ausgangsposition befindet. Du brauchst ihn nicht neu zeichnen, sondern kannst einfach das erste Bild kopieren und einfügen.

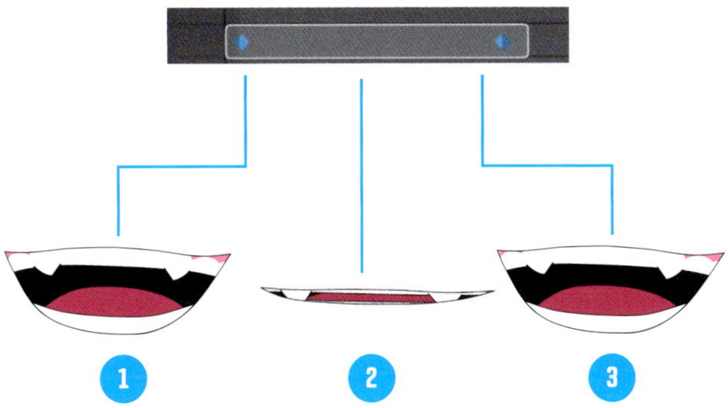

Schritt 2

Wähle deine Vektorform aus und klicke dann mit Alt+Klick darauf oder klicke in der Menüleiste auf Animation/ Expression hinzufügen.

Füge die folgende Expression zu jedem Pfad des Munds hinzu.

```
if (numKeys >1 && time >
key(numKeys).time){
  t1 = key(1).time;
  t2 = key(numKeys).time;
  span = t2 - t1;
  delta = time - t2;
  t = delta%span;
  valueAtTime(t1 + t)
}else
  value
```

Sprechender Mund

Um den Mund zu animieren, wenden wir die zuvor beschriebenen Schritte an.

Bewege die Zeitmarke auf dem Zeitlineal weiter und zeichne den Mund in einer geschlossenen oder offenen Position neu.

Für einen guten Dialog solltest du mindestens drei, am besten aber noch mehr verschiedene Mundstellungen zeichnen (offen, halb offen, eine Position die den Buchstaben »O« bildet, geschlossen, breit usw.). Achte darauf, dass du einen Keyframe aktivierst, bevor du die Form des Munds veränderst.

Wenn du deine Bilder gezeichnet hast, benutze die obige Expression, um eine Endlosschleife für die Mundbewegungen zu erzeugen.

Um die Mundbewegung zu stoppen, kannst du die Ebene teilen und die Expression entfernen. Zum Teilen der Ebene, kannst du die Tasten **Strg+Shift+D** auf deiner Tastatur drücken.

Haare im Wind

Es gibt drei Möglichkeiten, Haare zu animieren:
1 - das Werkzeug »Marionetten-Positions-Pin«
2 - den Effekt »Komplexe Welle«
3 - die Haare mit dem »Zeichenstift« neu zeichnen

Das »Marionetten-Positions-Pin«-Werkzeug

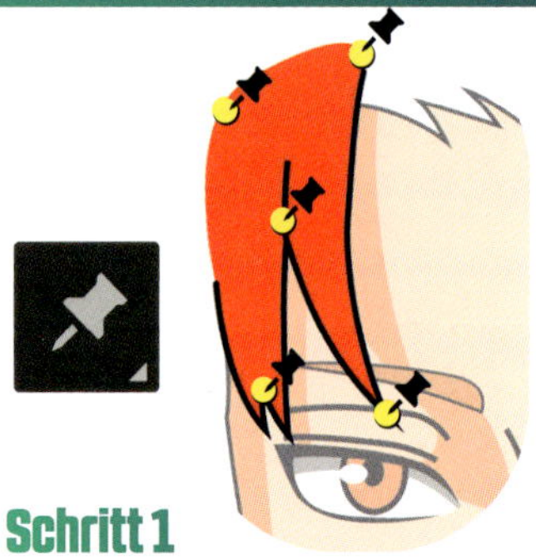

Schritt 1

Klicke einmal auf die Ebene der zu animierenden Haarsträhne. Wähle dann das Werkzeug »Marionetten-Positions-Pin« aus und positioniere die einzelnen Punkte auf der oder den Haarsträhne(n).

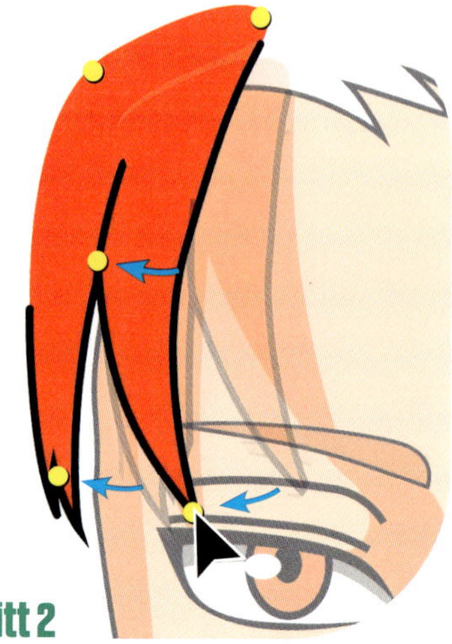

Schritt 2

Bewegt die Zeitmarke auf 0:00:00:17 Sekunden. Verschiebe die Punkte leicht in die gleiche Richtung.

Schritt 3

Klicke erneut auf die Ebene der Haarsträhnen und drücke die Taste **U** auf deiner Tastatur, bis die Schlüsselbilder erscheinen. Markiere alle Schlüsselbilder (**Klicken+Ziehen**) mit der Maus und drücke die Tasten **Umschalt+F9**, um eine Glättung auf die Animation anzuwenden.

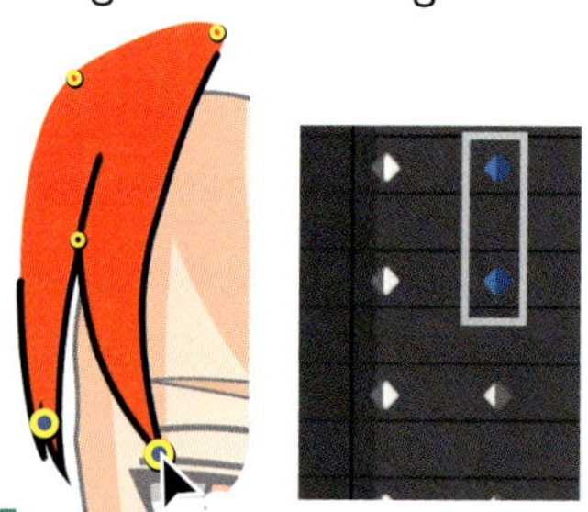

Schritt 4

Positioniere im Zeitlineal die Zeitmarke auf dem letzten Schlüsselbild. Lass die Umschalttaste auf deiner Tastatur gedrückt und wähle die Marionettenpunkte aus, die sich am Ende jeder Strähne befinden.

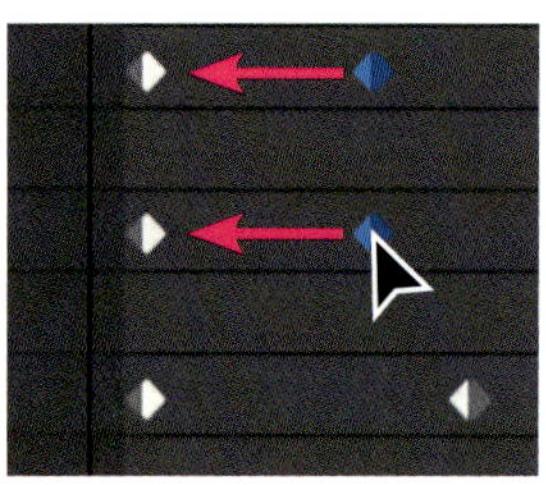

Schritt 5

Wenn du die Punkte ausgewählt hast, verschiebe sie auf dem Zeitlineal nach hinten.

Wiederhole diese Methode für jede Strähne.

Effekt »Komplexe Wellen«

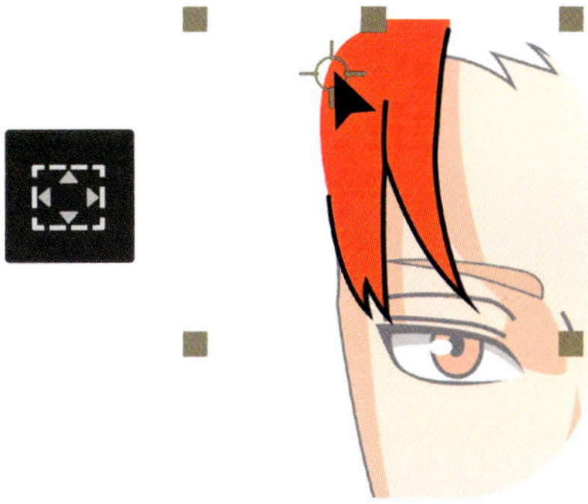

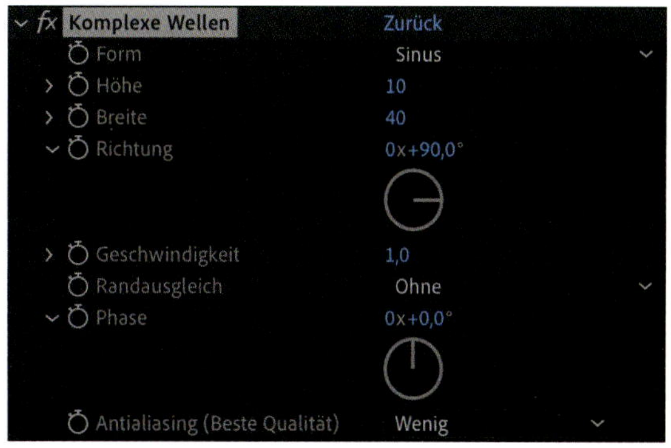

Schritt 1

Positioniere mithilfe des »Ausschnittswerkzeugs« den Ankerpunkt der Ebene oben am Ansatz der Sträne.

Schritt 2

Um den Effekt anzuwenden, klicke auf Effekt (in der Palette rechts) und dann auf Verzerrung/Komplexe Wellen. Oder suche nach »Komplexe Wellen«.

Schritt 3

Die Animation erfolgt hauptsächlich über die Einstellungen des Effekts.

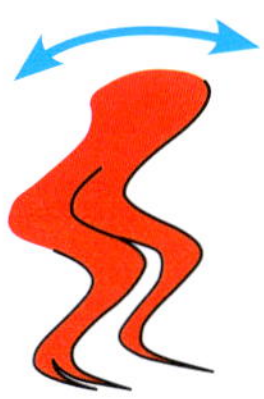

Höhe: Mit diesem Parameter kannst du die Wellenhöhe anpassen. Erhöhe den Wert, um eine große Verformung zu erhalten. Ich empfehle dir eine leichte Verformung beizubehalten (z. B. zwischen 3 und 6), um die ursprüngliche Form der Strähne nicht zu zerstören.

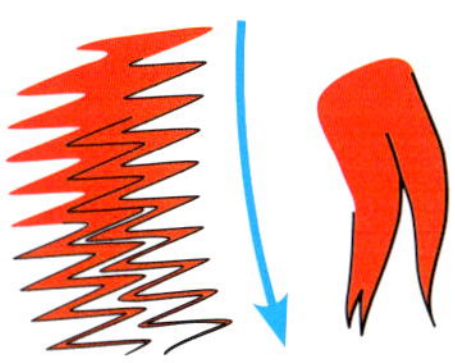

Breite: Mit diesem Parameter kannst du die Wellen verlängern. Ein kleiner Wert sorgt dafür, dass die Wellen eng beieinander liegen. Ein großer Wert sorgt dafür, dass die Wellen weiter auseinanderlaufen . Ich empfehle dir, einen großen Wert einzustellen (z. B. zwischen 200 und 500), um einen Schlangeneffekt zu vermeiden.

Richtung: Mit diesem Parameter kannst du die Richtung auswählen, auf die sich die Verformungen auswirken sollen. Die Richtung sollte identisch mit der Richtung der Strähne sein.

Geschwindigkeit: Wie der Name schon sagt, kannst du hier die Geschwindigkeit der Verformung ändern.

Randausgleich: Mit dieser Einstellung kannst du einen Bereich auswählen, der von den Verformungen ausgenommen wird. Ich empfehle dir, »Alle Kanten« oder »Mittelpunkt« auszuwählen. Du kannst auch die verschiedenen Optionen ausprobieren und sehen, welche für deine Animation geeignet sind.

Dieser Effekt bewirkt, dass deine Animation automatisch erzeugt wird. Dazu benötigst du einen leistungsstarken Rechner. Je häufiger du diesen Effekt einsetzt, desto mehr Rechenleistung braucht das Programm.

ANMERKUNG!

Um die Animation noch weiter zu treiben, kannst du den Effekt »Progressive Welle« und die »Marionetten-Positions-Pin« kombinieren. Wenn du deine Animation mit der »Marionetten-Positions-Pin« gemacht hast, kannst du danach zusätzlcih den Effekt hinzufügen, um die Bewegung noch flüssiger zu machen.

Windeffekt mit dem »Zeichenstift-Werkzeug«

Das Animieren von Haaren mit dem »Zeichenstift-Werkzeug« ist für einen Anfänger nicht so einfach zu meistern. Lass dich von Beispielanimationen im Internet inspirieren und versuche, bestimmte Bewegungen zu verstehen, bevor du dich an diese Übung wagst. Diese Art zu animieren ähnelt der klassische Animation sehr stark.

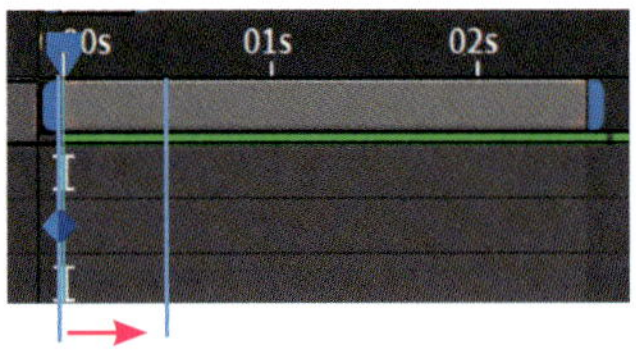

Schritt 1

Aktiviere den Keyframe deines Pfades und bewege die Zeitmarke auf 0:00:00:17.

Schritt 2

Zeichne die zweite Haarpostition. Mit den Strähnen in die andere Richtung

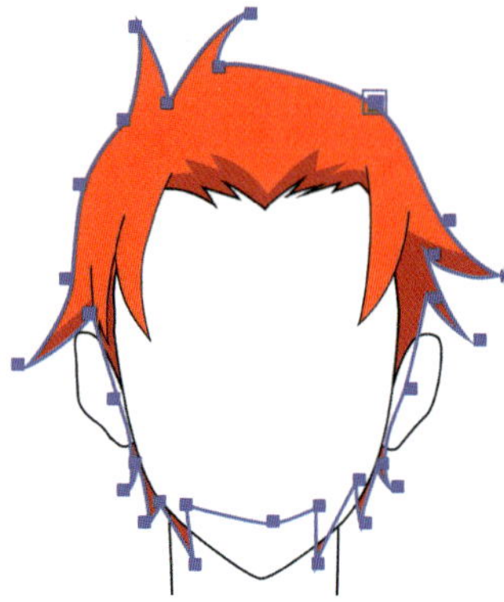

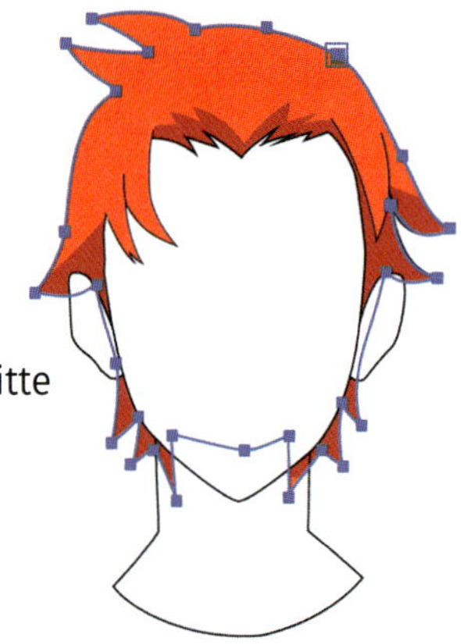

Schritt 3

Zeichne die dritte Form deiner Haarposition.

Schritt 4

Du hast nun die Wahl, nach drei Frames aufzuhören oder noch weitere Haarpositionen zu zeichnen, um noch mehr Fluss und natürliche Bewegung im Wind zu erreichen. Ansonsten kannst du den ersten Keyframe ans Ende deiner Animation kopieren und einfügen, um eine Schleife zu erhalten.

Schritt 5

Markiere deinen Pfade und klicke mit gedrückter **Alt-Taste** auf den Keyframe oder klicke auf **Animation/Expression hinzufügen** (in der Menüleiste).

Füge deinen Pfaden diese Expression hinzu
um die Animation in einer Endlosschleife zu wiederholen.

```
if (numKeys >1 && time > key(numKeys).time){
  t1 = key(1).time;
  t2 = key(numKeys).time;
  span = t2 - t1;
  delta = time - t2;
  t = delta%span;
  valueAtTime(t1 + t)
}else
  value
```


```
if (numKeys >1 && time >
key(numKeys).time){
  t1 = key(1).time;
  t2 = key(numKeys).time;
  span = t2 - t1;
  delta = time - t2;
  t = delta%span;
  valueAtTime(t1 + t)
}else
  value
```

Kopfbewegung in 2D

Es gibt zwei Möglichkeiten, einen Kopf zu bewegen. Die 2D-Variante, die nur eine Zeichnung erfordert und die 3D-Variante, für die mehr Zeichnungen benötigt werden.

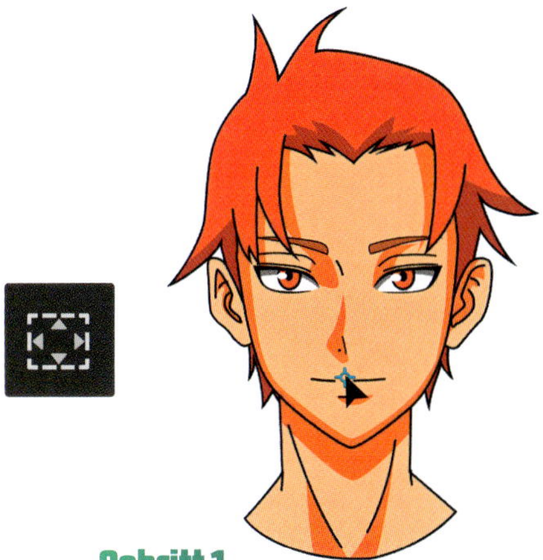

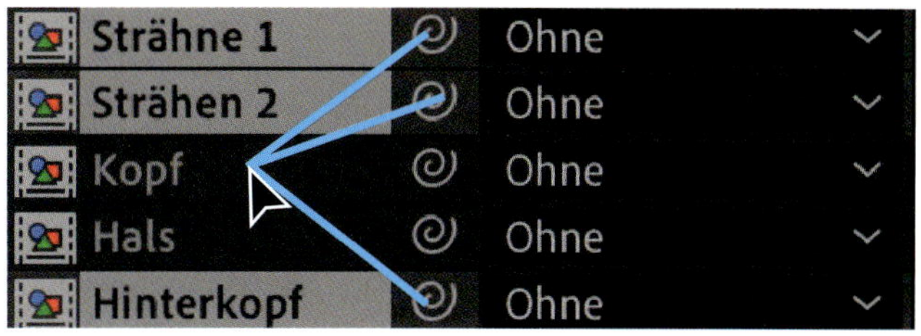

Schritt 1

Wähle die Ebene des Kopfs aus und positioniere mithilfe des »Ausschnittswerkzeugs« deinen Ankerpunkt in der Mitte des Kopfs und auf Höhe der Ohren.

Schritt 2

Verbinde mithilfe des Spiralensymbols unter dem Reiter »Übergeordnet und verknüpft« die Ebenen der Haare mit der Ebene des Kopfs. Füge anschließend einen Keyframe für die »Drehung« hinzu.

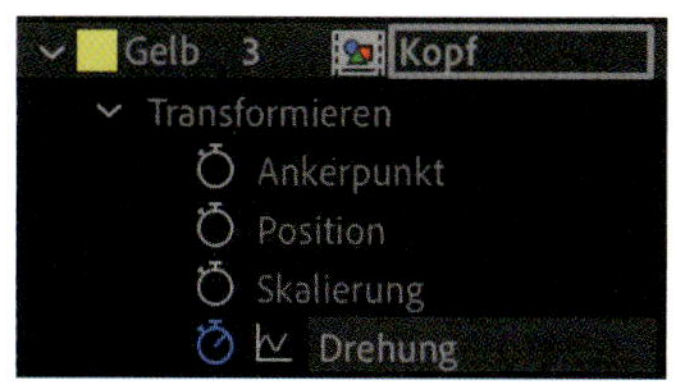

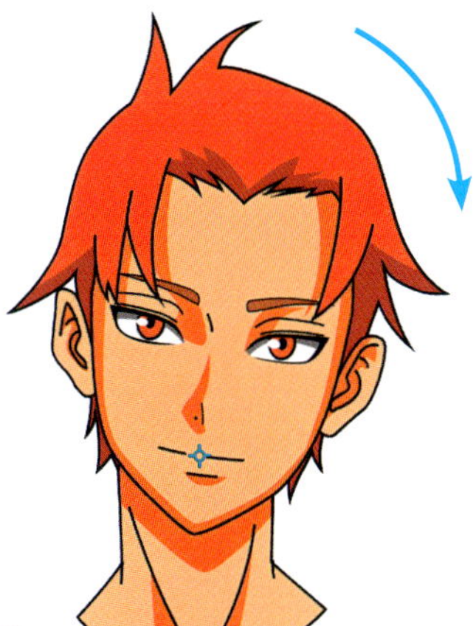

Schritt 3

Bewege die Zeitmarke z. B. auf eine Sekunde und ändere die Rotation. Klicke dazu auf den Rotationswert und ziehe ihn mit der Maus. Such dir einen guten Winkel aus. Achte jedoch darauf, dass es realistisch bleibt und Körperanatomie beachtet wird. Vermeide es, der Figur einen steifen Hals zu machen.

Schritt 4

Um die Animation flüssiger zu gestalten, klicke mit der rechten Maustaste auf die Keyframes und wähle »Keyframe-Assistent« und dann »Easy Ease In« oder drücke Umschalt+F9. Damit erzeugst du eine Verlangsamung am Ende der Animation.

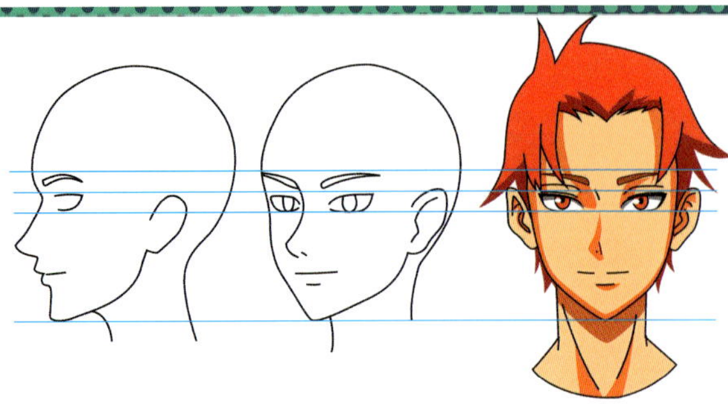

Kopfbewegung in 3D

Um den Kopf in verschiedenen Blickwinkeln zu animieren, musst du zuerst jede Ansicht des Kopfs (von vorne, im Profil, 3/4 Profil usw.) auf ein Blatt Papier zeichnen.

Jetzt erstellen wir eine Kopfdrehung von der Frontalansicht zur Seitenansicht. Dazu musst du drei Ansichten (von vorne, 3/4 Profil und von der Seite) vorbereiten, die wir als Orientierungshilfe verwenden werden. Importiere die Bilder deiner drei Ansichten in After Effects und ziehe sie in deine Komposition. Passe ihre Größe so an, dass es mit deiner Vorderansicht übereinstimmt. Diese muss mit dem »Zeichenstift-Werkzeug« in After Effects mit Vektorpfaden nachgezeichnet werden.

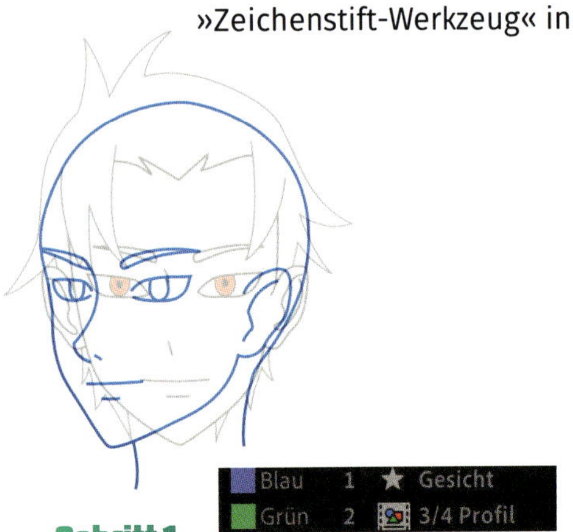

Schritt 1

Positioniere die Zeichnung des 3/4-Profils unter der Ebene deiner Vektorpfade, also der »animierbaren« Vorderansicht. Senke die Deckkraft dieser Ebene auf 20 %.

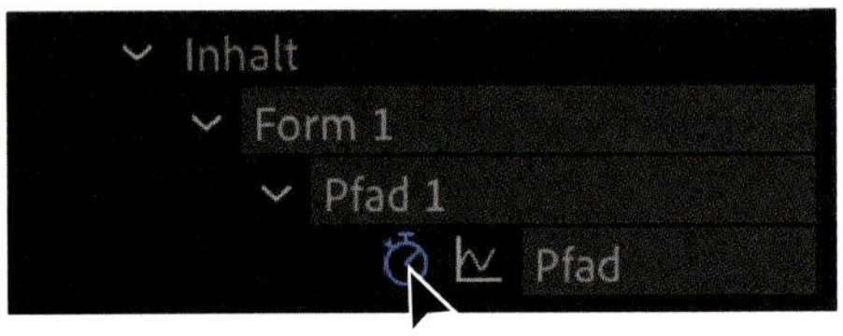

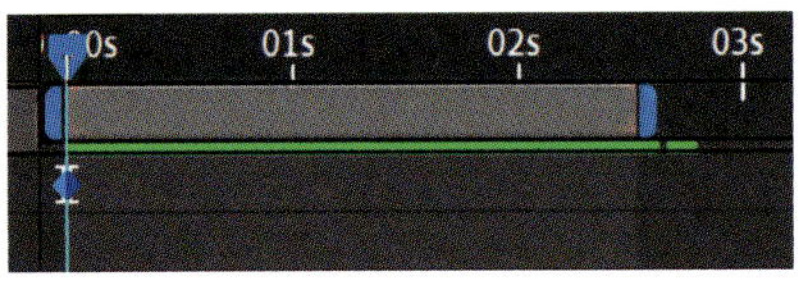

Schritt 2

Erzeuge für jeden Pfad in der Formebene einen Keyframe.

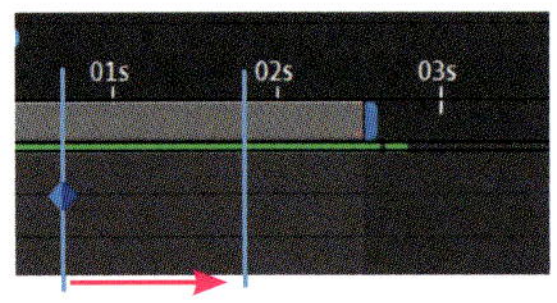

Schritt 3

Verschiebe die Zeitmarke z. B. um eine Sekunde.

Schritt 4

Zeichne mit dem »Zeichenstift-Werkzeug« deine Vorderansicht nach, wobei du die Zeichnung mit der 3/4-Ansicht als Orientierungshilfe verwendest. Bewege dabei die Linien, die bereits vorhanden sind. Die Idee ist, das Gesicht so umzugestalten, dass es in die 3/4-Ansicht übergeht. Wenn du die Linien bewegst, wird dadurch eine Animation erzeugt.

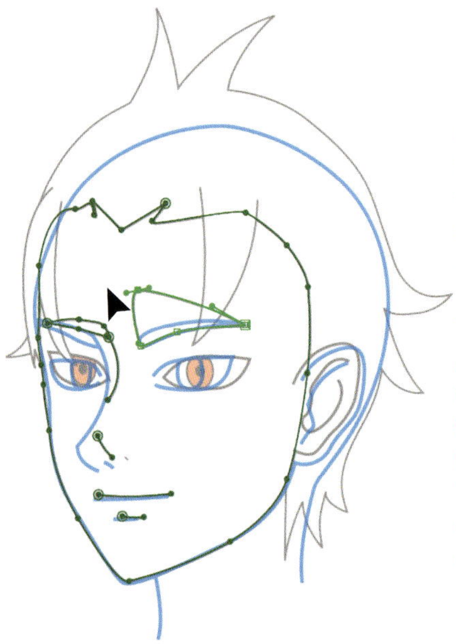

Anmerkung: Es ist möglich, mehrere Pfade in einer Formebene zu zeichnen. Bitte verteilt aber die verschiedenen Elemente wie Nase, Augenbrauen, Ohren auf verschiedene Formebenen.

Tipp: Wenn du eine Linie während der Animation verschwinden lassen willst, trenne die Ebene (SHIFT+CTRL+D) an der Stelle aus, an der du sie verschwinden lassen willst. Lösche die Linie im zweiten Teil der Ebene. So bleibt die Animation der Linie im ersten Teil der Ebene erhalten.

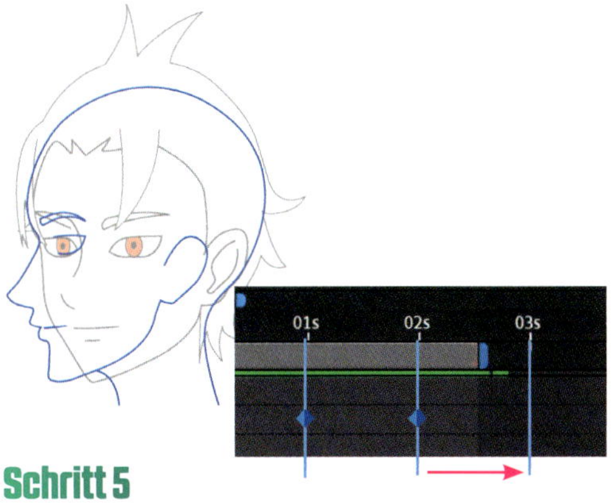

Schritt 5

Setze die Zeichnung der Seitenansicht unter die Ebene deiner Vektorzeichnung, also der »animierbaren« Vorderansicht. Senke die Deckkraft der Ebene auf 20 %. Verschiebe danach die Zeitmarke z. B. auf zwei Sekunden.

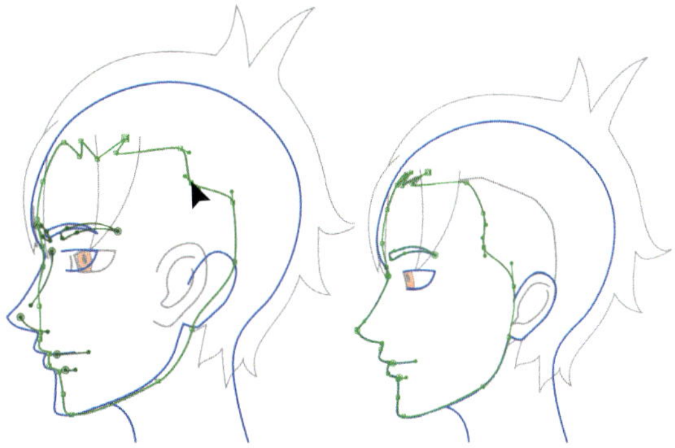

Schritt 6

Ändere anhand der Zeichnung der Seitenansicht die zuvor gezeichnete 3/4-Ansicht in eine Seitenansicht um.

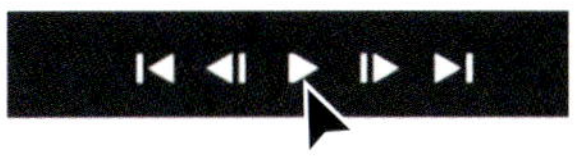

Schritt 7

Die drei Bilder sind nun perfekt gezeichnet. Du kannst dir das Ergebnis deiner Animation ansehen, indem du die Zeitmarke auf dem Zeitlinieal bewegst. Natürlich sind die Keyframes sehr weit voneinander entfernt, sodass der Übergang zwischen den drei Zeichnungen noch etwas holprig ist. Um dem entgegenzuwirken, musst du die Keyframes näher zusammenbringen, um eine schnellere Bewegung zu erhalten.

Dazu wählst du deine Keyframes mit der Maus aus (Klick+Ziehen).
Ziehe dann den ersten Keyframe nach links, während du die **Alt**-Taste gedrückt hältst, um auch die anderen Keyframes näher zusammenzubringen.

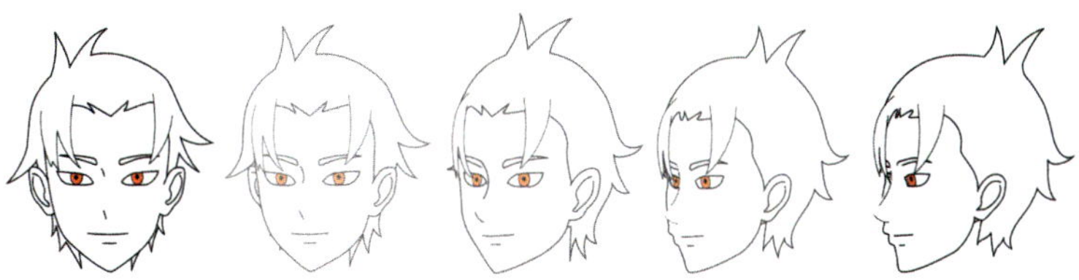

Du hast gerade eine Kopfbewegung in 3D erstellt. Korrigiere eventuelle Fehler oder Verzerrungen. Da die Bilder bereits animiert sind, wird jede neue Änderung gespeichert und hat keine Auswirkungen auf die folgenden Bilder.

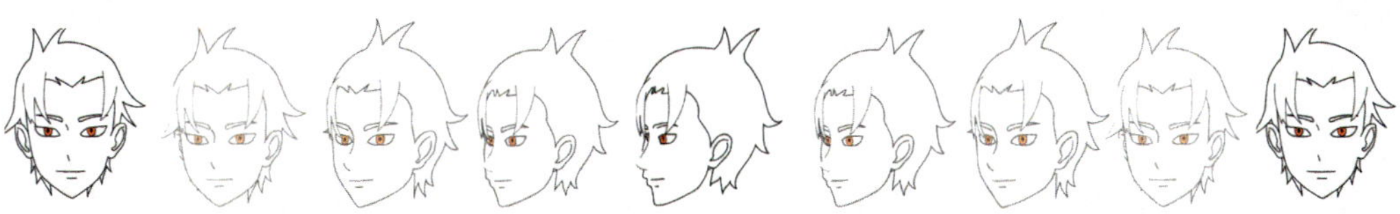

Du kannst die Schlüsselbilder auch per Kopieren und Einfügen wiederverwenden, um wieder in die Ausgangspostition zurückzukommen.

Um die Animation flüssiger zu gestalten. Klicke mit der rechten Maustaste auf die Keyframes und wähle »Keyframe-Assistent« und dann »Easy Ease In« oder drücke Umschalt+F9. Damit erzeugst du eine Verlangsamung am Ende der Animation.

03 DIE ANDEREN KÖRPERTEILE

Armbewegung in 2D

Es gibt 2 Möglichkeiten, Arme in 2D zu animieren.
Die erste besteht darin, jeden einzelnen Teil des Arms in eine eigene Ebene zu legen.

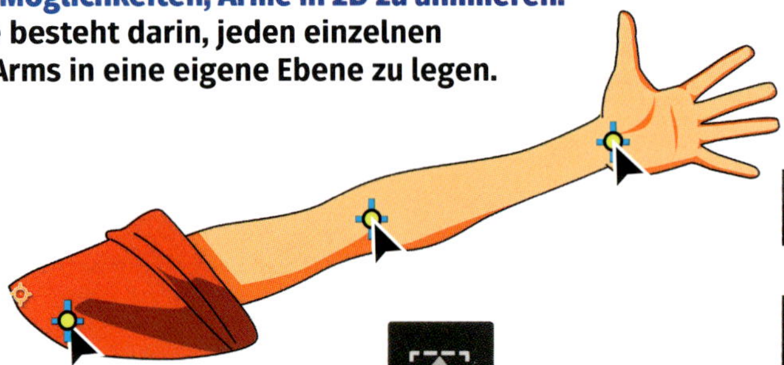

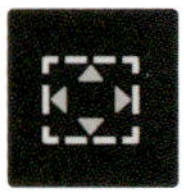

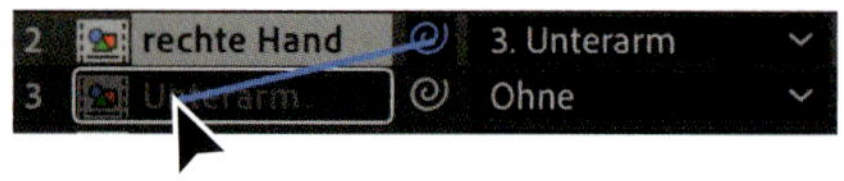

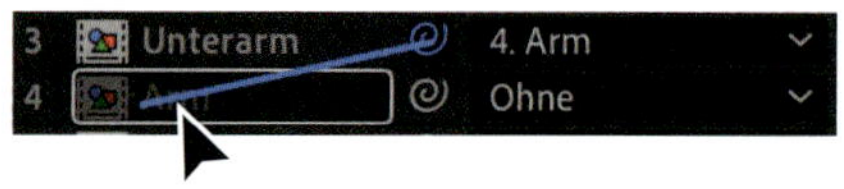

Schritt 1

Setze den Ankerpunkt jeder Ebene in die Mitte jedes Gelenks.

Schritt 2

Bevor du animierst, muss im ersten Schritt jedes Kindelement mit seinem Elternelement verbunden werden. In diesem Fall muss der Unterarm mit dem Oberarm und die Hand mit dem Unterarm verbunden werden. Verwende dazu das Werkzeug »Übergeordnet und Verknüpft«, das sich auf jeder Ebene befindet.

Schritt 3

Aktiviere für jede Ebene die Keyframes auf »Drehung« und »Position«. Um diese beiden Einstellungen direkt unter der Ebene erscheinen zu lassen, wähle die Ebene aus und drücke die Taste **R** auf deiner Tastatur (Drehung wird angezeigt). Um die Position hinzuzufügen, lass die Umschalttaste gedrückt und drücke die Taste **P** (Postition wird angezeigt).

Schritt 4

Ändere zum Schluss die Drehung. So rotierst du die Ebenen und animierst damit den Arm in 2D.

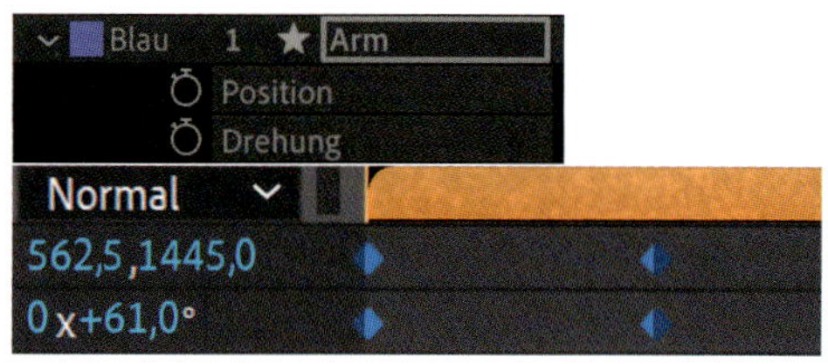

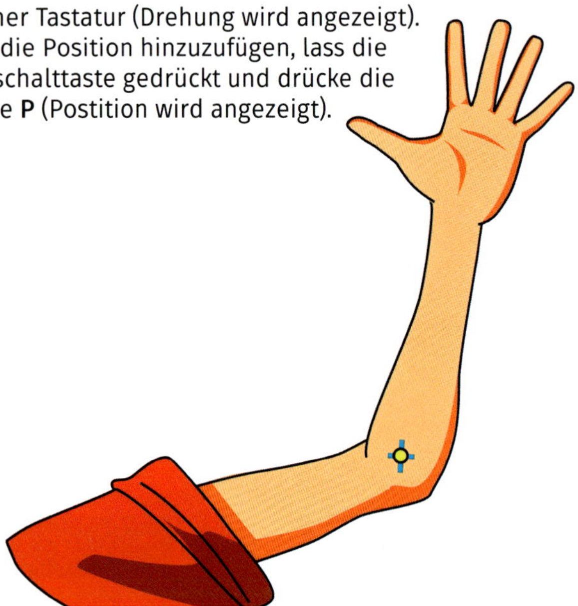

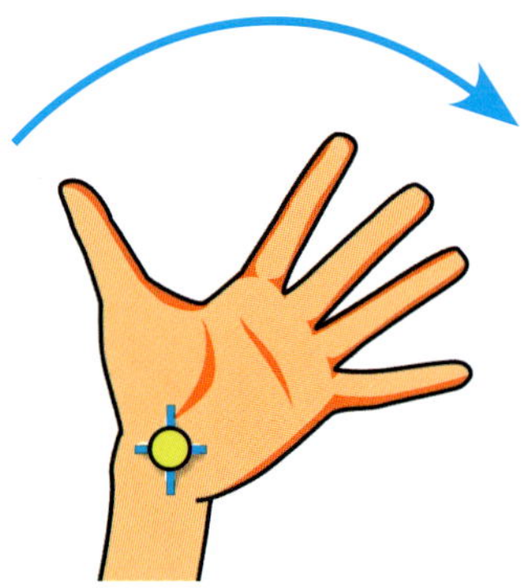

Die zweite Möglichkeit der 2D Animation ist eine einfache Bewegung mithilfe des Werkzeugs »Marionetten-Positions-Pin«.

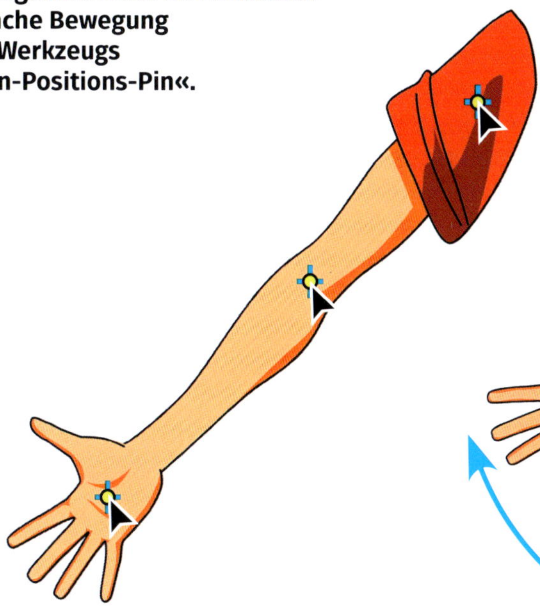

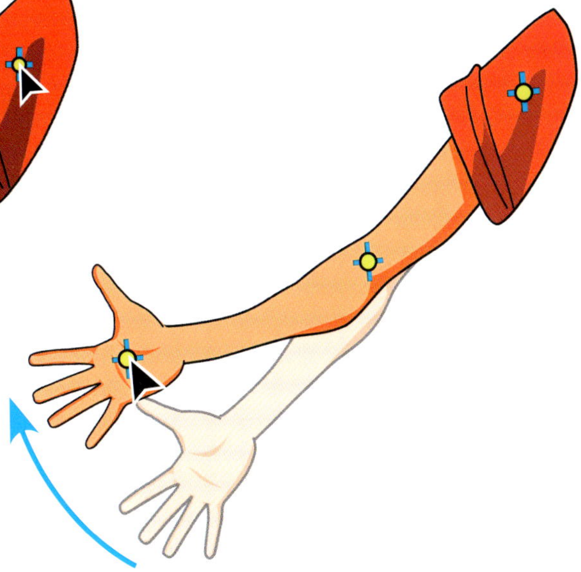

Schritt 1

Klicke einmal auf die Ebene des Arms. Wähle dann das Werkzeug »Marionetten-Positions-Pin« und positioniere die verschiedenen Punkte auf den Gelenken.

Schritt 2

Setze die Zeitmarke auf eine Sekunde und bewege die Punkte leicht in die in die gewünschte Richtung.

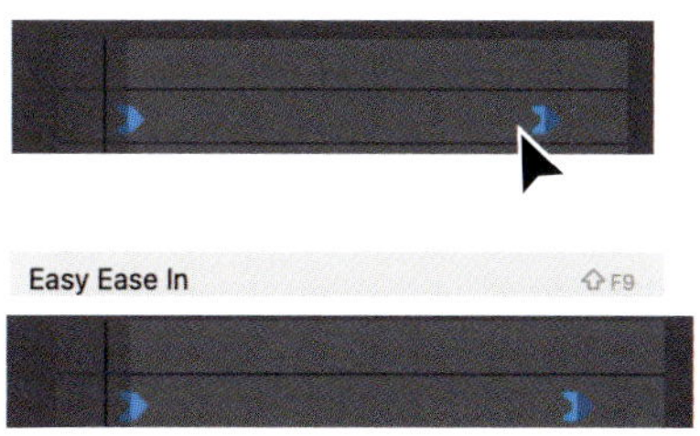

Schritt 3

Klicke noch einmal auf die Ebene des Arms und drücke die Taste **U** auf deiner Tastatur, bis die Schlüsselbilder erscheinen. Markiere alle Schlüsselbilder (Klick+Ziehen) mit der Maus und drücke die Tasten **Umschalt+F9**, um »Easy Ease In« auf die Animation anzuwenden.

Arme in 3D

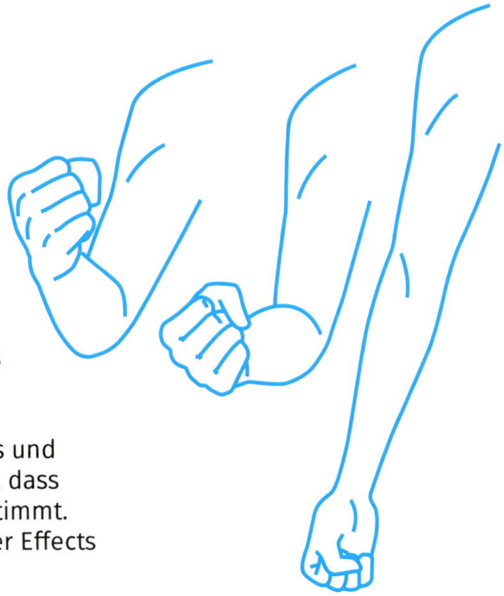

Um den Arm aus verschiedenen Blickwinkeln zu animieren, musst du zunächst jede Ansicht des Arms (von vorne, im Profil, 3/4 Profil usw.) zeichnen. Änlich zu der Kopfanimation.

Wie im ersten Beispiel führen wir eine Armbewegung aus, bei der sich der Arm beugt. Um dies zu tun, müssen wir drei Ansichten vorbereiten (den gestreckten Arm, halb angewinkelt und komplett angewinkelt), die wir als Orientierungshilfe verwenden können.

Importiere das Bild deiner drei Ansichten in After Effects und ziehe es in deine Komposition. Passe seine Größe so an, dass es mit deiner ausgeklappten Ansicht des Arms übereinstimmt. Diese musst du mit dem »Zeichenstift-Werkzeug« in After Effects mit Vektoren nachzeichnen.

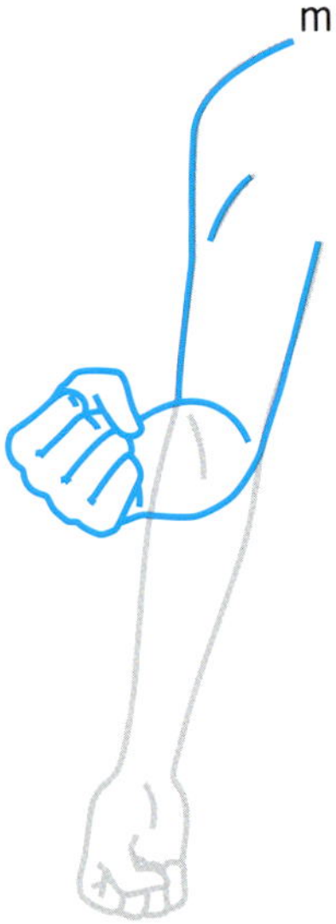

Schritt 1

Positioniere die Markierung der halb angewinkelten Ansicht auf deine ausgestreckte, vektorisierte »animierbare« Armansicht und setze ihre Deckkraft auf 40% herab.

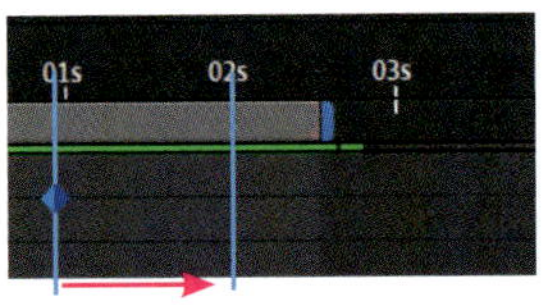

Schritt 3

Verschiebe die Zeitmarke z. B. auf eine Sekunde.

Schritt 2

Erstelle einen Keyframe für die vektorisierte, ausgestreckte Ansicht.

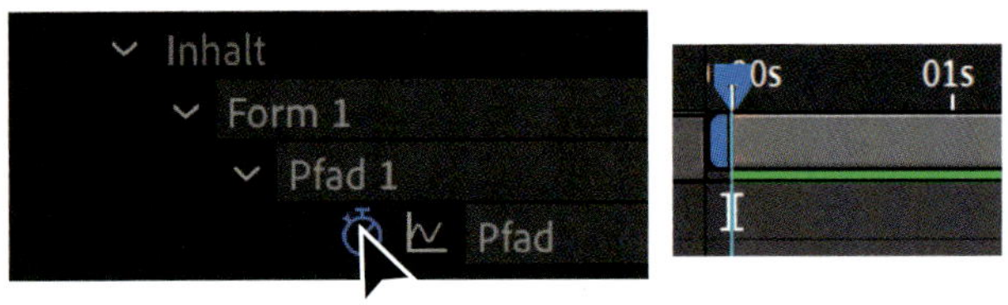

Schritt 4

Zeichne mithilfe des »Zeichenstift-Werkzeugs« die gestreckte Vektoransicht neu, indem du die Zeichnung der angewinkelten Stellung als Orientierungshilfe nutzt. Verwende nur Linien, die du bereits erstellt hast. Die Idee ist, den existierenden Arm neu zu modellieren. Also von der gestrecken in die gebeugte Position zu überführen.

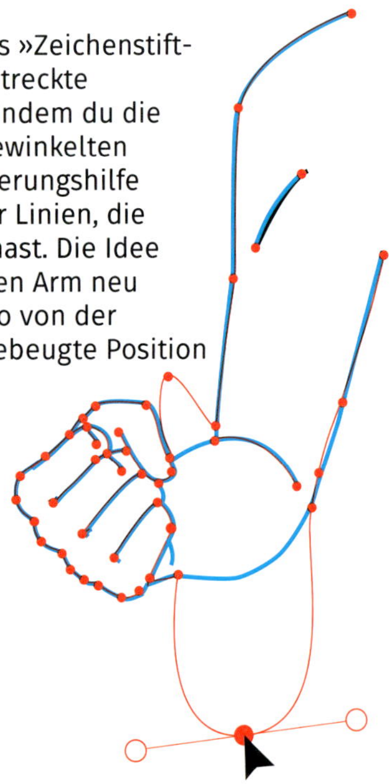

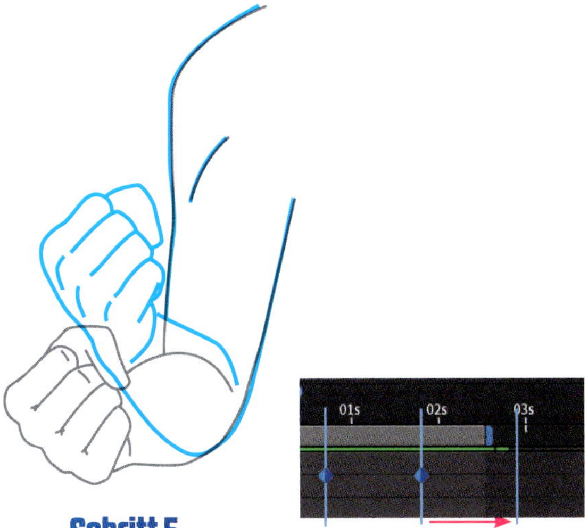

Schritt 5

Positioniere die Zeichnung der angewinkelten Ansicht unter die Ebene deiner »animierbaren« Vektoransicht. Senke die Deckkraft der Ebene auf 20 %. Verschiebe danach den Zeitschieber z. B. auf zwei Sekunden.

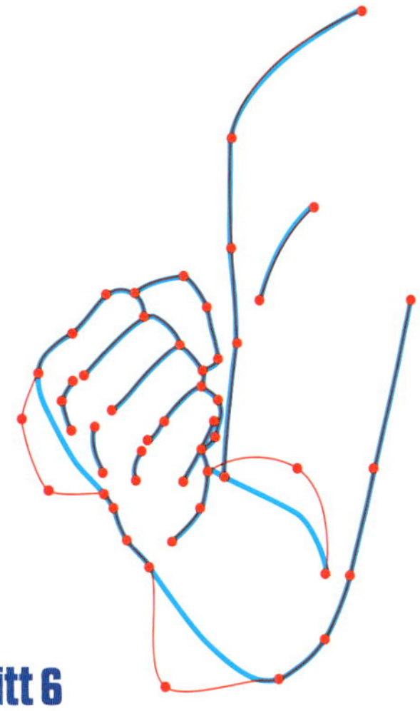

Schritt 6

Verschiebe mithilfe der Zeichnung von der komplett angewinkelten Ansicht die zuvor gezeichneten Pfade so, dass sie auf die Vorlage passen.

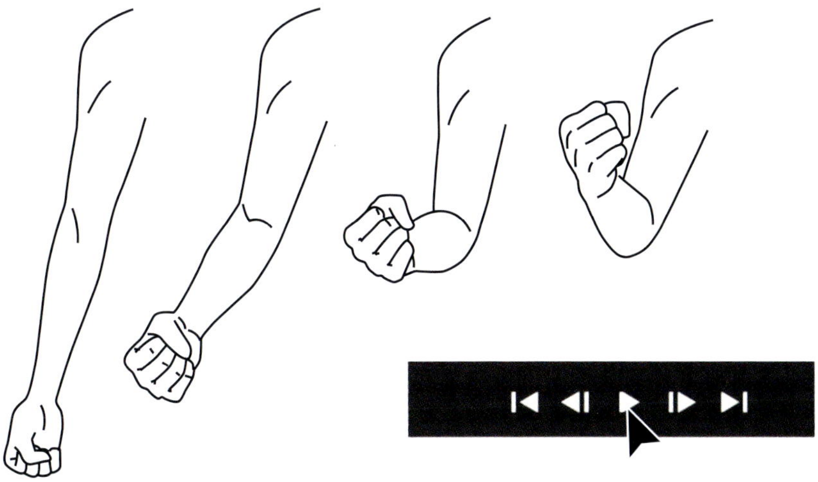

Schritt 7

Sieh dir das Ergebnis deiner Animation an, indem du die Zeitmarke im Zeitlineal bewegst. Ziehe die Keyframes näher zusammen, um eine schnellere Bewegung zu erhalten. Markiere dazu deine Keyframes mit der Maus (klicken+ziehen). Anschließend bewegst du bei gedrückter Alt-Taste den ersten Keyframe nach links, um die Keyframes näher zusammenzubringen.

Ist die Animation fertig, kannst du auch die Keyframes jeder Position kopieren und einfügen, um zur aufgeklappten Ansicht zurückzukehren.

Zum Schluss musst du wie üblich nur noch »Easy Ease In« hinzufügen. Wähle die Schlüsselbilder mit der Maus. Klicke mit der rechten Maustaste und wähle »Keyframe-Assistent« und dann »Easy Ease In« drücke **Umschalt+F9**.

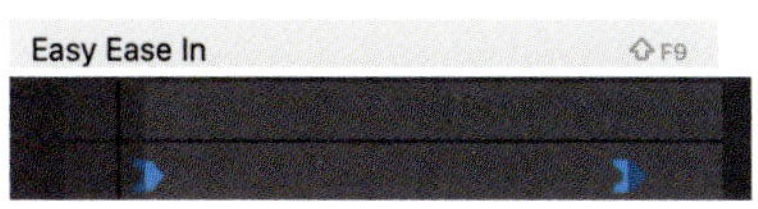

Hände

Um eine Hand zu animieren, musst du zuvor jeden Finger in eine eigene Ebene legen. Wir werden das Werkzeug »Marionetten-Positions-Pin« verwenden, um jeden einzelnen Finger zu animieren.

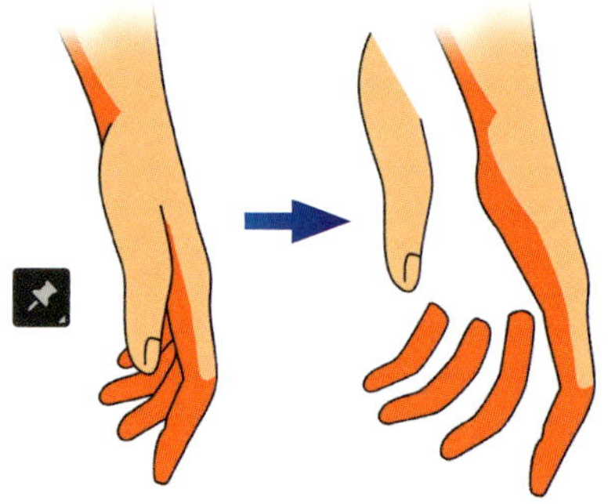

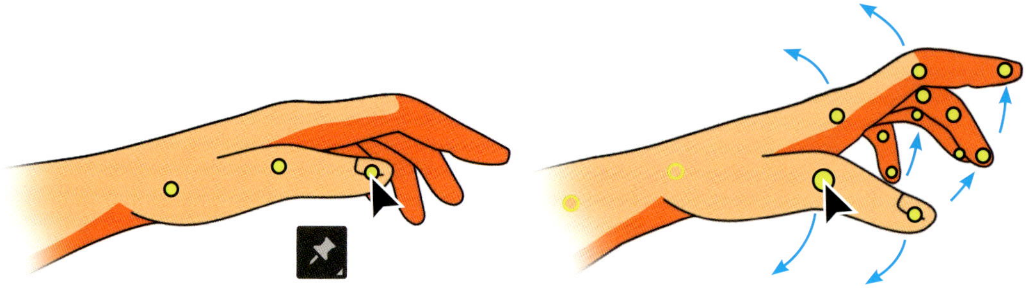

Schritt 1

Klicke einmal auf die Ebene des ersten Fingers. Wähle dann das Werkzeug »Marionetten-Positions-Pin« und positioniere die verschiedenen Punkte auf den Gelenken.

Schritt 2

Bewege die Zeitmarke auf eine Sekunde. Bewege die Punkte in die gewünschte Richtung.

Wiederhole diese beiden Schritte für jeden Finger sowie für die Handfläche.

Schritt 3

Markiere alle Ebenen und drücke die Taste **U** auf deiner Tastatur, bis die Schlüsselbilder erscheinen. Markiere alle Schlüsselbilder (**Klick+Ziehen**) mit der Maus und drücke die Tasten **Umschalt+F9**, um »Easy Ease In« auf die Animation anzuwenden.

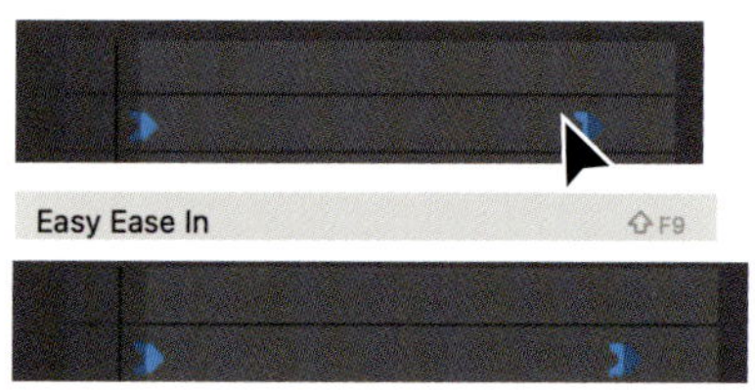

Die 3D-Animation der Hände funktioniert wie die zuvor gezeigte Animation des Kopfs oder der Arme.

Arme und Beine ähneln sich sehr stark bei der Animation. Die Beinanimation kannst du wie die der Arme erstellen.

Kleidung

Die Animation der Kleidung ähnelt der der Haare. Du kannst die gleichen Techniken anwenden.

Es gibt wieder die drei Wege:
1 - das Werkzeug »Marionetten-Positions-Pin«
2 - der Effekt »Komplexe Welle«
3 - die Kleidung mit dem »Zeichenstift« neu zeichnen

Um dir die Arbeit zu erleichtern, empfehle ich dir, das »Marionetten-Positions-Pin«-Werkzeug zu verwenden.

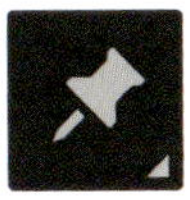

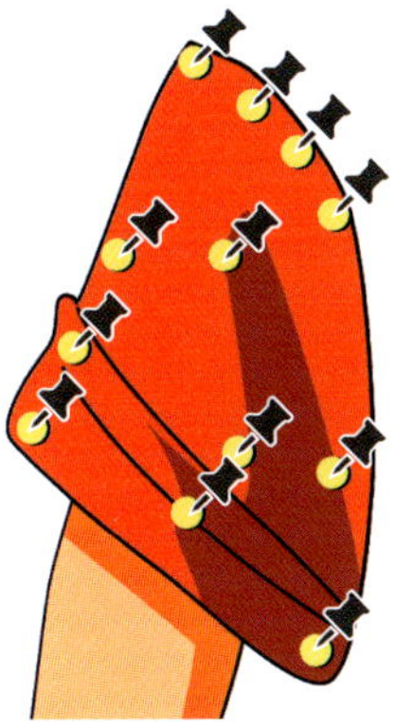

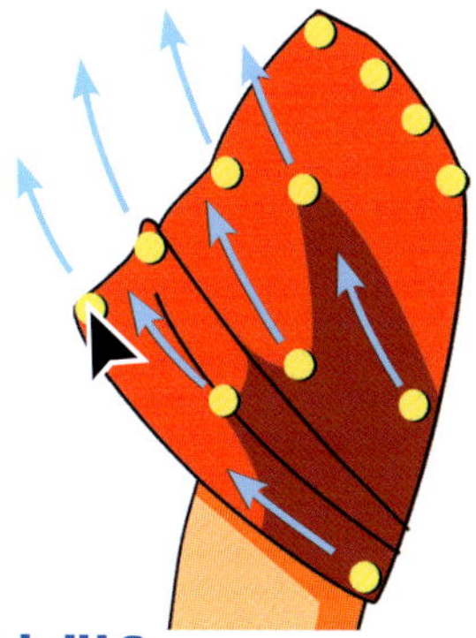

Schritt 1

Aktiviere die Ebene des Kleidungsstücks, das du animieren möchtest. Wähle dann das Werkzeug »Marionetten-Positions-Pin« und positioniere die verschiedenen Punkte auf dem Kleidungsstück.

Schritt 2

Bewegt die Zeitmarke auf 0:00:00:17 Sekunden und bewege die Punkte leicht in eine Richtung.

Schritt 3

Klicke erneut auf die Ebene des Kleidungsstücks und drücke die Taste **U** auf deiner Tastatur, bis die Schlüsselbilder erscheinen. Markiere alle Schlüsselbilder (**Klick+Ziehen**) mit der Maus und drücke die Tasten Umschalt+F9, »Easy Ease In«.

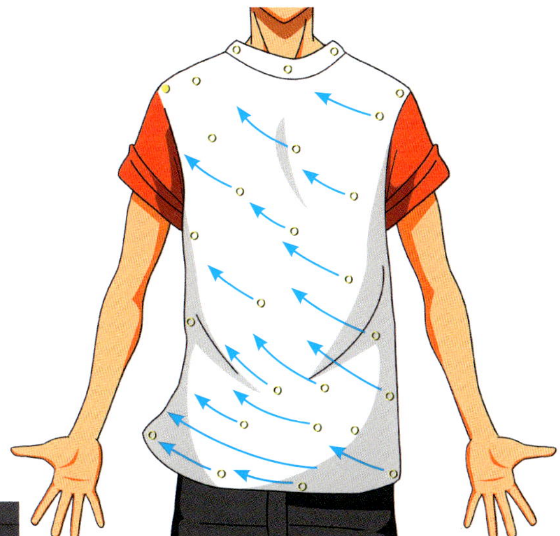

Schritt 4

Um eine natürlichere Bewegung zu erhalten, schiebe einige Schlüsselbilder so herum, dass sie sich nicht zur selben Zeit bewegen.

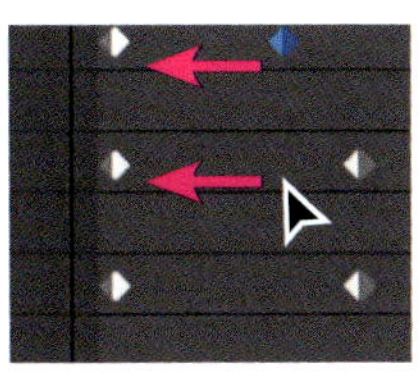

Wende diese Methode für jedes Kleidungsstück an. Du kannst auch noch den zuvor beschriebenen Effekt »Komplexe Wellen« hinzufügen.

Laufbewegung im Profil

Mit der oben beschriebenen Methode der 3D-Animation kannst du deine Figur in einer Endlosschleife animieren. Um eine Laufbewegung zu erstellen, vor allem wenn du Anfänger bist, musst du dir zunächst eine Referenz für eine Laufbewegung im Internet besorgen. Gib dazu einfach »Animation Bewegungsablauf Gehen« ein, und du wirst viele finden.
Es geht nicht darum, dieselben Zeichnungen neu zu zeichnen, sondern darum, deine Vektorfigur an die Bewegungen anzupassen.

Um einen Laufzyklus zu erstellen, musst du eine Schleife erstellen. Verwende dazu dein erstes Bild an der letzten Stelle wieder.

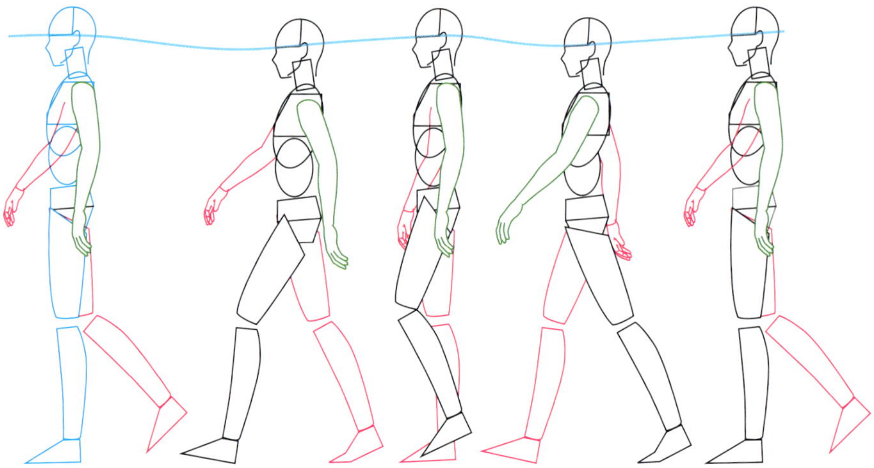

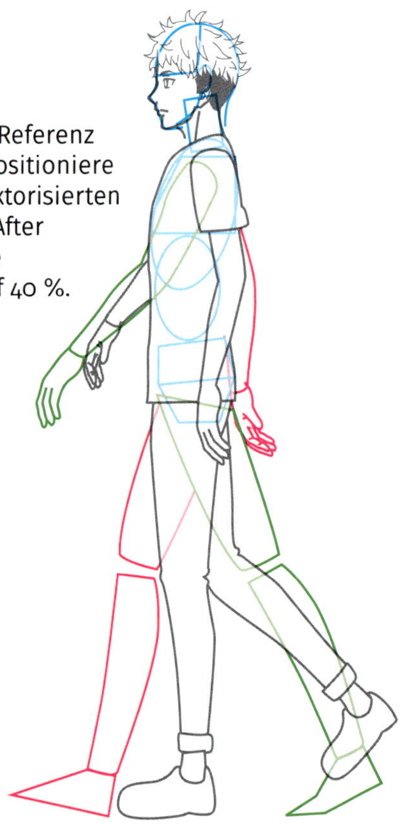

Schritt 1

Sobald du deine Referenz gefunden hast, positioniere sie auf deiner vektorisierten Seitenansicht in After Effects und senke ihre Deckkraft auf 40 %.

Schritt 2

Wende einen Keyframe auf die Vektorpfade deiner Zeichnung an.

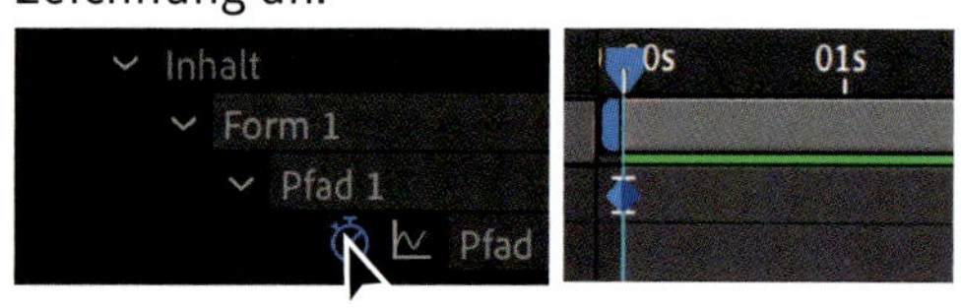

Schritt 3

Verschiebe die Zeitmarke z. B. auf eine Sekunde.

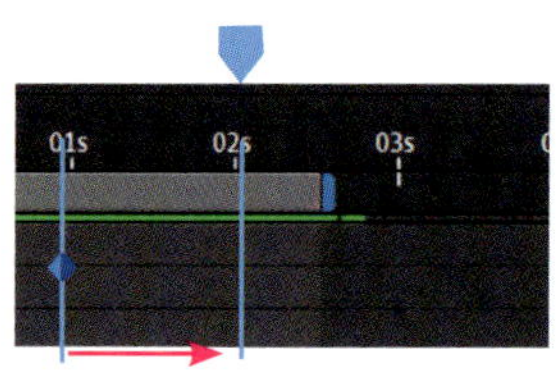

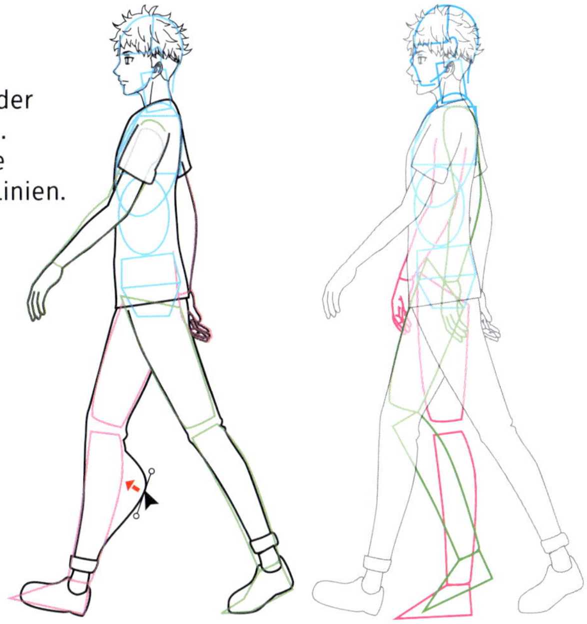

Schritt 4

Passe die Bewegung der Figur der Referenz an. Benutze dafür nur die schon vorhandenen Linien.

Schritt 5

Verschiebe die Zeitmarke z. B. auf zwei Sekunden.

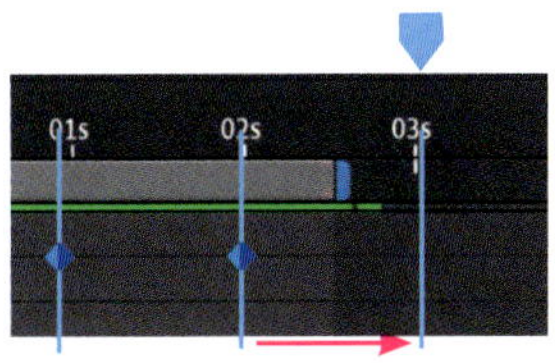

Schritt 6

Verschiebe die Referenz auf die nächste Bewegung und positioniere deine Figur entsprechend neu.

Wiederhole diese Arbeitsschritte für alle Animationsschritte.

Schritt 7

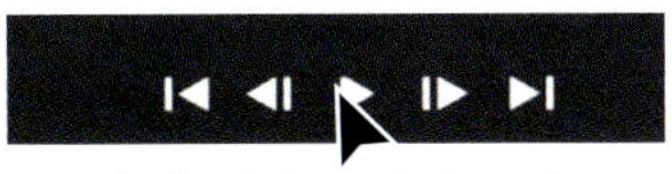

Sieh dir das Ergebnis deiner Animation an, indem du die Zeitmarke im Zeitlineal bewegst. Ziehe die Keyframes näher zusammen, um eine schnellere Bewegung zu erhalten. Wähle deine Keyframes mit der Maus aus (Klick+Ziehen). Im Anschluss daran bei gedrückter Alt-Taste auf der Tastatur den ersten Keyframe nach links ziehen, um die anderen Keyframes näher zusammenzubringen.

Zum Schluss muss wie üblich nur noch der »Easy Ease In« hinzufügen. Wähle die Schlüsselbilder mit der Maus. Klicke mit der rechten Maustaste und wähle »Keyframe-Assistent« und dann »Easy Ease In«, drücke **Umschalt+F9**.

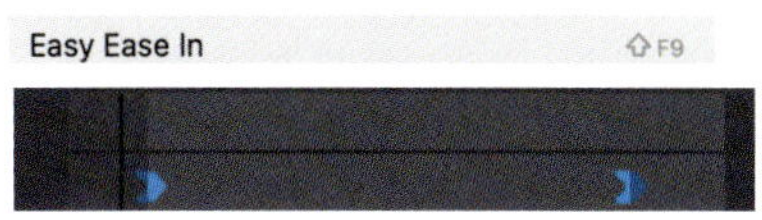

Herzlichen Glückwunsch, du hast soeben eine komplette Animation erstellt. Du bist nun bereit, dich in der Welt der Animation weiterzuentwickeln. Passe all diese Tipps auf deine Art und Weise an, um die richtige Formel zu finden. Bedenke aber, dass es noch viele andere Facetten der Animation zu entdecken gibt.

04 EFFEKTE

Du hast deine Charakteranimation fertig. Jetzt geht es um Effekte. Es gibt ein paar, die du sehr leicht verwenden kannst, um deinem Charakter mehr Stil zu verleihen.

Leuchten

Der Effekt »Leuchten«, den du unter **Effekt/Stilisieren/Leuchten** findest, ermöglicht es dir, ein Leuchten auf deiner Ebene anzuwenden. Du kannst diesen Effekt z. B. auf Augen anwenden.

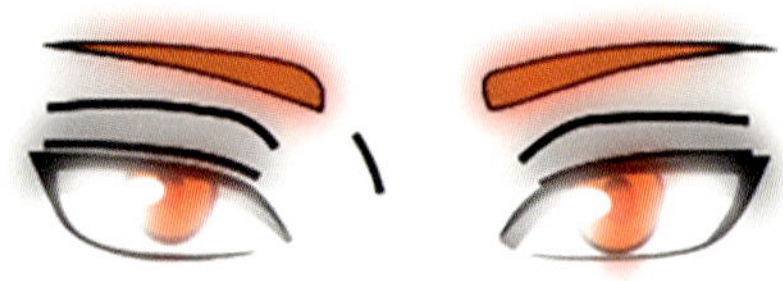

Dieser Effekt wird aber hauptsächlich bei Elementen verwendet, die beleuchtet sind oder Licht erzeugen. Für Mond oder Sonne ist dieser Effekt ideal.

Schlagschatten

Mit dem Effekt »Schlagschatten«, den du unter **Effekt/Perspektive/Schlagschatten** findest, kannst du einen Schatten hinzufügen. Du kannst ihn animieren und seine Flugbahn und seine Deckkraft verändern.

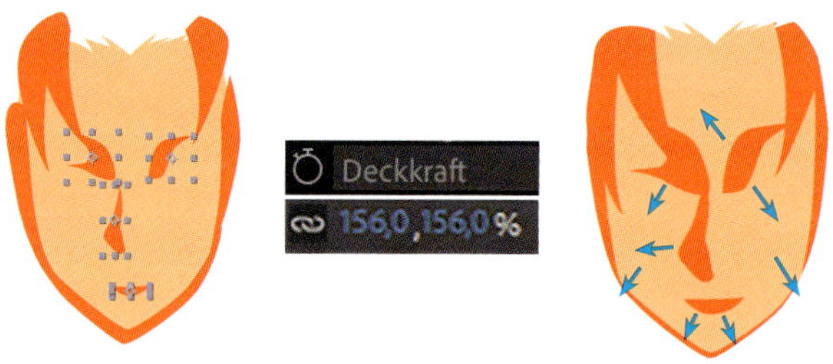

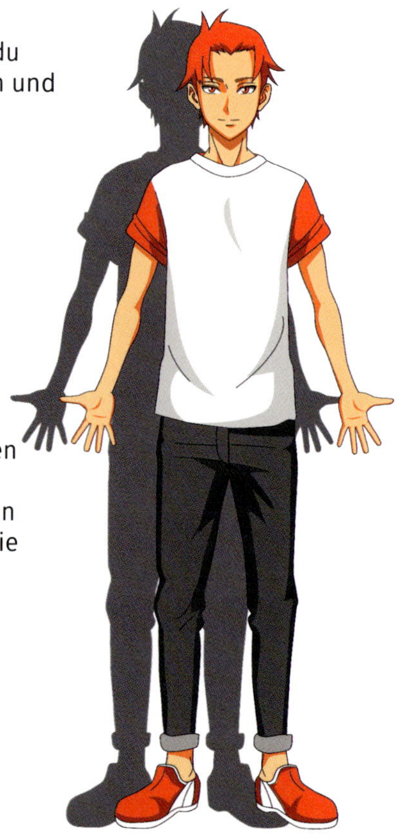

Apropos Schatten: Du kannst auch die Schattierungen animieren. Dazu öffnest du deine Voreinstellungen, bis du deine Farblayer erreicht hast, und wende dann mit »Skalieren« eine Animation auf jede Farbe an, die deinen Schatten darstellt.

Um die Animation auf unbestimmte Zeit zu verlängern, verwende den folgenden Ausdruck:

```
loopOut(„PingPong“);
```

Saber

»Saber« ist eine Erweiterung, die du für After Effects installieren kannst. Mit diesem Tool kannst du Flammen-, Strom-, Rauch- und andere Effekte auf eine Maske anwenden. Es ist das perfekte Werkzeug, um deiner Figur einen besonderen Effekt zu verleihen.

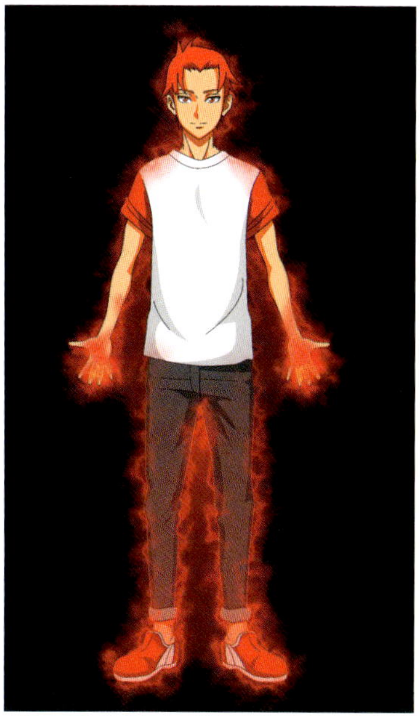

Ein kleiner Tipp, wie du diesen Effekt auf einen sich bewegenden Charakter anwenden kannst: Achte zunächst darauf, dass dein Charakter völlig isoliert und in einer eigenen Vorkomposition ist. Isoliere deinen Charakter so, dass nur er sichtbar ist. Markiere dazu das Kästchen »Solo« neben dem Auge auf der Ebene.

Wähle dann »Ebene« in der Taskleiste, dann »Automatische Plots« und markiere »Arbeitsbereich«. Klicke auf »OK« und After Effects wird jedes Bild berechnen, um die Maske nachzuzeichnen. Am Ende erhältst du eine Maske mit der Bewegung deines Charakters. Jetzt musst du nur noch den Effekt »Saber« auf diese Maske anwenden. Platziere die Maske zum Schluss unter der Figur.

Feuer und Elektrizität

Um Feuer oder Elektrizität hinzuzufügen, hast du mehrere Möglichkeiten: Du kannst selbst mit dem »Zeichenstift-Werkzeug« Feuer zeichnen und animieren.

Alternativ kannst du vorhandene Effekte hinzufügen. Hierfür gibt es Plattformen, die fertige Effektpakete zur Verfügung stellen.

Du kannst auch Effekte mit grünem Hintergrund finden, die du deiner Animation hinzufügen kannst. After Effects verfügt über ein Werkzeug, mit dem du den grünen Hintergrund einfach entfernen kannst.

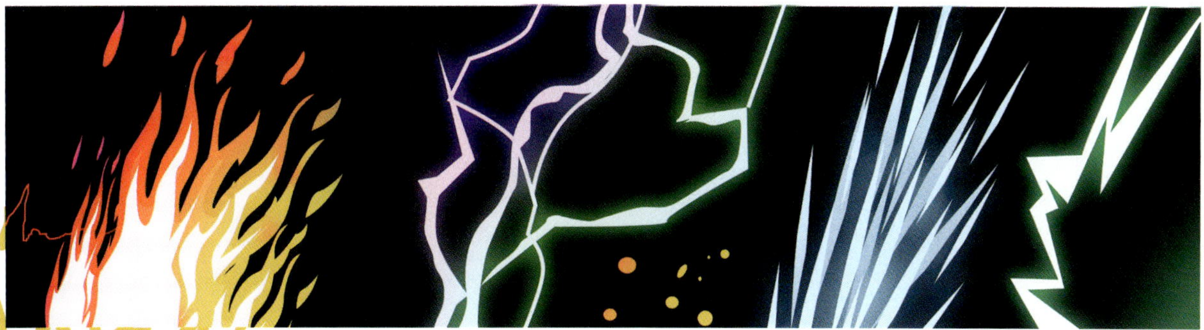

BONUS

Der entscheidende Schritt!
Mach die Kunst zum Beruf

Papierzeichnungen

Wenn du gut zeichnen kannst, empfehle ich dir, gutes Arbeitsmaterial zu besorgen. Vor allem zum Kolorieren. Biete deine Werke im Internet an. Dazu brauchst du nur einen Instagram-Account, über den du deine Designs bewerben kannst. Das machen viele Künstler so. Von Anfängern bis zu den Profis, jeder kann sein Publikum finden.
Finde deinen ganz persönlichen Zeichenstil, der deine Werke unverwechselbar macht.
Du kannst auch eine Website erstellen und dort alle deine Werke hochladen und verkaufen. Eine weitere interessante Möglichkeit ist, deine Kreationen auf verschiedenen Medien anzubieten. Du kannst nämlich auch Schuhe oder Kleidung individuell gestalten. Was einen Gegenstand einzigartig macht, wird zwangsläufig geschätzt!
Finde dein ideales Medium und gestalte es nach dem Geschmack der Interessenten.

Digitale Zeichnungen

Digitales Zeichnen ermöglichen es dir, detailreiche Illustrationen zu erstellen. Heute, im Jahr 2022, finden die Menschen oft ihren Platz in der Welt der sozialen Medien. Es gibt Youtuber, Streamer und Influencer, und das ist oft viel mehr als ein Hobby. Es sind Berufe, mit denen man sehr viel Geld verdienen kann. Sie alle haben eines gemeinsam: Sie kommunizieren mit schönen Bildern. Du kannst also dein Zeichentalent anbieten, um ihre Profilbilder, Präsentationsbanner oder sogar Illustrationen für Videos zu erstellen. Einige Youtuber suchen sich Illustratoren über Instagram.
Im digitalen Bereich kannst du Menschen auch anbieten, sie im Stil ihrer Lieblingscharaktere zu zeichnen. Diese Art von Dienstleistung ist sehr beliebt.
Eine andere, ganz neue Variante ist die Erstellung von NFTs, die du im Internet verkaufen kannst. Ein NFT ist eine einzigartige, zertifizierte digitale Datei. Kurz gesagt: Es ist, als würde man ein Einzelstück verkaufen. Die Person, die einen NFT besitzt, ist der alleinige Eigentümer.

Informiere dich über diesen Trend, er wird sich meiner Meinung nach in den nächsten Jahren weiterentwickeln.

Animationen

Wenn du kleine Animationen produzieren kannst (mit den Tipps, die ich dir gegeben habe, ist das jetzt hoffentlich der Fall), hälst du eine Goldmine in deinen Händen. Neben den Menschen, die du auf Instagram findest, nutzen viele Unternehmen Animationen, um ihre Projekte zu erklären oder Minipräsentationen zu zeigen. Schau dir mal die Preise an, die Animateure berechnen. Für 20 Sekunden Animation liegen wir gerne mal bei etwa 700 Euro. Manche verlangen bis zu 4000 Euro für eine Minute Video.
Die meisten Künstler verwende viel einfachere Animationen, als die, die du in diesem Buch gelernt hast. Sie nutzen sogar fertige Animationen, die von Plattformen wie Graphic River oder Envato angeboten werden.

Bibliografische Information der Deutschen Nationalbibliothek
Die Deutsche Nationalbibliothek verzeichnet diese Publikation in der Deutschen Nationalbibliografie. Detaillierte bibliografische Daten sind im Internet über https://dnb.de abrufbar.

Für Fragen und Anregungen
info@m-vg.de

2. Auflage 2024

Türkenstraße 89
80799 München
Tel.: 089 651285-0

Wichtiger Hinweis
Ausschließlich zum Zweck der besseren Lesbarkeit wurde auf eine genderspezifische Schreibweise sowie eine Mehrfachbezeichnung verzichtet. Alle personenbezogenen Bezeichnungen sind somit geschlechtsneutral zu verstehen.

Übersetzung: Wiebke Krabbe, Georg Stadler
Redaktion: Manuela Kahle
Umschlaggestaltung: Karina Braun
Umschlagabbildung und Illustrationen: Ali Amrabet
Layout: Jean-Louis Massardier
Satz: Georg Stadler, Andreas Linnemann
Druck: Florjancic Tisk d.o.o., Slowenien
Printed in the EU

ISBN Print 978-3-7474-0508-6
ISBN E-Book (PDF) 978-3-96121-905-6
ISBN E-Book (EPUB, Mobi) 978-3-96121-906-3